社會學_與台灣社會

Sociology:
Taiwanese Perspectives
5th Edition

第五版

陳志柔 林國明——主編

巨流圖書公司

國家圖書館出版品預行編目（CIP）資料

社會學與台灣社會 / 陳志柔, 林國明主編 . -- 五版 . --
高雄市：巨流圖書股份有限公司 , 2021.09
　　面；　公分

ISBN 978-957-732-632-4（平裝）

1. 社會學　2. 臺灣社會

540　　　　　　　　　　　　　　　　110014517

社會學與
台灣社會
（第五版）

主　　　編　陳志柔、林國明
責 任 編 輯　邱仕弘
封 面 設 計　Lucas

發 行 人　楊曉華
總 編 輯　蔡國彬

出　　　版　巨流圖書股份有限公司
　　　　　　802019 高雄市苓雅區五福一路 57 號 2 樓之 2
　　　　　　電話：07-2265267
　　　　　　傳真：07-2264697
　　　　　　e-mail: chuliu@liwen.com.tw
　　　　　　網址：http://www.liwen.com.tw

編 輯 部　100003 臺北市中正區重慶南路一段 57 號 10 樓之 12
　　　　　　電話：02-29222396
　　　　　　傳真：02-29220464
劃 撥 帳 號　01002323 巨流圖書股份有限公司

法 律 顧 問　林廷隆律師
　　　　　　電話：02-29658212

出 版 登 記 證　局版台業字第 1045 號

ISBN／978-957-732-632-4（平裝）
五版一刷・2021 年 9 月
五版八刷・2024 年 9 月

定價：650 元

目 錄

第肆篇 社會變遷

作者簡介 （依姓氏筆劃排列）

王甫昌，美國亞歷桑納大學社會學博士，現任中央研究院社會學研究所研究員，專長為族群關係、社會運動、民族主義和族群政治。最近的研究興趣為現代台灣族群概念的內涵、興起與轉變。

王佳煌，美國密西根州立大學社會學博士，現任元智大學社會暨政策科學學系教授，專長為批判的文化研究、資訊社會學、政治經濟學和都市社會學。最近的研究興趣為台北市的都市文化（大稻埕與迪化街、博物館）、資訊科技的社會影響與理論意涵（大數據、演算法、人工智能、物聯網、區塊鏈等）。

王振寰，美國洛杉磯加州大學社會學博士，現任國立政治大學國家發展研究所榮譽教授，專長為政治社會學、發展社會學和經濟社會學。最近的研究興趣為東亞產業發展與創新，以及中國大陸的區域和產業發展。

王德睦，東海大學社會學博士，現任國立中正大學社會福利學系兼任教授，專長為人口學、貧窮研究、社會計量。近年來的研究興趣在於台灣的生育率與死亡率分析，以及台灣的貧窮趨勢與動態。

何明修，國立台灣大學社會學博士，現任國立台灣大學社會學系教授、科技部人文社會科學中心主任。專長為社會運動、環境社會學與勞動社會學。最近的研究問題是關於台灣與香港的社會運動，及其能源轉型中的公民社會之角色。

吳嘉苓，美國伊利諾大學（香檳分校）社會學博士，現任國立台灣大學社會學系教授，專長為科技與社會研究、醫療社會學和性別研究。最近的研究主題為台灣與東亞生殖科技的爭議，以及生育改革運動。

李玉瑛，英國蘭卡斯特大學婦女研究博士，現任元智大學社會暨政策科學學系教授，研究專長為消費文化、性別研究與經濟社會學。目前的研究主題是文物藝術品拍賣與收藏，探討華人地區古董文物市場，性別與知識權力的關係。

林國明，美國耶魯大學社會學博士，現任國立台灣大學社會學系教授，專長爲政治社會學、教育社會學、歷史社會學與制度論。最近研究興趣爲審議民主與公民參與，以及大學入學制度變遷對高中教學實作的影響。

周愫嫻，美國紐約州立大學水牛城分校社會學博士，現任國立台北大學犯罪學研究所特聘教授，專長爲犯罪學和法律社會學。研究興趣爲刑罰、白領犯罪、少年犯罪、犯罪學史。目前研究爲量刑及監所政策。

陳志柔，美國杜克大學社會學博士，現任中央研究院社會學研究所研究員，專長爲經濟社會學、社會資源與社會網絡、社會主義國家轉型和當代中國社會變遷。最近研究興趣爲中國社會集體抗議和全球中國效應的比較研究。

陳美華，英國約克大學婦女研究博士，現任國立中山大學社會學系教授，專長爲性別研究、性社會學。近期研究興趣爲親密關係、身體工作以及性與跨國遷移。

陳婉琪，美國芝加哥大學社會學博士，現任國立台北大學社會學系教授，專長爲教育、婚姻與家庭、性別與工作、青少年福祉。最近的研究興趣爲教育制度與政策評估、青年創業與社會公共參與。

曾凡慈，國立台灣大學社會學博士，現任中央研究院社會學研究所助研究員，專長爲醫療社會學、科學與技術研究。最近研究興趣爲精神醫療爭議與實作、診斷與自我認同、病痛經驗與照護，以及流行病治理。

黃克先，美國西北大學社會學博士，現任國立台灣大學社會學系副教授，專長爲宗教社會學、都市底層研究、質性方法、微觀社會學。近期關注無家者議題，正撰寫相關的民族誌專書。

喻維欣，美國芝加哥大學社會學博士，現任美國加州大學洛杉磯分校教授，專長爲性別與勞動市場、社會階層化和現代東亞社會。她曾對台灣、日本、中國、美國及其他國家做研究；最近的研究著重解釋美國勞動市場中性別差異狀況、性別相關態度及東亞社會中婚姻擇偶情形的轉變。

葉欣怡，美國羅格斯大學（紐布朗石維克分校）社會學博士，現任國立台北大學社會學系副教授，專長爲集體記憶、社會認同、劃界工作、認知與文化和審議民主。最近的研究興趣爲懷舊資本、審議民主中的集體記憶以及台灣審議民主的發展特性。

熊瑞梅，美國喬治亞大學社會學博士，現任國立政治大學社會學系名譽教授。專長爲組織社會學、社會網絡分析、社會資本理論與研究。最近研究興趣在台灣、中國大陸和美國的社會資本比較研究，以及台灣半導體產業專利創新網絡的機制研究。

翟本瑞，東海大學社會學博士，現任逢甲大學圖書館館長及通識中心主任。專長爲資訊社會學、教育社會學和社會學理論。最近的研究興趣爲金融社會研究及教育典範轉移。

潘美玲，美國杜克大學社會學博士，現任國立陽明交通大學人文社會學系教授，專長爲歷史比較社會學、經濟社會學（組織、市場與工作）、發展社會學（東亞經濟發展、產業全球化）。最近的研究興趣爲跨國移民、難民、無國籍者的求生策略。

蘇國賢，美國哥倫比亞大學社會學博士，現任國立台灣大學社會學系教授，專長爲社會階層與社會流動、教育社會學和組織理論。最近的研究興趣爲東亞社會的階級流動，以及台灣的教育不平等。

五版序

《社會學與台灣社會》一書自1999年第一版問世以來，已成爲國內許多大學社會學課程的教材。本書扣緊台灣社會現象的發展，除了介紹社會學概念和觀點，並將台灣經驗的內容和意涵融入教材，提供讀者融合理論概念和生活經驗的學習成果。

過去二十年來，台灣社會變遷快速，尤其社會和政治經濟互動密切，息息相關，同時受到全球局勢及兩岸關係的影響。爲求教科書內容與時俱進，讓知識概念能扣緊生活經驗及世界局勢，編者陸續修訂本書內容，第二版（2003）、第三版（2009）、第四版（2014）相繼出版。

現今呈現在讀者面前的是第五版完整版（2021）。第五版維持第四版20章的安排，沿用原章名稱，但其中9章換了作者，內容也和舊版截然不同。這些新撰寫的9章包括：二、文化（葉欣怡）；七、族群關係（王甫昌）；九、教育（陳婉琪）；十、宗教（黃克先）；十一、醫療（曾凡慈）；十二、經濟與工作（潘美玲）；十三、權力與政治體系（林國明）；十六、都市發展、空間與文化（王佳煌）；十九、全球化與社會變遷（陳志柔）。另外11章，原作者做了大幅度的修訂，以呼應當今台灣社會和世界局勢的最新變化。因此，本版書相較於第四版，猶如台灣社會和全球局勢過去七年以來的巨大變化，呈現嶄新的面貌。

本書有20章，涵蓋各個重要的社會議題，教師們可以選擇自己認爲重要和必要的章節授課。本書各章提供了「問題與討論」或「課堂活動」，目的是促進教學成效及學習興趣。各章並有推薦延伸閱讀書單，對教學和學生學習會有相當助益。

　　本書可以作為108課綱高中公民與社會的補充教材，也能作為社會領域的探究與實作，以及其他選修課程的自修或上課教材。高中生的探究與實作，強調與學生生活及社區文化連結，希望學生能自主學習，從生活中發現問題、解決問題。本書貼近台灣社會的經驗，能提供學生觀察的視野和思考的論證。

　　本書第五版的問世，首先要感謝前幾版的編者和作者，尤其是瞿海源教授、王振寰教授，他們是本書前幾版的主編；本書第五版是站在他們奠立的基礎上繼續前進。我們感謝這次參與作者們的合作與耐心，以及謝麗玲、包硯彤對文稿的潤飾和編輯。感謝巨流圖書持續支持本書出版。最後，也要感謝讀者和學界對本書的支持和批評，讓我們有機會不斷改進和修訂。這些批評和意見，將成為台灣社會學界進步的原動力。

陳志柔、林國明

2021年5月

第 **壹** 篇

社會學的基本原理：
個人與社會

第 1 章

社會學是什麼？

- 社會學想像——個人的必然也是社會的
- 個人與社會
- 社會學的幾個重要概念
- 社會學的三大傳統
- 社會學與現代社會
- 社會學的分化
- 社會學在台灣的發展

■王振寰

摘　要

1. 社會學是研究人類生活如何被集體性地組織和建構起來的一門科學。社會學基本上就是去研究我們日常生活中那些被視為當然的事情，去挖掘隱藏在社會生活規律之下，視而不見的過程、類型和因果關係。

2. 社會學有兩個基本假設：一個是人的行為和思想受到社會的影響，另一個則是社會與制度是人所創造，因此也可被人為地改變。

3. 社會學家經常用來掌握日常生活世界的概念工具，有社會行動、社會結構、文化、權力和社會關係。

4. 社會學有三個理論傳統：馬克思主義的批判社會學、韋伯的詮釋社會學和涂爾幹的實證社會學。

5. 社會學的興起與歐美社會在十八和十九世紀的大轉變有密切的關聯，並且與西方社會的工業化和資本主義發展，對人類社會造成了巨大改變有關。

6. 社會學研究可以區分為鉅視社會學和微視社會學。以時間、空間與人數這三個要素來說，微視社會學所研究的是時間較短、空間較小且人數較少的社會情境；鉅視社會學則是研究時間拉長、空間較大且人口數目眾多的社會現象。

數學題目中 1＋1＝2 是正確答案，但是在籃球比賽中，1＋1 就未必等於 2。我們經常看到某隊個別隊員的實力平均優於其他隊，但最後可能輸給平均個人實力較差的另一球隊。球隊的總體實力不等於每個球員實力的加總，因為球員之間長期互動，會產生出 1＋1＝2 以外的加乘效果，這新產生出來的東西包括了認同感、榮譽感、規範、凝聚力、合作和共識等等，造成球隊比賽的成績不會像數學題那麼簡單和可預測。這是日常生活中的常識，但是這個常識背後，就是社會學所要探索的祕密。設想一個社會類似於一個球隊，有那麼多人共同聚集生活，社會成員之間的長期互動，必然也會生長出外在於個人的東西，包括了小至生活規範、大至國家法律，以及許多不是我們自己所創造，但是對我們的生活有巨大影響的事物或事務。所以，社會學的第一課就是：社會不是所有個體的加總而已。

　　社會學是一門研究我們日常生活模式的科學，探討那些影響我們日常生活巨大卻又視爲當然的事物或事務，去挖掘隱藏在社會生活之下，卻經常視而不見的過程、類型和因果關係。人們已將太多生活的節奏和規範視爲當然，若無其事地進行日常生活。你可以想像假如大家走路或開車隨意走左右邊，或是看電影不排隊買票，將是何種景象。在日常生活中，正因爲我們將很多規範和規則視爲當然，因此社會生活才得以有規律地進行。當然我們也不能否認在社會中，有很多人不守規矩，因此破壞了秩序，但是一般而言，這些人會受到大小程度不同的責怪或處罰。

　　進一步來說，社會中有很多現象，看起來是個人的原因，但細究起來，很多起源來自社會因素。例如，不同世代出生的人面對的社會情境相當不同。1950 和 60 年代出生的台灣人，經歷了台灣急速的工業化過程，有很多的創業機會、愛拚就會贏，「黑手變頭家」是常見的社會現象。相對的，1980 年代之後出生的人，由於台灣工業化逐漸成熟，創業機會變少，且大量的廠商遷移大陸，造成失業率升高的趨勢。年輕人在低薪高房價的社會中，成爲新貧族，只能追求小確幸。社會學的看法，基本上將個人的機遇看成是社會運行的結果，個人的很多機遇或是生活規範，雖然看起來自然而然，卻是社會所造成的。

壹　社會學想像——個人的必然也是社會的

　　社會學是研究人類生活如何被集體性地組織和建構起來的科學。社會學運用科學的方法與理論去研究社會生活中各式各樣的現象。從關係最親密的家庭、人際關係、消費形態，到政治的權力安排、社會運動，甚至到最疏遠的國際政治經濟，都可以是社會學研究的對象。社會學不只對日常生活各面向做研究，也提供不同和特殊的方式來研究社會。對於日常生活中的行爲，例如買大樂透或彩券，社會學家不只研究人們買大樂透或彩券的動機，也會追問「是什麼樣的人會去買大樂透或彩券？什麼樣的人在從事這類的買賣活動，什麼樣的人在遊說彩券或賭博合法化，誰能從中得利？誰受害？」社會學家對於行爲的研究，不只是去了解動機，更會去問爲什麼某些類型的人會比其他類型的人較傾向某種行爲，其社會原因爲何？社會學家對於即使看起來是個人取向的行爲，都嘗試將行爲與整個社

會脈絡連結起來。然而，社會學家並不是忽略個人的重要性，而是認爲個人是社會的產物，其行爲深受社會脈絡的影響。

我們的生活中，有很多被視爲理所當然的事物，並不只是我們要不要或願不願意去做，很多事超過我們能力控制的範圍，而影響甚至決定我們的行爲和生活方式。我們生在特定的家庭，父母親的社會地位和社會關係，以及生活環境，都影響了我們的行爲、交友，甚至就業和未來。雖然我們可以透過自己的努力改變自己的命運，但是不同社會出身的人所付出的努力程度則有所不同，例如大企業家的後代是「含著金湯匙出生」，繼承擁有一般人奮鬥一生都未必能夠成就的地位和財富。

社會學家所要研究的就是個人與社會脈絡之間的關係，也就是美國社會學家 C. Wright Mills（1959）所說的「社會學的想像」（sociological imagination）的意思。社會學的想像是指，一種將生活周遭經驗與社會生活世界的深層結構關聯起來的思考方式。換言之，我們的經驗不只是個人的現象，同時也與整體社會結構和形態有密切關聯。例如，失業經常不是個人沒有能力，而是與整體社會經濟的結構有關，因此具有相同技術和資歷的人，在經濟景氣的時候容易找到工作，在不景氣的時候則困難重重；龍年出生的小孩，由於當年嬰兒出生率上揚，使學校出現教室和師資不足的問題，但是在次年或其他年分出生的小孩，則沒有類似的問題。要了解個人的經驗或苦難，需要系統性地研究不同時空的社會，包括不同的情境、階級出身、社會行動和結構等。社會學想像讓我們能夠比較深刻地理解個人的經驗和公共問題的來源，與整體社會結構和歷史文化有密切關係。

社會學的想像
（sociological imagination）
一種將我們生活周遭經驗與社會生活世界的深層結構連結起來的思考方式，亦即我們的經驗不只是個人的現象，同時也與整體社會結構和形態有密切關聯。

🔍 **問題與討論 1-1**

社會學研究日常生活中的現象，請以課文中的大樂透或彩券爲例，探討以下的問題：爲什麼某些類型的人傾向去買彩券，而其他類型的人比較不會？什麼樣的人在從事這類的買賣活動，什麼樣的人在遊說彩券或賭博合法化，誰能從中得利？誰受害？彩券收益能夠改善窮人／身心障礙者的生活嗎？

貳 個人與社會

　　既然社會學想像是去研究社會生活中習以為常現象背後的影響因素，因此社會學並不將社會大眾生活習慣中的事物視為當然，而是追根究柢地去問形成的原因和影響。一般而言，社會學有兩個基本假設：一個是人的行為和思想受到社會的影響，另一個則是社會與制度是人所創造，因此也可被人為地改變。

　　人的行為和思想受到社會的影響：人是社會的產物，從出生受到父母的照顧，就出現了社會關係，個人的行為和思考方式，都受到來自父母和社會的影響。在家庭裡，父母或長輩對小孩的行為有所要求，規定和訓練什麼樣的行為是適當的、什麼是不適當的，並且透過賞罰強化小孩對各項行為適當與否的認知。同樣的，這些對行為的要求也出現在學校、團體和大社會之中。對行為適當與否的要求，稱之為規範（norm），在社會不同場合中有不同的規範，我們從小到大不斷地被教化在什麼場合應該有什麼樣的行為、穿著什麼樣的衣服等，例如在台灣習俗中，喪禮穿紅色衣服或大聲喧譁被認為是不禮貌和不適當的。在日常生活中，有許許多多的規範存在，而社會也透過不同的方式來訓練每個人遵循這些規範。

　　規範是對行為適當與否的要求，價值觀（value）則是社會成員對什麼是好的、什麼是不好的，什麼是可以追求或不可以追求的共同道德觀念。我們的行為受到價值觀很大的影響，從小到大的教化過程中，父母或長輩會透過各種方式來強化社會既有的價值觀，追求目標要用正當而不是不正當的手段。例如，傳統中國的五倫觀念模塑了華人的家庭主義，孝順成為華人價值中的一個重要部分，這與歐美的價值觀中強調個人主義有相當的不同。因此雖然華人強調功成名就，但是卻有相當大光宗耀祖、榮歸故里的成分；追求財富和名望是好的，但是要用社會可以接受的手段，例如科考功名或做生意，而不是盜匪強梁。

在台北舉辦的漫畫博覽會（王則鳴／攝）。

　　每個社會人都是透過這些外在於個人的社會規範和價值觀的模塑，在日常生活中與其他人互動交流，而社會也透過各種方式，包括賞罰或強制（例如法律）來強化這些行為規範或價值觀念，使我們成為社會的一員。

這些規範和價值觀成為我們習以為常的生活習慣，在不同場合採用不同的行為規範成為我們生活中的習性，相互認定恰當與否或對不對。社會就像一個外在於個人，卻又箝制個人行為和思想的客觀存在物體，把人限制住，但個人卻沒有感覺到它的存在。

社會學家認為，社會與制度是人所創造，因此也可被人為地改變。人類與動物最大的不同，就是能夠有意識地創造和使用工具，得以不斷改變自然也改變了自己。在歷史的進程中，個人雖然是社會的產物，在很大程度上受到社會的模塑，但是個人並不會被社會完全操弄。每個個人仍有自主的思想、意識和創造力，個人或集體經常有意識地製造事件，對事務發言、詮釋，或改變某些限制。在每天的生活中，都有很多人在既有的社會限制之下，創造很多新生事務，例如，社會企業公益的經營方式，性別平權倡議的撫育小孩方法，翻轉新的教育模式等。這些人透過對既有社會制度和環境的理解，有意識地與既有社會制度、社會關係周旋，創造性地改變社會既定的運行方式。

當然人類不是隨心所欲地創造新的事務和制度，往往受到既有社會制度的限制，有些新事務並未被接受而在歷史的長河中消失，有些新制度則成功取代舊制度，成為社會接受的新安排方式。例如，過去對婦女的歧視是所有社會的普遍現象，由於婦女運動和社會生活方式的改變，婦女地位大幅提高，使舊有的「男尊女卑」、「三從四德」觀念改變為「性別平等」，進而接受多元性別。

參 社會學的幾個重要概念

就像任何科學一樣，社會學透過對日常生活的抽象化，形成重要概念來掌握和解釋社會現象。社會學家已經創造出許許多多的概念來解釋社會生活的各種現象，但是一般而言，以下幾個是社會學家經常用來掌握日常生活世界的概念工具（Calhoun et al. 1997），也是社會學家使用社會學想像的具體操作概念。

▌一、社會行動

　　社會行動（social action）是指人有意識的行為，而不是對事物本能或無意識的反應。就像前面說的，人是社會的產物，行動受到大環境的影響，也反過來影響別人和大環境。我們成為社會人是經過一段學習和教化的過程，包括語言、舉止、價值觀等，使我們知道如何與別人交往。雖然由於社會化的關係，使我們將社會環境和社會行動視為當然，但是社會環境也經常因為我們有意識的行動而產生和發生改變。以就業來說，人們是經過選擇比較之後才會選擇某種職業，而不是本能的反應；同樣的，在就業情況低迷的不景氣時期，仍有人可以找到就業機會，他們想盡各種策略來謀求生活和出路。

　　社會行動不只是指涉個人，也指涉團體或組織，例如公司或政府。個人有意識地行動，參加某些社團想要改變自己的身分或命運，而社會團體或組織也從事有意識的社會行動。例如，公司從事研究發展、開發新產品，企圖在市場上占有較大的分量，求取更大的利潤；社會公益團體（如慈濟功德會），積極從事社會公益活動，企圖改造社會風氣、創造和諧社會；社會運動團體（如婦女運動），積極想要改變既有法律體系，創造兩性和諧與公平的社會等。社會的運作看起來自然而然，卻是由不同的個人和團體，在不同的時間、地點，為了特定的目的，所從事的有意識的社會行動，並且共同創造出來的結果。

▌二、社會結構

　　社會結構（social structure）就像大樓的「骨架」，界定人們在社會團體或大社會中與他人的水平或垂直社會關係，提供了人們社會行動的參考。水平或垂直的社會關係是人們在社會中穩定的互動形式，包括親密的人際關係如親子、夫婦、朋友；或制度性的關係如老闆員工、老師學生等。在複雜的社會關係中，有許多不同的位置（position）和地位（status），有學生、子女、教授，公司老闆、經理、職員等，形成社會關係中的不同網絡位置。社會賦予每個位置相對的權利和義務，稱之為角色（role）。例如，教授的角色是教書和研究，父母的角色是撫養子女，讓小孩安全健康地成長，公司經理的角色是內部管理和有效經營獲取利潤等。

社會行動（social action）
意指人有意識的行為，而不是本能或無意識的反應舉動。

社會結構（social structure）
就像大樓的「骨架」，界定了社會關係的類型，也提供人們社會行動的參考，是人們在社會團體或大社會中與他人的水平關係或垂直等級地位關係的類型。

　　因此，社會結構是相對穩定的社會關係類型，賦予了相對位置的角色不同的權力和社會期望，並且形塑社會運作的穩固基礎。雖然個別人員進出這些位置是經常發生的，但是社會位置和關係並不會經常改變，例如大學教授和學生經常流動，但是教授和學生的位置以及相對的權利義務並不會經常改變。社會結構依照位置的多寡、關係的強弱、資源的差距、權力的大小等，可以區分為大小不同的結構類型：（1）家庭結構的位置較少，關係緊密，資源流通較強，權力關係較弱；（2）社會團體結構，與家庭結構比起來，社團的位置比較多，關係緊密程度較低，權力關係較強，資源流通程度較低。（3）組織結構，例如工作場合或政府組織，在人員多寡、資源差距和權力關係等面向，都比前兩者更大，但關係緊密程度則比較小。（4）階層化結構，比較是全社會的社會結構類型，由於社會不同職業、族裔、性別、年齡和教育程度的不同，所造成的社會地位、資源、權力和聲望的差異。例如在台灣，漢人、男性、資本家、高教育者享有比較高的收入和地位。階層化結構是社會結構類型中，牽涉最多且影響社會生活最深的類型，影響了社會財富與權力的分配和社會運作的方式。（5）最後是社會發展的結構類型，例如農業社會、工業社會和後工業社會結構，是指社會中農業、工業和服務業人口的比例，以及所涉及的社會分工複雜程度和資源、權力分化的高低等。以上這些不同的社會結構類型，在不同章節中有詳細討論。

 問題與討論 1-2

　　請同學以學校的組織為例，探討社會結構的議題。校級單位的正式組織中，有哪些位置、誰比較有權力，為什麼？有沒有哪個組織結構位置不是很重要，但卻很有權力的角色？如何解釋？

▍三、文化

　　文化是指造就人們生活方式中的各項語言、信仰、價值觀、行為規範等抽象的符號系統。人類之所以成為社會人，是經由代代相傳的文化，教育人們生存的技術、價值觀、行為規範、道德觀念等，亦即從家庭、朋

友、學校、宗教以及大社會環境中，學習到這些文化的內容。透過語言和文化的傳遞，我們學會了如何思考、如何與人溝通，並對事務提出價值判斷。文化同時提供社會成員理想的價值觀，因而塑造個人未來的夢想和願望。

文化已經成為日常生活中不可或缺的一部分，所謂「文化即生活」，因此華人與美國人在生活方式、價值觀上就有相當大的不同。華人有相當強的家庭主義和集體主義色彩，表現在生活飲食中，是以圓桌吃飯、共享食物；美國人則是把桌上的食物逐一分給個人，自己吃自己的份。在企業運作上，華人強調家族企業，或以社會關係為主軸，形成集體性的運作；西方的企業運作比較是以個人理性計算，較少考慮社會關係，因此併購和跳槽是常態。在政治領域，華人在情、理、法的考慮上，經常把情放在第一位，把理和法放在次要的等級；美國人則傾向把法和理放在前面，情則是次要。這也使得華人不太容易建立公平的法律和政治秩序（金耀基 1992）。在傳統中國文化

性別平權是台灣逐漸普遍的文化觀念（李玉瑛／攝）。

裡，理想的男性被要求功成名就，理想的女性則是相夫教子；男女性到達一定年齡被期望要結婚生子，否則會被投以異樣的眼光。但當前性別平權觀念普遍，女性接受高等教育並參與勞動，社會上對於單身、LGBTQ，或頂客族（DINC, Double Income Couples）的寬容程度較高。2019 年台灣通過同志婚姻合法化，名列亞洲第一個支持同婚的國家。

▎四、權力

權力是指人們對自己想要做或想完成的事的決定能力。有權力的人，不論別人有多大的抗拒都能夠實現自己的意志；而沒有權力的人，經常對別人的意見或抗拒毫無招架之力。有權力的人能夠形塑別人的意見和作法，而無權力的人只能跟隨。例如，老闆對員工、老師對學生，就有不對等的權力關係；資本家可以透過廣告吸引消費者去購買原來無意購買的產品；總統的談話經常成為影響社會運作或政策的重點。

權力（power）
指人們對自己想要做或想完成的事的決定能力，愈有權力的人愈有能力抗拒別人的意見，並且實現自己的意志。

　　權力關係不只指涉個人，也指涉團體、組織或國家之間。在台灣的現今政治體制中，資本家團體比消費者或勞工團體擁有更多權力，更容易影響政策，決定國家和社會的運作；大公司或財團比中小企業容易影響市場，因為大公司擁有比較雄厚的資本和行銷能力；政府可以透過政策和施政導致人民生活的改變，例如，開車必須繫安全帶，騎摩托車必須戴安全帽等。在國際間，美國在當今世界中具有霸權地位，對國際事務比其他國家，有絕大的影響力，這不只是因為美國擁有優勢的軍事力量，還因為美國擁有超強的經濟實力和科技能力。一般而言，權力與資源的多寡有密切關聯。資本家擁有資本和公司，因此可以透過經濟資源而獲取權力，甚至影響國家政策；政客擁有國家決策和行政的資源，能夠影響社會大眾生活。

▌五、社會關係

社會關係（social relation）
指個人與他人的關係，深受家庭影響。

　　社會關係是指個人與其他人的關係類型，個人出生之後主要是透過家庭與社會發生關係。父母的教養提供了個人社會化的初步養分，上學和上班之後，與同學、同事的互動是社會關係另一個重要的建立機制。社會關係最後形成社會網絡的運作，由於社會關係環環相扣，家庭出身決定了日後就讀的學校以及同學、朋友的類型，因此個人的社會關係受到家庭出身很大的影響，在本書第 5 章〈階級與階層〉會有詳細說明。

肆 社會學的三大傳統

　　社會學起源於十九世紀的歐洲，第一個使用社會學這個名詞的是法國學者孔德（August Comte, 1798-1857），其主要的觀點是要以自然科學的方法來研究社會現象。不過孔德對後世社會學發展的影響，遠不如以下三大社會學家，那就是馬克思（Karl Marx, 1818-1883）、韋伯（Max Weber, 1864-1920）和涂爾幹（Émile Durkheim, 1858-1917），他們的學術著作在社會學領域裡發展成三個大傳統——馬克思的批判（critical）社會學傳統、涂爾幹的實證（positivist）社會學傳統，和韋伯的詮釋（interpretive）社會學傳統。

《共產黨宣言》摘句

　　1847 年 11 月 29 日，共產主義者同盟第二次代表大會在英國倫敦召開。馬克思、恩格斯受大會委託起草《共產黨宣言》。至今爲止，大概是除了聖經之外，影響人類發展最大的一份文件。以下是該宣言中的摘句：

- 到目前爲止的一切社會的歷史都是階級鬥爭的歷史。自由民和奴隸、貴族和平民、領主和農奴、行會師傅和幫工，一句話，壓迫者和被壓迫者，始終處於相互對立的地位，進行不斷的、有時隱蔽有時公開的鬥爭，而每一次鬥爭的結局是整個社會受到革命改造，或者鬥爭的各階級同歸於盡。

- 共產黨人到處都支持一切反對現存的社會制度和政治制度的革命運動。在所有這些運動中，他們都特別強調所有制問題，把它視爲運動的基本問題，不管這個問題當時的發展程度怎樣。

- 共產黨人不屑於隱瞞自己的觀點和意圖。他們公開宣布：他們的目的只有用暴力推翻所有現存的社會制度才能達到。讓統治階級在共產主義革命面前發抖吧。無產者在這個革命中失去的只是鎖鏈，他們獲得的將是整個世界。

　　全世界無產者，聯合起來！

　　馬克思的著作主要是針對資本主義社會的批判，他對知識的重要看法是「理論的目的並不在了解社會，而是要改變社會」，因此他強調實踐（praxis），認爲理論的目的在於實踐，而實踐必須是有理論指導的政治行動，才能有意識和有計畫地改變社會。馬克思終身的職志在於以科學的方法分析資本主義的運作規律，並且透過革命實踐運動，建立一個民主、自由和富裕的社會主義烏托邦。馬克思的社會學理論對後世影響最大的就是《資本論》，這本書爲馬克思思想的結晶，他以科學的方法討論資本的起源，揭露資本主義發展的祕密和走向滅亡的內在矛盾。馬克思在書中以「勞動價值理論」說明了任何資本主義的商品都來自於勞工的勞動，商品的價值是透過勞工的勞動所創造的，資本家只是坐收漁利和剝削勞工的寄生蟲。馬克思也指出，資本主義市場的高度競爭，使得資本家必須不斷投資於廠房設備，以擴大市場占有率；同時必須不斷壓低工資剝削勞工，以使商品具有便宜的競爭力。這樣造成的結果是，一方面，資本家需要不斷投資，而過度投

Karl Marx（1818-1883）

資的後果是利潤率下降；另一方面，高度壓榨勞工以壓低產品價格，造成勞工的貧窮化和社會的兩極化，因此資本主義的雙重內在矛盾必然使其走向滅亡；而帶領資本主義走向滅亡的，就是創造資本主義勞動價值的勞工，他稱之為「無產階級」。馬克思認為資本主義不會自己走向滅亡，需要有革命行動才可能摧毀它進而帶向社會主義，因此「資本論」提供的是理論分析，是作為革命實踐行動的科學理論基礎。

Émile Durkheim（1858-1917）

涂爾幹對後世社會學發展的最大影響，在於他認為社會雖然是由個人所組成，但是社會卻存在於個人之外、具有自主發展的動力，並且對個人具有約制性。這也就是他著名的「社會事實」（social fact）概念：社會事實是人們複雜互動的產物，具有外在性和約制性。涂爾幹認為社會事實有自主的動力，因此對於社會的研究，不能化約到心理或個人層次，必須從社會的層次來研究，以找出社會原因。例如，在《自殺論》中，涂爾幹認為自殺並非個人行為，而是個社會事實，因此必須從社會的原因來解釋。他從統計資料的分析，發現歐洲信仰新教的地區自殺率高於天主教地區，是由於天主教教會組織的凝聚力比新教來得強，因此影響了自殺行為。由於涂爾幹強調以實證方法來研究社會，一般視他為「實證社會學」典範的奠基者。涂爾幹的主要著作有《社會分工論》、《自殺論》和《宗教生活的基本形式》，這些著作都強調以「社會事實」的概念來研究如道德、宗教、法律等現象。他的理論強調，社會本身是一切集體事物與集體意識的起源，例如圖騰或宗教信仰其實來自人們對社會的崇拜，道德和法律亦是社會不同形態的「集體意識」，以及共同信仰的具體呈現和「化身」。因此，對於犯罪行為的處罰，亦可視為社會對於那些挑戰集體意識者不同輕重的報復行為。

韋伯的社會學可稱之為「詮釋（interpretive）社會學」，這是由於他認為人的行動具有主觀意識，因此對社會行動的研究，不能只是順從自然科學的方法來蒐集和分析資料，必須能深刻了解人的行動的意義，並且做出因果分析。韋伯的社會學方法可說是「理解法」（verstehen），也就是社會學家要以「參與者」的角度去探討社會行動的脈絡，設身處地地了解行動者

之行動的意義之後，方能夠提出具有意義妥當
性的分析。韋伯因此將社會學定義為一門「對
社會行動進行詮釋性理解，並對其過程與結果
予以因果性解釋」的科學。韋伯最有名的其中
一本書《基督新教倫理與資本主義精神》，就是
在探討為何資本主義最初出現的地區都在新教
密集的地區，而非舊教天主教地區。他發現這
與新教的教義以及其所影響的新教徒行為有密
切關聯。西方在宗教改革之後，出現如喀爾文
教派的勢力，其教義嚴格要求信徒「以制欲精

Max Weber（1864-1920）

神、恪遵教義、在世間事奉上帝」。新教徒對自己行為的嚴格要求，致使
其行為相當理性化，結果建立了理性的工作倫理及勞動組織，進而累積財
富。韋伯認為新教徒的有意義之行動，與資本主義精神之理性計算能力的
出現密切相關，因此認為基督新教倫理在資本主義興起過程中扮演了關鍵
性的角色。

符號互動論 (symbolic interactionism)

　　社會學起源於歐洲，但美國社會學也發展出自己的社會心理學
傳統，其主要的代表學者為米德（George H. Mead）與 Herbert Blumer
（1900-1987）。米德被稱為社會心理學創始者，他認為人的自我（self）
和心智（mind）都是社會互動的產物，透過語言、舉止，人學會與他人
互動，並在互動中形成自我。他提出著名的自我包含「主動我」（I）和
「被動我」（me）二部分的概念，主動我是個人行動的主動能力，因此
是主體；被動我則是社會化的我，例如行動之前會先想別人怎麼看我，
因此是客體；心智則是對主動我和被動我相互交錯的反思運動，而這構
成了人類認知的基礎。米德在 1894 年前往芝加哥大學任教，他的觀點
啟發了社會心理學研究，他的學生 Blumer 承繼其觀點，在芝加哥大學
建立了美國社會學傳統。Blumer 創立了「符號互動論」這個名詞，他

George H. Mead（1863-
1931）

認為社會是透過人的互動所創造，而人的行動具有意義內涵（meaning），例如男人送花給女人是
否具求愛或表示禮儀的象徵性，端賴其所處環境來界定，這種意義內涵是透過社會互動學習到
的，而人們也透過行動來詮釋他人的行為。因此對於人類行為的研究，需要了解行為的意義，而
非只看行為然後給予量化數字，全然不理會行為的意義內涵，所以 Blumer 主張的研究方法比較接
近人類學的參與觀察，並且接近韋伯的詮釋社會學看法。

伍 社會學與現代社會

　　社會學的興起與歐美社會在十八和十九世紀的大轉變有密切的關聯。在過去，人類社會依賴大自然維生，日出而作日入而息，大自然的規律相當程度形塑了人們的生活習慣。工業革命和資本主義大幅改變了這樣的生活方式，造成社會巨大的轉變。這個轉變主要表現在以下的面向上：

一、工業化

　　工業化的機器生產，讓人類得以使用比較有效的工具和方法，大量改進食物生產，工廠的生產力也大量取代人力和獸力，製造出大量的產品，使得生活需要的物資不再受制於大自然的規律。在這過程中，工業大量發展，農業則逐漸萎縮，工業革命並將大量農民轉變爲工廠內的勞工，導致一個新的社會組織方式出現。大部分的人不再依賴大自然來生活，而是靠著在工廠或公司內部工作，遵循工廠內部分工和規則，每天出門工作一定時數之後回家，來換取固定薪資，再以獲得的薪資購買生活必需品和工業產品。因此工業化的生產使得物質資源大量增加，大幅地改變了人類的生活方式。

二、都市化

　　生產力增加之後，社會的衛生和物質條件改善，造成出生率增加而死亡率下降，結果是人口的大量增長，並造成前所未有的大量城鄉移民和人口流動。歐洲在1750年時的人口大約爲一億兩千萬，到了1913年已成長到四億六千八百萬左右。人口大量成長，加上農業萎縮和工業興起，使得大量農村人口遷移到都市，造成大量的都市化（urbanization），形成嚴重的都市居住、公共衛生、交通運輸等問題。在這過程中，同時也出現大量的移民潮，由歐洲移往美洲大陸，以及歐洲的殖民主義強制將大量非洲住民移往美洲，成爲農奴。

三、社會的組織化

在農業社會，大部分的人口依賴土地維生，控制自己的工作時間和進度，工業化的結果使大量人口成為受僱者，成為公司或工廠的一員。工業革命所造成的重大轉變之一，就是出現了新形態的組織和控制體系，內部分工細密，每個人只負責生產流程的一小部分，與其他人或部門密切合作；公司權力集中在組織的頂端，駕馭著公司組織的運作；同時組織內有一套運作的規則，包括升遷、賞罰、會計和人事制度等。這樣的組織形態，稱之為「科層組織」（bureaucracy），已經成為現代工業社會的主要組織，包括生產、政府、社團，以及各種社會團體等。現代人不可避免地成為組織人（organizational man），參與到現代組織之中。

四、新形態政府的出現

民族國家（nation state）成為主要的政府形式。民族國家是指在特定疆域之內，擁有統治主權和正當合法使用暴力權力的組織。西方從十六世紀開始，城邦國之間相互兼併，逐漸形成現代民族國家形態，國家的統治逐漸去除政教合一的色彩，滲透到社會生活的領域，包括稅收、教育、醫療衛生、軍隊警察和科技發展等。與此同時，社會政治思想領域在民族主義、民主政治、公民權、自由主義等面向的發展，更提供民族國家滋長的養分。這個現代民族國家的發展，將傳統「帝力於我何有哉」的農民納入了國家統治的範圍，成為民族國家的一員，而國家對社會的滲透，更大大地改變了社會生活和運作的形態。

五、西方資本主義的擴張

資本主義是一個以市場利益為主的政治經濟體制，商品的生產和交換是這個體制的主要機制。歐洲從十五世紀末就開始形成這樣的政治經濟體系，並開始往海外擴張。這個擴張使得歐洲開始對外殖民，搶奪世界各地的資源和財富，以及後來的市場，並強化了歐洲本身的經濟發展。其他地方則因為殖民主義的關係，既有的社會結構瓦解，經濟資源被大量掠奪，致使經濟發展面臨困境。西方資本主義的對外擴張，產生了世界性

的不平等體系，並在政治經濟上形成了國際體系的強權和弱勢之間的對立（Wallerstein 1974）。

　　社會學的發展就是在面對歐洲社會如此巨大變遷之下，所產生的一個新學科。從十九世紀開始，社會學的先驅者所要面對的，就是如何去了解和解釋這樣的巨大社會變遷。當時的社會學家所看到的是舊有穩定的社會秩序逐漸瓦解，而新的社會政治經濟形態正在出現，但是在巨大社會變遷的過程中，他們所要面對的問題是去了解到底新的社會形態要往哪裡去、新社會的穩定基礎為何，以及新社會到底是什麼樣的性質等。

　　在今天的社會學中，這個十九世紀社會學家所面對的社會就是我們所通稱的現代社會，或稱之為「現代性」（modernity），是指十八、十九世紀以來工業化與資本主義發展所造就的一個特殊且複雜動態的社會過程和結果，它與過去傳統的生活方式截然不同。社會學的先驅者相信，他們所從事的是一項啟蒙的計畫或現代性計畫（project of modernity），亦即他們相信現代世界的各項社會過程是進步的，透過理性和科學知識，社會學不只可以理解世界的運作，更可以塑造人類美好的未來。由於西方資本主義的擴張和影響，現代社會被等同於西方社會，現代化等同於西化和進步，而後來經濟發展落後的國家所要追趕的目標，就是西方社會所提供的發展模式，包括民族國家、工業化、都市化，和各項相關的制度等。

㊍ 社會學的分化

　　社會學是研究社會生活的科學，而社會生活領域包含面向極廣，包括個人、社會關係，乃至社會結構等。從早期社會學的出現到今天的社會學，學術分工和專業化使得社會學家大多專精於某些專業領域，這樣的學術分化，表現在美國社會學會或台灣社會學會內部的專業領域區分上（見表1-1）。

　　一般而言，這些不同的領域可以就處理的主題範圍區分為微視社會學（microsociology）和鉅視社會學（macrosociology）。微視社會學指的是以社會關係、社會互動和社會心理為主體的社會學研究，研究的興趣如社會化、語言或行為溝通、社會網絡、小團體等；鉅視社會學指的是以社會結構、社會整體變遷和社會制度等面向為主的議題，甚至包括歷

微視社會學

（microsociology）
以社會關係、社會互動和社會心理為主體的社會學研究，這類社會學家的研究興趣包括社會化、語言或行為溝通、社會網絡的形成與轉變、小團體內部的決策模式等。

鉅視社會學

（macrosociology）
以社會結構、社會整體變遷和社會制度等面向為主的研究，這類社會學家有興趣的題材包括整體政治經濟變遷模式、經濟和階級結構，甚至歷史或跨社會比較研究等。

史或跨社會比較研究等。這兩者的領域很難精確地劃分，美國社會學家 Collins（1988）曾經指出社會學研究有三個根本的要素：時間（time）、空間（space）與人數（number）。假如以這三個要素來說，微視社會學所研究的是時間較短、空間較小，而人數較少的社會情境；鉅視社會學則是研究時間拉長、空間較大，而人口數目眾多的社會現象。由於社會變遷快速，社會學的分化也愈來愈紛雜，不斷出現新的領域和研究，例如環境社會學、老年研究、網路社會、消費研究等。

表1-1　社會學專業區分

人口學	小團體社會學	工業與勞動社會學
心理健康社會學	文化社會學	文學與藝術社會學
比較社會學	世界衝突與世界體系社會學	犯罪學與偏差行為
休閒與運動社會學	同志研究	宗教社會學
性別社會學	法律社會學	知識社會學
社會化	社會心理學	社會控制
社會階層與階級	社會學理論	社會變遷
政治社會學	科學社會學	軍事與戰爭社會學
家庭與婚姻社會學	消費社會學	馬克思主義社會學
高齡社會學	情緒社會學	教育社會學
都市社會學	鄉村社會學	發展社會學
量化方法學	集體行為與社會運動	傳播與媒體社會學
經濟社會學	資訊社會學	種族與族群社會學
語言社會學	質化方法學	應用社會學與社會政策
環境社會學	醫療社會學	

柒　社會學在台灣的發展

　　社會學在台灣的發展，在機構的成立和發展上可以分三個時期說明：第一個時期是1950到1970年代初期，這個時期的特色是社會學與社會工作學不分，都設立在社會系之內。第一個成立的社會系是原來省立法商學院（中興大學前身）的社會行政科，在1955年改名為社會系，次年（1956年）東海大學社會系成立，台灣大學在1960年成立了社會系，之後輔仁大學、東吳大學也相繼成立社會系。相關的系所另有台灣大學的農

業推廣系暨研究所。第二個時期從 1970 年代中期開始到 1990 年代初期，社會系開始設立研究所並開始區分社會學組與社會工作組，並分組招生。在研究所方面，台灣大學於 1974 年成立社會學研究所碩士班，並設立應用社會學組；東海大學社會系於同年分組招生，1978 年成立研究所，兩年之後成立社會工作組，而後獨立出來成立學系和研究所。其後在 1980 年代東吳大學、政治大學的社會系分組並相繼設立研究所。文化大學的青少年福利研究所和清華大學社會人類學研究所也在這時期成立。第三個時期是 1990 年代之後，由於許多新大學相繼成立，相關系所大量出現，但大部分集中在社會福利方面，較少社會學方面的新系所（章英華 1997）。

　　社會學在台灣發展的初期，主要的教學和研究人員來自跟隨國民黨政府來台的社會學和社會工作人員。但是整體而言，台灣社會學的發展與在大陸時期的社會學關係不大，主要是因為當年在大陸開創社會學的主流社會學家，例如費孝通、吳文藻等，絕大多數都沒有來台灣。另外，由於政治的考慮，許多重要的社會學原典，例如馬克思的作品，還有大陸時期的重要著作，都無法當成教材，因此 1950、60 年代的社會系學生根本無法接受完整的社會學教育。同時，費孝通等人在大陸開創的小社區研究，由於大陸來台學者在語言上的隔閡，要繼續從事類似的研究也相當困難。種種因素都使社會學在台灣的開展，與中國大陸的研究有相當的斷裂（蕭新煌 1986）。

　　一般而言，這個時期的學者與當時的政治心態有密切的關係，他們對台灣並不了解也不想把台灣當成研究的主體，而是視為研究中國社會的替代品。龍冠海在 1963 年的一段話正說明了此時期社會學者的心態，他說：「如果我們孤守在這島上，我們大家一定是沒有什麼前途的。我們的社會學當然也不會有什麼前途。這並非說社會學在台灣沒什麼發展的餘地或沒有研究的機會。事實上，它尚有發展的可能，也有很多東西值得它去研究，但究竟是有限度的。」當時台灣籍學者陳紹馨亦曾說過：「台灣是中國文化研究的實驗室。」幸好在此時期，仍有相當多的社會調查研究，包括台大農推系楊懋春教授帶領的鄉村社會學，以及中央研究院民族學研究所對社區的研究，為後來的社會學發展奠立了重要的基礎。

　　到了 1970 年代中期之後，在台灣成長也在台灣受社會學教育，之後留學歐美的社會學家陸續回國任教。他們在歐美受到完整的社會學訓練，回國之後的教學和研究，對後來的社會學教育產生極大的影響。在

這段期間直到 1980 年代中期，最主要的學術運動可稱之為「社會學中國化」運動。這是由於學者們在歐美受過制式訓練，回到台灣之後強烈感覺到自己了解西方社會遠勝於對本身社會的了解，社會科學界只忙於吸收新知，卻忘了將自己的社會文化背景反映在研究活動中，「而使中國的社會及行為科學缺乏個性，終於淪為西方社會科學的附庸」（楊國樞、文崇一 1982）。因此他們企圖以社會科學的方法來研究「中國社會」，要使中國文化的特色融入社會科學的研究，擺脫西化的色彩（亦見蔡勇美、蕭新煌 1986）。在這段期間，諸多西方社會學理論和取向被大量引入台灣，包括主流的行為科學、具批判性的理論和研究（例如批判理論、新馬克思主義、依賴理論和世界體系理論等），也開始有大量的經驗研究出現。

🔍 問題與討論 1-3

假如社會學的發展與現代性或工業社會的發展趨勢有關，是否有必要討論社會學中國化或社會學本土化的問題？假如是，為什麼我們很少看到美國社會學或德國社會學這樣的名詞？

1980 年代中期之後，台灣的社會學發展有了更重大的轉變，台灣社會愈來愈成為研究的主體，研究成果在質和量上都有更大的進展。這有兩個重要原因，第一是有更多在台灣出生成長，並且在 1970 年代受到完整社會學教育的留學生回國，進入各大學和研究機構，他們對土生土長的環境有更深的關切感。第二是由於政治社會環境的轉變，台灣研究過去只能是中國研究的一部分，而不能成為主體，政治民主化之後，國民黨政府對學術的壓制才愈來愈小。這個學術空間的擴大，使得社會學在台灣的本土化加速進行（王振寰 1989；蕭新煌 1995）。到了今天，社會學在台灣的發展已經相當專業化，本土化的問題不再成為學術討論的一部分。至於原先的「中國社會學社」在政治鬆綁的情勢下，在 2000 年改名為「台灣社會學會」。

延伸閱讀

謝國雄編，2008，《群學爭鳴：台灣社會學發展史，1945-2005》。台北：群學。

　　此書是一本編輯的論文集，討論台灣社會學從1945年至今在幾個重要議題上的發展，藉由領域的回顧和討論，勾繪出台灣社會學整體發展的面貌和限制。對大一學生而言，這本書仍有些困難，但可作為未來學習的重要參考。

王振寰、章英華編，2005，《凝聚台灣生命力》。台北：巨流。

　　這本書也是編輯而成的書籍，討論當今社會發展的重要議題，與前本書不同，這本小書的對象是一般讀者，因此相對易懂，學生可藉由書籍的不同議題，認識到台灣社會發展的動力和可能的問題。

Allan Johnson, 1997/2001, *The Forest and the Trees: Sociology as Life, Practice and Promise*. （中譯本：成令方、林鶴玲、吳嘉苓譯，2001，《見樹又見林：社會學作為一種生活、實踐與承諾》。台北：群學）

　　這是一本有趣又有啟發性的小書，對入門的學生而言，內容生動活潑，又有許多小故事，可以引發研讀社會學的興趣。這本書從個人出發引導到社會層面之間的關聯，可作為本書之搭配書籍。

參考書目

文崇一，1982，〈報恩與復仇：交換行為的分析〉。收於楊國樞、文崇一編，《社會及行為科學研究的中國化》，頁311-344。台北：中央研究院民族學研究所。

王振寰，1989，〈臺灣的政治轉型與反對運動〉。《台灣社會研究季刊》2(1): 71-116。

金耀基，1992，《中國社會與文化》。香港：牛津大學出版社。

章英華，1997，〈都市化、階層化與生活型態〉。收於張苙雲、呂玉瑕、王甫昌主編，《九〇年代的台灣社會：社會變遷基本調查研究系列二（上冊）》，頁229-263。台北：中央研究院社會學研究所籌備處。

蔡勇美、蕭新煌主編，1986，《社會學中國化》。台北：巨流。

蕭新煌，1986，〈解開當前意識型態紛爭的「結」〉。《中國論壇》22(1): 27-29。

蕭新煌，1995，〈轉型的臺灣社會學與轉型的臺灣社會：個人的幾點觀察〉。《中國社會學刊》18: 1-15。

Calhoun, Craig, Donald Light, and Suzanne Keller, 1997, *Sociology*. New York: McGraw-Hill.

Collins, Randall, 1988, *Theoretical Sociology*. San Diego: Harcourt Brace Jovanovich.

Mills, C. Wright, 1959, *The Sociological Imagination*. New York: Pelican.

Wallerstein, Immanuel, 1974, *The Modern-World System I: Capitalist Agriculture and the Origins of the European World-Economy in the Sixteenth Century*. New York: Academic Press.

第2章

文 化

■葉欣怡

摘　要

1. 文化指的是特定群體共同服膺的一種生活方式，可以反映該群體內部所具備的普遍性與共通性，以及對外所具備的特殊性與差異性。

2. 文化猶如濾鏡（filter），讓行動者對社會世界進行分類、做出判斷，並且透過文化與其他行動者溝通和互動。被特定社群文化影響的行動者，是通過文化去賦予事物意義和詮釋意涵。

3. 文化有形塑行動者認同（identity）的功能，隸屬於特定社群的行動者，幾乎會成為該社群文化的認同者，並將處於相同文化下的行動者視為「我群」。

4. 文化必須透過各種方式持續再現和「具體化」。文化的再現方式不勝枚舉，包括：語言、符號、儀式、習俗、傳統、節日、敘事（故事、歌謠、文字）、博物館、雕像、姿勢、身體、象徵物等。

5. 行動者可能是文化的順從者，也可能是改革者與反抗者；更有甚者，特定個體可能是某些文化的順從者，卻是其他文化領域的革命者。

6. 特定文化源自其鑲嵌脈絡，應平等地看待各種文化並加以觀察和分析，同時必須以該社群內部的角度與世界觀才能夠加以掌握。

7. 外界賦予特定文化的評價很可能會隨著主流價值觀的改變而更迭，並且造成文化的調整與修正。

　　文化（culture）是研究特定社會不可或缺的元素之一。一方面，不同社會中因為各色各樣的文化而顯得豐富多元；另一方面，文化也濃縮和反映社會的特殊性質與發展軌跡。儘管「文化」這個詞彙是如此的耳熟能詳，但真要去定義與掌握文化，其實並不容易，畢竟「文化」是那麼的無所不在、高度抽象以及被視為理所當然。本章從不同面向帶領大家認識和掌握社會學視野中的「文化」。

> 🔍 **問題與討論 2-1**
>
> 　　請同學分為小組，並討論什麼是「文化」。透過這個活動能讓同學體會到，雖然我們經常使用「文化」二字，卻不容易掌握真正的意涵。

壹 「文化」的定義

　　某種程度而言，我們可以說「無處不文化」，不勝枚舉的名詞都可以加上「文化」一詞加以指涉。舉例來說，族群文化、嘻哈文化、組織文化、地方文化、飲食文化、消費文化、階級文化、節慶文化、幫派文化等。文化一詞的高度應用性（high applicability）與適用性（compatibility）來自其意涵的高度彈性（flexibility），但是我們不應該據此誤以為「文化」是容易理解和掌握的存在。奠基於諸多學者給予文化的定義（Sewell Jr. 2005; Barker and Jane 2004），我們可以將目前對於「文化」意涵的討論歸納如下：（1）文化指的是產生自特定社群中的實踐作為；（2）文化必須透過語言和習俗等再現；（3）文化是特定社群內的共享意義，更是行動者理解世界與進行溝通的媒介；（4）文化既規範行動者也被行動者影響。上述每個面向都蘊含著許多值得探討之處，我們將在本章內逐一討論。

　　在這個階段，本文建議先簡單地將「文化」理解為特定群體共同服膺的一種「生活方式」，反映出群體內部所具備的普遍性與共通性，以及對外所具備的特殊性與差異性。將這個定義應用至上述例子，則族群文化是指不同族群各自所遵循的生活方式，嘻哈文化是指熱愛嘻哈者的生活方式，組織文化是指處於組織內的一套生活方式，地方文化意味著屬於在地特有的生活方式，以此類推。乍看之下，將文化定義為「生活方式」，似乎過於鬆散，但實際上文化一詞涵蓋著極為廣闊的意涵。所謂的文化作為一種「生活方式」指的是行動者的認知、態度、信念乃至於言行舉止，都受到特定文化的影響。在這樣的意義下，文化構築受到文化的世界觀所左右，浸淫於特定文化下的行動者透過該文化進行認識和互動，形成自成一格的認知體系（Berger and Luckmann 1991; Schutz and Luckmann 1989）。在許多例子中，文化被當作「理所當然」和「習以為常」的存在，引領著行動者不加思索地做出判斷、成為日常捷徑（shortcut），讓受其影響者感到自在與舒適。換言之，文化成為行動者決定該如何看待、回應和行動的媒介；更重要的是，看似個體所為的決定，其實是特定集體文化下的產物。舉例而言，服從主流文化（mainstream culture）的行動者據此判斷什麼是「夯」、「潮流」和「正常」，而哪些又是「落伍」和「非典型」等。同樣的，對於認同街頭文化（street culture）的行動者而言，其所認定為可欲（desirable）、值得追求的、必須避免的，也形成一套準則；像是不少研究

者就發現，無論地域差異，「尊重」（respect）都是文化內很重要的要素，「不給面子」、「失面子」經常是衝突的重要起源（Goffman 1978, 2005）。

上述對文化的定義提供我們一些基本概念與想像，但有更多面向讓這個概念更加複雜。比方說，文化對於社群和行動者具備哪些功能，文化具備的規範性、普遍性、相對性、多元性、變動性、階序性等特性，文化的再現，文化與行動者的各種關係等；這些面向都值得逐一深入分析與探究。然而，在這之前，有三個掌握「文化」的關鍵提醒值得優先提出（儘管後面仍會陸續碰觸到相關討論）。

首先，文化不是某些特定社群具備或不具備的存在。根據文化的基本定義，我們必須認識到任何社群都有共享文化（shared culture）；文化並不是稀有財，就「本質而言」文化不存在「此消彼長」的競爭關係。文化在實際生活世界中經常被策略性地運用，因為不同社群之間的從屬與主客關係所賦予的文化階序性，所以行動者經常會習得某些群體的文化具備「優位性」、某些群體中的行動者比較「沒有文化」這類錯誤印象。

其次，文化源自特定社群所鑲嵌的背景和脈絡，必須以該社群內部的角度與世界觀才能夠加以掌握；此外，外界賦予特定文化的評價很可能會隨著主流價值觀的改變而更迭，並且可能造成文化的調整與修正。換言之，對於文化的觀察應從其原生社群與鑲嵌脈絡進行思考，同時不應抱持靜態的觀點。舉例而言，某些部落的獵人頭文化在進入現代化階段後面臨攻訐和責難，或是台灣民間信仰的燒紙錢文化在面對環境保護意識時所招致的挑戰等。

再者，儘管前面曾經提及文化類型的多元和普遍，但有些名詞不能也不宜加上「文化」一詞加以指涉。這是因為文化需要相對應的社群、行動者、實踐作為以及信念、再現等要素予以支撐。一方面，有些實踐作為並不足以構成一項文化，或至多是再現特定文化的符號之一。例如，許多人愛吃炸雞，但吃炸雞這個實踐作為並未形成一個社群（或作為特定社群的專屬再現符號），因而不會聽到炸雞文化一詞。但韓式炸雞與美式炸雞則各自扮演著再現國家飲食文化的符碼之一。另一方面，有些「文化」突然作為潮流崛起、蔚為風潮，卻在短期內殞落；或者有些「文化」因為時代久遠和社群無以為繼而沒落，這都是因為社群穩定狀況、影響廣泛程度而造成的文化存續更迭。亦即，「文化」也受到發展軌跡和生存條件所影響，需要加以檢視。

接下來，讓我們轉向文化其他面向的討論，對「文化」能有更進一步和立體的理解。

課堂活動 2-1

　　在了解文化的定義後，請每位學生試著舉出一個「文化」的例子。此舉可以讓學生主動思考形形色色的文化案例。

文化的功能

　　無論對社群或行動者來說，文化都具備不可或缺的功能。對於行動者而言，文化不但是認識社會世界的媒介，更協助形成一套世界觀。文化猶如一面面的濾鏡（filter），行動者透過特定文化去觀察世界，文化也提供認知框架（cognitive framework），讓行動者對社會世界進行分類、做出判斷，並透過文化與其他行動者溝通和互動（Brekhus 2015; Zerubavel 2009）。被特定社群文化影響的行動者，更是通過文化去賦予事物意義和詮釋意涵。舉例來說，不同文化對於「應該」、「不應該」，「早」、「晚」，「是」、「非」等的定義未必相同；行動者是因為服膺特定文化而得以做出判斷。其結果是，在普遍的情況下，文化成為行動者日常生活做判斷的捷徑或「自動導航裝置」，讓行動者不假思索地援引或透過文化來應對日常所需。換言之，只有在極少數的情境下，行動者才需要脫離文化所提供的認知捷徑去進行判斷，但即使是在那樣的情況下，行動者所浸淫的文化仍是重要的基底與參照點。

　　特定文化自然有其所鼓勵的價值觀，並影響著行動者的態度與行為；更重要的是，文化還發揮形塑行動者認同（identity）的功能。隸屬於特定社群內的行動者，幾乎會成為該社群文化的認同者；在不同文化的特殊性之下，受到特定文化影響的行動者，會逐漸對於自身隸屬社群的文化感到熟悉、自然，進而認同該文化，並將處於相同文化下的行動者視為「我群」。舉例來說，對於慶祝相同節日並遵循一致習俗者，對行動者而言就顯得格外親切。相對的，屬於不同文化者的態度、認知、思想與舉措，會顯得與自身有所差異甚至格格不入，因此被認定是「非我族類」的

「他者」（others）。換言之，文化有助於行動者定義「我群」和「他群」：一方面，行動者在面對有所差異的另類文化時，會更清楚自身的認同歸屬與自身定位；另一方面，文化也被行動者用來作為不同社群的「劃界」（boundary-drawing）工具（Brekhus 2015; Schutz and Luckmann 1989）。普遍來說，西方社會在與人打招呼時，多半帶有較多的肢體親密接觸，東方社會則以鞠躬作揖或握手寒暄。行動者可能透過打招呼的方式來判定是否來自相同文化，又或者為了融入特定社群（與文化）而盡可能改變既有態度和作法。

　　值得一提的是，藉由文化所進行的劃界工作（boundary work）未必只停留在平等的區別差異而已，往往會延伸到階序性（hierarchical）的差異劃分。在後者的情況中，文化的差異除了不同之外，還象徵著優劣。某些文化的服膺者認為文化並非平等的存在，某些文化相較於其他文化顯得更加優越、進步、高尚等；所以透過文化進行劃界之際，也代表著高低之分的判定。布迪厄（Bourdieu）知名的研究《秀異》（*Distinction*）是個經典例子，書中探討不同階級所偏好的文化，其實是用來作為階級劃界的用途，上流階級以自身所沉浸與發展的文化為榮，認定自身文化較諸中產與下層階級的文化來得優越。至於中產與下層階級也將上流階級的文化視為具備優位性，因此是理想或可欲的追求目標。隨後，文化資本（cultural capital）的概念也應運而生，這個概念體現的是，作為某些文化的乘載者其實是猶如金錢或房產般的資本，這類資本的積累或者交換，能為行動者贏得崇敬甚至實質利益（Fabiani 2018; Bourdieu 1984）。有關文化的差異、優劣與階級之分，後續有

文化資本（cultural capital）
此概念意味著作為某些文化的乘載者其實是猶如金錢或房產般的資本，這類資本的積累或者交換，能為行動者贏得崇敬甚至實質利益。

中下階層者往往會因為不了解上層階級的文化而感到困窘（陳彥汝／繪）。

更多的討論。

　　熟悉特定文化帶來優勢的例子其實比比皆是，能夠駕輕就熟地掌握古典樂與欣賞所謂「名家畫作」便是知悉上流文化的象徵，中下階層往往擔憂對這類藝術的不熟悉而讓自己在某些場合出糗或者尷尬。相對的，對於庶民文化一無所悉的上流階層便不會招致相同的後果，反而是對於這類文化的陌生或者感到新奇而凸顯自身的卓越身分。此外，在過去的台灣社會中，以閩南語作為慣用語者便經常被貼上「粗鄙無知」的標籤；直到近年，才逐漸有反對聲音指出媒體廣告不應總是讓劇情中的無知者與被教育者使用閩南語，因為這會助長複製並建構該語言（及其背後的文化）的不利地位。

文化工業

　　法蘭克福學派的霍克海默（Max Horkheimer）與阿多諾（Theodor W. Adorno）等人提出「文化工業」的概念來批評資本主義下大量生產的邏輯所造成的文化商品化與標準化。這派說法認為大量產銷的文化商品，目的僅在於營利，使文化失去了原本的精神與特質，也扼殺了精緻文化原本所蘊含的反抗元素。他們認為，文化工業下的大眾文化讓人們被愉悅地統治；故當前所流行的文化在這樣的概念下，只是用來麻痺大眾、阻絕其反抗的工具。不過，也有其他學者對於「文化工業」理論提出反思，認為大量生產文化商品有助於啟迪社會大眾，使其接觸到過去遙不可及、被上層階級所壟斷的精緻文化。

　　我們不難發現，正是因為人們通常將自身所屬社群的文化視為理所當然（take for granted）並有所認同（identify with），因此無論是純粹對於我群文化的熟悉感，或是基於認定我群文化更為優越的心態，維繫所認同的社群文化都成為極為關鍵之事。有些行動者和社群甚至發展出對於文化「純正性」的堅持與執著，這點後面將有更多討論。總而言之，當文化對於社群內部的行動者發揮著上述各種功能時，行動者會對於社群和社群文化萌生連帶感，並傾向於維繫、複製、甚至強化特定文化。文化同時有助於維繫行動者對於社群的凝聚感，並投入該社群文化的延續，甚至在極端案例中可以看到行動者為了維繫文化甘願赴湯蹈火。如同在前面所述及的，文化對行動者或社群都扮演重要的功能。

課堂活動 2-2

　　請同學上網搜尋「說台語經常被有意無意貼上無知者標籤」的廣告例子，並觀察這樣的情況在台灣是否有減少的趨勢。

參 文化的特性

　　這一節探討文化所具備的六個特性，儘管未必能夠窮盡「文化」的所有特性，但足以讓我們對文化有更深一層的掌握，以及多面向地思考。這六個特性分別是文化的普遍性（與特殊性）、文化的規範性（與神聖性）、文化的多元性（與相對性）、文化的變動性（與路徑依賴性）、文化的建構性（與策略性）以及文化的階序性（與排外性）。由這些特性可以得知，每個特性連帶蘊含著另外的相關特質，足見文化的複雜性。需要說明之處在於，這些特性是觀察大量文化後所精煉出的共通特性，但在單一文化內的呈現必然存在著程度之分。

一、文化的普遍性（與特殊性）

　　在特定社群內部，文化具備著普遍性（generality）；大多數的社群內部成員對於社群文化感到熟悉並視為理所當然。如前所述，社群文化有助於社群成員的日常判斷，據以做出符合社群期待的回應，因此可以看出社群文化能夠在成員間被普遍地認可與接受。這樣的普遍性也透過諸多方式讓新成員社會化（socialization），使得文化所帶來的態度、思想與實踐行為得以維繫。相對的，不同社群間的文化便以各自的特殊性（particularity）自居，藉以凸顯社群之間的差異與區別，並以自身的「獨特」文化為傲，例如「肖媽祖」、「放天燈」、「豐年祭」等都是屬於不同社群的文化特色。各社群文化的特殊性，會讓許多「標準化」的規定在遇到不同社群的特有文化時，必須略做調整與配合，來表示對於該文化的尊重。

二、文化的規範性（與神聖性）

　　文化看似抽象又捉摸不定，但實際上皆有助於構成社群的「底蘊」和「質地」。挑戰或違背文化中約定俗成或習以為常的態度、認知、行為和儀式等，都可能讓社群內的成員因此得以察覺文化的規範性（normative）。一旦行動者選擇違背或偏離文化所約定俗成的作法時，便可能引起正式和非正式兩種形態的懲罰。一方面，由於文化的某些內涵被具體納入法規成為明文規定，因此將引發正式的懲罰；像是台灣法律反映出文化中注重「良善風氣」和「孝順」，因此懲戒被判定「違反善良風俗」和「惡意遺棄父母」的行動者。另一方面，在違反文化所普遍接受的作法時，則可能導致非正式的負面後果，例如對偏離文化常規者報以「白眼」、給予「好奇怪」之類的評論，甚至刻意拉開社會距離，都是常見的非正式懲罰。

　　事實上，稍加延伸文化所具備的規範性其實可以發現，文化對其服膺者而言也挾帶著一定程度的神聖性（sacredness）。無論是社群內行動者因為認同而萌生對文化的崇敬，或是社群為了存續所營造與催生的文化神聖性，都會因為社群文化儼然等同於社群的象徵（symbol），因而不容許可能造成其消亡或毀滅的行徑。換言之，文化具備的規範性可被視為社群整體所產生的自我防衛機制之一，從中國共產黨策動「文化大革命」的批判，強調「中華民族五千年悠久文化」，或是文字書寫的「簡繁之爭」，都可以略窺一二。

三、文化的多元性（與相對性）

　　我們在不同社群能夠發現形形色色的文化，而單一社群內部也存在多種文化。舉例來說，飲食文化、消費文化、族群文化等，會隨著社群差異和時代差異而有所變化與更迭，這彰顯了文化的多元性。一方面，這意味著相同社會面向的文化之間存在著差異；另一方面，提醒我們現代社會中有愈來愈多面向可能萌生特殊文化（和認同）。以前者為例，像是在國家、種族和族群這一類的面向中，我們不難觀察到隨著國家、種族、族群差異而衍生出的文化殊異；甚至是單一國家、種族、族群內部也存在著不少文化落差。以後者為例，對於飲食風格的堅持，對於穿衣路線的執著，對於消費品收藏的興趣等，都可能發展出一套屬於自身的世界

不同文化對何謂「美」的體型有不同定義（陳彥汝／繪）。

觀、生活風格和日常實踐。亦即，「文化」不再是與生俱來的特質（ascribed demographic characteristics），也可以因為行動者的後天偏好和選擇而衍生。

截至目前，為了便於討論和讓讀者容易理解，本文刻意避免論及文化的複雜性，尤其是多元文化這個部分。事實上，文化的「多元性」是不容忽視的性質。譬如，相同社會面向的文化之間可能存在著矛盾、互補、對立、挑戰，或帶來改變等多種豐富關係；當然也可能囿於地理位置、資訊傳遞、排外拒斥等因素故而素未聞問。舉例來說，隨著個體主義與集體主義所開展的文化就存在南轅北轍的差異，「主流文化」和「非主流文化」，無論所指涉的是因為何種面向所產生的文化，「非主流文化」暗示著並非僅有單一、獨大的文化存在，而是有諸多不同的文化共存（儘管這也表示有的文化能夠吸引較多行動者，有的文化則較為小眾與邊陲）。由於現代社會中的各種分殊化讓人們扮演著極為多元的角色，再加上科技資訊發達、移動頻繁等原因，人們除了更容易接觸到不同文化之外，單一行動者的態度、認知和行動更無可避免地受到多種文化的左右和拉扯。前面曾述及行動者因為自身的文化認同，而形成一套習以為常的實踐方式；但也因為如此，行動者在面對不同文化之際，容易因為難以適應或者過於陌生而產生大小不一的文化衝擊（culture shock），比方說跨海求學的留學生，或者離開家鄉打拚的移民，便經常飽受文化衝擊所苦。

在介紹完文化的多元性後，我們更應該理解並尊重文化所具備的相對性。亦即，文化之間的差異大抵而言並不涉及是非對錯，各種文化都源自其所鑲嵌（embedded）的社群和脈絡，形形色色的文化均可謂「其來有自」。縱使我們可能因為自身所熟悉的文化所賦予的世界觀，以及時空

文化衝擊（culture shock）
行動者因為自身的文化認同，形成一套習以為常的實踐方式；行動者在面對不同文化之際，容易因為難以適應或者過於陌生而產生大小不一的矛盾情緒與衝突感。

脈絡的差異和轉變，認為某文化所造就的認知與作為「難以理解」或「不合時宜」，但都應嘗試以中性的立場將其置入起源脈絡加以考察、予以尊重。舉例而言，不同文化對於美醜的定義並不全然一致，當許多文化普遍推崇體型纖瘦作為女性「美」的條件之一時，非洲文化則推崇豐腴。兩者之間並不存在對錯之分，僅有源自各別文化脈絡的認知與實作差異。

▎四、文化的變動性（與路徑依賴性）

　　文化必須保持一定的穩定性，才能達到讓行動者依循、維繫社群精神等作用；前面提及的規範性和神聖性，是文化延續的要素。然而，文化其實具備變動性，蘊含著持續修改與微調的可能，才能隨著社會脈絡的變動加以調適，藉以提高其存續能力。畢竟僵固不變的文化意味著無法回應社會脈絡的變遷，並招致攻訐與質疑。在觀察特定文化時，我們建議採取動態而非靜態觀點，才能更有效地掌握發展軌跡（developmental trajectory）、洞悉變與不變。舉例來說，近年台灣社會環保觀念崛起，對於過往普遍接受的文化及其再現（representation）進行反省，呼籲取消中秋節烤肉、燃香和焚燒紙錢、放天燈等文化習俗與儀式便是顯著的例子。此外，由於現代社會的生活步調繁忙和快速，以及科技進步和觀念改變，傳統社會中嚴守的「坐月子」和婚喪喜慶儀式等都有所修正與調整。或是民俗喪禮文化跟隨現代的繁忙步調，除了將諸多儀式交由殯葬業者代行之外，相關祭祀過程也能夠「象徵式」地壓縮至數日內完成。

　　至於未能跟上文化的變動性，通常以文化脫節（cultural lag）這個概念加以涵蓋。社群中某些行動者會對於文化及其再現的改動無所知悉而無法配合，也可能是對於改變抱持著難以理解和無法接受的情況，後者可能造成特定社群內部的矛盾與不一致。例如取消中秋節烤肉、燃香和焚燒紙錢、放天燈等建議，都曾在台灣社會遭遇許多抵抗與批判。這呼應了文化及其再現所伴隨的規範性與神聖性，以及隨後將討論的路徑依賴性。由於文化的變動經常是為了回應新興價值觀與潮流，因此，即便並非必然，但許多文化脫節者都是社群中較為年長與資深的世代。例如，同性情感不再如同過往被視為「必須加以矯正的病態情感」，傳統社會因為社會條件與經濟模式所造成的「重男輕女」觀念和作為受到挑戰，以及當代社會「百無禁忌」的觀念等改變，最後都是以「世代之爭」的分野開展。

文化脫節（cultural lag）
指行動者未能跟上文化的變動。社群中某些行動者對於文化及再現的改動無所知悉而無法配合，或是對於改變抱持著難以理解和無法接受的情況，後者可能造成特定社群內部的矛盾與不一致。

隨著時代變遷，人們對於文化傳統的
堅持也會有所改變（陳彥汝／繪）。

　　毫無疑問的，我們處在一個快速變遷的年代，目睹著多元文化的興起、衰敗和改變。在強調變動性的同時，卻也必須提醒，文化的變動仍須考量其路徑依賴性：文化的改動並非任意而為，充其量只具備有限度的彈性（limited flexibility）。文化的任何變更與調整都可能挑戰社群的核心價值，過度的變更可能對文化社群造成多層面的損傷，包括正當性、實質利益、習慣以及情感和認同等。縱使仔細檢視特定文化便會發現不一致與矛盾的存在，但大幅變動意味著對於社群本質的否定。可想而知，被視為特定文化核心特質的要素較少、較難被挑戰與改變；一旦被觸及則容易引起高度爭議與競逐。舉例而言，農曆年節仍被視為重要的節慶，現代人對於傳統年節的日漸輕忽，經常引發「年味變淡」的不安評論，這是因為維繫「過節氣氛」被視為是文化的重要面向。或者是位於花蓮的馬太鞍部落其年輕世代對豐年祭中取消傳統祭告儀式感到憂心，認為這將有損自身認同。

▌五、文化的建構性（與策略性）

　　文化源自特定社群，並且是各種社會過程的產物，這是文化所具備的建構性（constructed-ness）。雖然大部分行動者在絕大多數的情境下，都是理所當然地與文化產生關係（既透過文化理解與認識社會世界，也透過文化與其他行動者溝通並投入各種實踐，甚至於改變文化），但「文化」並非自然而然或中性（neither natural nor neutral）的存在。特定文化的出現，是在多因拉扯下逐步累積成形，同時需要各種文化「再現」支撐和建構。文化扮演著提供社群凝聚力和連帶感的關鍵角色，著眼於社群本身的存續或是與其他社群的競爭之際能夠取得優勢，社群及其行動者必須對文化的要素和內涵投以關注，使其能夠發揮作用。社群內的行動者，尤其是掌握權力者，在有意識或無意識的情形下，可能以文化的建構作為手段，一方面，為了維繫和強化社群的正當性而戮力增加社群成員的認同感；另一方面，則可能藉此鞏固和提升自身的資源和地位。這類對於文化的建構，動機通常同時包括利益考量和情感連結。舉例來說，中國共產黨在創

立之初，希望凸顯與過往朝代的差異，強調「破舊立新」的決心，因此發起文化大革命藉以抹除過往文化，並發展能夠代表自身信念的嶄新文化。由此可見，任何文化並不具備「必然」和「本質」的內涵，而是受到各種社會因素的影響而被建構。

文化的建構性其實隱含著策略性的揭示：若是期望透過特定社群文化獲取利益或維繫認同，可藉由策略技術（strategic techniques）操弄文化。Zerubavel（2003）指出，策略性的透過類比（analogy）、強調（foreground）、邊緣化（downplay）、記住（remember）、遺忘（oblivion）、誇張化（dramatize）和橋接（bridge）等技巧，可以灌輸偏好的認知和態度。以行動者而言，掌握權力的菁英或有心挑戰既得利益團體者，將有更大的動機投入文化的策略建構。以時機點而言，儘管社群文化的建構絕非一蹴可及（one-shot game），而是持續建構的過程（continuously in-the-making），當社群及文化面臨正當性危機、遭逢競爭和挑戰、社群草創與關鍵時刻、社群轉型階段等，都可以觀察到更多的策略被用以加強文化之偏好面向的例子。比方說，1949 年在國共內戰失利、轉而撤退至台灣的國民黨政府，需要彰顯自身作為「五千年悠久中華文化」的「正統」繼承者，除了強調社群內行動者謹守儒家文化與慶祝相關節日外，並提出中國共產黨政府毀棄與否定中華文化的相關例證作為佐證（Yeh 2018）。此外，為求符合所欲呈現的形象和社群核心特質，不少國家會刻意選擇特定的文化特質與象徵符號來代表整體形象，例如，美國文化一向格外強調是能夠包容多元族群的「大熔爐」（melting pot），或是韓國近年來在全球積極推廣泡菜文化，都是貼切的例子。雖然沒有太多篇幅加以闡釋，但我們必須理解文化的建構性僅是有限度的建構（bounded construction），仍必須囿於社群脈絡、發展軌跡與既有的文化內涵等因素。

六、文化的階序性（與排外性）

文化是行動者用來進行劃界工作，亦即定義「我是誰」和區分「我群」和「他群」的重要參考。就理論而言，各種文化都不應有高低之分，但在現實中，不同文化除了被用來進行區分外，也經常作為排序和區分階層，這就是文化的階序性（hierarchical characteristic）。在這樣的邏輯下，社群間的文化不僅被解讀為差異，還被詮釋為高低優劣之分的來源或象

文化階序
社群間的文化差異不僅被解讀為存在差異，還被詮釋為高低優劣之分的來源或象徵。

徵。舉例來說，非主流的族群文化經常被貼上較（主流族群文化）低劣與負面特質的標籤，非裔美國人與台灣原住民經常和「懶散」與「逸荒度日」連結在一起。另外，經濟困窘者所浸淫的「貧窮文化」也和「不具遠見」、「缺乏規劃」和「不夠努力」等特質綁在一起，因此被認為較諸中上階層文化來得低等。更有趣的是，除了不同文化之間存在著孰優孰劣的階序性分野外，單一文化內部也可能存在著類似的邏輯。相同文化內的階序是用來區分誰更貼近特定文化的核心、誰又位處邊陲。換言之，誰才稱得上特定文化如假包換的代言者。比方說，同是素食文化的服膺者，奶蛋素者（vegetarian）經常認為全素者（vegan）更自我節制、更健康、更懂思考等（Yeh 2014）；同是蘿莉塔（Lolita）服飾的愛好者，「Lo 娘」還是會區分出最懂得如何穿搭蘿莉塔服飾的「種草姬」，以及搭配拙劣的「痛Lo」；或者區分愛好相同文化的他人究竟是「專業神人級」、「業餘者」或「半吊子」。

儘管各種文化在理論上不具備高下之別，但社群及行動者對於不同文化的階序劃分很容易被誤解為不同文化「本質」上的優劣之分（Yeh 2016; Harris 1985）。這類認知上的高低之分，又會因為掌握資源多寡和策略經營而被制度性地加以複製；最終造就不同文化在實質條件上的落差，進而落實和複製相關看法、加深「本質性」的解讀，進而正當化任何對於被視為劣等文化的作為。透過大量的觀察，我們可以發現程度不一的文化的排外性（exclusive-ness）。有些文化較為包容，對於殊異和甚至（被認定為）較低劣者仍抱持中性或正向的態度；相對的，某些文化則具備高度排外性，對於「非我族類」甚至是（被認定為）較低等者敬而遠之，或是抱持負面和敵視的態度。我們都不陌生的例子是希特勒時期的納粹主義對於猶太人的屠殺與迫害。著名人類學家 Douglas（2003）指出，排外性高的文化是希望維持自身的「純潔」（purity）與「正統」，並認為唯有如此才能遠離「危險」和被「污染」。

不可否認的是，時代轉變會對文化的階序性與排外性帶來衝擊。一方面，人們對於既有的階序關係進行反思，並且修改各種定義；另一方面，各種轉變也讓過往的徹底隔絕變得困難，進而撼動社群和文化之間的分界。舉例而言，過去文藝青年（簡稱「文青」）一詞被積極正面地用來指稱文學涵養深厚、具備反思能力的青年，如今「文青」一詞則多少蘊含反諷的意味。此外，由於科技與媒體的發達，階級文化之間的流通性加劇，

中下階層有更多機會接觸和習得上流文化。儘管不同文化之間的界線就某種意義而言變得較薄和容易穿透，但我們仍可觀察到位處（被認定為）上層或優勢的文化類屬不輕易放棄地位，持續透過各種方式取得文化的優位、保持自身與其他社群文化的區隔和落差。

 問題與討論 2-2

　　請同學分組討論什麼文化傳統最應該消失，以及最不應該消失。接著回到全體班級進行分享交流。

文化霸權

　　不同文化之間往往存在矛盾與競爭關係。學者葛蘭西（Antonio Gramsci）便提出「文化霸權」（cultural hegemony）的概念來指涉特定社群（他以上層社會階層為例）透過各種方式與策略，使自身文化成為足以操控其他文化的最優位文化。其結果是，該社群的文化成為主流價值或唯一圭臬（並得以寡占資源利益），其他文化則被貶抑或成為離經叛道的存在。

肆 文化的再現

　　「文化」看似抽象又難以具體掌握，但實際上為了確保社群成員能夠持續被文化所感染和影響，所有文化均必須透過各種方式持續再現和「具體化」。文化的再現方式不勝枚舉，包括：語言、符號、儀式、習俗、傳統、節日、敘事（故事、歌謠、文字）、博物館、雕像、姿勢、身體、象徵物等。舉例來說，所謂的「儒家文化」必須透過「兄友弟恭」、「尊師重道」、「百善孝為先」等價值的故事敘說和傳頌，以及強調社群整體優先性的各種習俗來加以再現；在公共區域擺放「至聖先師」孔子的雕像，以加深對孔孟文化的接受度。除此之外，為了保留「中華文化」而側重儒家精神，1949 年撤退來台的國民黨政府藉由推廣中文作為「國語」、慶祝相關節日、反覆施作習俗與傳統等方式，再現中華文化的不同面貌。反誹謗聯盟（Anti-Defamation League）最近將三指朝下的 OK 手勢歸類為仇恨象徵符號，控訴這樣的身體姿勢是白人至上文化的再現方式之一。無論東方

文化再現
為了確保社群成員能夠持續被文化所感染和影響，所有文化都必須透過各種方式持續再現和「具體化」，以確保文化能夠持續地影響行動者，達到社群本身存續的目標。

東西方文化的禁忌有所不同（陳彥汝／繪）。

或西方文化中，對數字「4」和「13」仍然存在禁忌，也再現在醫院、旅館的樓層規劃和電梯按鈕上。文化的再現方式又可以根據抽象與具體的程度加以分類，比方說，語言、文字與故事等是屬於較為抽象的再現類型；建築風格、雕像、畫作、圖騰、紋身，甚至是親身參與的儀典等，則是屬於較為實質的再現類型。由於這些再現方式與集體記憶建構的高度重疊性，就某種程度而言，特定社群是透過集體記憶的建構來再現和維繫相應文化。

我們很難窮盡列舉文化所有的再現方式，這是因為文化的再現極為反覆（repetitive）和冗贅（redundant）。文化之所以透過多種類型以及採取反覆的頻率再現，目的是確保該文化能夠持續地影響行動者，達到社群本身存續的終極目標。舉例來說，用來再現儒家文化的習俗和傳統多到難以計數，這意味著有層層套疊的再現同時被用來體現該文化。不過，如同前面討論過的，文化其實具備著變動性，會持續根據鑲嵌脈絡進行調整與修改，以提升延續性和普遍接受度。於是乎，特定文化相關的再現會被調整、新增、邊緣化甚至廢止。比方說，儒家文化的諸多儀式、風俗與習慣在講求效率的現代社會經常被批判為「不合時宜的繁文縟節」，因而在過去必須遵循的許多規矩在現代社會中被省略。但是，某些文化再現牽涉到較為核心的文化內涵和精神，於是有著相對高度的神聖性、較少被質疑和挑戰、也較少被調整與刪改；某些文化再現則對應到較為邊陲的文化內涵和精神，於是較容易被割捨和廢止。當然，上述觀察也可能因為時代脈絡的劇烈改變、提出挑戰的嶄新文化具備更高的正當性等因素而有所變化。

文化再現所具備的政治性可分為四點扼要說明。第一，當特定社群和文化遭遇危機時，會透過格外綿密的文化再現來維繫和增強正當性（legitimacy）。不少學者發現，遭遇正當性質疑的文化會透過發明更多的

新傳統、節日、故事等來化解危機。換言之，試圖透過更多的文化再現來增強對於社群成員的影響力。第二，用來再現文化的相關元素是形塑認同的重要來源，並成爲劃界工作的重要憑據。根據這樣的邏輯，不同文化之間爲了營造自身的獨特性、維持「界線」（boundary），有時也會不願意與其他文化共享符號、節日、儀式等；或者出現競逐和搶奪文化再現元素的情況。比如，爲了打造自身的文化認同，越南於 1930 年代推出象徵自身文化的國服「奧黛」，用以區別與中華文化的差異。此外，社群間會針對具備特定正面象徵意涵的文化元素，爭奪誰才是發明者、創始者、正統繼承者等。韓國針對「端午節」、「漢字」、「活字印刷術」向聯合國提出世界遺產的申請，便曾引起「竊奪中華文化」爭論。第三，透過壓縮文化再現的可能與項目，可以達到壓抑與扼殺特定社群文化之目的。比方說，禁止說特定社群的「母語」；未能尊重特定社群文化的特殊節日、剝奪（或未慮及）其過節的權利等。第四，握有權力者可以透過資源分配讓行動者思索與正視社群的邊界和特殊性，並透過發明社群傳統和催生其他類型的文化再現項目來提升社群意識。握有資源者所制定的遊戲規則、偏好的行爲態度、對於行動者意見的包容性等也扮演關鍵角色。比方說，文化部自 1994 年起，持續透過經費補助，希望藉由鼓勵各地社區對於在地文化的思索和再現來營造社區意識，儘管相關成果有目共睹，卻因爲無法持續帶動更多行動者進入過程，近年開始反思如何擴大參與和深化民主。

 課堂活動 2-3

　　請同學分成小組比賽列舉台灣文化中存在的「禁忌」，以列舉數量較多的團隊獲勝。接著請同學一起反思：（1）各組所舉出的禁忌是否有重疊之處，（2）各組是否都聽說過其他組別提出的禁忌，（3）社會變遷是否讓某些禁忌不再被遵守。

你的記憶不是你的記憶

法國哲學家哈伯瓦斯（Maurice Halbwachs）指出：當人們以爲記憶是屬於自身之際，其實有很大部分的記憶皆爲社會的產物。集體記憶 (collective memory) 其實和社群的文化與認同密切相關，特定社群往往透過集體記憶的建構與維繫來促進成員的認同。英國歷史學家霍布斯邦（Eric Hobsbawm）就以「被發明的傳統」（invented tradition）這個概念，描述有些被認爲有久遠歷史的傳統，其實有比想像新近的源頭，而且許多傳統的發明是爲了鞏固社群向心力，他因此指出社群會透過發明傳統來創造或強化社群文化的再現，以提升成員對於群體的凝聚力。

伍 行動者與文化

稍加檢視，不難發現行動者與文化之間存在著複雜和有趣的關係。第一，行動者之所以受到特定社群及文化的影響，可大致區分爲「消極進入」與「積極選擇」兩種。「消極進入」是指特定行動者之所以成爲特定社群的成員，並非基於自身的選擇，而是與生俱來的人口特質或其他行動者的選擇而成爲特定社群的成員，並受其文化所耳濡目染、成爲服膺者。舉例來說，行動者沒有經過主動選擇，「與生俱來」（born into）就是特定國家、族群、性別、年齡層的一分子。不過，我們也可以觀察到，行動者之所以成爲特定宗教信仰或飲食習慣社群的成員，是在年幼時期由家中長輩決定，例如年幼受洗或家中習慣茹素。相對的，有些行動者之所以受到特定社群及文化的影響，是因爲自身的「積極選擇」；有的行動者受到特定社群及文化的精神與理念所吸引，於是有意識地選擇加入特定社群、擁抱該社群之文化。比方說，受到特定社團組織的吸引而選擇加入該社群，並且努力學習和協助推廣社群文化。此外，行動者也可能因爲嚮往特定國家的文化和社會氛圍，而選擇移民並改變原本消極進入的文化類屬。根據這樣的邏輯，「積極選擇」特定社群和文化的行動者，相較之下都涉及較多的主動性、思慮和「下定決心」，因爲在很多時候這樣的改變都需要離開原本的社群和文化。儘管透過「積極選擇」所進入的社群和文化會大幅影響行動者的態度、認知和行動，但消極進入者也可能因爲長久以往的潛移默化或者未能慮及改變的可能而根深柢固。

第二，人們無論是「消極進入」或「積極選擇」特定社群和文化，都

必須透過社會化（socialization）或再社會化（re-socialization）來習得特定社群內普遍接受的文化。社會化指的是透過多元的場址、媒介、人物等來掌握該社群普遍接受的習俗、規範和規則；再社會化則意指由於環境改變、脈絡轉變等因素，必須在既有的社會化基礎之上重新習得一套習俗、規範和規則。過去談到社會化和再社會化時，都普遍地指涉讓社群成員認識社群的規範與習俗等，但其實最關鍵的是習得社群文化。舉例來說，許多重要他人（significant other）如父母、朋友、老師等，都是我們習得社群文化的重要「導師」（mentor）；有些社群文化能夠透過該領域的佼佼者公開分享的資訊，或是網路上所找到的資訊等加以學習，像是如何成為韓流文化的一分子便是很好的例子。

　　第三，行動者不應被理解為文化傀儡（cultural dope）。儘管截至目前的討論，我們述及行動者如何將社群文化視為理所當然、經常不加思索地運用，消極地成為特定社群文化的成員、經由社會化與再社會化習得社群文化等，但這並不意味著行動者和所處文化之間的關係只是或只能是如此單調。事實上，根據齊默爾（Georg Simmel）等學者的論點，由於現代社會中的行動者必然具備多種身分，無可避免地處在多種社群內、同時受到多種社群文化影響。各種文化的指引可能存在矛盾與不一致，造成行動者面臨必須主動進行權衡與判斷的情況；此外，行動者受到不同社群文化影響的發展軌跡，以及現代社會容易接觸到不同文化和另類觀點的趨勢等，都造就了行動者具備較多的特殊性和較高的主體性。換言之，行動者絕非「文化傀儡」，只會被動地受到文化所影響，對於特定文化唯命是從，以及單純作為特定文化的服膺者和複製者。

　　第四，行動者和文化之間的關係包括服從文化、重新詮釋文化、挪用文化、反抗文化、顛覆文化，以及創造新文化等多元樣貌。社會功能論者 Merton（1983）提出緊張理論（strain theory）將行動者與文化的多元關係加以類型化。Merton 根據行動者對於特定社群文化提供之目標與允許的達成手段，指出行動者與文化的五種關係：（1）順從型同時接受文化提供之目標與允許的達成手段；（2）創新型接受文化提供之目標，卻不接受文化允許之達成手段；（3）儀式型接受文化允許之手段，但感受不到文化鼓勵之目標的意義為何；（4）退縮型既不接受文化所鼓勵之目標，也不採用文化允許之達成手段；（5）反叛型既肯定又否定文化所鼓勵之目標與允許的達成手段。在絕大多數情況下，特定社群中大部分的行動者為順從

型，創新型經常採取「違反常規」的行動來突破既有限制（犯罪者屬於這類），儀式型採取形式主義度日（公務人員經常被視為這類），退縮型往往退出各項社會互動，反叛型則是對於既有社群文化感到質疑和失望，所以企圖發起改革或革命。不過，必須提醒的是，我們不應過度誇張行動者與文化之間的關係是隨心所欲的，畢竟因為路徑依賴、惰性、情感上的習慣與認同和文化親近性等原因，行動者經常受限於特定文化所構築的框架。

更有趣的是，為了說明行動者與文化之間的關係，學者 Swidler（2013）提出「文化作為工具箱」（culture as a tool kit）的概念。Swidler 想傳達的重點是，一方面，單一文化是個集合體（collection），內部存在著多元意義、甚至是矛盾與不一致，所以不是一個純粹穩定的意義網絡；另一方面，行動者因此得以策略性地（strategically）利用文化，將文化當作滿足脈絡情境的工具箱，揀選文化中對自己眼下情況有利的內容加以運用。舉例來說，如果一對情侶要安慰彼此遠距離戀愛不是問題，就會援引文化中「距離創造美感」、「小別勝新婚」，而不是「近水樓台先得月」這類的概念。此外，端看行動者想要正當化的行為究竟為何，便可以援引文化中「讀萬卷書，不如行萬里路」或「秀才不出門，能知天下事」兩個恰好相反的說法作為工具。當然，行動者未必很有意識地進行策略選擇，更不是說每次從文化工具箱中進行揀選時，都能夠找到適合的工具、或者能夠成功達到目的。畢竟，行動者熟悉和使用文化工具箱的能耐仍舊有程度之分。

第五，有些社會條件與情境脈絡會讓行動者特別需要主動思考和面對文化內涵、文化存續及文化競逐等議題。在某些社會文化內涵中，能夠兼容並蓄地包含內部不同與多元的文化類型，因此顯得相對的包容（inclusive）和趨於穩定；在這情況下，行動者多半將文化所提供的指引視為理所當然、普遍接受。然而，在殖民、後殖民、移民、衝突過後的各種社會中，誰應該接受何種文化，何種文化作為主流文化與優勢文化，文化透過何種方式被灌輸給誰，文化之間的競逐與壓迫等，就成為不可忽略的關鍵議題。在這樣的社會中，我們可以觀察到刻意區分的文化劃界工作，否定「他群」的文化、努力拓展我群文化的影響力，搶奪文化主導權，或在權威壓迫下的文化保存工作等。這些在文化層面上的競爭和爭論，其實都是關於行動者認同的依歸，哪個社群才是我們的社群，何種社會才是我們追求的社會，何種生活方式才屬於我們的生活方式等，極為深刻的問

■
文化作為工具箱
（culture as a tool kit）
單一文化內部存在著多元意義、甚至是矛盾與不一致，所以不是一個純粹穩定的意義網絡；行動者因此得以策略性地利用文化，將文化當作滿足脈絡情境的工具箱，揀選文化中對自己眼下情況有利的內容加以運用。

題。

　總結來說，關於行動者與文化的討論，想要傳遞的是文化的萌生、複製、延續、強化、繼承、模仿、同化與發明等，都需要行動者居中扮演重要角色。行動者可能是文化的順從者也可能是改革者與反抗者，更有甚者，特定個體可能是某些文化的順從者，卻是其他文化領域的革命者。

 問題與討論 2-3

　　請同學討論哪些文化具備優位性？哪些文化遭到打壓與貶抑？是誰這麼做？又是透過哪些作法促成上述結果？

陸 文化研究及其提醒

　經過上述介紹，應該不難理解為什麼對社會和社會學而言，文化是很關鍵的元素。一方面，文化涉及了社群、連帶感、認同、世界觀、態度認知、實踐準則等，和行動者息息相關的要項；另一方面，文化同時蘊含著情感連結、神祕難解、迷人入惑和策略權謀等豐富面貌。不意外的是，社會學除了針對「文化」進行理論分析外，更針對不同文化進行諸多實證研究，藉以掌握特定文化的實質內涵（Venkatesh 2018; Humphreys 2016）。基於文化所具備的各項特性，研究者必須透過長期進行實地觀察的田野研究，甚至親身參與和深度對話來蒐集質性資料，才能達成 Geertz（1973）所謂的「深描」（thick description），並對特定文化進行有效的詮釋與分析。不過，若想要對不同文化的異同與變遷趨勢進行有系統的比較，蒐集大量樣本的量性問卷調查也是可以採行的研究方法。

　從事文化研究之際，除了必須顧及研究倫理的課題，以保護被研究者與研究者之外，以下提出三個提醒，讓所謂的文化研究能夠更臻完善。第一，特定文化源自其鑲嵌脈絡，應平等地看待各種文化並加以觀察和分析。早期的文化研究經常是人類學學者鎖定地處遙遠的島嶼部落進行觀察，這些歐美背景的學者往往將這些部落文化視為屬於「他者」（others）的「落後」和「初始」文化，並自詡自身社群的文化是遠為「優越」的「先進」文化（幾乎忘卻了彼此僅是位處不同地理區位的同時代文化）。

這樣的定位讓早期學者經常以一種「獵奇」和難以理解的口吻去描述在部落中所觀察到的文化再現（如儀式、習俗等）。Miner（1956）對於這樣的傾向極為不滿，於是以極度反諷的方式完成一篇文章，講述 Nacirema 人群日常從事的奇妙儀式，文中將這類儀式描述為極端難以理解的實作行為，最終則發現其所描述的僅是美國人的刷牙過程（Nacirema 其實只是 American 的倒寫）。Miner 希望藉此能夠讓本位主義過於強烈的研究者們，平等看待各種文化，進入文化脈絡去理解各項文化再現所蘊含的意義。

第二，我們周遭存在各種值得探究的文化，對這些習以為常的文化，若想要妥當地加以觀察與分析，便需要打破過去視為理所當然的一切。學者 Becker 提醒，我們對於自身所處的文化過於熟悉，難以掌握到值得分析之處，因此需要「化熟為生」、轉換自身角度，方能找到所處文化中的特殊性及背後成因。舉例來說，參與跳陣頭的行動者可能難以察覺各種儀式與象徵符號，以及當中所隱含諸多的神聖與凡俗區分；此外，行動者可能對於所處的組織文化過於習慣，而難以察覺其間的不合理性和特殊性。

第三，文化研究的普遍趨勢是對於非主流文化（non-mainstream culture）進行探問和觀察，反而容易將主流文化視為「預設值」（default），忽略對於主流文化的掌握。有學者因此建議應重新調整文化研究之比重，同時關切主流文化。鑽研文化領域的學者 Brekhus（2015）指出，我們經常不成比例地投入資源和研究精力在非主流和被標示（marked）的社群文化，結果是對於主流文化及成員反而缺乏理解。比方說，研究者經常把焦點放在偏差青少年的幫派文化與街頭文化，而忽略那些「循規蹈矩」青少年所浸淫的文化。

 課堂活動 2-4
　　請同學分組討論校園中有哪些習以為常的文化？例如儀式、傳統等。

迷因圖

　　近年國內外都掀起一股製作迷因圖和傳閱迷因圖的風潮，成為網路世界中又一個有趣的現象，值得對其進行嚴謹的文化研究。其實，要讀懂迷因圖、掌握到當中所埋的「梗」和「笑點」，需要對於內容所對應的特定文化有所理解才能達成。能不能讀懂迷因圖、有沒有跟上最新迷因圖的節奏，也與文化有關。這和是否理解流行用語有著異曲同工之妙。

柒　結語

　　本章從各種面向拆解「文化」這個極為關鍵的社會元素，探討了文化的定義、文化的功能、文化的特性、文化的再現、行動者與文化，以及文化研究及其提醒。希望藉由這樣的討論，讓大家較能掌握「文化」，並認清文化並非抽象難懂、遙不可及的存在，而是與你我的日常生活和自我定位息息相關，因為我們都透過「文化」來與他人互動。最後，我們也希望藉由對於「文化」的討論，提醒尊重多元和反思己身的重要性。

延伸閱讀

Alice Goffman 著，李宗義、許雅淑譯，2018，《全員在逃：一部關於美國黑人城市逃亡生活的民族誌》。台北：衛城。

　　社會學家進入研究田野觀察黑人的城市逃亡生活，在研究特定文化的研究方法與研究倫理上有諸多值得反思之處。

葉欣怡、陳亞筠，2018，〈Lo 星人來了，地球人注意：「蘿莉塔」作為一種自我認同〉。巷仔口社會學，https://twstreetcorner.org/2018/10/16/yehhsinyichenyayun/

　　本文介紹蘿莉塔作為一種穿衣文化，該文化讓愛好蘿莉塔穿衣風格的「Lo 娘」產生認同、影響其世界觀。

參考書目

Barker, Chris and Emma A. Jane 著、羅世宏譯，2004，《文化研究：理論與實踐》。台北：五南。

Berger, Peter L. and Thomas Luckmann, 1991, *The Social Construction of Reality: A Treatise in the Sociology of Knowledge*. London: Penguin.

Bourdieu, Pierre, 1984, *Distinction: A Social Critique of the Judgement of Taste*. Cambridge, MA: Harvard University Press.

Brekhus, Wayne H., 2015, *Culture and Cognition: Patterns in the Social Construction of Reality*. Malden, MA: Polity Press.

Douglas, Mary, 2003, *Purity and Danger: An Analysis of Concepts of Pollution and Taboo*. London: Routledge.

Fabiani, Jean-Louis 著、陳秀萍譯，2018，《布赫迪厄：從場域、慣習到文化資本，「結構主義英雄」親傳弟子對大師經典概念的再考證》。台北：麥田。

Geertz, Clifford, 1973, "Thick Description: Toward an Interpretive Theory of Culture." Pp. 143-168 in *Turning Points in Qualitative Research: Tying Knots in a Handkerchief*, edited by Yvonna S. Lincoln and Norman K. Denzin. Walnut Creek, CA: AltaMira Press.

Goffman, Erving, 1978, *The Presentation of Self in Everyday Life*. London: Harmondsworth.

Goffman, Erving, 2005, *Interaction Ritual: Essays in Face-to-Face Behavior*. New Brunswick, NJ: Aldine Transaction.

Harris, Marvin, 1985, *Good to Eat: Riddles of Food and Culture*. New York: Simon & Schuster.

Humphreys, Laud 著、高穎超譯，2016，《茶室交易》。台北：群學。

Merton, Robert K., 1938, "Social Structure and Anomie." *American Sociological Review* 3(5): 672-682.

Miner, Horace, 1956, "Body Ritual among the Nacirema." *American Anthropologist* 58(3): 503-507.

Schutz, Alfred and Thomas Luckmann, 1989, *The Structures of the Life-World: Volume II*. Evanston, IL: Northwestern University Press.

Sewell Jr., William H., 2005, "The Concept(s) of Culture." Pp. 76-95 in *Practicing History: New Directions in Historical Writing after the Linguistic Turn*, edited by Gabrielle M. Spiegel. London: Routledge

Swidler, Ann, 2013, *Talk of Love: How Culture Matters*. Chicago: University of Chicago Press.

Venkatesh, Sudhir 著、黃意雯譯，2018，《地下紐約：一個社會學家的性、毒品、底層生活觀察記》。新北：八旗文化。

Yeh, Hsin-Yi, 2014, "Voice with Every Bite: Dietary Identity and Vegetarians' 'The-Second-Best' Boundary Work." *Food, Culture & Society* 17(4): 591-613.

Yeh, Hsin-Yi, 2016, "Classification of Edibility and Inedibility: Unveiling the Sociomental Logics beneath Food Habits." *Theory in Action* 9(4): 22-40.

Yeh, Hsin-Yi, 2018, "Telling a Shared Past, Present, and Future to Invent Nationality: The Commemorative Narrative of Chinese-ness from 1949 through 1987 in Taiwan." *Memory Studies* 11(2): 172-190.

Zerubavel, Eviatar, 2003, *Time Maps: Collective Memory and the Social Shape of the Past*. Chicago: University of Chicago Press.

Zerubavel, Eviatar, 2009, *Social Mindscapes: An Invitation to Cognitive Sociology*. Cambridge, MA: Harvard University Press.

第 3 章

團體與組織

- 前言
- 團體
- 組織
- 結論

■熊瑞梅

摘　要　▶

1. 台灣社會經歷工業全球化和現代化的衝擊，來自中國與東南亞的外籍配偶增加後，民眾對於新住民的內外團體歧視減少，包容性也逐漸增加。此外，以網路為媒介的網路社群跨界多元團體的行為模式持續增加。

2. 科層組織是工業化和現代社會的典型組織模式，但在東亞經濟組織模式上，卻展現鑲嵌於各自制度文化的組織特性。台灣的傳統中小企業展現了垂直分工、層層外包協力合作的彈性生產網絡，以及快速學習創新與工匠精進技藝能力，促進產業技術升級的制度化特性。

3. 台灣非營利組織在解嚴後快速成長，但 2000 年之後，民眾參與社團比例下降。慈濟功德會與社區營造組織都是台灣非營利組織社會力的獨特歷史制度發展經驗；近年來以網路為主的社會運動組織模式崛起，例如 318 學運和反送中案例。

4. 近年來，全球公民社會漸漸形成共識，全球化的大型企業必須善盡全球公民社會責任的義務；此外，有些第三部門的組織結合企業與社會的資源，發展成社會企業的組織形式。

壹 前言

團體與組織是現代社會無所不在的社會結構單位。團體原本是人們最基本的社會結構單位，兩名以上的人聚在一起，便可能發展出團體的特質。在都市化、工業化的時代，全球化及國際移民快速成長，台灣民眾接觸新住民的機會越來愈多，使用內外團體來區別團體的歧視與包容互動，成為全球化與多元民主社會的新興現象。此外，隨著網路與通訊科技的發達，新興人類在網路上建立虛擬的網路社群團體，並且串連成一個全球化的複雜組織網絡。

西方社會在工業化的過程中，大企業朝向「科層制」的組織模型發展。反觀台灣，隨著全球化的產業分工的位置升級，台灣企業的組織模式逐漸從地區化的組織模式，進入全球化市場分工的組織形態。台灣和南韓、日本的不同之處，在於從各自的政治經濟歷史與文化脈絡環境，發展

出獨特的企業組織制度特色。台灣中小企業透過家族和人際關係網絡，建構了彈性協力生產網絡的制度特性，並且在面對全球化市場的產業競爭過程中，展現了產業技術升級的組織制度特性。

　　隨著台灣社會的民主化，宗教組織和社區總體營造組織是主要的非營利組織，以網路為媒介的社會運動組織也日漸崛起。新自由主義造成高度的不平等、金融危機，以及環境資源濫用與破壞，故全球化的非營利組織積極促成企業對社會責任的制度化機制；非營利組織也朝向社會企業方向轉型，創造自力更生的創新營利活動。

　　本章主要目的在於如何理解團體和組織的定義，尤其是在工業化、全球化和新科技的社會變遷力量下，可能發展的各種團體和組織形態以及衍生的概念。在台灣的發展經驗下，團體和組織發展所鑲嵌的全球化位置與制度脈絡結構特性，也是本章在介紹團體與組織概念時，會特別反省討論的重點。

貳　團體

一、團體的定義

　　團體（group）是指具有相同規範、價值和期望的一群人，彼此規律地互動且認知對方為團體成員。大學社團或志同道合的朋友團體，或兄弟會和結拜兄弟都是一種團體類型。一般而言，團體成員會分享隸屬感，而不只是一堆人（aggregate）的組合，也不是將人口依照職業分類的統計類屬（category）。團體的定義可大致分成三個成分：一群人聚集在同一個地方、有共同的特質、是一個有集體認同的社會系統。一個團體包括兩人以上的成員，團體成員互動的關係網絡密度高，故容易形成一個有集體認同的團體界線。

> **團體（group）**
> 指一群人具有相同規範、價值和期望，彼此規律地和有意識地互動。

二、團體的類型

　　由於全球化與科技化的發達，人們在社會互動過程中經常出現的團體類型有：內外團體、同輩團體、社會網絡與虛擬社群。

外籍移工在台灣社會的公開場合互動（Tsai-Ding Lin／攝）。

1. 內團體和外團體

　　內外團體（in-group and out-group）是人們在生活中很普遍地傾向於認同自己的團體，排斥他團體的行為現象，這個概念首先由孫末楠（Sumner 1906: 12-13）提出，內團體是一群人彼此有我們團體的隸屬感，而外團體是某一群人，覺得自己不屬於某個團體，相對的會產生外團體的感覺。這種思維是區分人的典型刻板印象邏輯，強調內團體成員的優越，故容易出現以雙重標準論斷別人，例如內團體所允許的行為，當外團體的人從事時，卻不被允許接受。社會學家莫頓（Merton 1968: 480-488）將這種過程稱為內團體的道德轉化成外團體的罪惡，例如基督徒對猶太教徒便曾出現這種內外團體的雙重標準，將基督徒與基督徒在一起視為理所當然，是弟兄彼此相愛，卻認為猶太教徒與猶太教徒在一起是製造氏族社會的行為。

　　當社會越來越全球化、國際移民越來越普遍化後，社會中不同國籍移民之間的接觸互動越來越頻繁，人們也會使用國籍來區分內／外團體。2000 年後中國和東南亞外籍配偶快速增加，民眾對於外籍配偶的態度從最先的排斥到近年大幅改善，但對於中國籍配偶的態度仍然比較不友善（陳志柔、吳家裕 2017）。

2. 同輩團體

　　同輩團體（peer group）是指人們與相同人口特質和共同興趣利益的人組成的團體。青少年的同輩團體往往對青少年的偏差行為產生很大的影響，例如青少年組成的同輩團體若有人抽菸，則其他團體成員抽菸的機率便較高。青少年的同輩團體往往從班級互動和友誼關係發展出來，也經常會因為物以類聚、互相吸引而聚在一起，甚至往往有性別隔離的小團體現象，例如男生和男生、女生和女生聚在一起的小團體現象（楊天盾、熊瑞梅 2018）。

內團體（in-group）
是一群人形成的團體，成員彼此有我們團體的隸屬感。

外團體（out-group）
是某一群人，覺得自己不屬於某些團體，相對於那些成員有外團體的感覺。

同輩團體（peer group）
在青少年成長的過程中，影響行為最強的是學校同年齡朋友所組成的團體，尤其對青少年的偏差行為會產生很大的影響。

台灣民眾對外籍配偶的態度變遷

隨著全球化與多元化的發展趨勢，台灣在 2000 年以後，來自中國和東南亞的外籍配偶持續增加到持平發展（陳志柔、吳家裕 2017）。對台灣本地人而言，是否接納這些人為公民的態度，代表著台灣人接納這些新住民為內或外團體的包容度。陳志柔、吳家裕（2017）使用「台灣社會變遷基本調查」2004-2014 年的資料，發現民眾對於中國和東南亞外籍配偶轉成台灣公民的態度呈現開放的趨勢；高教育程度者始終是比較包容的態度；過去泛綠傾向者較不接納新住民的態度，過去十年間也已經轉變，漸漸沒有政黨傾向的差異。本省族群和泛綠選民，相對於外省族群和泛藍選民，對於東南亞籍配偶取得公民權的態度，已經沒有顯著差異；但對中國籍配偶取得公民權，仍舊存在態度差異，而且男性比女性包容這些新住民。顯然，內外團體衍生出對外團體的包容態度，會因為時間、不同的社會位置條件，外團體對自身團體利益的衝突，而產生不等的態度看法。（資料來源：筆者整理）

3. 社會網絡

社會網絡（social network）是人與人在各種不同類型的社會關係中，直接或間接地連結成蜘蛛網狀的關係結構模式。社會網絡最小的社會結構是兩者關係（dyad），當第三個節點加入原有的兩者關係時，會形成三者關係（triad）的網絡結構，A、B、C 三者的關係可以是 A 喜歡 B 和 C，若 B 也喜歡 C，則三者關係是平衡的關係結構。

自 1970 年代以來，社會學家認為團體已經是一個不切時宜的概念，因為在全球化現代社會中，人們經常在不同的團體間建立友誼關係網絡，團體界線越來越模糊。楊天盾、熊瑞梅（2018）發現國中男生班的友誼網絡有較多橫跨不同小團體的網絡連結，網絡可以透過擴張並出現層級化；女生班的網絡則傾向於建立比較少跨團體連結的三者關係小圈圈網絡。

此外，人們更常鑲嵌在從自己的小圈圈的副網絡（sub-network）關係，連結到許多其他的副網絡的大型網絡中，例如臉書上的社群網絡便呈現這種小世界網絡（small world network）的特質。小世界網絡包括許多高連結的副網絡，這些副網絡彼此連結，即使有成千上萬個節點的網絡，任何兩個節點間的距離只要平均少於六個步驟，便可互相連結；故小世界網絡是相對有效率的資訊傳播複雜系統（Watts 1999）。林季誼、熊瑞梅（2018）發現台灣的半導體產業在 2000 年之後，董監事網絡的連結呈現小世界網絡的現象，雖然此種產業的公司越來愈多，但產業內不同公司的董

社會網絡（social network）
一種由社會聯繫（social tie）連接（connect）起來的社會結構模式，也可以解釋為人與人在各種不同類型的社會關係中，直接或間接地連結成蜘蛛網狀的關係結構模式。

小世界網絡（small world network）
在臉書上的社群網絡便呈現小世界網絡的特質。小世界網絡包括許多高連結的副網絡（sub-network），這些副網絡彼此連結，在這樣的網絡現象中，即使有成千上萬個節點的網絡，任何兩個節點間的距離只要平均少於六個步驟，便可互相連結。

監事彼此重疊連結越來愈多，使得產業公司間的距離越來越短，訊息交換更加有效率。

4. 虛擬社群

　　網際網路越來越發達後，在網路上經營社群很普遍，這樣的網絡線上團體或社群一般稱作虛擬社群（virtual community）。例如：在 PTT 的平台上有相當多的虛擬社群，包括八卦版、政治版、西施版色情討論社群（莊雯琦 2018）。虛擬社群具有的特質是：（1）團體成員之間的互動關係主要是透過網際網路發展出來，（2）社群成員具有匿名性，（3）由於成員經常在不同社群中流動，可以在不同團體中扮演不同身分角色，（4）成員自主性高，彼此間的互動關係比較平等（林鶴玲 2001）。

> **課堂活動 3-1**
> 　　請同學搜尋自己或朋友的臉書或 Instagram，整理各自互動連結的網路社群，並且進行討論。

> **課堂活動 3-2**
> 　　請同學針對自己參加的網路社群，或是最常瀏覽的網路社群進行討論分析。

參　組織

一、韋伯科層組織

　　科層制是勾勒西方工業主義強調理性與效率的組織典型形式。韋伯（Weber 1947）將西方資本主義發展過程中普遍使用的理性化組織結構稱為科層組織，這個科層組織結構具有如下的典型特質。

虛擬社群（virtual community）
網際網路越來越發達後，網路成為人們發展興趣團體的最佳平台。在網路上經營社群，發展各種團體社群的現象逐漸普遍，這樣的網絡線上團體或社群一般稱作虛擬社群，例如臉書社群或 Instagram 社群。

科層組織（bureaucracy）
西方資本主義工業社會中普遍的組織形式。組織結構特質包括分工、權威層級、成文的規則和規定、非私人性、技術品質為基礎的聘僱法則。

1. 分工

科層組織是將組織分成許多部門，各司其職，通常依照個人的專長將人力安置在各個部門職位。科層組織為了常保各部門員工的專業能力，會在員工進入公司後加強專業訓練工作，以確保整個組織持續保持效率。專門化分工極度細密的典型例子是福特汽車廠的生產線分工方式，每一個生產流程的位置就如小小的螺絲釘，每一個位置的角色表現，都採標準化與專門化的動作。

2. 權威層級

組織的命令監控督導系統是由上開始，層層向下的組織設計安排模式，每一個位置一定有另一個更高層權威來管理、監控或督導。不論公私立組織，位置權威的安排都呈現上下層級的結構特性，例如：公務人員機構有部長—次長—處長—科長—股長—股員等層層往下的權威位置，私人製造業公司的位置權威設計普遍是總經理—經理—副理—主任—課長—班長—作業員。

3. 成文的規則和規定

科層組織中各部門在關鍵慣例事務處理上，有成文的法規辦法，例如：台灣各大學校園民主化的過程中，學校的組織逐漸朝向科層制的特質，各種組織規則和辦法越來愈多，教師聘任、升等或學生修業都有統一的規則。在極度科層化的組織中，例如福特汽車生產線上的工人，會有成文的工作手冊描述工作的規則與規定。

4. 非私人性

在科層組織中，個人的喜怒哀樂等情緒不適合帶進組織的工作過程中。組織成員依照各自的位置和角色，遵循組織上下層級命令系統和規定與辦法彼此互動。在互動的過程中，不考慮過去既有的關係和交情，以及他人的感受與喜好。

5. 以技術品質為基礎的聘僱原則

科層組織聘人的原則是依照組織位置角色需要的技術能力，而不是依照特殊關係與交情聘僱。同樣的，組織的升遷也有明確的制度，強調工作

表現能力與品質的條件。聘僱升遷以能力爲標準，能掌握公平的法則，激發員工努力工作，進而創造組織整體的生產力。

二、科層制的延伸與負面效果

1. 組織的麥當勞化

麥當勞化
（McDonaldization）
麥當勞化的組織模式
具有四個特質：（1）
強調客戶下單到獲得
下單食物間的快速和
效率，（2）生產流程
標準化和可計算性，
（3）產品結果可預測
性，（4）監督與控制
使用非人性化的科技
流程。這種速食生產
組織模式能夠大量製
造並降低成本，但也
創造了未必健康的速
食消費文化模式。

麥當勞是美國速食文化組織傳播到全球市場的典型案例。麥當勞的實務生產標準化、大量生產線流程、組織分工和工作手冊流程標準化的運作模式，影響了其他的組織模式，例如台灣麥當勞座落的附近往往有摩斯漢堡，全球總店數達1,153家（2019年底）的85度C的生產組織模式，都具有麥當勞式的組織特質。

George Ritzer（1997）認爲速食產業組織爭相模仿麥當勞式的組織管理模式，可說是將韋伯的科層組織延伸並複製在不同的地方或國家。麥當勞組織模式具四個重要組織特質：（1）強調客戶下單到獲得下單食物間的快速和效率，（2）生產流程標準化和可計算性，（3）產品結果可預測性，（4）監督與控制使用非人性化的科技流程。這種速食生產組織模式能夠大量製造並降低成本，但也創造了未必健康的速食消費文化模式，無形中讓人們掉入另外一個理性化的生產消費文化所衍生的鐵牢籠組織（Iron Cage Organization）。

麥當勞和摩斯漢堡比鄰開店（資料來源：國立政治大學地政系徐世榮教授，在〈「麥當勞」與「摩斯漢堡」之間〉）。

2. 目標轉置

科層組織強調依據目標來設計組織分工和執掌，但大部分的組織經過長期的發展過程，受到外部的法規和技術變遷等環境因素，以及內部非正式關係小團體權力運作的影響，組織的目標經常無法具體實踐。Selznick（1953）發現美國田納西河谷管理局當初成立的目標和後來實際發展的方向即有落差，田納西河谷管理局最初成立的目標是治水、防洪與促進經濟發展等多重目標，爲了能夠滿足當地人的需求和落實目標，故將地方菁英納入決策委員會，結果不但沒有達成預期目標，反而圖

利當地菁英；這種組織目標經過長期的外在環境和內在非正式權力結構影響，原先目標在實踐過程中被其他目標所取代，即爲「目標替代」（goal displacement）現象。

3. 性別化的組織

女性主義的社會學家主張西方工業化形成的大型科層組織的組織結構特質，是比較有利於男性成就的組織與工作形式，故稱性別化的組織（gendered organization）。Joan Acker（1990）指出工業化組織對男性和女性員工的工作安排與組織分工層級角色，經常是依照男女性身體和性別特質的刻板印象，進行資源配置與工作安排，因此造成男女性在工業組織的層級權力不平等。Chow 和 Hsung（2002）也發現台灣加工區和工業區的製造業工廠是典型的性別化組織，以男性員工居多，上層主管也大多是男性。在這類男性主導的工廠組織中，從招募、工作安排到升遷過程，多半依照身體和性格的刻板印象，將女性安排在人事和會計部門，而製造與技術部門的員工與主管大多是男性。

Kanter（1993）使用民族誌的方法進入某大公司長期蒐集檔案資料、進行調查和田野觀察，發現公司內的權力位置是不同的性別組成，上層男性比例高，女性多半集中在中低職位，兩性的升遷機會也不均等。張晉芬（2002）使用深度訪談法，訪問了某國營企業 50 位已婚女性，發現組織內部勞動參與不平等的制度文化因素。即使國營企業不屬於市場化性質強大的組織，但組織雇主和管理者多半仍是男性，在職務安排、升遷與薪資等配置上，無形中都貶抑女性勞動價值，並且複製組織內部工作性別不平等的機制。

▎三、東亞企業組織的特質與轉型

在東亞資本主義發展的過程中，並沒有選擇科層制的典型模式。反之，二次世界大戰後經濟復甦，台灣、南韓與日本受到國家、市場和文化制度的影響，各自發展出獨特的組織模式。表 3-1 簡單歸納台灣、南韓與日本的資本主義發展組織模式。

目標替代（goal displacement）
Selznick（1953）提出科層組織經過長期的發展過程，受到外部的法規和技術變遷等環境因素，以及內部非正式關係小團體權力運作的影響，組織的目標經常無法具體實踐，最後導致原有目標被其他目標所取代，即爲目標替代現象。

性別化的組織（gendered organization）
女性主義社會學家 Acker（1990）指出工業化組織對男性和女性員工的工作安排與組織分工層級角色，經常是依照男女性身體和性格特質的刻板印象，進行資源配置與工作安排，因此造成男女性在工業組織的層級權力不平等。

表3-1　東亞組織特質：台灣、南韓與日本

	台灣	南韓	日本
國家角色	國家主導核心產業	國家扶助財閥	國家配合企業集團
生產組織分工	外包制的垂直分工	財閥企業垂直整合	水平垂直整合型財團
集團擁有權	家族擁有權和合夥權	國家資助的財閥企業集團	集團間交叉持股
集團內的網絡	多核心位置	嚴密的層級結構	母子公司層級關係
集團間的網絡橋梁	透過個人或公司	透過銀行與政府	透過不同企業集團或外資
盛行的組織規範	家族網絡	世襲財閥	企業社區

在1980年代，東亞組織在資本主義的發展過程中，產生了鑲嵌於特殊制度網絡脈絡下的制度文化條件，以及特殊的工業資本主義組織模式。Orru, Biggart和Hamilton（1991）探討日本、南韓和台灣的企業集團的組織結構如何受到社會文化的制度趨同力量影響，產生各自組織的特質。Feenstra和Hamilton（2006）企圖解釋台灣與南韓在1980年代以後，因應全球市場競爭，發展出不同的經濟組織模式；南韓朝向垂直整合經濟組織模式發展，台灣企業則走向垂直分工的經濟組織模式。

組織社會學家經常使用新制度論（neoinstitutionalism）來解釋東亞經濟組織的制度特質。DiMaggio和Powell（1983）提出的制度趨同主義（institutional isomorphism）是新制度論學者重要的理論之一，指出西方資本主義理性化科層制結構形成的主要機制，是政府法規的強制趨同（coercive isomorphism）機制，企業間彼此模仿傳遞新觀念的市場模仿趨同（mimetic isomorphism）機制，以及專業及文化的規範趨同機制（normative isomorphism）。其實，這三種制度趨同機制仍然可以用以解釋東亞經濟組織的制度形成原理。

形塑組織場域的第一個主要力量是強制趨同機制，亦即政府法規強制某些組織必須一體遵守法規辦法，若以表3-1三個國家在經濟制度上的角色來看，就相當不同。在日本和台灣的經濟制度中，國家沒有直接扶植家族性的大財團，韓國政府則大力支持幾個由家族掌控的財閥（chaebol）。台灣政府早期主導加工區的電子紡織產業發展，近期主導科學園區的半導體和光電產業發展；日本政府配合企業集團的結盟，讓企業集團整合的商社主導市場次序。

制度趨同主義
（institutional isomorphism）
DiMaggio和Powell（1983）以制度趨同主義的概念來解釋促使某些組織結構性質類似的力量，指出西方資本主義理性化科層制結構的制度趨同機制，包括政府法規的強制（coercive）趨同力、專業規範（normative）的趨同力和市場的模仿（mimetic）趨同力。

　　形塑組織趨同的第二個力量是市場模仿趨同機制，意指當組織面臨產業環境變遷快速或不確定性增高時，往往採取模仿其他競爭組織的策略。例如：台灣企業組織多半是中小型企業，採用從客戶端接單後，再往製造和零組件供應商尋求合作生產網絡的垂直分工模式；韓國是財閥形成類似美國大型垂直整合的公司，如現代和三星企業集團；日本則是形成企業集團水平結盟的商社、製造業的垂直整合中心衛星廠的企業集團。

　　至於就資本結構和集團內、集團間的關係而言，台灣、南韓和日本都呈現相當不同的經濟組織模式。台灣企業集團由家族同時掌控擁有權和合夥權，集團內分別由不同子女各自擁有分、子公司，形成多核心團體；集團和集團間也會有些關聯，但多半是透過個人在不同集團間的董監事關係促成的連結，屬於比較弱的連結（李宗榮 2007）。南韓是國家銀行大量貸款給財閥，這些龐大的企業集團內的分子公司間呈現層級的垂直整合關係，國家和銀行是幾個大型財閥間的橋梁。日本企業集團彼此交叉投資持有對方的股份，集團內部也是呈現母公司和子公司間層級結構垂直整合的特性；但集團間也會透過企業間交叉持股和非正式的高層董監事菁英俱樂部，作爲跨集團協商企業次序的橋梁機制。

　　第三個影響組織趨同的力量是專業協會或社會文化規範提供企業組織結構模式的正當性，亦即這些組織模式其實都反映了該社會習以爲常的組織模式。台灣的企業集團結構特質爲家庭網絡（familial network），企業生產分工類似家族動員合作網絡、家族分房合作的傳統組織模式。南韓的企業集團結構特質稱爲世襲的家族（patrimonial household），是少數大家族財閥世襲的制度，日本的企業集團結構特質反映了日本歷史的封建制度和企業社區共存體的特質（communitarian ideal）。

🔍 **問題與討論 3-1**

　　在現代化和全球化之下，南韓、日本與台灣在資本主義發展過程中所形成的經濟組織運作模式，分別有何特殊性？

▍四、台灣中小企業的產業升級制度特性

　　台灣中小企業爲了因應全球化的市場競爭，不斷地升級技術，在技術

學習和創新上發展出獨特的機制和特色（熊瑞梅 2008；Hsieh 2015；鄭力軒 2011）。表 3-2 主要從謝斐宇（Hsieh 2015）和鄭力軒（2011）論文，摘要整理出台灣自行車和遊艇業的技術升級相關機制。就自行車而言，1980 年代時，全球自行車大廠 Schwinn 告知台灣自行車廠商，若要承接該公司訂單，必須要能使用魚鱗焊接（TIG）金屬鑄造技術。台灣自行車廠為了能獲取全球訂單，將自行車的車架從鋼架發展到碳纖維架構或鋁架構，關鍵鑄造技術也從 Lug-brazing 進步到 TIG frame 的鑄造技術，得以在 1980 年代承接高價位全球化品牌廠商的訂單，追趕學習附加價值高的技術。另一方面，在 1980 年代以前，美軍在台灣帶動了小型遊艇業的生產和興起，在 1980 年代駐台美軍陸續撤離後，遊艇業必須尋找全球客戶及轉型，於是努力地提升工匠與工程師技能，因應彈性生產的技術轉型，最後得以承接高價位客製化中大型遊艇。

表3-2 台灣中小企業產業升級的機制

	自行車產業	遊艇產業
外在環境壓力	1980 年以後，要承接自行車製造商 Schwinn 的訂單，必須具備碳車架生產技術	1980 年以後，美軍撤台，市場對小遊艇的需求下降
技術轉型	從鋼架到碳纖維或鋁架構，高價位。關鍵鑄造技術從 Lug-brazing techniques 升級到 TIG frame welding 的焊接技術	中大型客製化遊艇，高價位
技術相互依賴	客戶與廠商，訂單的生產鏈間的高度依賴	客製化遊艇生產無法大量製造，設計師、工程師和工匠的專業彈性分工與互賴
全球生產技術模組化、標準化	生產流程可切割成標準化的零組件，技術趨同	生產流程模組化低，技術趨同性低，工匠專業技能重要
空間聚集區	台中	高雄
生產現場的技能	關鍵現場技術學習創新	工匠專業彈性生產，快速反映客戶需求的創新能力
分散式生產組織分工	垂直分工	無垂直分工

　　台灣中小企業與全球市場和品牌客戶廠商相互依存度高，自行車必須

不斷升級技術，才能滿足高價位品牌市場需求。維持高品質的方法是相互依賴配合的生產網絡，主要仰賴生產流程的可切割性與技術的標準化和趨同性。然而，遊艇業的生產流程和大部分的中小企業不同，遊艇產品的流程比較不能模組化和標準化，生產現場必須先由工匠將遊艇內部的基本結構打造好，製造過程中則需要設計師、工程師和工匠專業彈性分工，且工匠的專業技能與彈性調整能力很關鍵。

自行車和台灣的許多中小企業都是全球生產分工的一環，產業組織朝向分散式的生產組織分工。自行車的許多供應零件分散於不同廠商，透過聚集在台灣中部地區，產生一個垂直分工的組織網絡模式。遊艇業則是從零組件和原材料、船身、室內裝潢都在遊艇內製造完成，大多廠商聚集在高雄，呈現產業區域聚集。雖然台灣自行車和遊艇業技術升級的組織機制有些不同，但在關鍵的技術升級上，兩種產業都高度依賴生產現場的熟練工匠的技術學習與創新能力。

課堂活動 3-3
　　請同學針對台灣企業集團個案，蒐集報章、雜誌或網路上的資料，對企業進行大事紀和組織發展史分析。

五、非營利組織的類型

　　非營利組織是由民眾志願參與組成的公共利益組織，對於社會的民主發展、經濟發展和社會發展都有正面影響。Putnam（1993）認為非營利組織的發達，有利於民主政治的政府治理，以及利益團體和政府溝通民意與利益，使得政府治理更容易滿足公民需求，達成政府治理的效率。Putnam（1995）曾經研究美國的志願團體參與人數大量下降，會減少美國的民主發展效率。熊瑞梅、張峰彬、林亞鋒（2010）使用多年期的「台灣社會變遷基本調查」資料，發現台灣民眾參與跨區域的工具利益性社團比例在 2000 年後快速下降，民眾參與地方性的情感性志願組織仍保持穩定的趨勢。大專及以上學歷者，參與工具性社團下降比例尤為明顯。

　　台灣學者主要進行的非營利組織類型研究包括：（1）宗教性的志願組織，（2）社區營造的志願組織，（3）網路社運的志願組織。近年來組織社

志願組織（voluntary organization）
立基於成員共同的興趣，成員志願義務付出時間與金錢參與的組織。

會學家開始關懷（4）企業社會責任的公民參與，以及（5）社會企業等組
織運作的形式。

1. 宗教性的志願組織

　　慈濟功德會是台灣最具代表性的宗教性志願組織，成立於 1966 年，
雖是一個非營利組織，卻充滿了本土社會組織運作的特質，反而缺乏西方
非營利組織代表利益團體的公利益代理人的特質，也不具西方非營利組織
常見的和政府之間的橋梁角色。慈濟功德會不准會員參與政治，因此無法
扮演影響公共政策的角色（丁仁傑 2007）。這樣的宗教組織使用中國社會
的道德價值作為行為感化的動力，組織結構類似家族連帶，但卻透過各項
大型救濟活動，產生現代組織動員的效率。慈濟功德會除了經營地方資源
回收等固定活動外，並且投入國際大型災難救助活動，這些大規模的救助
活動，增加組織的全球化影響力。

2. 社區營造的志願組織

　　台灣在解嚴之後，社區總體營造組織和活動創造了公民對社區公共議
題的溝通討論習慣。吳介民、李丁讚（2005）認為廟會是傳統鄉村社區的
凝聚力來源；然而，社區總體營造的社區組織活動雖行之有年，仍無法有
效地和傳統社區的地方派系對抗；地方上的公共議題也無法有效地從社區
討論協商，達到影響地方政策的集體行動結果（熊瑞梅 2001；吳介民、
李丁讚 2005）。台灣公民組織現代化和非營利組織的公民性，長久以來受
限於地方性派系和廟會的影響力，派系和廟會形成的力量具有高度個人情
感利益，並且往外延伸形成交換網絡，不但具有高度的社區神聖性，又和
地方權力緊密地結合在一起（蔡常斌 2004）。林祐聖、陳東升（2018）的
研究發現也指出社區發展協會和社區總體營造複製了地方菁英的資源累
積，在地方參與式預算的民主化運作機制上，相對不如沒有社區發展協會
和社區營造傳承的社區。

🔍　**問題與討論 3-2**

　　在民主化的發展過程中，台灣非營利組織在解嚴後有哪些發展
趨勢？社區營造組織對地方公共議題的影響力，為何受到限制？

3. 網路社運的志願組織

　　網際網路對社運組織而言，可以達到資源動員、社群認同和快速傳播訊息的功能，使得組織不再依賴傳統媒體，才能達到傳播動員的效果。2014 年 3 月 18 日爲了反對立法院通過《兩岸服務貿易協定》，學生發起太陽花社會運動，顯示社群媒體在社會運動中的效應（陳婉琪、張恒豪、黃樹仁 2016）。2019 年 6 月 9 日香港民眾發起反對《逃犯條例修訂草案》運動，這個長時間、大規模的社會運動有流水運動之稱，群眾像水一樣隨處產生集結流動，沒有領導者，只靠網路社群進行聯絡和串連。

太陽花運動參與者的人際連帶與社群媒體因素

　　2000 年以來，隨著網際網路和社群媒體的發達，人們透過非營利或公民組織團體產生的社會運動組織力量下降，但仰賴網路社群的社會運動群眾動員能力增加，Castells（2012）等人研究全球多個社運組織的民主改革訴求，提出社群媒體在社會運動和制度改革中的影響力越來越大。

　　陳婉琪、張恒豪、黃樹仁（2016）在 2014 年 318 學運期間，進行現場參與者社會調查，發現 26.8% 的參與者在現場靜坐超過 35 小時。他們的研究分析發現傳統透過人際網絡動員民眾參與投入的程度較低，透過社群媒體聯絡動員者參與投入程度較高。網路動員社會運動的特徵包括多重網絡重疊、組織去中心化、參與者自主性、資訊傳播聯絡成本、社群媒體的功效等，都比人際網絡產生的動員能力強。這個研究結果似乎支持 Castells（2012）網路社群有助於社會運動組織動員的論點。然而不可忽視的隱憂是，透過人際或網路社群組織動員進行傳播討論或產生公共議題的影響力，可能不利於實體非營利組織的發展，導致實體公民組織累積監督公共議題社會責任和決策品質所產生的社會資本因此下降。

　問題與討論 3-3

　　網際網路對社會運動組織和公共論述空間的建構有何影響？

---

4. 企業社會責任的公民參與

　　全球化造成的市場競爭環境越來越不穩定，許多國際大廠跨國生產分工，造成製造生產國的勞動條件剝削及環境污染等問題。邁入二十一世紀後，分別在 2001 年和 2008 年出現了全球性的金融風暴，當全球資本快速自由流動後，企業的公司治理不當，會造成全球的金融災難。企業必須善

盡國際公民的企業社會責任（corporate social responsibility），並且作為進步國家上市公司必須執行的業務工作。企業社會責任強調企業應扮演推動社會改變的角色，換言之，企業不再以獲利以及為股東創造財富作為終極目標，應積極鼓勵員工走入社區從事志願性服務工作，以成為社區好公民為目標。

美國社會學家進行企業社會責任的跨國研究（Lim and Tsutsui 2012; Pope and Lim 2017），發現政府和一些全球化的企業社會責任相關協會組織，在促成企業負擔社會責任上扮演重要角色。新制度論可以解釋這種來自全球的市場壓力，迫使已開發國家企業將企業社會責任視為企業國際形象和正當性的來源。台灣政府鼓勵上市櫃公司推動企業社會責任，《天下雜誌》並發展了企業社會責任的評鑑指標，針對上市櫃公司的企業社會責任指標進行排序，由政府頒獎，這也算是一種制度誘因，促使企業多盡社會責任。2018 年《天下雜誌》針對公司治理、企業承諾、社會參與和環境永續等四個面向進行評鑑，大企業部分前兩名分別是台達電和台積電，中等企業部分前兩名分別為宏正自動科技和普萊德科技。弱勢兒童的課後輔導和補救教學，是許多企業偏好的企業社會責任活動項目。

5. 社會企業等組織運作的形式

社會企業（social enterprise）是結合企業與社會的組織創新概念，也是很容易和企業社會責任混淆的概念。歐洲將社會企業視為第三部門的社會經濟形式（Zukin and DiMaggio 1990），可以算是公營和企業之外的第三部門，但原則上仍屬於一種企業形式。社會企業最重要的機制是動員社區社會資本，透過企業與社區活動的資源創新和社會資本動員，創造第三部門的市場利潤，讓協助弱勢協會的社區組織和活動能夠產生利潤，並且達成社區服務目標。台灣社會企業的創業快速成長，針對各類弱勢社會公益目的，協助弱勢者成立各種社會企業，例如：扶助身心

> **企業社會責任**
> （corporate social responsibility）
> 企業社會責任強調企業應扮演推動社會改變的角色；換言之，企業不再以獲利及為股東創造財富作為終極目標，應積極鼓勵員工走入社區從事志願性服務工作，以成為社區好公民為目標。

> **社會企業**（social enterprise）
> 可以算是公營和企業之外的第三部門，但原則上仍屬於企業形式。社會企業最重要的機制是動員社區社會資本，透過企業與社區活動的資源創新和社會資本動員，創造第三部門的市場利潤，讓協助弱勢協會的社區組織和活動能夠產生利潤，並且達成社區服務目標。

企業社會責任針對弱勢兒童的課後輔導和補救教學（照片提供／普萊德科技公司）。

障礙者就業的加油站、推動社會住宅，以及防止剝削第三世界農人的環保公益咖啡（吳宗昇 2013）。總之，社會企業未來將會是政府、社會和企業解決社會貧窮問題的創新組織模式。

課堂活動 3-4

　　請同學上網搜尋歷年來《天下雜誌》各類型企業的企業社會責任公司評鑑排名，比較哪些公司持續排名前面，哪些在上升，哪些在下降？並且進一步在公司的企業社會責任排比中，進行個案分析與討論。

 結論

　　台灣社會經歷工業全球化和現代化的衝擊，大量引進外籍勞工，且新住民人數從 2000 年後快速增加。台灣人對於中國與東南亞籍配偶的包容增加，內外團體的區隔與歧視也在下降中。全球化與網路化打破許多傳統社會學家關懷的團體現象，團體的界線越來越模糊；實體社會和虛擬網路的關係也交互影響。團體的類型與現象越來愈多元，團體間的成員重疊和連結也越來越頻繁，人類透過網際網路的社群和連結，呈現一個小世界網絡複雜系統。

　　台灣、南韓與日本，受限於特殊歷史、地理和文化環境，以及全球市場競爭位置限制，展現不同的經濟組織模式。台灣最特殊的經濟實力來自於傳統產業的升級機制，包括產業組織層層外包協力合作的彈性生產網絡，以及快速反映全球客戶需求的學習創新和工匠精進能力，都是產業長期發展與升級的制度化組織特性。

　　台灣非營利組織對於地方民主公共議題和政策發展影響有限。慈濟功德會的會員規模最大，具有如企業組織的動員擴張能力，但由於宗教社團本質，不具有西方非營利組織所強調公共政策集體利益的公共性。社區總體營造在台灣發展已久，但在社區地方民主化公共議題和政策影響力上，未必能與地方廟會和派系抗衡。隨著網路社群和通訊科技的快速成長，民眾的社會運動組織模式也產生革命性的變遷，不論是 2014 年台灣 318 學

運，或 2019 年香港的「反送中」運動，都出現網絡社會運動組織模式。近年來，企業與社會的界線越來越模糊，全球化市場造成環境污染和就業不平等的問題，企業對於社會發展應發揮公民社會責任成為新趨勢；此外，社會企業的創新組織形式也成為非營利組織發展的新模式。

　　總之，台灣各類型團體、營利與非營利組織在全球化和現代化的大社會變遷環境下，仍然展現台灣社會組織特性。全球化對營利和非營利組織而言，組織與國家的界線越來越模糊，然而現代化的發展之下，台灣社會在營利和非營利組織中仍然充滿人際關係運作的邏輯，類似費孝通（1947）的遠近親疏的差序格局的行動差異理論，但這些人際關係運作邏輯放在台灣因應全球客戶的客製化生產服務、社會運動動員，以及經營非營利組織活動上，都與新興的網路社群科技交互運作。由此看來，以人際網絡和網路社群網絡共同運作發展的組織模式，未來需要放在組織制度脈絡下做進一步的探討。

延伸閱讀

張晉芬，2001，〈對台汽客運的個案分析（一）：檢視競爭與效率的迷思〉。收於張晉芬著，《台灣公營事業民營化：經濟迷思的批判》，第五章，頁 137-166。台北：中央研究院社會學研究所。

Mark Buchanan 著、胡守仁譯，2003，〈小世界〉。收於 Mark Buchanan 著，《連結》，第三章，頁 71-90。台北：天下。

潘美玲，2001，〈技術、社會網絡與全球商品鏈：台灣製造業部門間生產組織的差異〉。收於張維安編，《台灣的企業組織結構與競爭力》，第六章，頁 187-222。台北：聯經。

田畠真弓、莊致嘉，2010，〈引進技術的過程和發展結果：比較台灣與日本液晶面板產業〉。《台灣社會學》20: 145-154。

官有垣、杜承嶸、王仕圖，2010，〈勾勒台灣非營利部門的組織特色：一項全國調查研究的部分資料分析〉。《公共行政學報》37: 111-151。

參考書目

丁仁傑，2007，〈市民社會的浮現或是傳統民間社會的再生產？——以台灣佛教慈濟功德會的社會實踐模式為焦點〉。《臺灣社會學刊》38: 1-56。

林祐聖、陳東升，2018，〈當社區營造遇到參與式預算：兩個社區的比較研究〉。《台灣社會學》35: 109-149。

林季誼、熊瑞梅，2018，〈台灣半導體產業的公司治理跨坐網絡趨勢（2000–2015）：朝向小世界網絡特性〉。《調查研究——方法與應用》40: 211-263。

林鶴玲，2001，〈虛擬互動空間設計中的權力及控制：一個 MUD 社會創設的經驗〉。《台灣社會學》2: 1-53。

吳宗昇，2013，〈拯救世界，社會企業行嗎？〉。巷仔口社會學，https://twstreetcorner.org/2013/12/09/wuchungshen/。

李宗榮，2007，〈在國家權力與家族主義之間：企業控制與台灣大型企業間網絡再探〉。《台灣社會學》13: 173-242。

吳介民、李丁讚，2005，〈傳遞共通感受：林合社區公共領域修辭模式的分析〉。《台灣社會學》9: 119-163。

莊雯綺，2018，《禁忌話題的公開展演：網路性論壇的對話網絡樣貌》。政治大學社會學系碩士論文。

張晉芬，2002，〈找回文化：勞動市場中制度與結構的性別化過程〉。《台灣社會學刊》29: 97-125。

陳婉琪、張恒豪、黃樹仁，2016，〈網絡社會運動時代的來臨？太陽花運動參與者的人際連帶與社群媒體因素初探〉。《人文及社會科學集刊》28(4): 467-501。

陳志柔、吳家裕，2017，〈臺灣民眾對外籍配偶移民的態度：十年間的變化趨勢（2004–2014）〉。《人文及社會科學集刊》29(3): 415-452。

陳東升，2008，《積體網路：台灣高科技產業的社會學分析》（增訂版）。台北：群學。

楊天盾、熊瑞梅，2018，〈性別化的青少年友誼網絡與性別角色態度：單一性別與混合性別的班級脈絡〉。《調查研究——方法與應用》40: 7-61。

費孝通，1947，《鄉土中國與鄉土重建》。台北：風雲。

蔡常斌，2004，《寺廟組織與平安燈文化的建構：制度與網絡的機制》。東海大學社會學研究所碩士論文。

熊瑞梅，2001，〈都市事件行動體系的分析：以台中市為例〉。《國立臺灣大學社會學刊》29: 50-110。

熊瑞梅，2008，〈台灣企業社會學研究的發展與反思〉。收於謝國雄主編，《群學爭鳴：台灣社會學發展史，1945-2005》，頁 177-242。台北：群學。

熊瑞梅、張峰彬、林亞鋒，2010，〈解嚴後民眾社團參與的變遷：時期與世代的效應與意涵〉。《臺灣社會學刊》44: 55-105。

鄭力軒，2011，〈彈性專業化作為產業轉型途徑：以台灣遊艇製造業為例〉。《台灣社會學》22: 157-196。

Acker, Joan, 1990, "Hierarchies, Jobs, and Bodies: A Theory of Gendered Organizations." *Gender and Society* 4(2): 139-158.

Castells, Manuel, 2012, *Networks of Outrage and Hope: Social Movements in the Internet Age*. Cambridge: Polity Press.

Chow, Esther Ngan-ling and Ray-May Hsung, 2002, "Gendered Organizations, Embodiment, and Employment Among Manufacturing Workers in Taiwan." Ch. 4 in *Transforming Gender and Development in East Asia*, edited by Esther Ngan-ling Chow. New York: Routledge.

DiMaggio, Paul J. and Walter W. Powell, 1983, "The Iron Cage Revisited: Institutional Isomorphism and Collective Rationality in Organizational Fields." *American Sociological Review* 48: 147-160.

Feenstra, Robert C. and Gary G. Hamilton, 2006, *Emergent Economies, Divergent Paths: Economic Organization and International Trade in South Korea and Taiwan.* Cambridge: Cambridge University Press.

Hsieh, Michelle F., 2015, "Learning by Manufacturing Parts: Explaining Technological Change in Taiwan's Decentralized Industrialization." *East Asian Science, Technology and Society* 9(4): 331-358.

Kanter, Rosabeth Moss, 1993, *Men and Women of the Corporation.* New York: Basic Books.

Lim, Alwyn and Kiyoteru Tsutsui, 2012, "Globalization and Commitment in Corporate Social Responsibility: Cross-National Analyses of Institutional and Political-Economy Effects." *American Sociological Review* 77: 69-98.

Merton, Robert K., 1968, *Social Theory and Social Structure.* London: Collier-Macmillan.

Orru, Marco, Nicole Woolsey Biggart, and Gary G. Hamilton, 1991, "Organizational Isomorphism in East Asia." Pp. 361-389 in *The New Institutionalism in Organizational Analysis*, edited by Walter W. Powell and Paul J. DiMaggio. Chicago: University of Chicago Press.

Pope, Shawn and Alwyn Lim, 2017, "International Organizations as Mobilizing Structures: World CSR Associations and Their Disparate Impacts on Members' CSR Practices, 2000-2016." *Social Forces* 95(4): 1725-1756.

Putnam, Robert D., 1993, "The Prosperous Community: Social Capital and Public Life." *The American Prospect* 13: 35-42.

Putnam, Robert D., 1995, "Bowling Alone: America's Declining Social Capital." *Journal of Democracy* 6: 65-78.

Ritzer, George, 1997, *The McDonaldization Thesis.* London: Sage.

Selznick, Philip, 1953, *TVA and the Grassroots: A Study in the Sociology of Formal Organization.* Berkeley: University of California Press.

Sumner, William Graham, 1906, *Folkways: A Study of Mores, Manners, Customs and Morals.* New York: Ginn.

Watts, Duncan J., 1999, "Networks, Dynamics, and the Small-World Phenomenon." *American Journal of Sociology* 105(2): 493-527.

Weber, Max, 1947, *The Theory of Social and Economic Organization.* Translated by A. Henderson and T. Parsons. New York: Free Press.

Zukin, Sharon and Paul J. DiMaggio, 1990, *Structures of Capital: The Social Organization of the Economy.* Cambridge: Cambridge University Press.

第4章

偏差與犯罪

■周愫嫻

摘　要　▶

1. 社會學對於偏差的定義是指違反當地的道德規範，犯罪則是指實際上已經破壞了法律的行為，但不一定會受到官方的制裁。

2. 台灣犯罪率自1990年逐年下降，特別是暴力犯罪，此趨勢與世界各國同步。

3. 古典社會學對偏差與犯罪的解釋可以分為社會結構論、社會衝突論與社會過程論三種觀點。社會結構論重視分析社會結構特性、各團體特性與偏差行為的關係；社會衝突論認為政治經濟結構才是偏差行為發生的源頭；社會過程論認為偏差只是一種定義問題，是一種被標籤化的結果，一旦個人被定義或標籤為偏差者後，其可能改變自我認知，成為真正的偏差者。

4. 犯罪與社會、經濟、政治、法律、科技發展都有密切關係，當前跨領域知識對解釋全球與台灣犯罪現象的影響也需重視。

5. 社會控制代表了一個社會對偏差與犯罪行為的反應，可分為：犯罪化、合法化、疾病化、福利化、修復式司法、物理科技監控等。

壹　前言

　　2012年，一名男子人生不順，在南部某遊藝場將方姓男童騙至廁所割喉殺害，據媒體報導男子曾經公開表示：「在台灣殺一、兩個人不會被判死。」該案以無期徒刑判決定讞。2014年，一名男大學生對人生感到虛無，覺得活著很辛苦，希望能夠遂行小時候立下之殺人誓約而被判死刑，加上大學就讀歷程不順利，就在將遭大學退學之前，於台北捷運持刀殺死4名乘客及殺傷24名乘客，被捕之後，男子自白認罪殺人，判決死刑定讞，並在2016年遭到槍決。2015年，北部一名男子失業，離群索居，侵入國小校園，持刀割喉殺害一名國小女童，遭判決無期徒刑。2016年，有毒品前科及家庭暴力行為之男子，曾因家庭暴力行為被強制送往精神醫療院所急診，於大馬路上持刀在某女童母親面前將女童斷頭殺害。該男子罹患思覺失調症，根據兩公約，不能判死刑，故判處無期徒刑。2016

年發生的松山火車站爆炸案，涉案男子失業、罹癌、一人一狗居無定所，與家人沒有聯絡，失意、心情不佳，引爆炸彈向社會表達不滿（周愫嫻、吳建昌、李茂生 2018: 15-18）。2019 年在台鐵嘉義站，一名男子因票務與列車長發生衝突，鐵路警察前來處理時遭殺害。法院發現該名男子生意失敗、欠債、失業、家人罹患重病，自己也有長期就醫紀錄。[1]

前述幾項案件，是近幾年來引發社會矚目的重大殺人案件。從過去的研究與官方資料來看，犯罪案件加害人與被害人約有七成是認識者之間，約三成是陌生人間犯罪。如果限縮到前述「隨機殺人」案件，其發生比例非常低，近兩三年來，平均十萬人口中每年約一件（周愫嫻 2016）。但是社會對於犯罪人的理解，似乎都是來自這些每年一到兩件之極端案件，而日常生活中的犯罪案件，多半是偷、搶、騙、使用毒品、酒駕等類型，與極端案件之樣態和成因差異甚大（周愫嫻、曹立群 2007）。

犯罪案件可以分為「自然犯罪」與「法定犯罪」，前者為本質邪惡行為，比較不會因為時代或道德價值而改變（如殺人），後者為法律律定的犯罪，可能隨著時代而改變（如成人性交易、使用毒品等）。法定犯罪有時會與偏差行為重疊或交錯，譬如，葡萄牙在 2001 年將使用毒品除罪後，該項行為就被社會視為疾病或偏差行為。社會學除了可以探索偏差與犯罪的界線的變動外，也可以研究行為背後的原因，更可以分析媒體或社群網路如何塑造或污名犯罪人、審判者（如稱之「恐龍法官」）或精神病患，以及何種懲罰或刑罰適用在哪種偏差或犯罪行為等議題。

貳　什麼是偏差？什麼是犯罪？

從法律的觀點來看，偏差行為並不存在，因為偏差若沒有法律規定，便不是刑罰的對象，也就沒有探討的價值。法律只認定犯罪這個概念，但即使是犯罪這個概念，基本上也圍繞在最簡單的原則「罪刑法定主義」，也就是說，一個人的行為是否為犯罪，以及是否可施加刑罰，都必須有法律規定。因此，純粹法律觀點認為，如果沒有法律規定，就不構成「犯罪」，更不可以施加刑罰（黃榮堅 2003）。這個簡單且明確的定義，卻無

偏差行為
違反當地社會規範的行為。

---

1 參閱司法院網站台灣嘉義地方法院 108 年度重訴字第 6 號新聞稿，https://www.judicial.gov.tw/tw/cp-1888-206368-28db4-1.html（最後瀏覽時間 2020 年 12 月 31 日）。

法解決社會學認知到的犯罪與偏差問題之複雜性。

　　不論是民主社會或共產社會，法律通常是執政者與立法者的「想像、對策、利益、正義」大於社會大眾與被害人。因此，社會學者如果僅研究違反法律的「犯罪」行為，或僅研究受到司法裁判確定的「犯罪人」，會無法發現法律有意或無意忽略的犯罪行為或偏差行為，更會忽略立法背後的政治、經濟、社會、文化力量如何左右了罪與罰的訂定（周愫嫻、曹立群 2007）。

　　英文的「偏差」（deviance）一字，是在 1940 年代被編入英文的《韋氏大字典》，正式成為英語的字彙。在 1880 到 1940 年間，社會學家對於偏差常使用一些道德性詞彙，譬如：「社會流行病」或「社會問題」等（Lemert 1951: 3）。1930 年代，社會科學講求「價值中立」，便不再使用這些道德詞彙，慢慢採用統計上偏離平均值的「異常值」概念來取代，現代偏差理論之父莫頓（Merton 1938）可說是深入討論「偏差」一詞的第一人。然而，莫頓後來也放棄了從統計學的角度來看偏差的觀點，因為社會學家發現成為偏差只是一種身分問題，譬如是不是「遊民」、「酒鬼」、「瘋子」、「政治激進分子」，主要看有無被標籤，有了標籤就是偏差者；沒有標籤，即使有這樣的問題也非偏差者。

　　社會學對於偏差的定義是指「違反當地的道德規範」，但不見得破壞法律（如刑法）。不構成犯罪的偏差因地區而異，如宗教狂熱、龐克、酒癮、施用毒品等。這些行為既不違法，也不會對社會產生立即明顯的威脅，它們的共同點是必須看當地社會所能忍受的程度。由於這些行為很模糊且難以禁止（至少不是警察、法官最重要的工作），即使這些行為是違法的，但從司法人員不執法，以及社會大眾的忍受和同情，就可以看出法律並不適用於這些行為上（Stebbins 1988: 3-4）。

參 我們沒有變得更想侵害他人

一、偏差行為定義浮動，無官方統計

　　如前所述，偏差行為的定義會隨著社會標準而浮動，故很難以官方機構進行統計，因此，也無比較或對照基礎。舉例而言，中央研究院每隔數

年會進行一次社會變遷調查，當中有一個項目是詢問民眾喝酒行為。成年人喝酒非屬犯罪行為，若是頻率過高，就可能會被視為偏差行為。根據這個長期調查結果，1990 年有 6.7% 受訪民眾表示經常喝酒，1995 年略微上升至 7.2%，2000 年又回到 6.4%，但 2011 年問卷重新設計後，一個月會喝好幾次的受訪民眾達 8.2%（中央研究院 2019）。這個長達二十年的調查顯示常喝酒行為比例略微上升，如果從統計上來看，這個常喝酒人口比例並非「極端值」，理論上社會將喝酒行為界定為「偏差」或「社會問題」的可能性很低。但是台灣社會目前對喝酒者、酒癮者等行為之道德判斷屬負面標籤，這一類行為被污名化，尤其社會對酒醉駕車的容忍度愈來愈低，以至於在刑罰上逐年加重。這個例子可以顯示偏差行為如何與犯罪行為重疊，又如何影響法令之修改或刑罰的走向。

二、台灣重大犯罪下降中

　　一般而言，偏差行為定義非屬國家介入，犯罪則是國家權力的行使範圍，故相關的官方機構必須進行統計。各國官方犯罪統計雖有諸多缺點，仍不失為觀察一個社會長期犯罪現況的方法之一。台灣在早期戒嚴時代，犯罪率極低，真正的起點發生在 1990 至 1995 年。如圖 4-1 過去近二十年來的犯罪率變化所示，2005 年之後，犯罪率逐年下降，目前維持在十萬人口中約 1,300 刑案左右。

犯罪率
官方紀錄中刑事案件占總人口的比例。

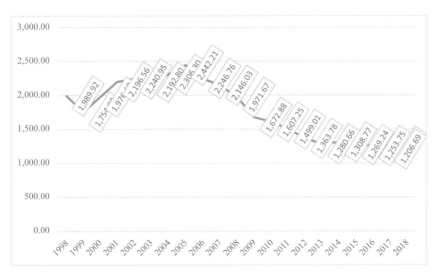

圖 4-1　台灣歷年犯罪發生十萬分率

資料來源：內政部警政署刑事局（2019）臺閩刑案統計。

　　圖4-1所有刑案中，與前言中相關的殺人或重傷害等暴力案件，發生率更低，如圖4-2顯示，2005年後也持續下降，至2019年約十萬分之4。換言之，近五年來，十萬人中每年可能發生4至10件既遂或未遂的暴力案件，其中大約有1至3件屬於陌生人之間的暴力犯罪行為，至於隨機殺人案件，平均來看，全國大約每年不到一件（周愫嫻2016）。

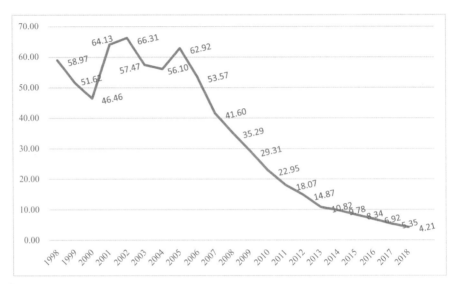

圖4-2　台灣歷年暴力犯罪發生十萬分率

資料來源：內政部警政署刑事局（2019）臺閩刑案統計。

▍三、全球暴力及財產犯罪也變少了

　　聯合國在2015年第十三屆預防犯罪和刑事司法大會上（Congress on Crime Prevention and Criminal Justice）發布了會員國的犯罪率調查結果，發現2003至2013年間世界各國暴力、財產、毒品等犯罪率整體均呈現下降趨勢，其中最為明顯的是汽機車竊盜罪，降幅達二分之一，住宅竊盜罪也下降了四分之一。暴力犯罪如故意殺人、強盜搶奪或性侵害犯罪，下降較為緩慢，但已經不再成長。所有犯罪類型中，販毒罪穩定，但各國持有毒品罪成長了13%（United Nations 2015）。因我國非聯合國會員國，未納入統計調查中。但觀察同一時段，我國法務部出版的犯罪狀況及其分析，我國過去二十年的犯罪類型發生率跟世界各國比較，竊盜犯罪均下降，暴力犯罪也在下降中，毒品犯罪與全球同步上升，性侵害犯罪則比全球上升趨勢更為明顯。事實上，美國的犯罪率從1990年代中期開始下降，尤其

是殺人犯罪，二十年間下降約40%。英國在1995至2007年間暴力犯罪率下降近50%，汽機車竊盜犯罪率降了65%。澳洲、加拿大、日本等國都有類似的現象（周愫嫻 2017）。

　　從聯合國調查與我國的統計資料來看，二十一世紀的第一個二十年，除毒品罪外，世界各國暴力與財產犯罪率的確下降了。此外，因為財產犯罪通常占各國犯罪總數至少三分之一，是所有犯罪類型中比例最高者，故只要財產犯罪劇烈下降，整體犯罪率也會下降。

肆　古典社會學對犯罪與偏差行為的解釋

　　本節介紹三種古典社會學的解釋觀點：社會結構論、社會衝突論與社會過程論。其中社會結構論直接解釋偏差或犯罪行為的起源，但社會衝突論與社會過程論則挑戰偏差與犯罪（特別是「法定犯罪」）的標準，非直接論述偏差或犯罪行為的成因。

一、社會結構論：偏差與犯罪是解決壓力的一種「創新」手段

　　社會結構論者重視分析社會結構特性、各團體特性與偏差行為的關係。社會學者莫頓（Merton 1957）是此一觀點的代表人物，他認為美國文化裡物質主義、金錢崇拜的擴散，造成每個人都懷有一些遙不可及的「成功夢想」。窮人與富人的發財夢想沒有什麼差異，但想要變得富有的合法機會不是人人都有，因此窮人更能感受到環境內的「緊張或壓力」（strain）與「匱乏」，於是只好鋌而走險，或者從事違法勾當以獲得財富，不然就是乾脆拒絕物質慾望，退出社會，成為社會的邊緣人。莫頓認為偏差行為是窮人與想變成有錢人的夢想兩者綜合的後果，因為缺乏合法的賺錢途徑，只好透過「創新」方法來達成目標，如販毒、從娼、偷竊等，是一種適應緊張或壓力的方法。

　　莫頓提出五種「緊張或壓力的適應方法」。第一種「順從型」，是當社會處於穩定無壓力時，這種現象經常可見，此時社會幾乎或完全沒有失序現象，因此在理論中不太受重視。第二種「創新型」，是一種偏差的適應

緊張或壓力（strain）
源自莫頓的迷亂（anomie）概念，是指當社會同時強調合法的目標與手段時，個人可從社會允許的手段達成目標。如果社會過度強調目標，卻忽略強調手段的合法性，個人便會產生緊張或壓力。

創新型適應方式
源自莫頓的理論，是指那些認同文化目標，卻沒有合法機會或手段去獲取目標者，他們可能採取不擇手段（通常是非法或不合乎道德的創新手段），達到目標。

■ 儀式型適應方式
源自莫頓的理論，是指那些不認同文化目標，卻謹守社會合法手段者，他們通常不珍惜所擁有的合法機會，因為對文化給予的目標沒有興趣。

■ 退縮型適應方式
源自莫頓的理論，是指那些既拒絕認同文化目標，也拒絕採用合法手段者，他們通常會讓自己迷失在毒品、酒精、性雜交的世界中，長期生活在社會邊緣。

■ 叛逆型適應方式
源自莫頓的理論，是指那些既拒絕認同文化目標，也拒絕合法的手腕，但會跳脫既有的規範與方法，企圖創造新的目標價值以及新的手段。若是成功，常會被視為英雄；若是失敗，則可能被視為偏差者或犯罪人。

方法，他們接受文化目標，但拒絕合法手段。當一個社會理論上人人都有成功的機會，但實際上有些人機會有限或者根本沒有任何機會時，創新型的人就會增加。近來媒體報導大學生休學參與直銷行業一事，也是屬於拒絕傳統文化提供之教育一途，改採師長無法認同之創新方式，設定金錢為目標，以適應壓力的方法。

第三種「儀式型」，是一個人放棄文化認可的目標，但卻不由自主地繼續採用舊有方法。這一類的人在降低成功的目標之餘，保住了安全，因為過高的期望只會帶來挫折與失敗。莫頓指出例行公事化、日復一日的公務員、公司職員都是典型的代表。莫頓也發現採用這種適應方法者多半是中下階層，因為他們處於一種配合度相當高，但卻不像中產階級那樣容易爬上社會尖端的地位，有著高度的無力感，但也非一無所有，故以行禮如儀的形式主義為因應之道。

第四種「退縮型」，是拒絕文化目標與手段，是五種適應方法中最罕見的一種，某些變態者、流浪漢、乞丐、染上酒癮、毒癮者都是最好的例子。對這類人而言，本來應是內化於個人心中的目標與手段，卻被硬生生地切斷，於是放棄合法的手段和目標，偏差地退縮到一角。另一種形態的退縮者展現出無情、冷漠、嘲諷態度，但這些態度完全是合法的。

第五種適應方法是「叛逆型」，指的是為了一套新的社會體系而不惜拒絕社會既存的目標與手段。叛逆型人數不多，且都是社會裡沒有權力者，但是在與世孤立之餘，他們通常會自組一個完整的、志趣相投的小團體。若一個社會裡有很多人採取叛逆型適應方法，可能會釀成一場全面性的革命，最後的結果可能重新改造既存的文化或社會結構。

表4-1　個人適應方法的分類

適應方法	文化目標	制度化手段
順從型	＋	＋
創新型	＋	－
儀式型	－	＋
退縮型	－	－
叛逆型	＋／－	＋／－

註：＋表示接收；－表示拒絕；＋／－表示拒絕後又接受新的目標與手段。
資料來源：Merton（1957: 140）。

二、社會衝突論：有權力的人可以決定什麼是偏差與犯罪

社會衝突論者認為政治經濟結構才是偏差行為發生的源頭，他們主張偏差行為是社會建構出來的產物。主流社會階級為了控制與規範反對者，以「偏差」一詞加在反對者身上，目的是排除這些反對者，減少他們對社會既有秩序或既得利益者的威脅。雖然社會衝突論者明白指出了偏差的來源是既得利益團體的陰謀，但他們也承認偏差控制機制是必要的，因為沒有這種控制機制，便無法維持社會、經濟與政治秩序。

在各種社會衝突論中，馬克思主義學者特別強調社會經濟結構的重要性。他們認為資本主義社會裡的主流文化，其實就是社會上有權有勢者的階級利益代表。學者 Young（1999）指出現代資本主義社會有一大群「問題人口」，所謂問題人口就是沒有工作，又與社會嚴重疏離的人，其中少數族群、經常失業者、貧民都是典型的代表，他們是社會的負擔，尤其是資本家的負擔，因為他們增加了社會福利支出、耗費稅收，並且對於經濟生產沒有助益，因此特別需要控制好這群人。如何控制這群「問題人口」呢？馬克思主義論者認為經濟菁英分子利用了如法律、精神醫療、福利體系等機構來控制並管理社會的問題人口。換言之，這些機構常以「偏差者」來定義、處理這些問題人口。

問題人口
資本主義社會中，失業並與社會嚴重疏離的人。

總之，社會衝突論者把偏差視為現代社會不平等的產物，是一種有權有勢者強加於無權無勢者的手段。此論不曾試圖解釋偏差行為肇始的原因，也不解釋偏差者為何成為偏差者的個體變化，因為「偏差」的身分根本上是社會建構的結果，不是真實的現象，其之所以產生，目的在於保護社會既得利益團體的利益。

三、社會過程論：身上帶著標籤的人難以擺脫異樣眼光

社會過程論對於偏差的解釋，首先就否定了社會具有共同的規範存在，對這一派學者而言，偏差只是一種定義問題，偏差行為只是一種被標籤化的結果，一旦個人被定義或標籤為偏差者，他們可能改變自我認知，成為真正的偏差者，因此，此論最關心的議題是，長期偏差行為者或者一

標籤理論
一個人若是被標籤為偏差者，便會產生烙印效果，進而自我修正為偏差者的形象，進一步加深偏差性，脫離社會規範。

個人的偏差生涯如何被發展出來。

　　此派最重要的學者之一是 Becker（1963），他指出標籤的過程基本上是先把「人」貼上標籤，然後此人「所有」的行為，都可能變成「偏差行為」，如同社會對一個「○○之狼」的評價，一旦被揭露其性侵害行為後，此人過去從小到大所有的作為都會重新被檢視，然後被詮釋為「從小就有各種奇怪的舉動或特異的性格，譬如愛看 A 片、愛獨處、孤狼、宅王等」，達到「妖魔化」的結果。換言之，Becker 認為偏差不是人類行為的本能，而是由旁觀者所賦予的。對此派學者而言，研究規範、懲罰、使用標籤與偏差的關係，會比探索社會結構或衝突因素更有意義。

　　社會過程論者主張偏差行為其實根源於一個人被他人標籤為偏差者的過程。此論解釋了偏差的個別差異，強調旁觀者對第一次偏差行為反應的重要性，關心一個人偏差生涯的延續與發展的現象，但是此論從未針對第一次偏差發生的原因進行分析（Stebbins 1988）。

伍　當前研究方向

　　前一節提及的古典社會學理論對偏差與犯罪的解釋雖然歷時猶新，但似乎無法解釋本章一開始提及的隨機殺人犯，也無法解釋二十年來全球與台灣同步下降的犯罪率。當代一些跨領域相關研究與論點，或許可以從各種社會制度（如槍枝管制政策、經濟改善、刑事政策、環境安全、墮胎政策、警政政策等），社會結構（如人口年齡結構或移民政策），以及科技發展、生物演化等視角，來補充古典社會學理論不足之處。本節簡單介紹這些新的跨域研究發展方向。

　　過去二十年來學者不斷試圖找尋解釋犯罪的新方向。美國從學者 Lafree（1999）開始有系統地蒐集文獻上對犯罪率的解釋，而經濟學者 Levitt（2004）的研究最有創意，隨後 Blumstein 和 Wallman（2006）的整理更為廣泛。英國方面，Farrell 等人（2010, 2013）、周愫嫻（2017）也回顧了文獻上曾經出現的解釋。這些學者將所有可能的解釋加以比較，發現所有的解釋都有支持者，也都有反對者，在學術研究上還沒有定論之際，每個國家各自找尋適合的解釋，並以這些解釋作為犯罪控制選擇正當性的來源。

回顧過去的文獻，最值得注意的是 Levitt（2004）的論文。Levitt 具體指出美國 1990 年代犯罪率的各種研究中，有四種無顯著解釋效果，有四種則具有強大的解釋力：

> 犯罪率下降不受 1990 年代的經濟富裕影響，也不受人口結構的影響，更與打擊犯罪的警政策略或槍枝管制或開放法案、死刑等無關。倒是另外四個因素對犯罪率下降起了重大作用：警力增加、監獄人口增加、海洛因市場萎縮、墮胎合法化。（Levitt 2004: 163-164）

近二十年來學者對犯罪的研究取徑，可以透過表 4-2 來展現其立論與差異。

表 4-2　犯罪率的 16 種當代解釋

編號	解釋	說明
1	經濟	經濟好轉，潛在犯罪人愈富有，犯罪愈少
2	武器合法化	立法允許攜帶武器自我防衛，防身武器愈多，犯罪愈少
3	立法嚴禁槍枝	槍枝愈少，犯罪愈少
4	死刑	死刑判決愈多，嚇阻效果大，犯罪愈少
5	監禁犯罪人、長期刑	監禁嚇阻強，監獄人口增加，犯罪愈少
6	強化警政	警察愈重視打擊犯罪，犯罪愈少
7	增加警力	警察愈多，見警率愈高，破案愈多，犯罪愈少
8	墮胎合法化	1973 年美國聯邦最高法院做出墮胎合法化判決，1990 年代弱勢少年人口變少，犯罪率開始下降
9	兒童鉛中毒人數減少	兒童鉛中毒人數減少，少年犯罪減少，總體犯罪減少
10	人口結構改變	老人增加，年輕人口減少，犯罪減少
11	移民政策改變	移民愈多，犯罪愈少（因移民犯罪率低）
12	消費市場改變	消費力增加，消費市場改變，二手贓物銷售愈差，犯罪愈少
13	一級毒品市場衰退	年輕人畏懼毒品帶來的暴力與終身監禁後果，犯罪減少
14	社會制度進步	制度愈來愈具正當性，社會非法抗爭減少（從 1960-80 年代全球社會運動與抗議減少觀察之）
15	物理與科技監控	防竊或安全設施愈好，犯罪機會減少，犯罪愈少
16	暴力的演化	現代社會更需要同情心、自我控制、道德感、理性等非暴力生存手段，暴力無助於人類長期的演化

　　表 4-2 顯示的十六種解釋中，第一說是經濟影響犯罪，亦即社會與個人愈為富有，在缺乏犯罪動機下，犯罪自然愈少。第二說主張防身武器合法化的國家，由於個人可藉由武器自我保護，犯罪就不易發生，典型的代表是美國南方各州；這個說法正好與第三說相反。第三說主張槍枝氾濫或允許合法擁有槍枝的國家，一旦犯罪發生，往往傷亡慘重，故需要以管制槍枝來抑制犯罪。多數歐洲與亞洲國家都相信這個看法，在槍枝政策上也採此說。第四說主張死刑可以嚇阻犯罪，維持與執行死刑可以讓犯罪下降。此說的爭議也很大，但台灣或其他仍保持死刑的國家對此說深信不疑。Levitt 認為前述對於犯罪率下降的解釋力都不甚顯著。

　　第五說基礎在於，研究證明多數犯罪是少數人所為，而晚近各國刑事政策趨向嚴刑重罰，對於重大犯罪人或多次犯罪者都採取長期監禁或延後假釋的策略，加長常業犯或慢性犯罪人拘禁時間，以至於犯罪率大幅下降。此說在美國頗受歡迎，因為美國是支持嚴刑重罰刑事政策的代表者，以拘禁慢性或重大危險犯罪人來抑制他們輕易回歸社會可能引發更多的犯罪。然而荷蘭學者 van Dijk, van Kesteren 和 Smit（2007: 23）的研究團隊反對此項看法，並且以數據證明 1995 至 2000 年間，歐洲各國如瑞典、法國、波蘭、芬蘭等在監人口快速下降，但同一時間犯罪率不但沒有增加，反而快速下降。對比美國在監人口不斷上升，但犯罪率也快速增加，可見監禁率與犯罪率沒有任何顯著關係。

　　第六、七說都與警力有關，第六說認為警政品質改善、重視打擊犯罪、提高破案率，可以嚇阻犯罪。第七說則認為警力增加、提高見警率，可以嚇阻犯罪。

　　第八說以美國為代表。美國在 1970 年代開始實施墮胎合法化，經過不到二十年時間，少年犯罪大幅減少，隨後的成人犯罪也快速下降。有的學者把這種現象歸因於墮胎合法化，最大的「受益者」是許多未成年少女，他們得以合法地減少生育，而在這些家庭成長下的子女，平均壽命、偏差行為與犯罪行為都比非此類母親的子女高，一旦生育率下降了，自然可以大幅減少未來高風險的少年人口（Levitt 2004）。但是 Blumstein 和 Rosenfeld（2008）的研究發現，因為墮胎而減少的高風險少年人數，其實效果頗為有限，因為墮胎合法化後，理論上也應該提高整體學生的平均學習成就，或者導致勞動力市場消退，但兩位學者的統計顯示，墮胎合法化對各種人口指標的影響不大。

　　第九說的基本邏輯類似第八說，也是以美國爲例。1970 年代美國引
進無鉛汽油後，空氣或環境中含鉛量降低，也降低對人腦部的影響，使
得當時的兒童進入少年或成年期後，減少了暴力犯罪。但 Blumstein 和
Rosenfeld（2008）也對此說存疑，他們認爲人口結構的改變可能是更重要
的中介變項，因爲1970年代嬰兒潮成長與老化階段，大約跟含鉛汽油進
出美國市場的時期相當，所以人口結構的改變，才是改變1990年代後犯
罪降低的眞正原因。這也是第十種解釋的主張，人口結構老化，造成犯罪
率自然下降的現象。

　　第十一說認爲各國合法移民人數上升，有助於減少犯罪，因爲合法移
民的犯罪率通常都低於本地居民。

　　第十二說認爲社會的消費力上升，購買二手商品的需求下降，贓物市
場會隨之萎縮，導致財物犯罪率快速下降。

　　第十三說主張從查緝毒品的數量上來看，一級毒品的需求不斷下降，
但其他類毒品需求並未下降，有可能是年輕人了解並畏懼一級毒品的刑罰
後果，若是仍然要施打毒品，會改採其他類型毒品或軟性毒品，造成與一
級成癮性高之毒品相關的財物、暴力犯罪下降。

　　第十四說認爲社會進步、政治問題減少、政府正當性增加，社會抗議
或運動減少，能相對減少社會不安，降低犯罪。

　　第十五說採取機會理論觀點，認爲各國在發展系統或人爲保全，各種
物理環境的設施增加後，犯罪機會降低，導致犯罪率下降，尤其是街頭易
於發生的犯罪類型更容易因此而減少。

　　最後一說是美國哈佛大學心理學家 Pinker（2011）指出狩獵、採集、
畜牧時代的暴力死亡，比起農業社會，足足多了5倍。中世紀到二十世紀
的歐洲，暴力死亡少了10到15倍。此外，歷經十七、十八世紀的理性時
代、啓蒙運動，人類大型的暴力死亡也下降。到了二次世界大戰後，國際
啓動了一段很長的和平時代。到了1990年代後冷戰時期，不論是內戰、
種族屠殺、獨裁殺戮或恐怖主義的暴力死亡都減少，是新的和平時代。已
開發國家不輕易啓動戰爭，而開發中國家因戰爭而死亡的人數，也比幾十
年前的情況減少很多。仇恨犯罪、暴動、虐童及虐待動物等案件，也未見
增加。人類歷史上，奴隸、凌虐、酷刑、折磨持續至少千年以上，但到了
近代突然成爲社會不正與嫌惡的價值，這種厭惡暴力價值的興起，可以歸
功於1950年代的各種人權運動：如種族權、婦女權、兒童權、動物權、

同性戀人權等，這些運動帶動了厭惡暴力的社會價值，成為「主流價值」的一部分。

　　Pinker（2011）認為因為四種善良的力量被培養，所以人類開始願意有利他或合作行為。這四種機制是（1）同情心：人性中可以提煉出感受他人痛苦的能力，設身處地。（2）自我控制：人可以預期衝動的結果，有效地抑制這些衝動。（3）道德感：人可以溝通、感知社會規範與禁忌；但這種道德感若遇到部落主義、威權政治或二元正義論社會，可能會產生反效果，創造更大的暴力死亡。（4）理性：人可抽離自己，超越狹窄的個人經驗。簡單來說，Pinker 認為人不因演化而使其生物暴力性消失，但是透過上述四種機制，人性中比較善良的天使會被釋放出來，具體的表現就是暴力死亡事件或暴力犯罪減少了。

　　至於人性的善力為何被釋放？需歸功於當代各國政治制度的成熟、識字率提升、國際商業往來熱絡，以及寰宇一家的全球化四項因素（Pinker 2011）。這些社政經文制度面的改變，使得人類更能同理他人的遭遇，願意以和解、雙贏代替掠奪零和，並且揚棄歷史上諸多殘暴的價值，善用理性來判斷事件。

　　人類的善良力量從文明的演化中，得到了更好的滋長，惡力則無從在生物的演化中完全消失，頗值得社會學給予重視，特別是用來解釋暴力犯罪趨於穩定並逐漸下降的現象。

　　盤點前述十六個當代研究的方向（周愫嫻 2017），可以觀察到犯罪問題不單純僅為壓力、衝突、標籤使然，其餘跨領域的視角，如經濟政策、人口政策、移民政策、衛生政策、刑事政策、科技發展等都與犯罪增減和類型轉變有密切關係。

陸　偏差與犯罪的社會控制手段

　　本章以各國曾經使用過的具體途徑作為分類基礎，將社會控制偏差與犯罪的方法分類為：犯罪化、合法化、疾病化、福利化、修復式司法、物理科技監控等六種，以下分別說明之。

一、以國家刑罰控制偏差與犯罪

對於控制嚴重犯罪人，社會最常使用的方法是啓動司法制度，最具代表性者應屬於透過刑法裁量犯罪行爲，進而對犯罪人施予刑罰。其中最嚴屬的是透過死刑或無期徒刑，使犯罪人在生理上、心理上、空間上與社會永久隔離。如果國家使用死刑或剝奪個人自由的徒刑對待犯罪人，其背後的理論基礎是處罰比矯正有效，尤其是國家行使的刑罰更能有效地控制偏差與犯罪。爲什麼刑罰對於控制偏差與犯罪有效？如果我們假設人是理性的，偏差與犯罪其實是個人計算違法損益平衡後的結果，那麼，偏差與犯罪行爲可能獲得的處罰愈嚴屬，表示犯罪的成本愈高，選擇犯罪的可能性也愈低。

二、透過除罪化控制偏差與犯罪

如果有些偏差或犯罪行爲普遍化、文化接受度提高、未傷及他人或社會利益，有些社會可能採用合法化的方式，使之成爲正常行爲。利用合法化來解決偏差與犯罪問題，最大的爭議來自於是否可以將無被害者犯罪除罪化。所謂「無被害者犯罪」是指當事人相互之間合意的偏差或犯罪行爲，無明顯被侵害之個人、社會或國家法益，例如：吸毒、賭博、流浪街頭、通姦等行爲。有些學者認爲既然爲合意行爲，沒有他人明顯被侵害，徹底解決的方法就是合法化。譬如：在荷蘭使用大麻與在英國的娼妓行爲，由於不傷及他人或社會利益，合法化又可以降低市場價格與減少剝削，已經被除罪化，屬於正常行爲之列。再如，在台灣賭博是違法行爲，但是「在家打麻將」因爲普遍且文化接受度高，通常不會成爲執法或處罰的對象。

以上例子充分顯示出，當偏差成爲普遍行爲，執法又會引發極大反抗，或屬於沒有被害者的行爲，合法化不失爲解決偏差與犯罪問題的方法。

無被害者犯罪
當事人相互之間合意的偏差或犯罪行爲，沒有明顯被侵害的個人、社會或國家法益，例如，吸毒、賭博、流浪街頭等行爲。

三、疾病化偏差或犯罪行爲

「除刑不除罪」是指將原爲犯罪而科處刑罰的行爲，維持爲犯罪行

除刑不除罪
將原爲犯罪而科處刑罰的行爲，維持爲犯罪行爲，但不施予刑罰，而以其他非刑罰的措施替代。

為，但不施予刑罰，而以其他非刑罰的措施替代，最常見的例子是由國家強制偏差或犯罪者進行某種心理輔導、藥物治療或醫療機構安置。

台灣從 2004 年後實施的《毒品危害防制條例》措施即採用這樣的方法，將施用毒品者分為三類，初犯、五年內再犯與五年後再犯。初犯者除刑，但需要進入戒治所勒戒觀察，除非有繼續施用之「傾向」（由戒治所醫療團隊進行評估），否則觀察勒戒至多兩個月。觀察勒戒被視為一種「戒治行為」，也就是將初犯者視為「病人」，給予各種形式戒治處遇。但如果五年內再犯（再度被捕）則將遭到起訴，交付審理，成為真正的「犯罪人」，必須入獄隔離，並同時在監治療。

比起刑罰或監獄控制，醫療化偏差與犯罪人是一種相對昂貴的手段，許多國家因為醫療、輔導資源有限，最後只好採取集體管理、藥物控制等，相對便宜的醫療方式來控制這群人口。

▌四、納入福利體系控制偏差與犯罪

福利化作為社會控制偏差與犯罪問題的手段，具有雙重意義。從個人層次來看，有些犯罪、偏差、問題人口若不明顯具有精神疾病之徵兆，可能無法以疾病處理，只好轉而納入「弱勢人口」、「高風險家庭」、「高關懷人口」等類別，透過福利體系來處理；較明顯的人口群是失業者、少數族群、移民、青少年、兒童、老年人、移民等，當福利體系介入後能具有強制效果，可以「轉介」、「輔導」、「親職教育」、「補助」、「安置」、「協助就業」與「追蹤」。

▌五、設法修復被害人、加害人、社區的情緒與關係

修復式司法
（restorative justice）
以調解方式來取代懲罰，在被害人、加害人與社區代表三方進行會談、悔過、賠償的過程後，重新修復彼此關係，以達到預防再犯的目的。

「修復式司法」（restorative justice）主張設法恢復被害人、加害人、社區的原狀，亦即與其使用犯罪化等懲罰方法，或是採用昂貴的醫療或福利化的方法控制偏差與犯罪者，不如以重新接納、弭平傷害的方法，達成整合社會、修復彼此關係的目的。在紐西蘭、澳洲，這種家庭調解會議非常普遍，一種方式是將加害人、被害人、其家人、支持團體、警察、律師、社區代表等集合在一起，討論加害人的犯罪行為、被害情況與可能的彌補方法；另一種方式是將曾經有類似被害經驗的被害人與加害經驗的加害人

都集合在一起，共同討論犯行與彌補方式。不論是哪一種形式，會議的目的是增加參與者發言、對話的機會，更重要的是研商出一種大家都可以接受的彌補方法。在台灣，檢察官使用的「緩起訴」處分就具有這種意味，檢察官依照犯罪行為的嚴重性與犯後態度，可以社區服務、罰金、擔任義工、向被害人或社會道歉等方式替代起訴處分。

修復式司法的主要目的是透過讓加害人或偏差者了解自己的行為造成的傷害與悖離規範之嚴重，同時又不標籤加害人的情況下，讓加害人重新回歸社會，並建立與社會的連帶關係。雖然修復式司法比起監獄刑罰更為人性化，比合法化手段更不需要調整道德正當性，也比醫療化、福利化更經濟，但從社會學的眼光來看，終究還是一種規訓偏差與犯罪者的機制，只不過更為情感化、細膩化。

六、以科技監控社會

透過環境設計、資料庫建立與交換等全面監控，也可以控制社會的偏差與犯罪者。目前英美國家頗為盛行的情境犯罪預防（situational crime prevention）策略，可以作為國家全面監控一般市民，甚至全球人口的代表。這一類的研究主張以「降低偏差或犯罪機會」的方式來控制人的犯罪慾望，其途徑有三，包括：增加犯罪者犯罪時的困難度，增加犯罪者被發現的風險，以及增加犯罪者因為犯罪可能得到的懲罰。

物理與科技監控策略很多，譬如：設置監控攝影機，使用更為精細的門鎖，增加燈光，裝設保全系統，增加銀行櫃台高度，使用指紋或密碼開啟的電腦，機車烙印，社群網路個人資訊蒐集等。舉例來說，英國是全球攝影機設置最多的國家，根據統計，在英國每個人每天平均會被 300 個攝影機鏡頭攝入。英國也是歐盟第一個全面實施非歐盟國家之外國人入境時，需採取十隻指紋、數位相片、虹膜影像的國家。另外，美國從 2019 年開始，要求外國人申請入境簽證時填寫網路社群媒體帳號。換言之，英美大國的社會控制已經從國內人口，延伸到全球人口，範圍從單一到多元、靜態到動態。更重要的，世界各國不僅監控所謂的「偏差與犯罪」人口，也涵蓋了沒有偏差或犯罪的所有人口。

結論

　　任何社會的既得利益或政府對偏差與犯罪的容忍都有極限，也都會以新的社會控制機制來回應，試圖加以控制。然而，從社會學的角度來看，偏差與犯罪的成因除了少數個人的病態行為外，多數都受到本章前述之結構、文化、區域、衝突、標籤等因素影響而成。古典社會學對新時代的偏差與犯罪現象解釋，仍有待當代研究進一步推敲（如科技發展、演化效果）。至於管理偏差與犯罪問題，不能只靠不斷滲透的社會控制機制，也不能任由國家機器的權力無限擴張。若是社會的政治、經濟、文化、科技、社會制度不良，即使社會控制設計得再為精良、全面與深入，還是無濟於事。這個從當代新的研究方向，可以獲得一些啟發。因此，我們只能將社會控制解讀為社會當時對於偏差與犯罪的反應，無法將其視為有效解決偏差與犯罪問題的唯一途徑。

延伸閱讀

周愫嫻、曹立群，2007，《犯罪學理論及其實證》。台北：五南。

　　本書除了說明近代幾個重要的犯罪學理論外，更將每種理論的測量方法附表陳列，有助於想要了解理論具體內涵者，或想設計偏差或犯罪相關問卷者，快速吸收近代犯罪學實證研究之成果。

Steven D. Levitt and Stephen J. Dubner 著、李明譯，2006，《蘋果橘子經濟學》（*Freakonomics: A Rogue Economist Explores the Hidden Side of Everything*）。台北：大塊文化。

　　本書部分章節從經濟學的觀點，分析犯罪問題，提出了獨特的見解。譬如：本書認為墮胎合法化有助於減少青少年犯罪率、治安政策與犯罪率升降無關、父母對子女的教養並不重要，重要的是父母的社經地位。讀者可以從本書獲得與社會學者、犯罪學者、心理學者、教育學者完全不同的視野。

James Gilligan 著、李芬芳譯，1997，《暴力失樂園》（*Violence*）。台北：時報。

　　本書作者為精神科醫師，長期在監獄輔導、治療重大暴力受刑人（如：連續殺人犯、連續性侵害犯），在多年醫療與接近這些暴力犯罪人的經驗後，作者認為這些暴力犯罪人通常在兒時經歷了極度痛苦後，失去感受痛苦的能力、道德感與羞恥心，進而把自己轉化為另一種施暴者的狀態，主宰被害人。因此以暴制暴，只會加深暴力的擴散作用。對於暴力的起源，與暴力犯罪人的心理狀態，作者的描述非常深刻。

David Garland 著、周盈成譯，2006，《控制的文化：當代社會的犯罪與社會秩序》（*The Culture of Control: Crime and Social Order in Contemporary Society*）。台北：巨流。

本書原著於 2001 年，是一本當代分析英國與美國社會控制和刑事司法制度變遷的歷史脈絡經典著作，同時也是研究社會控制、犯罪學、刑事司法的學生必讀的一本書。1970 年代以前，矯正犯罪人曾經盛極一時，但自 1970 年代開始，人們開始懷疑犯罪人真的可以被矯治嗎？作者認為矯治無效論的思潮真正種因於 1950 年代英美兩國經濟、家庭、人口、地理、大眾媒體結構發生的重大轉變。本書以獨特的史觀，分析社會變遷對社會控制與秩序之影響，是有興趣深入研究偏差、犯罪、控制、秩序者必讀書籍。

參考書目

中央研究院，2019，台灣社會變遷基本調查計畫。https://www2.ios.sinica.edu.tw/sc/cht/scDownload2.php 。

內政部警政署刑事局，2019，臺閩刑案統計。https://www.npa.gov.tw/NPAGip/wSite/lp?ctNode=12902&CtUnit=2666&BaseDSD=7 。

周愫嫻，2016，〈無差別殺人犯罪：一種罕見而荒謬的暴力型態〉。《犯罪與刑事司法研究》26: 83-112 。

周愫嫻，2017，〈全球犯罪率為何同步下降？〉。《刑事政策與犯罪研究論文集》20: 1-14 。

周愫嫻、吳建昌、李茂生，2018，《陌生者間（含隨機殺人）之犯罪特性與防治對策研究》。台北：司法官學院研究報告。

周愫嫻、曹立群，2007，《犯罪學理論及其實證》。台北：五南。

黃榮堅，2003，《基礎刑法學（上、下）》。台北：元照。

Becker, Howard S., 1963, *Outsiders: Studies in the Sociology of Deviance*. New York: Free Press.

Blumstein, Alfred and Joel Wallman, 2006, *The Crime Drop in America*. Revised edition. Cambridge: Cambridge University Press.

Blumstein, Alfred and Richard Rosenfeld, 2008, "Factors Contributing to U.S. Crime Trends." Pp. 13-43 in *Understanding Crime Trends: Workshop Report*. National Research Council Committee on Understanding Crime Trends, Committee on Law and Justice, Division of Behavioral and Social Sciences and Education. Washington, DC: National Academies Press.

Farrell, Graham, 2013, "Five Tests for a Theory of the Crime Drop." *Crime Science* 2: 5-13.

Farrell, Graham, Nick Tilley, Andromachi Tseloni, and Jennifer Mailley, 2010, "Explaining and Sustaining the Crime Drop: Clarifying the Role of Opportunity-Related Theories." *Crime Prevention and Community Safety* 12(1): 24-41.

Lafree, Gary, 1999, "Declining Violent Crime Rates in the 1990s: Predicting Crime Booms and Busts." *Annual Review of Sociology* 25: 145-168.

Lemert, E. M., 1951, *Social Pathology: A Systematic Approach to the Theory of Sociopathic Behavior*. New York: McGraw-Hill.

Levitt, Steven, 2004, "Understanding Why Crime Fell in the 1990s: Four Factors That Explain the Decline and Six That Do Not." *Journal of Economic Perspectives* 18: 163-190.

Merton, Robert King, 1938, "Social Structure and Anomie." *American Sociological Review* 3: 672-682.

Merton, Robert King, 1957, *Social Theory and Social Structure, Revised and Enlarged Edition.* Glencoe, IL: Free Press.

Pinker, Steven, 2011, *The Better Angels of Our Nature: Why Violence Has Declined.* New York: Viking Books.

Stebbins, R. A., 1988, *Deviance: Tolerable Differences.* Toronto: McGraw-Hill Ryerson.

United Nations, 2015, *State of Crime and Criminal Justice Worldwide (A/CONF.222/4).* United Nations: Thirteenth United Nations Congress on Crime Prevention and Criminal Justice.

van Dijk, Jan, John van Kesteren, and Paul Smit, 2007, *Criminal Victimisation in International Perspective: Key Findings from the 2004-2005 ICVS and EU ICS.* Wetenschappelijk Onderzoek-en Documentatiecentrum Press.

Young, Jock, 1999, *The Exclusive Society: Social Exclusion, Crime and Difference in Late Modernity.* Thousand Oaks, CA: Sage.

第 **貳** 篇

社會差異與不平等

第 5 章

階級與階層

- 階層化與不平等
- 社會一定會有不平等嗎？衝突論與功能論的觀點
- 不平等的形式：階層化結構的主、客觀面向
- 不平等的結構：分配不平等與機會不平等
- 不平等的結構會改變嗎？社會流動與不平等的再製
- 結論：階層化的新興議題與台灣本土研究

■蘇國賢

摘　要

1. 階層化（stratification）指的是一個社會的成員，不平均地分布在攸關資源取得的不同社會類別或地位上的情形。其主要課題，在於描述社會中各種不平等的現象，並解釋為何不平等可以持續不斷地存在。

2. 結構功能學派強調不平等有助於解決現代社會分工體系中的誘因問題，對社會具有正面功能。衝突論者認為過度的不平等會產生階級間的剝削及機會阻隔，不利於社會整合。擁有較多資源的「少數」，可藉由資源所形成的優勢力量來支配資源較少的「多數」，以維繫這種資源分配不均的狀態。

3. 階層化同時具有主觀與客觀的面向，且有「分配」不平等與「機會」不平等兩個彼此相關、但不完全重疊的重要面向。不平等為「垂直距離」、「組成」及「流動性」三個力量同時作用的複雜結構。

4. 階層化的學者經常同時以行為、結構及政治三個角度來分析不平等。所得不平等的變化是政策、人口、經濟、社會結構等結構性因素長期作用的結果。

5. 代間社會流動分成職業地位流動、階級流動及所得流動，主要探討父代地位（O）、子代教育（E）及子代地位（D）三者之間的關聯。地位取得研究主要探討家庭背景與教育對於個人向上流動的影響，階級流動則關心整體社會的機會結構是否隨著工業化越來越趨於開放，兩者都與社會結構的再製力量有關。

6. 高教擴張對於不平等的影響，需要同時從入學公平、大學的學習效果，以及學歷在勞動市場的報酬率三個面向來分析。傳統的階層化研究面臨內生選擇性的問題，有必要重新檢視過去的理論及方法。

壹　階層化與不平等

每個社會中，都有一種按照個人出身（ascribed）背景或後天成就（achieved），將成員區分為各種社會類別團體（categories）的特殊社會結構。社會學家 Peter Blau（1977）將這些社會類別分為名目類別（nominal）（如性別、種族、階級）及連續性的地位（status）（如長幼尊卑的輩分或

收入地位等）。社會學的任務之一，就是分析由不同社會類別所形成的社會分化（social differentiation）與不同地位所形成的不平等（inequality），對於個人生命機會與整體社會結構變遷的影響。然而，並非所有的社會類別或地位都具有社會意義；只有當某種差別或排序被依照特定的價值標準賦予高低不同的評價時（valuation and evaluation），才會形成社會學家所感興趣的地位階序（status rank order），例如依照聯考志願排序的學校排名。地位階序本身不一定具有實用價值，如在玻里尼西亞的早期部落中，人們以頭髮顏色來區分社會地位；但有些地位區分如階級、性別或種族，幾乎在所有的社會中都是形成不平等的主要基礎。這些類別或排序之所以重要，是因為這些身分會影響個人取得社會中有價值之資源的機會。這些資源包括經濟性資源，如土地、流動資產等；政治性資源，如工作場所的權威、政治影響力等；文化性資源，如對文學藝術的品味、符合上流社會的言談舉止；社會性資源，如人際關係、社團成員；尊榮性（honorific）資源，如聲望、名譽、他人的敬意與順服；知識技能資源，如專業、學經歷等。階層化（stratification）是指一個社會的成員，不平均地分布在攸關資源取得的不同社會類別或地位上的情形。一個社會的上下層級的距離越遠、資源差異越大，表示社會的階層化程度越高。一般以社會不平等（social inequality）來形容社會中少數人擁有不成比例的財富、權力及聲望的情形。社會階層化的主要課題，在於描述一個社會中的各種不平等，並解釋為什麼不平等的現象可以持續不斷的存在（Grusky 2001）。

　　美國社會學者 David Grusky（2001）將產生及維繫各種社會不平等的一套複雜社會制度，統稱為階層化系統（stratification system）。一個階層化系統包含三個主要的部分：第一，社會中存有一套界定什麼是「有價值、值得追求」的制度過程。例如財富、權力、名譽幾乎是所有社會中，人人都想追求的報酬；但知識學問在不同社會中受到的重視程度不一，在「萬般皆下品」的華人社會中，追求「學歷」是理所當然的事，而在歐洲中古黑暗時期，追求知識僅為極少數人有興趣的活動，而非人人都想要的「報酬」。第二，社會中有一套分配規則，將不同的「獎品」、「報酬」分配至社會分工中的各種不同的位置（position）上，即決定哪些位置薪水較高、權力較大等。例如醫師的職位，收入待遇與受人尊敬的程度皆高於一般職位；在封建社會中，貴族地位比平民享有更多的財富與權力。第三，社會中有某種流動篩選機制（mobility mechanism），將社會成員分派到擁

階層化（stratification）
一個社會的成員在具有不同資源與機會的社會位置上之分布情形。

有不同報酬的位置上。例如在古老印度的種姓制度（caste system）之下，社會按照出身來分派身分地位；資本主義社會則透過市場機制，按照個人與能力的條件將有工作意願的人安排到各種不同的職位中；社會主義國家則透過國家的安排，將工作職位與人才進行配對。社會不平等即是在「報酬—職位」與「人才—職位」兩個配對過程（matching process）中產生的。

Grusky 和 Weisshaar（2014）認為階層化研究包含以下核心議題：（1）不平等的功能及負面影響：適度的不平等可以提供努力向上的誘因，但過度的不平等也可能鼓勵各種尋租行為（rent-seeking behavior），即透過資源或地位的壟斷來爭奪利潤，而非致力於生產。（2）不平等的跨社會比較：相對於其他社會，一個社會中的不平等程度是高還是低？不平等的主要形式為何（權力、聲望、經濟資源）？家庭出身背景及個人屬性如何影響一個人的機會？社會用來合理化不平等的意識形態為何？不同社會的不平等長期趨勢為何？（3）不平等的結構：現代社會中劃分階層最主要的界線是什麼？如何測量這些分層的界線？這些界線在現代社會中是越來越嚴峻還是越來越模糊？這些界線是否容易被跨越？（4）貧窮及社會底層：全球化、福利政策、種族隔離、居住隔離等外部力量及制度因素如何影響貧窮？（5）哪些因素會影響個人在社會位置上的流動過程？一個社會的機會分布是否公平？家庭、學校、個人的動機、社會資本、勞動市場的制度等如何影響社會流動？（6）不平等有什麼影響？我們的生活形態、行為態度、生命機會如何受到我們所處的社會位置的影響？（7）人類社會會越來越不平等嗎？社會階層化與不平等可以被改變嗎？

貳 社會一定會有不平等嗎？衝突論與功能論的觀點

社會學對於社會為何有不平等，大致可分成功能論與衝突論兩種看法。結構功能學派（structural functionalism）認為，不平等是現代社會中普遍存在的現象，例如在現代社會分工之下，不同職位的報酬差異甚多。他們認為在社會分工體系下，每個分工位置的工作條件不同，有些職位的功能較重要，有些則需要特殊才能或經長期訓練才能勝任，因此社會須提供不同的誘因，才能吸引合適的人才來就任。這種報酬的不平等對社會的正常運作有一定的「功能」，未必會造成不公平的現象。Davis 和

Moore（1945）認為一個職位報酬的多寡，取決於該職位的功能重要性（functional importance）及人才技能的稀少性（scarcity of talents）。這與經濟學家的看法一致，認為勞動市場會根據供需原則自動地將適當的報酬分配於不同職位上，以產生社會分工所需的工作誘因（incentives），因此解決了資本主義分工體系的工作動機問題（motivation problems）。

　　持衝突觀點的社會學家對於結構功能的論述捏出幾個質疑：（1）誰來界定各種職位對於社會的重要性？衝突論者認為地位越高的人，越有能力根據自己的利益來界定職位的重要性，例如美國大公司的高階主管為自己制定的薪資，經常遠超過該職位的實質貢獻。由於缺乏衡量職位相對重要性的客觀標準，菁英階層可以透過支配權力來合理化不平等的現狀。（2）社會提供給每個人的機會並不相等，例如弱勢族群可能受限於教育或就業機會，或因不平等所造成的歧視，使其發展空間受到限制。在機會不平等之下，階層化系統會造成人才無法「適得其所」、「充分發揮」。（3）社會階層系統會造成上下階層之間因為報酬的差異而產生對立與不信任，弱勢族群會因為不受重視而對社會採取冷漠的態度，有礙社會的整合（Tumin 1953）。

　　衝突論者認為報酬的分配未必依循個人的貢獻，還有可能是權力支配、階級宰制的結果。例如 Charles Tilly（1998）指出剝削（exploitation）及機會阻隔（opportunity hoarding），是造成不平等的兩個重要社會過程。剝削是指某些社會成員努力創造出來的價值，部分或全部被其他成員占有的情形，如佃農的收成必須部分繳納給地主，或是工人生產的價值部分被資本家侵占。機會阻隔是指社會中的某些成員，透過排除過程（process of exclusion）限制其他人的機會，壟斷取得社會資源的管道，例如施行種族隔離的殖民者以限制人民從政、教育及就業機會，來維持統治上的優勢；社會中的菁英階層，在社交和婚配上多與相同地位的成員往來，也造成隱性的社會排除。社會學家認為過度的不平等，會使得支配階級以既有的優勢資源，來維繫不平等的現狀。因此一個社會究竟需要多大程度的不平等，才能產生足夠的誘因，又不致造成階級支配的現象，是社會階層化研究的重要課題。

　　功能論與衝突論雖然是理論的觀點，但也反映在當代社會中左派與右派的政治對立上。持政治右派立場者認為適度的不平等可以提供努力的誘因，有助於提升生產力，藉由生產力的提升可以創造更多的財富，無論窮

人或富人都會受惠，因此右派在國家經濟政策上會傾向主張經濟發展先於分配，在市場上也較支持優先將企業利潤進行再投資以擴大資本，而不是直接分給員工或投資人，認為要解決分配問題，應該先將「餅作大」才能讓眾人都滿意。持左派立場者將資源的分配問題看成是一種零和遊戲，富人占有愈多，窮人得到的就愈少。他們認為過度不平等不但無助於增加誘因，反而會讓擁有資源優勢者更容易維持既得的利益，造成不平等的再製。

參　不平等的形式：階層化結構的主、客觀面向

　　社會中有哪些「階層」？由誰來決定每個人在階層上的位置？任何會造成地位、權力、聲望等不平等的社會差異或分化，都可能構成社會階層化的面向。傳統上，社會學家特別重視性別、種族、階級等三個面向的階層化。社會學家分別從主觀與客觀面來進行分析。客觀的分析從個人的職業、教育程度、收入，以及所擁有的社會關係等，將社會分成擁有相似資源或面對相同機會的結構位置（position），並從這些客觀建構的社會地位來研究階層化問題。這派學者認為，無論個人是否意識到自己所處的客觀位置，這些結構位置對於個人的生命機會與生活形態，都有一定程度的影響。

　　階層化並非僅是客觀的現象，也涉及人們的主觀態度與信仰。例如以「你覺得自己屬於哪一種階級」來測量個人的主觀階級意識（subjective class conscience）。不過由於工業發展帶來高度的社會流動，使得一般人不容易對特定階級產生認同，很難形成共同的階級意識。除了階級認同之外，學者也關心地位的形成及評價的過程，其中涉及兩個基本的社會過程：分類（categorization）與正當化（legitimation）（Lamont 2012）。社會學家指出，人們經常以簡單的分類架構（schema）來評估他人的社會地位。這種可將人群快速區別、歸類的地位概念，是不同的社會群體在長期的社會互動中，相互界定出來的一種社會建構的社會疆界（socially constructed boundaries）。階層研究的主觀分析企圖了解在日常的社會互動中，主觀階級意識及各種社會界線如何被建構、如何被評價，並分析這些界線如何影響社會成員的互動，形成不平等的現象。社會學家認為擁有較

多經濟、政治及社會資源的優勢團體，在界定社會界線及其內涵上較具有影響力，因此一個社會對於人群慣用的分類方式經常反映出優勢階級的價值觀。例如上層階級經常灌輸社會大眾對於窮人的負面社會觀感，如懶惰、缺乏向上動機、缺乏紀律教養等，以合理化社會中不平等的現象。

🔍 問題與討論 5-1

　　當社會學家用看似科學的方法，透過職業內容來創造階級概念，將社會成員分成上、中、下階級時，不也是在創造區分嗎？這些區分會產生偏見嗎？究竟是社會成員自己主觀的地位評價比較正確？還是社會學家客觀分析得來的地位區分比較正確？誰的看法比較重要呢？

　　除了主、客觀的不同，社會學家對於要將社會區分成界線分明的階級類別，還是將階層化結構視為連續地位的概念，也有不同的看法。部分學者認為每一個社會都有基本的階級類別疆界，將人群分成相互對立的社會群體；其他學者則認為現代社會中的階層化結構是由收入、聲望等不同地位所組成的連續性階梯，其間並沒有清楚明顯的類別界線。持衝突論的學者認為社會是由對立的利益衝突團體構成的，既然有對立，一定有清楚的「你－我」界線，形成支配與被支配階級。相反的，主張不平等應該以連續性的方式來測量的學者，將不平等視為是有價值的資源（財富、權力）或特質（才能、知識）在人群中的分布。結構功能學派的學者認為資源的不平均分布具有誘因「功能」，連續的報酬階梯可以讓人對未來充滿期待，比較有提供動機的效果。這些爭論不僅僅是方法上的問題，更反映學者在功能論與衝突論上的基本立場。

　　Blau（1977）將這兩種測量方式做了清楚的區分，名目參數（nominal parameter）如性別、宗教、種族等，將社會分成有清楚界域的團體（groups），而連續參數（graduated parameter）如收入、聲望等，將人按照某種連續性的地位階序（status rank order）來排成高低不同的地位（status）。這些不同的團體與地位形成各種不同的社會位置。社會結構指的是人口在不同社會位置的分布狀況，這種分布不但反映了人與人之間的相對關係，也影響人們彼此之間的互動。Blau 將人口在名目參數上的分布

情形稱之爲異質性（heterogeneity），人口在連續參數上的分布情形稱之爲不平等（inequality），認爲各種參數之間的重疊與交錯爲社會結構的最重要面向，對於社會的整合與衝突有很深的影響。例如圖 5-1 所顯示的，當收入與教育程度地位和種族團體界線重疊（consolidate）時，會形成壁壘分明的對立團體（overlapping social circle）；相反的，當收入地位、教育程度與種族等三個界線交錯（intersect）時，則會形成跨越疆界的社交團體（cross-cutting social circle），使得不同位置的社會成員彼此互動，社會整合度高、流動性大。

肆　不平等的結構：分配不平等與機會不平等

社會學從「分配」與「機會」兩方面來討論不平等的現象。分配的不平等是指具有價值的資源，如財富、聲望及權力等在社會中分布不均的情形；機會的不平等指的是個人在社會階梯位置中，上下流動的可能性。這兩種不平等都與「資源」及「人」在社會結構中的分布有關。前者是討論資源在不同「社會位置」的分布，後者則涉及人在「位置」上的分布過程。不平等結構是由幾個複雜面向所共同組成的：一是不同層級地位（如階級）或社會團體（如性別、種族）之間的垂直差距（vertical gap），如富人與窮人之間所擁有的財富差距，公司高階主管的薪資與底層員工的工資差距，高學歷者與低學歷者的勞動報酬差異。二是各層級或不同社會團體的人數的分布，如窮人相對於富人在人口中所占的比例，公司內管理人員與工人的人數多寡等。三是各層間相對流動的機會，如窮人脫離貧窮變成中產階級的機率，底層員工向上晉升的機率等（如圖5-1）。不平等的變化是這三個面向同時作用的綜合結果，如美國近年來所得不平等程度增加，部分原因是肥貓主管薪資大幅度的成長，但其他員工的薪資沒有等幅調整所致（所得的垂直距離增加）；金融風暴或經濟不景氣時，失業及陷入貧窮的人數增加，也會導致不平等的擴大（窮人的人數相對變多）；台灣在工業發展過程中，因爲人力需求增加及教育擴張，農村人口大量向都市流動，縮小了農村家庭及都市家庭之間的差距（向上流動的機會變多）。

這三個因素彼此也會相互影響，各層之間的距離一方面會刺激流動，但也可能造成流動的阻礙，擁有資源的既得利益者更有能力透過既有的資

源來形成流動的障礙與壁壘，使社會流動降低；陷入底層的貧窮家庭，因為資源太少，無力脫離貧窮，導致長期處於貧窮的惡性循環。流動會造成各層人數的變化，各層人數變化也會對資源分配造成影響，如馬克思預言人數越來愈多的無產階級，終究會向人數越來愈少的資本家發動革命（Marx and Engels 1978）；高教擴張造成大學生人數供過於求，使得大學學歷貶值，縮短不同學歷之間的不平等，也是人口組成影響資源差距的實例。組成也有可能會影響流動，如前述各種團體及地位界線的重疊，會造成流動壁壘，團體與地位界線的交錯，則會增加不同人群之間的互動，有助於社會流動，如高教擴張有可能增加中下階層與上層階級之間的互動，增加不同階級之婚姻與友誼，間接造成婚配上的流動。

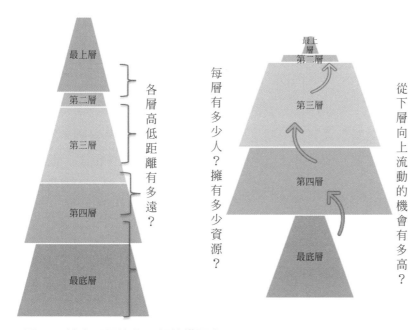

圖 5-1　社會不平等的三個結構面向

一、分配的不平等：社會底層與貧窮

社會學分別從行為面（behavior）、結構面（structure）及政治面（political）三個面向來探討影響分配與機會不平等的因素。行為面的分析主要探討出身背景、個人特質或經歷，如何影響個人的生命機會及社會流動過程。舉例來說，為何有些人會陷入貧窮？個人可以從事哪些行為來取得地位？結構面的分析認為社會中有「好」、「壞」不同的位置，這

些位置會影響個人取得資源的管道（access）、機會（opportunity）及結果（outcome）。例如性別、種族的不平等或是貧窮問題，並非弱勢族群本身條件較差所致，而是因爲他們被分派到較差的結構位置所產生的結果。政治面的分析主要在探討權力及制度如何影響資源的分配過程。以下以貧窮的理論來說明社會學家如何解釋不平等的現象。

　　過去有關貧窮的肇因問題，在政治上大體可分爲自由派與保守派兩種不同的立場，自由派相信貧窮的根本原因在於個人無法掌控的社會結構力量，例如歧視、剝削、失業等結構性因素。保守派則將貧窮歸咎於家庭、個人品格德行、缺乏自律等習性。兩種立場各有說服力，在國家社會福利政策上也反映出不同的立場。不過政治上的左翼—右翼路線的僵持，也造成不少社會對立及政治成本。近來社會學研究採取較平衡的立場，揚棄這種自由—保守的簡單二分看法，主張應該同時從個人行爲（behavior）、結構（structural）與政治（political）三個面向來探討造成不平等的原因（Brady 2019）。

　　行爲的解釋觀點認爲一個人之所以會陷入貧窮，是因爲個人從事會減損生產力或增加貧窮風險的行爲，如未婚生子、單親、中輟及失業等。這一派理論並非抱持單純「歸咎窮人」（blaming the poor）的態度，即認爲一個人會陷入貧窮困境，是因爲諸如懶惰、浪費、缺乏自律等窮人特有的「貧窮德性」（moral character）所致；相反的，這派理論認爲個人會從事風險行爲是受到不當誘因（incentives）及文化（culture）的影響。不當誘因指的是個人追求對自己最有利的理性選擇來回應環境或制度設計時，反而導致風險行爲因而陷入貧窮。例如某些社會福利制度所引發的道德風險（moral hazard），降低了人們工作或結婚的意願，增加失業或成爲單親的風險；或是保險市場缺乏效率，致使窮人無力負擔保險或缺乏投保的誘因，導致遭遇生命事故時容易陷入貧窮的現象。

　　文化的解釋試圖說明窮人如何內化貧窮模式及動機來再製貧窮，認爲文化與行爲是導致貧窮不斷被再製的最重要過程和機制。在貧窮文化理論（culture of poverty theory）中，Lewis（1959）認爲窮人面對生活的挑戰，因此必須以特殊的生活形態來因應艱困的環境，逐漸發展出一種貧窮次文化；貧窮文化是對貧窮狀態的一種回應，並透過社會化過程將這個次文化傳給下一代，使得在貧窮社區長大的孩童發展出特別適合貧窮社區的人格特質或行爲傾向，導致窮人更不願意受教育、就業及結婚，更造成仰賴福

利及婚外生子的情形，因而缺乏掌握脫離貧窮機會的能力。例如貧民區的孩童被認為較缺乏延宕滿足（delay gratification）的自我控制能力，這種「活在當下、過一天算一天」的態度，雖然有助於適應充滿不確定的貧窮環境，免於對未來過高的期望而產生失落感，但同時也阻礙了窮人利用教育及就業訓練改善自身處境的機會。

貧窮情境理論（the situation view of poverty）對貧窮文化理論提出嚴厲的批評，認為窮人的行為態度並非造成貧窮的原因，而是反映他們貧窮的處境。例如貧民區女性單親家庭特別多，不表示她們追求此價值，而是因為男性失業率高、犯罪坐牢率高所致。貧窮文化理論的論述預設窮人必須先改變自己，才能脫離窮困的情境；而情境理論認為只要情境改變，窮人就會有機會改善自己的貧窮處境，不會因為窮人的特質而受到阻礙。

行為理論基本上都從個體層次來探究「窮人在哪些方面與一般人有差別」，本質上仍脫離不了「歸咎個人」的保守派論述。加上行為與貧窮互為因果，無法釐清究竟是貧窮影響行為，還是行為造成貧窮。例如其他國家的研究顯示，單親與貧窮並沒有顯著的關聯，福利政策也不一定會增加陷入貧窮的風險。很多學者因而轉向探究造成貧窮的結構性因素，包含人口及經濟脈絡所造成的機會與限制的變化，例如在去工業化過程中，因為工廠外移所造成的城鎮人口外移、大量失業及經濟蕭條；或是都市化過程中，土地仕紳化（gentrification）迫使低收入人口被驅趕至居住環境較差的貧民區，造成居住隔離現象。美國密西根州的佛林特市（Flint）在通用汽車公司遷廠之後，人口減少一半，且無力搬遷的居民飽受失業、犯罪率增高及環境污染之苦，從汽車工業重鎮瞬間變成美國最貧窮的都市之一。位於社會底層的貧窮社區，不但無業人口（jobless）比例高於一般社區，少數就業人口也多在報酬低、訓練機會少、升遷前景差、替代性高的邊陲勞動市場中求生存。由於收入不高，迫使窮人僅能集中居住在貧窮社區中。經濟上的惡劣處境，間接降低了結婚及建立家庭的誘因，產生高比例的單親家庭，以及孩童從小面對暴力、高壓的環境，對於學習認知能力的發展也有負面的影響，又進一步影響下一代的教育，使其長期陷於經濟底層的惡劣處境。近年來關於社會底層（social underclass）及城市貧民窟（inner city）的研究都指出，各種不平等面向與社會經濟結構之間的交互作用，形成居住地及勞動市場中的隔離與歧視，才是造成社會不平等的主要關鍵。

　　結構的解釋也有理論上的問題。首先，以結構的觀點來解釋貧窮，大多還是在分析個人行為，因此本質上仍然是行為的解釋，何謂結構的解釋並沒有明確的內涵。再者，結構的影響似乎會隨時空情境變化，沒有固定的模式。例如經濟發展及都市化通常會伴隨就業機會增加，有助於降低貧窮，但同時也有可能因為仕紳化及居住隔離，造成窮人被邊緣化。經歷同樣結構變化的都市或國家，往往有不同的貧窮率，因為國家及社會制度也會影響結構如何產生作用。

　　政治的解釋認為貧窮是有權力決定資源分配的集體行動者，以及其所形成的制度，共同造成的一種政治結果。一方面，既得利益的菁英階層設法透過剝削及社會排除來壟斷機會與資源的分配，另一方面，不同的集體行動者會運用共同利益及意識形態來動員較弱勢的階級，組織成工會或政黨來對抗原本在資源分配上具有優勢的既得利益菁英階級。階級的對立與角力最後會決定誰可以掌控國家機器，並透過創造及修改制度來保障資源分配的正當性。例如左派執政、工會組織力量強、女性從政比例較高的民主國家，貧窮率較低。國家一方面可以透過稅制、社會福利政策、教育政策、全民健康保險等來確保分配及機會的公平和正當性，另一方面也可以透過制度的建立來形塑社會價值規範，以及對執政者的期待。不過很多制度具有慣性，一旦設立之後就會持續作用，不一定能隨時調整，例如美國早期的奴隸制度所遺留的種族歧視餘毒至今無法被抹滅；教育制度上對非裔及藍領階級的不公平，以及勞動市場中的性別歧視，都無法在短時間之內得到改善。因此政治上仍有很多人支持「社會達爾文主義」，即窮人之所以會窮，是因為本身缺乏自律及成就動機、父母忽略教養等「歸咎窮人」的想法，並認為社會補貼與救濟等福利制度只會使懶人更懶、窮人更窮。這種歸咎窮人的態度一方面可以紓緩大眾對於貧窮「視而不見」的罪惡感，另一方面也透過瞧不起「好吃懶做」的「他人」來增加自己的優越感，導致貧窮被視為社會的常態。不同集體行動者在政治上的角力，會影響一個國家在管控（regulate）、監督（supervise）及去除（displace）貧窮的努力。儘管很多福利政策的目標在於減少貧窮，但也有不少政策是在處罰貧窮或打壓窮人，例如美國急速增加的監禁（incarceration）人口，是近年來貧窮的惡性循環加速的最主要原因之一。

　　整體來說，貧窮無法單靠個人的努力或國家政策而被消除，貧窮有行為、結構及政治上的多重成因，這些多重成因在社會底層中交織作用，例

如在極度貧窮地區成長的孩子不但健康較差，在成長過程習得各種不利於社會流動的習性與文化，加上外在環境沒有提供適當的誘因，以及政府大量使用監禁的方式來企圖隔離或消除因貧窮而引發的犯罪，致使貧窮家庭陷於貧窮的惡性循環。消除貧窮的方案，應同時考慮多重措施，評估各種公共政策的交互作用及整體影響，很難從單一的因素來得到解決。

二、台灣所得分配的長期趨勢

　　所得不平等是最普遍的一種分配不平等，圖 5-2 顯示台灣所得不平等的長期趨勢。若用吉尼係數（gini coefficient）來衡量所得不平等，所得差距從 1980 年開始攀升，呈現線性成長趨勢。2000 年所得差距有明顯的跳升，但之後就呈現水平趨勢。值得注意的是，近年來財富有越來越集中於

吉尼係數
（gini coefficient）
用來衡量一個社會所得不平等程度的指標，係數的數值越大代表所得差距越大。

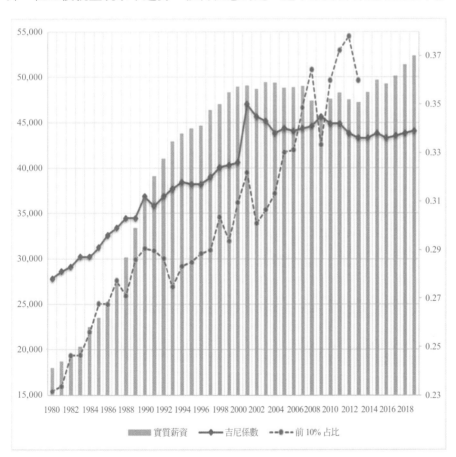

圖 5-2　台灣的實質薪資、吉尼係數及前 10% 的所得占比，1980-2018

資料來源：中華民國主計處家庭收支調查；世界不平等資料庫（World Inequality Database）。

前百分之一及百分之十最富有的人口當中的趨勢。根據世界不平等資料庫（World Inequality Database）的統計（Alvaredo et al. 2018），台灣前百分之十富豪所擁有的財富所占的比例，從1981年的24%成長到2013年的36%，前百分之一富豪的占比，也從6%成長到10.7%，成長速度十分驚人。這樣的不平等程度是高還是低？台灣2017年的吉尼係數在世界銀行有資料的159個國家中排名第45位，即約有七成以上的國家不平等的程度高於台灣，算是在經濟急速發展過程中控制所得分配十分成功的國家。台灣的所得集中趨勢比起美國、中日韓三個東亞國家來說，相對較低（見圖5-3）。美國前百分之十富豪擁有47%的財富，日韓中也都超過40%。但無論哪一個國家，經濟不平等都從1980年代開始急速擴大，特別是高階經理人及專業人士薪資的成長趨勢十分明顯。部分原因是資訊技術革命及全球化的經濟所導致的生產和市場集中，但技術無法完全解釋為何面對同樣技術及全球化的國家，不平等程度會有如此大的差距。國際貿易的增加，工會力量式微，高階主管報酬的改變，政府的效能、累進稅制，以及教育公平等，其他非技術因素也扮演重要的角色。

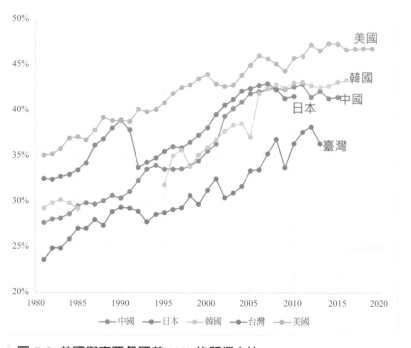

圖 5-3　美國與東亞各國前 10% 的所得占比

資料來源：世界不平等資料庫（World Inequality Database）。

　　具體來說，影響所得不平等的因素包括：（1）政府的控制，如土地政策、賦稅措施與社會福利等所得移轉政策。政府可以透過累進稅率使高所得者的累積財富減少，降低其資本所得。然而，由於富人的避稅誘因及能力較高，對政策的影響較大，各項租稅措施或經濟政策所產生的實際所得移轉，不一定有助於縮減所得差距。（2）經濟結構與勞動市場的變化，如進入後工業時代之後，低薪的服務業工作大增，擴大勞動階級內的所得差距。資訊科技的興起，使得獲利較高的科技產業與傳統製造業，形成兩種不同的勞動市場，增加了產業「間」的所得差距。近年來企業的縮編與外包、委外風潮，使得僱傭關係起了本質上的變化，不少邊陲工作者變成收入不穩定的「彈性人力」，加上產業外移造成失業率提高及部分工時人員增加，都是近年來所得差距擴大的重要成因之一。（3）人口與階級結構的變化，如遲婚、不婚、離婚與人口老化，使得單親或單身族群等較容易落入社會底層的人口比例增加。台灣戰後初期所得差距的下降，可能與「務農」及「非技術」階級「升級」至「技術」、「行政」階級有關；而進入工業經濟之後，儘管階級的組成結構趨於穩定，但所得差距仍持續成長，可能是階級內與階級間所得差距擴大所導致的結果。（4）勞動力組成的變化，如女性的勞動參與率、勞動人口的老化、教育擴張所帶來的勞動力素質改變，以及外籍移工及新移民的增加，都影響了近年的所得分配。（5）勞工政策與勞資雙方的相對力量，如政府對於勞動市場中的勞動條件、工作環境、勞動報酬等規範，工會相對於資方的議價能力等，都會影響經濟產出的分配。近年來左派政黨及工會的效能下降，也是不平等擴大的重要因素之一。（6）資本的累積優勢（cumulative advantage），不平等的擴大與各種資本的累積和「再投資」有關，這些資本包含金融投資、企業經營、土地等各種實體財務資本（financial capital），以及工作技能、知識等非實體的人力資本（human capital）。除此之外，透過人際網絡關係所形成的社會資本（social capital），是決定人力資本與財務資本能否發揮功效的重要因子。這些資本的分布並不平均，並且可以透過代間移轉（intergeneration transfer）傳給下一代，形成累積的競爭優勢，在市場競爭中產生「富者越富」的馬太效應（Matthew Effect），加速所得的不平等（McCall and Percheski 2010; Yu and Su 2008）。

　　教育體制的變化對於所得分配有重要的影響。台灣戰後經歷義務教育的延長，技職體系的擴張，以及 1990 年代後期高等教育的快速成長等三個發展階段，分別對於所得差距造成哪些影響？

伍　不平等的結構會改變嗎？社會流動與不平等的再製

　　分配不平等，是檢視同一時間點內，社會結構中資源分布不均的情形；機會不平等，則是探討各階層是否有公平的機會在社會階梯中向上流動。如果社會的分配過度不均，使得每個人向上流動的機會隨著其擁有的資源多寡而迥異，會形成優勢階級比較容易維持優勢地位，而劣勢階級永遠居於社會底層的不流動情形，則不平等的結構可能會被「再製」（reproduction）。

　　所謂「社會流動」（social mobility），是指一個人在不平等階梯上，上下移動的情形。一般又分成代間流動（intergeneration mobility）及代內流動（intrageneration mobility）。代間流動指的是不同世代之間階級地位的變化；代內流動則指不同時間點，個人社會位置的變化。一個社會的流動性（social fluidity）越高，代表社會的機會結構越開放。相反的，如果每個人的社會地位大部分都是與生俱來的，很難透過後天的努力而改變，則我們說這個社會是一個階級界線十分嚴峻（rigid）的社會。社會學家比較關注職業相關地位的變動，其中職業地位的流動（occupational status mobility）從個人的觀點來分析個人職業地位變化的影響因素；階級流動（class mobility）則從結構的觀點來探討兩個世代之間階級結構的變化。另外，經濟學家比較關注代間的所得流動（income mobility）（Torche 2015）。

一、社會流動的三角問題

　　社會流動的模型是由父代地位（Origin）、子代教育（Education）及子代地位（Destination）三個變數所組成的三角問題（OED triagle）。O 代

再製（reproduction）
支配階級以其優勢資源來重製可以維持其支配地位的社會結構之過程。

表一個人的家庭出身背景，一般以成長過程中父母的社會經濟地位或階級地位來衡量；E 代表子女的教育成就，如子女的最高學歷；D 代表子女的地位，可以是職業地位、階級或收入等。這個三角問題包含三部分：（1）社會流動的幅度（level），例如家庭對於子女教育與子女地位的影響有多強？又可細分成家庭與子女教育的關聯（OE association），子女教育與子女地位的關聯（ED association），以及父母地位與子女地位的直接關聯（OD association）。（2）社會流動的模式（pattern），例如哪些階級之間的流動比較困難？藍領與白領階級之間是否有流動障礙？家庭出身背景對於子女地位的影響，有多少是透過對子女的教育所產生的間接影響（O → E → D），有多少是來自家庭的直接影響（O → D）等。（3）社會流動的趨勢（trend），社會的流動率是越來越高，還是越來越困難？在社會變遷的過程中，OE, ED, OD 三者的關聯產生了什麼變化？

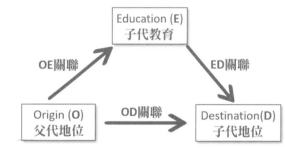

問題一：父母的社會經濟地位（家庭背景）如何影響子女的成就？

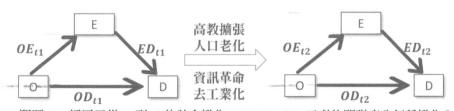

問題二：經歷了從 t1 到 t2 的社會變化，OE ED, OD 三者的關聯產生何種變化？

圖5-4　社會流動的 OED 三角問題

二、代間地位流動：地位取得研究

Blau 和 Duncan（1967）指出，在現代社會中職業最能代表一個人在社會的地位。職業地位可以用一般人對各行各業的主觀評價來衡量，稱為

職業聲望（occupational prestige），或是根據該職業的平均所得及教育程度的加權平均來計算，稱爲職業社經地位指標（occupational status）。職業比收入更容易測量，也比較不容易變動，因此被社會學家認爲是信度及效度較好的地位測量方法（Ganzeboom and Treiman 1996）。父代與子代職業地位的差異，稱爲絕對流動（absolute mobility），絕對流動大部分是因爲產業及職業結構升級所帶來的變化，例如台灣的產業從農業發展到以工業、服務業爲主的經濟體，大部分子代的職業地位都會高於父代。相對流動（relative mobility）以子代的職業地位對父代的職業地位進行迴歸，迴歸係數可用來衡量兩代之間的職業地位是否高度相關，即在父代從事地位較高職業的家庭，子女成年之後是否也從事高地位的職業，可用來衡量兩代之間職業地位的持續性（intergenerational persistence）。

　　職業地位流動的最重要發現爲，在地位的代間流動上，父代對於子代的直接影響（direct effect）不大，大部分是透過父代影響子代教育，進而影響子代職業地位所產生的間接影響（indirect effect）。另一個重要的發現爲，教育同時是影響向上流動及地位再製（reproduction of status）的重要因子（Hout and DiPrete 2006）。例如學校教育可以增加個人的人力資本，因此取得較高的學歷，並在勞動市場得到更高的報酬（即 ED 關聯高），如教育普及增加了女性的就學機會，進而增加其向上流動的機會；但若只有家庭出身背景好的人才能取得高學歷（即 OE 關聯高），則學歷在勞動市場的報酬率（return to education）越高（OE 及 ED 的關聯同時都很高），反而會再製家庭社經地位的不平等（見圖5-4）。

　　社會學的地位取得模型（Blau and Ducan 1967）及經濟學的人力資本理論（human capital theory）都認爲，個人人力資本的投資是影響社會地位最重要的因子。一個人的教育成就不完全取決於個人的天生能力與努力，與家庭資源的多寡和社區鄰里的成長環境有很密切的關聯。家庭資源中，最重要的爲父母的收入及教育程度；較富裕的家庭有能力提供好的教育環境，子女有單獨個別的書房，較多的補習、學才藝、出國旅遊的機會等，對子女的教育有直接的正面影響（Kuan 2018; Park et al. 2016）。社經地位越高的父母，文化資本與社會資本愈多，可以透過教養方式及較高的教育期待直接影響子女的教育。此外，這些家庭會爲子女選擇較好的教育環境，居住在好的學區，與社經地位相當的家庭往來，透過參與學校活動和其他同樣重視教育的家長共同營造學校的學習氣氛，協助學校課業的監

督輔導（Lan 2018）。除此之外，家庭中的這兩項資源彼此之間會產生互補強化的影響（complementarity），產生額外的加分作用。例如教育程度高的父母，可能比教育程度低的父母，更熟悉升學競爭的遊戲規則，更知道如何有效地運用家庭資源來增進子女的教育。

　　如果沒有其他外力的介入，則家庭資源的差異會透過影響子女教育來再製子女的社會地位，形成代間流動的阻礙（Bourdieu 1977）。此時環境的資源可以發揮兩種完全相反的作用，首先，若環境及學校資源分配不平均，則不但學校及社區會加深不平等，家庭資源及環境資源也會產生上述的互補強化作用，進一步擴大並強化家庭資源差異對於不平等的影響。例如 Bowles 和 Gintis（1976）認為，學校的考試篩選基本上反映了中上階層的文化，致使不熟悉中產階級文化的學童較不易在學校有好的表現。因此學校教育不但再製（reproduce）了社會的階級結構，還讓這種不公平的機會結構表面上看似公平（Hout and DiPrete 2006）。再者，若環境資源分配得當，則可以透過學校及社區資源，來改善或補償因為家庭資源差異所造成的不平等，具有降低不平等的作用。例如學校品質及學區好壞與父母的社會經濟地位高度相關，社區及學校資源的分配不平均都會強化家庭所造成的不平等，此時國家可以透過提供優質的免費公立學校教育，以及增加對社區公共資源的投資，來改善貧窮或偏鄉地區子女的教育機會。

▌三、代間階級流動

　　職業地位取得研究企圖釐清個人的出身背景因素如何透過家庭與學校教育來影響子女的職業地位。然而，將社經地位化約成單一面向的職業地位分數，也被學者批評是一種過度簡化的作法。社會學家認為比較能捕捉現代社會多面向不平等的綜合測量指標為「階級」。最著名的階級分類為 Erikson and Goldthorpe（1992）二位學者所提出的 EGP 階級，他們按照：（1）僱傭身分（雇主／受僱者／自雇），（2）職業技能程度（有無技能，技能高低），（3）是否為管理者（有無管人，管幾名員工），（4）白領上班族還是藍領工人等僱傭關係中的重要面向，將所有職業分成不同階級類別。不同階級成員面對不同的生命機會與條件，包含：（1）擁有不同工作相關條件與資歷（endowment），如正式教育、工作經歷等；（2）面對不同工作條件（working condition），如不同勞動契約、工會、勞動市場、工

作權威、自主性等；（3）具有不同報酬，如收入、健康、財富等。

　　階級背景是否影響一個人的生命機會？代間階級流動（intergenerational class mobility）也是從 OED 的三角問題來回答這個問題。「窮爸爸」或「富爸爸」究竟對於個人地位有多大的影響？這種兩代之間階級地位上的關聯，是否有世代的變化？例如醫師世家的子弟，是否比農家子弟更有機會成為醫師？階級流動的分析認為一個人會不會成為醫師，除了與家世背景有關之外，還與不同世代當中，醫師這個「位置」的絕對數量變化有關。例如隨著醫療的普及，對於醫師的需求大幅增加，個人成為醫師的機率當然隨之增加。社會學家將這種因為職業結構改變，造成兩代之間階級地位發生變化的情形，稱為「絕對流動」（absolute mobility）。然而，整個社會對醫師的需求增加，不代表每個人成為醫師的機會都相同地增加。儘管農家子弟成為醫師的機率，會在對醫師需求增加之下而成長，但相對於醫師世家的流動機率可能仍然沒有改變，因此必須將產業升級或教育擴張等結構性變化所造成的絕對流動納入考量之後，再比較每個階級的相對流動機率，才能看出一個社會的機會結構是否有本質性的變化。社會學家將不同階級背景對於個人相對流動機會所造成的「淨」影響，稱之為相對流動（relative mobility）。

▍四、社會流動的長期趨勢

　　一個社會的流動機會是否會隨著經濟發展逐漸趨於開放？社會流動究竟是越來越開放，還是越來越困難？早期的「自由派的工業化理論」（liberal theory of industrialism）或「現代化理論」（modernization hypothesis）認為，隨著工業的發展，個人的社會地位將越發取決於教育及個人努力而非家世背景。這派理論樂觀地認為工業化會使得社會結構趨於「開放」，削弱家世背景對於個人成就的影響。反之，承襲馬克思主義的社會學者則認為，工業化不但不會帶來「唯才是用、論功行賞」的功績主義（meritocracy），反而會因為生產自動化，造成勞動者的「降級」（degradation of labor）及「無產階級化」（proletarianization of workforce）現象。因此，工業化使得勞資雙方的相對力量越來越懸殊，階級壁壘越來越深，向上流動越來越困難，社會因而越來越趨於封閉（Erikson et al. 1992; Featherman and Hauser 1978）。台灣在急速的工業化過程中，階級流

動主要還是受結構流動的影響，隨著經濟發展、教育普及，社會流動持續上升；但經濟發展速度趨緩、教育普及率高之後，社會流動的速度已經趨緩。蘇國賢、喻維欣、林宗弘等學者進行的流動表分析顯示，台灣的階級結構與流動模式在過去二十年來已經趨於穩定，且與歐美後工業國家沒有太大差異（Yu and Su 2008；林宗弘 2009）。

陸 結論：階層化的新興議題與台灣本土研究

　　階層化的研究雖然是社會學中較為傳統的領域，但新的議題及方法不斷挑戰舊有的理論。以下提出幾個值得本土研究的重要議題：

一、高等教育的擴張與不平等

　　高等教育的擴張為社會流動最重要的影響因素之一（Hannum et al. 2019；蔡淑鈴 2004；關秉寅、彭思錦、崔成秀 2019）。高教擴張是否減輕升學競爭，降低家庭社經地位差異所造成的教育不平等現象？大學擴張是否增加中下階層的就讀機會？就讀大學是否真的能提升低社經地位學生的能力，使大學成為可以降低不平等的等化器（equalizer）（Torche 2011; Zhou 2019）？首先，由於高等教育為現代社會中地位取得及向上流動最有效的管道，若因為高教擴張使中下階層有更多機會上大學，則可以削弱父母地位與子女教育的關聯（OE 關聯減弱），降低因為家庭背景所引起的不平等。但是美國的研究卻指出，隨著大學擴張，美國大學學費跟著水漲船高，且菁英大學紛紛以提高入學測驗成績作為入學門檻，導致中下階層更不容易進入菁英大學就讀（Alon 2009）。張宜君和林宗弘（2015）也發現，高教擴張雖有助於低社經地位家庭的子女上大學，但中下階層的子女大量集中在學費較貴、資源較差的私立學校，且大學期間因為背負就學貸款，繼續升學的機率較低，在教育競爭因為教育擴張不斷向上提升的過程中，反而對於進一步取得進階學位造成不利的影響。其次，過去的研究發現，父母對於子女地位的直接影響（OD 關聯）在高學歷者中最弱（Breen and Luijkx 2007; Hout 2012; Torche 2011），由於高等教育的擴張會增加人口當中高學歷者的比例，因此間接減少因為 OD 關聯所造成的不平

等（Breen 2010）。最後，隨著高等教育的擴張，大學學歷在勞動市場的報酬率也會隨之變動，一方面由於大學生供過於求，可能會導致學歷的貶值（devalue），縮小不同學歷之間的垂直距離；另一方面，因為自動化及資訊化所帶來的以技能為主的技術變革（skill-based technological change）需要更高階的人力，也有可能擴大「有技能、高學歷」員工與「一般技能、低學歷」員工之間的薪資差異（Tsai and Xie 2011, 2008）。換句話說，教育的報酬率會隨著高等教育人力的質與量的變化，而對不平等產生影響。整體而言，高教的擴張會影響不同社經地位家庭的子女上大學的機會，並帶來不同教育層級之間相對人數的變動，而各層人數在質與量上的組成變動，也帶來教育報酬率（return to education）的變動，進而影響不同教育層級之間的垂直距離（gap）（見圖 5-5）（Bloome, Dyer, and Zhou 2018）。高教擴張的這些不同機制如何同時影響台灣社會的不平等與社會流動，是一個值得研究的重要議題（關秉寅、彭思錦、崔成秀 2019）。

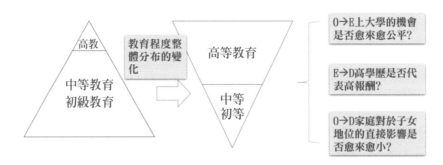

圖5-5　高等教育擴張所帶來的相關問題

二、不平等的因果機制

除了入學機會是否公平的問題之外（differential selection），另一個重要的問題是：大學是否具有提升學生能力的效果（college effects or college "premium"）？有些學者認為大學擴張讓部分原本無法上大學的中低社經地位家庭的子女，有機會進入大學學習，相對於原本就被期待讀大學、來自文化資本較高的中上階層家庭的學生，他們在大學階段的受益更多（Brand and Xie 2010: 274; Tsai and Xie 2008）。另有學者指出，相對於中上階層人人上大學的情形，對於出身於低社經地位家庭者而言，上大學是需要克服眾多困難的挑戰，必須仔細評估自己的能力、意願、動機及高中期

間的競爭力等，並不是一個理所當然的決定。大學擴張選擇性地錄取了中下階層中，較爲聰明、努力且動機較高的一群優異學生，因此他們的學校表現及社會流動會高於來自中上階層家庭背景的學生，造成大學教育有助於中低階層社會流動的虛假因果關聯。

這個內生選擇性（endogenous selection）的問題，不只是一個特例，而是影響過去大部分階層研究的一個重要方法上的問題。過去研究對於影響不平等的因果機制，仍有很多待釐清的問題。例如學歷對於地位取得的影響，究竟是因爲增加了人力資本、社會資本，因爲學歷被視爲能力的訊號（signal）（Araki 2020; Liu and Sakamoto 2002; Ishida, Spilerman, and Su 1997），還是教育根本與能力養成無關，完全是因爲條件較好的學生自我選擇進入好學校所導致的效果（selection effect）（Zhou 2019; Kuan and Peng 2021）。學校及社區鄰里環境，對於成就的影響也是階層化研究的重要議題，不過這方面的研究都有一個自我選擇的問題，即某個學區或社區的孩童學業成就特別高，究竟是因爲「好」學校的老師教學較認眞、學校設備較好，還是因爲比較關心子女教育或資源較多的家庭集中到某些「明星」學區來就讀所導致的結果？研究不平等的學者發現，很多表面上看起來的因果關係，其實是選擇效果。如何用科學的方法釐清這些環境脈絡（contextual effects）的因果機制，是目前階層化研究最重要的課題之一。

三、新住民相關的不平等議題

跨國婚姻對於代間的不平等有什麼影響？移民是否成功，不僅在於第一代移民是否能融入移民社會，更重要的是第二代子女是否能在教育與勞動市場取得好的地位（Portes and Zhou 1993）。儘管移民面對語言及文化上的挑戰，比起相同社經地位的本國家庭，美國移民的第二代子女通常在學業成就上表現較爲卓越。學者將這個現象稱之爲「移民家庭的弔詭」（Feliciano and Lanuza 2017; Lee and Zhou 2015），主要是因爲這些移民家庭能保有來自母國的特殊文化精神，以至於對於子女的教育期望較高、工作較爲努力，並且對美國社會的流動機會較爲樂觀（Kao and Tienda 1998）。另一派學者認爲這種特殊文化精神主要源自於移民家庭的選擇性效果（immigrant selectivity），即他們之所以能夠移民成功，是因爲他們在移出國家原本就屬於較爲優秀的一群人，與一般母國家庭不同。雖然移民

之後在移入國中的社會地位發生變化，但仍承襲過去在母國社會地位所取得的文化技能、氣質習性、信仰及志向，因此對下一代的教育期望仍會以過去在母國的地位作為設定標準（Feliciano and Lanuza 2017）。台灣的新住民多為婚姻移民（marriage migrant），父母來自不同國家組合，與美國第一代移民父母都來自同一個國家的情形非常不同。這種跨國婚姻組成的家庭一方面開展了新的流動機會，但也同時面臨移民家庭與跨種族婚姻（interracial & interethnic marriage）的挑戰。教育異質性高的跨國婚配可能有助於本國弱勢家庭社會經濟地位的提升，增加向上流動的機會，但也可能因為異質婚姻的家庭經營問題而造成流動的阻礙（Fu and Wolfinger 2011）。台灣在邁向多元族群社會的過程中，如何保障各族群的機會平等，為未來重要的社會課題。

參考書目

林宗弘，2009，〈臺灣的後工業化：階級結構的轉型與社會不平等，1992-2007〉。《臺灣社會學刊》43: 93-158。

張宜君、林宗弘，2015，〈台灣的高等教育擴張與階級複製：混合效應維續的不平等〉。《臺灣教育社會學研究》15(2): 85-129。

蔡淑鈴，2004，〈高等教育的擴展對教育機會分配的影響〉。《台灣社會學》7: 47-88。

關秉寅、彭思錦、崔成秀，2019，〈臺灣高教擴張對年輕世代職業地位及薪資的影響：反事實的分析〉。《人文及社會科學集刊》31(4): 555-599。

Alon, Sigal, 2009, "The Evolution of Class Inequality in Higher Education: Competition, Exclusion, and Adaptation." *American Sociological Review* 74(5): 731-755.

Alvaredo, Facundo, Lucas Chancel, Thomas Piketty, Emmanuel Saez, and Gabriel Zucman, 2018, "World Inequality Report 2018." World Inequality Lab.

Araki, Satoshi, 2020, "Educational Expansion, Skills Diffusion, and the Economic Value of Credentials and Skills." *American Sociological Review* 85(1): 128-175.

Blau, Peter M., 1977, *Inequality and Heterogeneity: A Primitive Theory of Social Structure*. New York: Free Press.

Blau, Peter M. and Otis D. Duncan, 1967, *The American Occupational Structure*. New York: Wiley.

Bloome, Deirdre, Shauna Dyer, and Xiang Zhou, 2018, "Educational Inequality, Educational Expansion, and Intergenerational Income Persistence in the United States." *American Sociological Review* 83(6): 1215-1253.

Bourdieu, Pierre, 1977, "Cultural Reproduction and Social Reproduction." Pp. 56-69 in *Power and Ideology in Education*, edited by J. Karabel and A. H. Halsey. New York: Oxford University Press.

Bowles, Samuel and Herbert Gintis, 1976, *Schooling in Capitalist America: Educational Reform and the Contradictions of Economic Life*. New York: Basic Books.

Brady, David, 2019, "Theories of the Causes of Poverty." *Annual Review of Sociology* 45(1): 155-175.

Brand, Jennie E. and Yu Xie, 2010, "Who Benefits Most from College? Evidence for Negative Selection in Heterogeneous Economic Returns to Higher Education." *American Sociological Review* 75(2): 273-302.

Breen, Richard, 2010, "Educational Expansion and Social Mobility in the 20th Century." *Social Forces* 89(2): 365-88.

Breen, Richard and Ruud Luijkx, 2007, "Social Mobility and Education: A Comparative Analysis of Period and Cohort Trends in Britain and Germany." Pp. 102-24 in *From Origin to Destination: Trends and Mechanisms in Social Stratification Research*, edited by S. Scherer, R. Pollak, G. Otte, and M. Gangl. New York: Campus Verlag.

Davis, Kingsley and Wilbert E. Moore, 1945, "Some Principles of Stratification." *American Sociological Review* 10(2): 242-249.

Erikson, Robert and John H. Goldthorpe, 1992, *The Constant Flux: A Study of Class Mobility in Industrial Societies*. Oxford: Clarendon Press.

Featherman, David L. and Robert Hauser, 1978, *Opportunity and Change*. New York: Academic Press.

Feliciano, Cynthia and Yader R. Lanuza, 2017, "An Immigrant Paradox? Contextual Attainment and Intergenerational Educational Mobility." *American Sociological Review* 82(1): 211-241.

Fu, V. K. and N. H. Wolfinger, 2011, "Broken Boundaries or Broken Marriages? Racial Intermarriage and Divorce in the United States." *Social Science Quarterly* 92(4): 1096-1117.

Ganzeboom, H. B. G. and D. J. Treiman, 1996, "Internationally Comparable Measures of Occupational Status for the 1988 International Standard Classification of Occupations." *Social Science Research* 25(3): 201-239.

Grusky, David B., 2001, "The Past, Present, and Future of Social Inequality." Pp. 1-54 in *Social Stratification: Class, Race, and Gender in Sociological Perspective*, edited by David B. Grusky. Boulder, CO: Westview Press.

Grusky, David B. and Katherine R. Weisshaar, 2014, "The Questions We Ask About Inequality." Pp. 1-16 in *Social Stratification: Class, Race, and Gender in Sociological Perspective*, 4th edition, edited by David B. Grusky and Katherine R. Weisshaar. Boulder, CO: Westview Press.

Hannum, Emily, Hiroshi Ishida, Hyunjoon Park, and Tony Tam, 2019, "Education in East Asian Societies: Postwar Expansion and the Evolution of Inequality." *Annual Review of Sociology* 45(1): 625-647.

Hout, Michael, 2012, "Social and Economic Returns to College Education in the United States." *Annual Review of Sociology* 38: 379-400.

Hout, Michael and Thomas A. DiPrete, 2006, "What We Have Learned: RC28's Contributions to Knowledge About Social Stratification." *Research in Social Stratification and Mobility* 24: 1-20.

Ishida, Hiroshi, Seymour Spilerman, and Kuo-Hsien Su, 1997, "Educational Credentials and Promotion Chances in Japanese and American Organizations." *American Sociological Review* 62(6): 866-882.

Kao, Grace and Marta Tienda, 1998, "Educational Aspirations of Minority Youth." *American Journal of Education* 106(3): 349-384.

Kuan, Ping-Yin, 2018, "Effects of Cram Schooling on Academic Achievement and Mental Health of Junior High Students in Taiwan." *Chinese Sociological Review* 50(4): 391-422.

Kuan, Ping-Yin and Ssu-Chin Peng, 2021, "Time Will Tell: Revisiting the Impact of College Expansion on

Income and Occupational Prestige Mobility of Young Adults in Taiwan." *Higher Education Quarterly* 75(3): 468-86.

Lamont, Michele, 2012, "Toward a Comparative Sociology of Valuation and Evaluation." *Annual Review of Sociology* 38: 201-221.

Lan, Pei-Chia, 2018, *Raising Global Families: Parenting, Immigration, and Class in Taiwan and the US*. Stanford: Stanford University Press.

Lee, Jennifer and Min Zhou, 2015, *The Asian American Achievement Paradox*. New York: Russell Sage Foundation.

Lewis, Oscar, 1959, *Five Families: Mexican Case Studies in the Culture of Poverty*. New York: Basic Books.

Liu, Jeng and Arthur Sakamoto, 2002, "The Role of Schooling in Taiwan's Labor Market: Human Capital, Screening, or Credentialism?" *Taiwanese Journal of Sociology* 29: 1-56.

Marx, Karl and Friedrich Engels, 1978, *The Marx-Engels Reader*. New York: W. W. Norton.

McCall, Leslie and Christine Percheski, 2010, "Income Inequality: New Trends and Research Directions." *Annual Review of Sociology* 36: 329-347.

Park, H., C. Buchmann, J. Choi, and J. J. Merry, 2016, "Learning Beyond the School Walls: Trends and Implications." *Annual Review of Sociology* 42: 231-252.

Portes, Alejandro and Min Zhou, 1993, "The New Second Generation: Segmented Assimilation and Its Variants." *The Annals of the American Academy of Political and Social Science* 530: 74-96.

Tilly, Charles, 1998, *Durable Inequality*. Berkeley: University of California Press.

Tsai, Shu-Ling and Yu Xie, 2008, "Changes in Earnings Returns to Higher Education in Taiwan since the 1990s." *Population Review* 47(1): 1-20.

Tsai, Shu-Ling and Yu Xie, 2011, "Heterogeneity in Returns to College Education: Selection Bias in Contemporary Taiwan." *Social Science Research* 40(3): 796-810.

Torche, Florencia, 2011, "Is a College Degree Still the Great Equalizer? Intergenerational Mobility across Levels of Schooling in the United States." *American Journal of Sociology* 117(3): 763-807.

Torche, Florencia, 2015. "Analyses of Intergenerational Mobility: An Interdisciplinary Review." *The Annals of the American Academy of Political and Social Science* 657: 37-62.

Tumin, Melvin M., 1953, "Some Principles of Stratification." *American Sociological Review* 18: 387-394.

Yu, Wei-hsin and Kuo-Hsien Su, 2008, "Intergenerational Mobility Patterns in Taiwan: The Case of a Rapidly Industrializing Economy." Pp. 49-78 in *Social Stratification and Social Mobility in Late-Industrializing Countries*, edited by Hiroshi Ishida. Sendai, Japan: The 2005 SSM Research Committee.

Zhou, Xiang, 2019, "Equalization or Selection? Reassessing the 'Meritocratic Power' of a College Degree in Intergenerational Income Mobility." *American Sociological Review* 84(3): 459-485.

第 **6** 章

性 / 別

- 前言
- 性別角色理論
- 二元性 / 別體制
- 父權體制
- 差異與交織政治
- 朝向性 / 別多元社會

■陳美華

摘　要

1. 性別角色說明了既存的性別角色規範，但不討論性別角色間的權力關係。

2. 生理性別與社會性別的區分，側重描繪後者是社會建構的產物，而未能洞察前者也是社會建構的結果。

3. 二元性別並不反映「自然」，而是人們持續地在日常生活中「做性別」而得以延續。性別因而是「一種情境性的實踐：在地的行為管理關聯到對特定生理性別範疇的適當態度或行為的規範性概念」。

4. 二分的性別實作讓父權體制得以鞏固，這具現在國家制度、公／私領域性別化的分工模式、性與身體政治，以及文化對女性的壓迫與歧視之上。

5. 談「女人」的共同壓迫，但也應注意「女人」這個群體內部因為種族、階級、性傾向、年齡、黨派、身障與否等差異所形成的複雜的權力關係。

壹　前言

　　2019 年 5 月 24 日同婚合法化首日，吸引了全台共 526 對同性伴侶登記結婚，此後台灣的婚姻關係不再只是由夫妻組成，還包含了妻妻、夫夫。當天一早我應邀去見證一位學界好友辦理婚姻登記。至今我還是印象清晰，當天醒來第一個浮上心頭的情緒不是興奮，而是心酸，想到他們「相戀十一年，終於要結婚了」，突然覺得眼眶都熱了。

　　這看似非常個人的故事，其實關聯到我們整個社會盤根錯節的性／別關係。同婚合法化的過程中，反對陣營不斷指責同性戀「不自然」、「不正常」、「性行為偏差」；相反的，男女結合才是「天經地義」、「自古皆然」；同性戀父母會「帶壞小孩」、「一父一母的家庭才幸福」等等。這些說法表面上是反對同性婚姻，實則反對一系列逸出二元性／別體制的實踐。本文使用「性／別」這個詞以便同時涵蓋性別與性這兩個範疇，因為「男人就要像個男人、女人就要像個女人」這種性別規範，不只包括一系列男女有別、男尊女卑的社會關係，還包含對性（sexuality）與慾望模式的規範。

在性的範疇中，「食色性也」，常被視爲是「人類天性」、「生物本能」，也常被用來合理化男性放蕩不羈的行爲（是的，只有男性！）。然而，如果性是表現慾望與快感的生物性行爲，無疑有各種可能性，但事實上每個社會可允許的性行爲、性認同，或因之而建立的親密關係都極其有限。在我們所處的社會中，異性戀是唯一文化上正當、法律上被認可的情慾表現形式，而二分的性別無疑是形塑性與慾望的重要分類——畢竟，同性戀、異性戀、雙性戀的區分就建立在男女二分的前提之上。

這種強加的二元性 / 別體制深深地鑲嵌在當代人們的社會生活之中，用以區分男女的性別範疇成爲社會學分析的重要場域。事實上，小至私人的親密生活、教育過程、勞動場域、政治體系，大至全球性的跨國移動等社會現象都可以看見性 / 別運作的痕跡。例如，女性晚婚與少子女化現象、民間團體連署限縮婦女墮胎權、女性的無酬勞動與普羅階級化、網路「母豬教」、林奕含事件、彩虹媽媽入校園、全球化的跨國婚姻、#MeToo 運動、性觀光、女總統或女性領導模式等等，都是二元性 / 別體制所衍生的性 / 別政治。本章希望透過爬梳女性主義理論化性 / 別的成果來呈現多元的性 / 別理論。全文將從生理性別與社會性別的辯論出發，再論及父權體制、做性別、交織性、異性戀常規性等核心概念，並輔以相關經驗研究或實例來搭配討論。

貳 性別角色理論

十八世紀以來，西方女性主義者經常要面對的問題就是男女間的不平等究竟是天生的？抑或是人爲、社會化的結果？如果男女間的差異是「天生的」、「自然的」，那麼任何企圖改變依循生理差異所導引出來的社會安排豈非緣木求魚？迄今有兩個截然不同取向的回答；一爲生物決定論，一爲社會建構論。前者傾向於強調兩性「先天」、「自然」的生理差異，並以此合理化男女在公 / 私領域間的不平等配置，以及異性戀才是「自然」、「正常」的性 / 別邏輯。這類尋找兩性生理差異的研究大多來自心理學，但仍未能得出有意義的結論，導致這類原本想要證明兩性差異的研究，最後都成爲佐證男女相似的資料庫（Connell 著、劉泗翰譯 2004）。另一方面，社會建構論者則認爲，男女間的生理差異，以及因之而衍生的性別隔

離與性別不平等其實是社會建構、制度安排的結果。首先，男女間的相似性遠高於人和其他物種的相似性，但人們議論男女差異的方式常讓人懷疑這是兩個截然不同的物種。其次，單一性別範疇內的差異，有時候也遠比男女間的差異要來得大。社會建構論者並不否認男女存在生理差異，但反對誇大這些差異並以之作爲合理化性別分工的基礎，例如，女性的生育能力被等同於女性必須履行生殖、育兒、教養等一系列母職責任；反之，賺錢養家是男性的責任，忽略女性的收入也是家庭重要經濟來源。

　　率先讓性別的討論脫離生物範疇，並賦予社會意涵的是性別角色理論，強調社會是環繞著一系列由男人、女人所扮演的角色所組成的，個人則透過社會化過程內化這些角色。這相當符合一般人的常識性見解，但卻無法解釋當前社會中的性別關係。首先，性別角色理論並沒有區分人們對角色的期待，以及人們在現實生活中究竟做些什麼的區別。畢竟，並非所有的父親都善盡父親責任，或者所有的母親都是慈母。同時，對於那些行爲不符合社會期待的人，往往被貶抑爲「偏差」，或社會化「失敗」的結果。事實上，大多數的人都無法達到社會所期待的「角色」標準。其次，性別角色理論經常流於靜態的角色區分與描述，而無法面對社會變遷所帶來的角色轉變。因此，當社會因爲經濟或科技的進展而促發結構性轉變，或是個人企圖掙脫既定的角色規範以獲得更大的自由，而促成社會變遷時，類似「新手爸爸」的角色不可避免地和既定的性別角色產生衝突。然而，當角色衝突產生時，該理論往往強調兩性應進行自我調適，而非主張更全面性地擁抱新角色的內容。此外，性別角色理論將各角色視爲是平行、互補的關係，然而諸如「男主外、女主內」、「父親養家、母親理家」，職場中「男性決策、女性輔助」的性別配置模式，表面看似功能互補，實則掩飾男女不平等的問題。

> **問題與討論 6-1**
> 　　晚近流行的「工具人」一詞被用來形容情感關係中，追求者在關係中經常提供各種無酬勞動的不平等地位。請討論妳／你們如何使用這個詞？這是個性別化的詞彙嗎？男性、女性在關係中如何成為不同形式的「工具人」？

參　二元性／別體制

　　1970 年代女性主義者 Ann Oakley（1972）獲益於心理學研究的啓發，進一步區辨生理性別（sex）和社會性別（gender）這兩個不同的概念。前者指的是由染色體、荷爾蒙、生殖器官所決定的兩種不同的生物性身體，例如，男性具有 XY 染色體、有比較多的睪固酮，男性生殖器官包括陰莖、睪丸與輸精管；女性具有 XX 染色體、有比較多的黃體素與雌激素，擁有陰道、子宮、卵巢等女性生殖器官。這種區分將二分的生理性別視爲人一出生就被給定的生物事實，至於社會性別則是透過文化與社會過程而習得。其中，男人和女人不僅意味著身體上必須分別擁有男、女性的身體，在性別氣質上也必須展現出陽剛與陰柔兩種分殊、對立的性別特質。此外，「合格的」男人和女人也必須是個異性戀取向的人。Judith Butler（2002）在《性別麻煩》這本經典名著中指出，整個社會存在著異性戀預設的思維模式，意即所有「合格」、「恰當」的「男人」和「女人」都必須如表 6-1 的異性戀矩陣一樣，呈現出生理性別—社會性別—慾望異性這三者間的連續性，並且將這種連續性理解爲二元分化的生理性別所衍生的「自然」結果。相反的，那些無法在日常生活中持續性呈現這種一致性的人，包括：外顯的社會性別與生理性別不一致，愛戀或慾望相同性別的人，或者想要打造一副異性的身體等跨越性別界線的性／別主體，都被視爲「偏差」、「有問題」、「違反自然」。

　　二分的性／別體制所形塑的社會世界就是一個異性戀常規性（heteronormativity）的社會。其中，合理的「男人」、「女人」有明確的標準，而給定的生理性別被視爲是兩相對立、互補、相輔相成的關係，這使得「異性相吸」被比擬爲物理界的磁場，異性戀因而是「天生的」、「正常的」、「自然的」，同性戀則是「異常的」、「不自然」。家庭或親密關係的組成也只能是由夫妻與子女組成的異性戀家庭，反之，任何逸出異性戀矩陣的人，不僅文化上無法理解，也可能淪爲被霸凌的對象。在我們的日常生活中，言行舉止充滿陰柔氣質的男性常被嘲諷爲「娘娘腔」；欠缺「女人味」的女性則被貼上「龍」的標籤，甚至招致暴力。2000 年 4 月 20 日屏東縣高樹國中三年級學生葉永鋕，被同學發現倒在學校廁所血泊之中，送醫之後，因爲顱內嚴重受傷於隔日死亡。雖然校方認爲這是一起校園意外，但是在調查該生死因的過程中，老師與家長才陸續發現，葉永鋕因

翹「蘭花指」、聲音尖細等女性氣質，而屢遭同學嘲笑，甚至被強脫褲子以「驗明正身」。然而，葉永鋕並非單一不幸個案，而是冰山一角。何春蕤（2003）指出原生生理性別與外顯、可觀察的社會性別不一致的酷異主體，在異性戀才是「正常」、「自然」的霸權論述下，常遭受「性別錯亂」或「變態」的指控。顏正芳（2018）針對 500 名性傾向為同性戀或雙性戀的年輕男性（20-25 歲）的研究更顯示，高達 38.5% 的受訪者在青少年時期曾經因為不符性別常規，或有同性戀或雙性戀性傾向，而遭遇各種精神、言語與肢體的霸凌。

　　然而，Foucault 對西方性史的考察顯示，同性性行為在人類歷史上並非新鮮事，但十九世紀前，並沒有一個獨特的身分標籤來指稱那些進行同性性行為的人。十九世紀以來性科學的「發明」，就在於它簿記式地將同性戀、戀物癖、窺淫癖等行為樣態關聯到「一個人格、一段過去、一個案史以及一個童年」（Foucault 1978: 43）這種帶有病態意涵的性身分。過往實踐同性性行為的人，並不會被貼上一個固定的身分標籤，但現在都被稱為「同性戀」，不管他們彼此間有多麼的不同，彷彿進行同性性行為這件事足以讓他們變成同一個類屬，成為醫學分析、看管的對象。值得注意的是，長達一世紀的醫學研究，試圖以荷爾蒙或生理特徵來說明同性戀「不正常」的各種努力迄今並沒有具體結果；而「同性戀」容易有精神困擾、心理不正常的指控，其實是污名與責難造成的，並不是「同性戀」本身所致。美國精神醫學會因而在 1973 年將同性戀從《精神疾病診斷與統計手冊》中移除（王秀雲 2018）。

表6-1　異性戀矩陣

	生理性別 （sex）	社會性別 （gender）	慾望 （desire）
男人 （man）	男性 （male）	陽剛特質 （masculinity）	異性戀 （heterosexuality）
女人 （woman）	女性 （female）	陰柔特質 （femininity）	異性戀 （heterosexuality）

　　異性戀常規性作為一組穩固的性別意識形態，從給定的生理性別出發，讓人誤以為二分的性別氣質，以及異性戀情慾都是因為生理性別衍生的結果——但這個陳述其實有待更精密的檢驗。首先，人與人之間的生理

差異很多，爲什麼生理性別總是被用來作爲分類人群的依據？再者，如果二分的生理性別也是人爲建構的呢？美國女性主義生物學家 Anne Fausto-Sterling（2000）指出，生理性別只有兩種的論點其實是簡化事實，傳統上被稱爲「陰陽人」的人，他／她們可能同時擁有兩性的生殖器官，也可能只有部分的女性或男性生殖器官。據她估計，美國每年的新生兒人口中，約有 1.7% 是雙性人。然而，爲了符合生理性別二分的架構，雙性嬰兒出生後，醫院經常要求父母爲他／她們進行性別重新指定手術，透過醫療的干預，希望能打造一個符合「正常」男性、女性的身體。手術結果卻經常不如預期，使得雙性人往往多次進出醫院而身心受創。因此，她強調應允許性別曖昧存在的空間，不要在嬰兒出生時即指定性別，並且不應對生理性別曖昧的新生兒進行和維持生命健康無關的手術，以免造成無謂傷害。這些研究結論也呼應了 1990 年代以來，包括「北美雙性人協會」（Intersex Society of North America）以及台灣由丘愛芝創立的「國際陰陽人組織中文版」等，國際雙性人組織的核心訴求。某個程度而言，如果不再一味地介入醫療雙性嬰兒，自然的生理性別將遠比現在更多元。

　　生理性別與社會性別的辯論凸顯出二元的性／別體制其實遠非「自然」，那麼人們不禁要問，爲什麼它可以一再延續下來？美國社會學家 Candace West 和 Don H. Zimmerman（1987）認爲這是人們「做性別」的結果，他們指出所有人出生時都會依據當時社會協定、同意的標準而被區分爲男性或女性。雖然，人們經常無法親眼目睹他人的生理性別，但會依據穿著、舉止或外貌來判定對方爲男性或女性。同時，人們在各種社會互動的場合中，也會期待他人依據被給定的生理性別來做出符合社會期待的性別實踐。社會性別因而是由社會中一個個的男女，在有他／她人在場的特定社會情境中互動、實作出來的，這些實作不見得關聯到每個人內在固定的屬性或特質，而是人與人之間互動的、制度化的社會產物。West 和 Fenstermaker（1993: 156）因此將性別界定爲「一種情境化的實踐：在地的行爲管理關聯到對特定生理性別範疇的適當態度或行爲的規範性概念」。人們不僅在社會互動中組織各式各樣的行動來反映或表現自己的性別，同時也以相同的方式來理解或認知別人的行動。因此，做性別是在一連串人與人之間彼此感知、互動的微觀政治中所構成的社會活動，正因爲人們總是在做性別，而且是做二分的性別，才使得生理性別—社會性別—慾望這組關係被一再複製，並且一代一代流傳下來，導致人們誤以爲這是

「自然的」一部分。

　　日常生活中做性別的例子不勝枚舉，從出生命名、衣著整飾、教育選擇、慾望模式、職業規劃與生涯想像，無不充滿做性別的痕跡。李廣均（2006）針對台灣男女姓名的研究顯示，一再重複的菜市場名往往都是同樣生理性別的人，例如，怡君永遠是女性，承恩則是男性。藉由命名，我們的社會具體反映了我們對於男女不同天性、不同期待，甚至希望賦予他／她們不同人生途徑的想像。此外，做性別並不只集中在個人層級，也經常被制度化為社會體制與法律制度的一部分。West 和 Zimmerman 以廁所為例指出，公共空間中的廁所依生理性別分成男廁與女廁，男廁的小便斗、女廁中可供梳洗的設備似乎都在明示、暗示男女之間存在著天生、自然的差異，但人們上廁所其實只是為了滿足身體的排泄需求。換言之，男女廁的劃分、廁所內的擺飾與布置這類一再重複的性別實作，複製了性／別二分的傳統，加以這類性別實作在日常生活中隨處可見，以至於人們難以察覺這是人為造就的社會安排，甚至誤以為是「自然」的一部分。

 問題與討論 6-2

　　請以周遭的親友為例，討論他／她們如何在日常生活中做性別？有沒有哪些性別實作具有顛覆性別體制或異性戀霸權的效果？如果這些性別實作具有顛覆性，那麼我們可以透過什麼樣的制度設計，使這些性別實作得以持續？

肆　父權體制

一、國家

　　二分的性／別體制不只是男女有別，還是個男尊女卑的社會。最初被用來描繪這種性別階層的概念就是父權體制，但女性主義者內部對於父權體制的根源及內涵並沒有一致的看法。英國女性主義學者 Sylvia Walby 認為父權體制仍然是有效解釋當代性別階層運作的概念，並且定義為：「一組男性支配、壓迫並剝削女人的社會結構與實踐的體系」（Walby 1990:

20），可以從國家、生產關係、性與文化等層次來討論它的運作。強調父權體制是一組社會結構和實踐的體系，意味著穩固的性別階層是社會制度、人為安排的，而非生物命定的結果，因此也是可以被改變的關係。同時，當我們說社會上存在父權壓迫時，所要對抗的並不是個別的生理男性，而是一整組不斷複製女性屈從於男性的文化、制度與性別配置。

　　從國家權力由誰把持的角度來看，女性主義者認為男性全面性地掌握政治、經濟、社會與文化權力，使得男性得以控制女性。這具現在家庭、學校、職場、軍隊、醫院、政府等公／私領域，掌握權力的幾乎都是男性。相反的，占人口半數的女性在各類組織中，不僅無法掌握權力，甚至沒有被納入決策過程。聯合國（UN Women Headquarters 2019）發布的《2019 年婦女參政地圖》調查顯示，全球 152 個國家元首中，女性只有 10 位；以行政首長來看的話，全球 193 個行政首長中，女性行政首長也只有 10 位。從民族國家的尺度來看，北歐國家因為採政黨比例代表制，比起英美這種採取單一選區制的國家，擁有比較高的女性參政比例。他們的經驗也顯示，當女性參政比例達到「關鍵多數」時（例如有 30% 以上的女性國會議員），也會促使女性的需求被看見（彭渰雯 2018: 162），這使得北歐國家更能將女性關心的政策放入全國政治議程。在台灣，婦運始終關心女性參政的問題。1996 年甫成立的綠黨率先在黨綱中規定黨中央幹部與民代提名時，女性不得低於三分之一。1990 年代末，彭婉如女士積極在民進黨內倡議女性參政四分之一條款，要求民進黨在中央與地方民代的選舉中，每提名四名參選人就必須有一名是女性，以此鼓勵女性參政。在政黨競爭的效應下，包括時代力量、國民黨等主要政黨也有相應的政策。此一制度設計有效改善台灣女性在議會層級的參政比例，迄今女性參政在東亞已名列前茅，女性立委約占三成，地方民意代表有 27%，但 2019 年底行政院的部會首長中，女性閣員只有 6 名（占 15%）。此外，依據勞動部（2019）的資料，2018 年台灣女性擔任民意代表、主管及經理人的比例只有 27.9%，但同年新加坡為 36.4%、美國為 44.1%。

　　國家的法律、制度也確立了男權支配的原則。劉毓秀（1995）指出民法親屬編，關於子女姓氏、夫妻住所、離婚、夫妻財產、子女監護權等規定都是父／夫權利優先的條款，一直到 1990 年代末修法後才逐漸改善。晚近反對同性婚姻入民法的爭論也顯示，國家並不是性／別中立的，而是透過法律制度化異性戀父權體制。其中，異性戀是「自然」、「正常」的情

慾與家庭形式，而各種非異性戀情慾則被貶抑爲「不自然」、「不正常」的關係。雖然同性戀早已除病化，但民法親屬編中的婚姻仍只限於異性戀，同性伴侶是以專法（司法院釋字七四八號解釋施行法）來辦理具「親密性與排他性之永久結合關係」的登記。這種區別對待同性婚與異性婚的作法，使得同性伴侶無法享有完整的婚姻家庭權利。2019 年底本文寫作時，同性伴侶在共同收養小孩、使用人工生殖科技以建立親子關係的議題上，都仍懸而未決，跨國同性伴侶的結婚權也被排除在外。

▌二、性別分工

　　除了權力系統性地掌握在男性手中之外，社會學、經濟學與人類學都指出人類社會普遍存在性別分工的現象。首先，「男主外、女主內」的意識形態，使得由女人負責煮飯、洗衣、打掃、購物、安排家庭聚會、顧老育幼等現象普遍存在於多數社會，生、養、育下一代更是女性天職。女性主義者以再生產勞動一詞來指稱女人在家戶中執行無酬勞動的現象，包括讓勞動力可以持續的各種活動（舉凡提供勞動者溫暖食物、飲水、床鋪、休閒、性等餵養勞工的勞動），以及生育下一代的勞動力。女人的再生產勞動表面上服務私領域中的個別男人，事實上卻具有支撐整個勞動市場與國家持續運作的效果。試想女人如果拒絕提供無酬再生產勞動，勞動市場將沒有體力充沛的勞動者；女人拒絕生育也將影響整個國家的人口與勞動市場。女性主義者因此認爲資本主義與父權體制都是構成當代女性壓迫的根源，並且主張育兒、顧老等照顧成本應由社會共同承擔，而非交由女人來承受。

　　此外，公私部門常藉由招募、甄選的過程，將女性排除在特定行業之外，形成某些工作被視爲男性的工作，某些爲女性的工作現象。社會學家將不同性別分據不同產業的現象稱爲職業水平隔離；同一行業中，男性占據管理階層、女性集中底層的現象，則稱爲職業垂直隔離（張晉芬 1995）。再者，那些符合女性特質的工作通常是低薪、低技術、低成就感，導致女性收入低於男性，甚至有集中在低收入區塊的現象。張晉芬（2014）的研究顯示，2012 年台灣有 33% 的男性勞動者月薪低於 3 萬元，女性卻高達 60%，呈現女性普羅階級化的現象。

　　女性在職場中的不利處境，進一步造成女性受僱者容易因爲結婚、生

育，或工作遭遇挫折時退出職場。同時，由於欠缺完善的托育制度，雙薪家庭無法負擔高昂的保母費用，由夫妻中較爲低薪的女性退出職場，成爲符合經濟效益的「理性選擇」。行政院主計總處（2017）的統計就顯示，2016 年已婚女性結婚離職率爲三成，復職率爲51%；同年，已婚女性生育離職率爲18%，復職率爲56%。女性因爲結婚、生育退出職場，不僅會中斷個人工作生涯，也經常因此造成工作資歷不足而難以升遷。因此，鼓勵男性投入家事與育兒勞動，成爲各國思考消除性別不平等的重要關鍵。例如，瑞典親職假就設有父親月（Daddy Month），規定父親至少必須請領一個月（唐文慧 2007: 260）來照顧新生兒；台灣在 2009 年通過的「育嬰留職停薪津貼」也鼓勵男性申請，依據勞動部的統計，2009 年育嬰留職停薪津貼總計核付件數爲 109,861 件，到了 2018 年增爲 441,973 件，其中，請領者有82% 是女性，男性只有18%。如何鼓勵男性請領育嬰津貼實踐父職，無疑是保障女性平等工作的關鍵。

此外，台灣的就業市場和全球產業發展趨勢一樣，服務業逐漸成爲提供就業機會的主要部門。1980 年時，台灣有四成的女性就業人口在服務業工作，迄至 2017 年爲止，已有72% 的女性就業人口集中在服務業（勞動部統計處 2018）。McDowell（2009）指出在科技發展與全球化的「新經濟」秩序下，全球服務業的發展呈現出「高科技」與「高接觸」兩極化的現象。前者指向金融、科技與資訊服務業，後者則是直接接觸他人身體使人舒服、美麗或健康的身體工作（舉凡美容美髮、健身、按摩、照顧工作、性產業等等）。「高科技」部門的從業者特徵是男性、高教育程度，坐在電腦螢幕前處理抽象的數據與符號賺取高薪；「高接觸」的勞動者則以女性、低人力資本者占多數，工作直接接觸各種身體與令人不快的體液，爲人們提供醫療、照護、美化或使之健康、愉悅的服務。這兩個部門的從業者在薪資所得上也有天壤之別。以台灣爲例，圖 6-1 顯示，從 1990 年以來，銀行、保險、資訊、科技等高端部門從業者的薪資在過去二十年間呈現相當程度的漲幅，但多數女性集中的零售業、旅遊、住宿餐飲、運動休閒、美容美髮等部門，從業者的薪資成長卻極其有限。此外，全球化的過程，以及北半球經濟富裕國家性別變遷的關係，在地的「高接觸」部門已經高度種族化。以台灣爲例，在本地女性受教育時間延長，或進入職場的比例提高後，部分經濟較爲充裕的家庭開始透過僱用外籍女性移工的方式來料理家事或照顧工作；而這些女性移工在母國留下來的照顧空缺，則

圖6-1　歷年服務業平均月資薪

資料來源：勞動部職類別薪資調查動態查詢，筆者整理製表。

改由當地更為貧困的農村女性來遞補，形成全球女性再生產勞動的跨國分工（藍佩嘉 2008）。

　　服務業看似有利於女性就業，實際上女人就必須展現女性特質的文化框架，經常導致女性勞動者在職場中展現關心、溫暖等女性特質時，被視為是女人「天性」所致，而不是勞動表現的一部分。尤其當這些富含女性特質的勞動形式並不是傳統上「做工」這種勞力活時，就更加不被看見。美國社會學者 Arlie R. Hochschild（1983）關於空服員的研究就指出，航空公司會要求女性空服員隨時管理自己的情緒，面帶微笑來提供親切的服務，以便乘客可以體驗溫暖、舒適的搭機經驗。她把這種在職場中必須妥善管理自身情緒，以滿足客戶的勞動過程稱為情緒勞動。隨時保持微笑、耐心、溫暖看似容易，但一整天下來相當消耗心神。空服員隨時掛在臉上的微笑可能為企業帶來好業績與口碑，但業者把這些看成是「服務」或女人「天性」的一部分，並未將之計算在薪資或勞動待遇之中。因此，空服

員以及各種服務業從業者就和家庭中撫慰哭鬧小孩的母親一樣，都在做無酬情緒勞動。晚近零售業和旅館餐飲業的研究則顯示，很多企業或雇主明示、暗示員工進行美學勞動，他們會在員工甄選過程中篩選面貌姣好、身材勻稱、聲音悅耳的員工，並且透過一連串的在職訓練、內部規則，或者要求化妝、穿制服來呈現企業自身的風格或美學品味。這些企業對理想員工的要求一方面導致員工的情感成為工作的一部分，她們的身體也成為妝點企業形象的「門面」（Witz et al. 2003）。2015 年 6 月華航空姐罷工被稱為「高顏值」罷工，正凸顯出航空公司在甄選空服員時，身材與美貌所扮演的關鍵性角色。這種人事甄選標準無疑會剝奪外貌條件不佳，以及跨越性/別常規者的就業機會。

何謂情緒勞動？

Arlie R. Hochschild（1983）指出，社會中存在著明確的情感規則（feeling rules），具體規範人們在各種場合中合宜的情緒或情感。例如，參加婚禮必須表現出幸福快樂的樣子，在葬禮則要顯露悲傷與難過，一旦違背這些情感規則就會觸犯既定的社會規範。因此，人們必須依照場合來管理自己的情緒，以便符合社會期待。Hochschild 將這種情緒管理稱為情緒工作，而當情緒工作被移到就業市場，成為企業賺取利潤的方式時，即為情緒勞動。日常生活中，女性經常是提供情緒工作的性別。例如，媽媽必須負責安慰在學校或公司情緒受挫的小孩或丈夫。在職場，無酬的情緒勞動更是服務業女性的勞動日常，不論對同事或客戶，面帶笑容、耐心地提供服務已經是女性日常工作的基本內容。

▎三、性與身體政治

「個人的即政治的」是第二波婦運的核心主題，亦即過往被視為最私人的、最親密的場域也是父權運作的場域。在這波女性意識覺醒的過程中，包括避孕、墮胎、強暴、色情、賣淫、性騷擾，以及無法享受陰道高潮等問題，過往被視為是某些女人的「不幸」，現在被概念化為父權體制壓迫女人的表徵：女人的性與身體成為父權體制剝奪、壓制的對象；女人作為性客體，成為男性凝視、挑逗、施加行動的對象，而不是掌握性的發動權與控制權的性主體。

2017 年席捲全球的 #MeToo 運動再次帶動各國關於性騷擾的討論熱

潮。事實上，女性在日常生活中必須忍受來自男性開黃腔、言語騷擾、過度追求、偷拍、肉搜等情形不一而足。這些性騷擾反映長期以來女人的性與身體，總是男性議論、觀看甚至掠奪的對象，而這波 #MeToo 浪潮撼動人心之處就在於，性騷擾在世界各地的普遍性，包括擁有財富與社會地位的好萊塢知名女星、女性政治人物都有相同的經驗，甚至承受各種身心折磨與困擾。毫不意外的，她們的騷擾者都是在工作上對她們具有直接或間接管理、監督權的男性。這些被性侵或性騷擾的女性並不是「剛好」、「恰巧」被她們的男性上司侵犯，而是這些男性利用自身在職場上的權勢，趁勢向女性下屬索求各種帶有性意涵的肢體接觸或性行為。校園性騷擾的例子也是如此，差別在於上司下屬被置換為師生關係。

從這個分析視角來看，女人的性並非天生的、註定要被男人掠奪的對象，而是性／別配置的方式造成女人的性成為可侵害的標的。如前述，女性主義者花了很多力氣對抗生物決定論，在性這個議題上尤其如此。當談到性的時候，很難不注意到性別在此間的作用。人們總愛強調性是「天生」、「自然」、「本能」的論點，但這只適用於男人，女人的性常被視為是被動的、有待撩撥的。同時，性的雙重標準經常被用來淡化、合理化各種男人侵害女人的問題，強暴迷思就是很典型的例子。強暴、性侵害、性騷擾案件在社會中被討論的方式幾乎有固定公式可循：總是要找到一個完美的、（性）純潔的受害者，女性的指控才有被討論的空間。反之，那些衣著暴露、行為不檢點、有道德瑕疵的女性，若非不可能被強暴，那麼遭到強暴也是「自找的」。換言之，父權體制底下的好女人，或是女性特質本身就包含在性這個面向上的被動性——端莊、得體的女人勢必是去性化的，在最低程度顯露嬌羞才是面對性的合宜態度，至於採取主動甚或表現出有慾望的樣子，都是失格、敗德的女人。這種雙重標準也導致女人在面對性邀約或性互動時，不僅無法展現主導的地位，被制約的被動位置甚至預先剝奪了說不的權利。

女人的性被男性掠奪，並不是父權體制底下唯一的性故事，另一個支撐、鞏固父權體制的核心要素就是異性戀體制（heterosexuality）。Adrienne Rich（1993）指出，不同社會中女人彼此之間各種程度不一的友誼或親密關係，經常是支持她們在父權體制生存的關鍵，但這些性質不一的女女關係，卻經常遭到打壓的命運。同時，女人在特定年齡必須進入異性戀婚姻的現象，也是一種制度化的情感暴力。父權體制因而不只是一個男人壓迫

女人的結構，也是一個異性戀支配的結構。為了壯大女人彼此間的各種親密連結，她認為女人認同女人就是女同性戀連續體的一員，而不該以是否有身體或性接觸作為誰是女同性戀的門檻，以至於弱化女性彼此間的連結。

女同性戀連續體的概念無疑可以提高女同性戀的能見度，甚至有助於消減同性戀恐懼，但多數女性主義者更關心的是，父權體制底下男性支配女人的性的問題。迄今，女性主義內部對於什麼樣的性議題該納入婦運議程、該如何來思考性，仍然存在著激烈的爭論。美國女同志女性主義者 Gayle Rubin（1993）認為強調性是危險的，而不談論性是歡愉的現象，不僅反映了女性主義的性道德偏好，也忽視了性本身就是一個具有自主性、能生產社會壓迫的範疇。她指出當代西方社會存在著性階層化的現象，意即異性戀的、婚姻內的、一夫一妻、生殖的、不涉金錢交易的性就是好性；同性的、非婚的、多 P、非生殖、金錢交易的性則是壞性（見圖6-2）。此外，實踐壞性的人，常被標籤化為不正常、道德偏差、有待矯正；實踐好性的人，則可以獲得道德獎賞與正面評價。在她看來，民主社會中，判斷好、壞性的方式應跳脫不必要的道德枷鎖，從性伴侶對待彼此的方式、相互為對方考量的程度、有無強迫，以及過程中所提供的性愉悅的質與量，來判斷性的好壞。

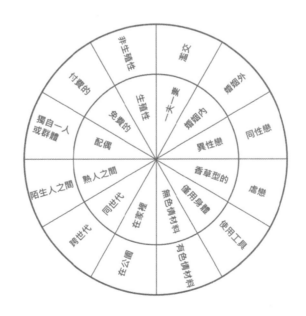

內圈	外圈
美好的、正常的、自然的、受祝福的性	邪惡的、反常的、不自然的、受詛咒的性
異性戀	同性戀
香草型的	虐戀
僅用身體	使用工具
無色情材料	有色情材料
在家裡	在公園
同世代	跨世代
熟人之間	陌生人之間
配偶	獨自一人或群體
免費的	付費的
生殖性	非生殖性
一夫一妻	濫交
婚姻內	婚姻外

圖6-2　性階層

四、語言與文化

　　父權體制也會透過語言或文化的方式來運作。語言向來不是性別中立的，而是性別化的結構。同樣稱讚某人長得很好看，「美麗」、「漂亮」往往指向女人，「英俊」、「瀟灑」則指向男人。一旦用反了，好像也一併冒犯被稱讚的對象。語言中所隱含的性別結構，有時不只複製性別成規，甚至使得性／別政治消失於無形。例如，在婚外情事件中，以「小三」、「第三者」來指稱與有婦之夫交往的女性，使之成為道德責難的對象；過去丈夫毆打妻兒是公權力不該介入的「家務事」，但在家庭暴力防治法通過後，這是殘害女人與兒童人身安全的國家大事。此外，服飾、化妝、儀態、攝影與電影等也都是傳遞性別關係的符號系統。男女不同的服飾裝扮，不只代表兩性衣著風格的差異，也是人們爭取可以穿些什麼的奮鬥歷程。王秀雲（2019）針對1960、70 年代，台灣身體治理的研究指出，警察取締頭髮過長、外表「不男不女」的男性，其實和文化上對「奇裝異服」的排斥，以及冷戰時期台灣當局企圖遏止「西洋歪風」的國族政治有關。2003 年台東某國中15 位排灣族男學生戴耳環、留長髮的行為，被指為是「因隔代教養引起的性別錯亂」（中央通訊社 2003），而未曾思考這是漢人社會對原住民多元文化與多元性別欠缺理解和尊重的問題。衣著是性別規範的標的，但也具有凸顯個人的性與性別認同的正面意涵。晚近隨著同志運動的發展，各類印著彩虹標幟的衣物或飾品成為標示同志認同的符號，而刺青、耳洞、舌環、肚臍環等各類身體整飾，都是人們打造性／別認同的一部分。

🔍 問題與討論 6-3

　　公廁作為公共建築，它的設計與規劃對我們的日常生活有相當程度的影響。請依妳／你在各類公共空間使用公廁的經驗，討論公廁的設計反映了哪些性別權力關係？具多元性別觀點的友善公廁可以如何設計？

🟣 伍 差異與交織政治

　　父權體制描繪了「女人作爲集體」所承受的性別壓迫，但「女人」作爲整個理論模型的源頭，爲什麼似乎總是已經預設好的、一致的，無需討論其內容爲何？現實生活中，女人具有高度異質性，因此在理論化女性壓迫時，種族、膚色、階級、性傾向、年齡、是否身心健全等社會差異，如何對個別女性造成不同性質的壓迫，成爲女性主義高度關注的課題。交織性（intersectionality）的概念就是在這樣的脈絡下出現，並在晚近成爲深具影響力的研究取向。

何謂壓迫？

　　女性主義政治哲學家 Iris M. Young（1990）從五個面向討論群體壓迫，分別是剝削、邊緣化、無力感、文化帝國主義與暴力。剝削指的是個人或群體的勞動成果爲他人所掠奪，如女人從事無酬家事勞動。邊緣化是個人或群體被排除在外，無法充分參與社會，如老人、身心障礙者與失業者。無力感指個人或群體欠缺社會影響力，例如，白領專業者工作體面並受到社會尊重，但藍領勞工不僅沒有成就感，在社會上也無足輕重。文化帝國主義是優勢群體掌握意義詮釋的能力，進而抹消特定群體的文化或觀點，如男權社會中視女性月經爲不潔。此外，被壓迫群體通常會遭遇制度性暴力，男同志無端被騷擾、毆打，女人忍受被強暴的恐懼都是例子。

　　女性主義內部關於差異的討論，最初來自於黑人女性主義對主流女性主義的不滿與挑戰。bell hooks（1984）認爲第二波婦運固然取得了重大的成就，但它所關心的議題以及對女性壓迫與解放的分析，都充滿了白人中產階級女性的偏見。最明顯的例子莫過於女性主義者關於家庭和工作的分析，例如，家庭是父權宰制的場域，女人是從事無酬勞動的被剝削者，女性解放的圖式則是進入職場從事有酬工作，以取得經濟獨立地位。然而，對黑人女性而言，在歐美這種充滿種族主義的社會中，家庭是「最不壓迫的體制」，因爲那是黑人女性可以感受「尊嚴、自我價值與人性化」的場域（hooks 1984: 37），也是她們可以抵抗外在殘暴種族主義的庇護所。她同時指出第二波婦運否定家庭的現象，也暴露出這個運動本身的階級特徵。畢竟即便逃離父權宰制的家庭，中上階層女性仍然可以透過制度、社會結構來保障自身的利益，最糟還可以透過市場來滿足照顧需求，但勞工階級女性並沒有這樣的選項。再者，將外出工作視爲女性解放的表徵，無

疑漠視黑人女性和勞動階級女性早已在從事底層勞動或奴僕工作的漫長勞動史。

　　Kimberle Crenshaw（1991）以美國黑人受暴婦女的經驗爲例，說明黑人女性在日常生活中必須面臨性別、種族、階級與移民政治相互交織、相互作用，進而形塑出黑人女性獨特的受暴經驗。在她的分析中，不同的社會範疇被視爲各自運作的結構與政治，黑人女性的壓迫特徵就像是站在父權大道和種族主義大道的十字路口──同時面對性別與種族歧視，日常感受到的社會排除是「所有的女人都是白人，所有的黑人都是男人」，完全沒有黑人女性的位置。以黑人受暴婦女爲例，尋求庇護與收容的黑人女性通常是失業或無法穩定就業的女性，因而庇護中心在隔離男性施暴者的同時，也必須能解決她們的經濟需求；但美國的庇護中心經常預設白人爲服務對象，服務方案較側重心理諮商與輔導，而無法滿足黑人受暴婦女的需求。此外，美國婦運和反種族主義運動的運動策略，也分別影響黑人女性受暴婦女的能見度。例如，婦運偏好強調所有女人都可能是受暴者，於是宣傳上較少觸及黑人女性；反之，反種族主義運動有意識地避免黑人男性是家暴者的污名，也較不願意揭露黑人家庭家暴的問題。

　　交織性的分析相當有助於揭露邊緣女性的壓迫，但也經常讓人誤以爲壓迫是可以加加減減的數學題。例如，女性主義者常以「多重壓迫」來指涉那些處於多重弱勢的女性（如工人階級女性爲雙重壓迫，勞動階級女同志爲三重壓迫等等），甚至導致「壓迫的奧林匹克競賽」，彷彿承受最多重壓迫的才是最值得關注的群體。因此，晚近學者強調分析性別和階級、種族、性傾向等社會範疇間的互動過程，關注這些範疇如何相互模塑彼此，進而產生一組更爲複雜、動態的權力圖像。

　　晚近學者對本地新移民女性的研究一再指出，性別和國族、移民、階級交織互動的過程，使得她們的社會處境和本地受暴婦女的經驗極其不同。首先，不論是東南亞或中國籍的配偶，在台灣居住、生活的權利都建立在婚姻關係存續的前提之上，因此在取得台灣身分證之前，台灣丈夫成爲她們最重要的依賴對象。嚴格的國籍歸化程序以及移民法規反而使她們成爲丈夫予取予求的對象，也就是在取得身分證之前必須隱忍夫家的不當對待，甚至家庭暴力。唐文慧、王宏仁（2011）指出，國族政治與文化差異讓外配無法有效地透過家暴法來維護自身權利，包括夫家常以越配不懂台灣文化爲由，合理化丈夫的家暴行爲，而處理家暴案件的社工、警察、

醫事人員、法官對越配的性別偏見與種族歧視,則系統性地癱瘓越配主張自身權利的過程。此外,即便越配順利取得保護令,她們在台灣並沒有「娘家」可以支援,必須擔心小孩住居所的問題,而在爭取小孩監護權時再次遭受各種文化偏見與扶養能力等質疑。越配的經驗顯示,移民女性所經驗到的並不只是丈夫的家庭暴力,而是一併承受了來自國家機器代理人對她們的種族歧視與文化暴力。同時,性別、國族、階級這三者間的關係並非各自獨立的範疇,而是彼此環環相扣、互為背景、相互鑲嵌的關係,這使得她們和本地的受暴婦女經驗了截然不同的家暴處遇歷程。透過這類交織性的分析,我們可以看見「女人」本身就包含了各種不同的群體,並認知到主流女性主義視角的局限性。唯有如此,我們才有能力思考更為適切的解放路徑。

陸 朝向性／別多元社會

本章中大致依照時序介紹了女性主義關於性／別的理論模型。這些解釋模型對於性／別秩序的分析提供了不同的見解,共同的特徵是性／別並非自然、生物的範疇,而是社會與歷史過程建構的結果。這具體地呈現在生理性別無法以「兩性」涵蓋,可見的性／別實作數不勝數,而慾望模式也無法收攏在異性戀這個範疇之內。

性／別作為社會建構與日常實作的產物,意味著我們可以打造不同的性／別秩序,甚至是想望一個不以性／別作為分類人群、製造壓迫的社會生活。過去二十年來,台灣婦運透過一系列的國會修法運動,在婚姻家庭、職場與校園等公／私領域相當程度確立了性別平權的原則。同婚合法化更揭示,台灣社會不僅強調性別平等,也跨越性傾向藩籬,確認同性親密關係的正當性與合法性。這些變化中的性／別關係意味著,父權體制不論是在制度或文化層面確實都是在消減之中,但是我們也很難不注意到,性／別區分仍是組織社會很重要的一部分,同時,種族、階級、性傾向、年齡、身心健全與否仍然明顯地在女人內部造成相當不同的生存條件。如何在制度上保障異質性／別主體,在文化上不斷挑戰、突破性／別二分的框架,將是台灣社會削減性／別階層化最主要的課題。

延伸閱讀

陳美華、蔡靜宜，2013，〈說些醫生想聽的話：變性評估的性／別政治〉。《台灣人權學刊》2(2): 3-39。

陳美華、王秀雲、黃于玲主編，2018，《欲望性公民：同性親密公民權讀本》。高雄：巨流。

張晉芬、陳美華主編，2019，《工作的身體性：服務與文化產業的性別與勞動展演》。高雄：巨流。

Vanessa Baird 著、江明親譯，2003，《性別多樣化：彩繪性別光譜》。台北：書林。

Rosemarie Tong 著、刁筱華譯，1996，《女性主義思潮》。台北：時報。

參考書目

王秀雲，2018，〈疾病與「天生如此」的戰場：近代醫療科學史中的同性戀〉。收於陳美華、王秀雲、黃于玲主編，《欲望性公民：同性親密公民權讀本》，頁 125-149。高雄：巨流。

王秀雲，2019，〈「不男不女」：台灣「長髮」男性的治理及其性別政治，1960s-1970s〉。《台灣社會研究季刊》112: 99-146。

中央通訊社，2003，〈台東某國中十三位原住民學生出現性別錯亂〉。3 月 14 日。

行政院主計總處，2017，婦女婚育與就業調查報告。https://ebook.dgbas.gov.tw/public/Data/771217174890V10W9I.pdf。

何春蕤，2003，〈性／別壓迫：跨性別主體在台灣〉。收於何春蕤主編，《跨性別》，頁 73-122。 中壢：中央大學性／別研究室。

李廣均，2006，〈志明和春嬌：為何兩「性」的名字總是有「別」？〉。《臺灣社會學刊》12: 1-67。

唐文慧，2007，〈父職角色與照顧工作〉。收於黃淑玲、游美惠主編，《性別向度與臺灣社會》，頁 249-266。台北：巨流。

唐文慧、王宏仁，2011，〈結構限制下的能動性施展：台越跨國婚姻受暴婦女的動態父權協商〉。《台灣社會研究季刊》82: 123-170。

唐先梅，2001，〈雙薪家庭夫妻在不同家務項目之分工情形及個人影響因素〉。《生活科學學報》7: 105-132。

張晉芬，1995，〈綿綿此恨，可有絕期？——女性工作困境之剖析〉。收於劉毓秀主編，《臺灣婦女處境白皮書：1995 年》，頁 145-180。台北：時報。

張晉芬，2014，〈性別勞動平權的進步與檢討〉。收於陳瑤華主編，《臺灣婦女處境白皮書：2014 年》，頁 171-208。台北：女書文化。

勞動部，2019，國際勞動統計。https://www.mol.gov.tw/statistics/2452/2457/。

勞動部統計處，2018，近年我國女性勞動參與狀況。https://www.mol.gov.tw/media/5759086/近年女性勞動參與狀況.pdf。

彭渰雯，2018，〈婦女運動與政治〉。收於黃淑玲、游美惠主編，《性別向度與臺灣社會》（3 版），頁 149-69。高雄：巨流。

劉毓秀，1995，〈男人的法律，男人的「國」「家」：民法親屬篇的意識形態分析〉。收於劉毓秀主編，《臺灣婦女處境白皮書：1995 年》，頁37-92。台北：時報。

顏正芳，2018，〈同志學生遭受霸凌：對於健康所產生的不良影響和防制策略〉。收於陳美華、王秀雲、黃于玲主編，《欲望性公民：同性親密公民權讀本》，頁151-176。高雄：巨流。

藍佩嘉，2008，《跨國灰姑娘：當東南亞幫傭遇上台灣新富家庭》。台北：行人。

Butler, Judith, 2002, *Gender Trouble: Feminism and the Subversion of Identity*. New York: Routledge.

Connell, R. W. 著、劉泗翰譯，2004，《性／別 Gender：多元時代的性別角力》。台北：書林出版。

Crenshaw, Kimberle, 1991, "Mapping the Margins: Intersectionality, Identity Politics, and Violence Against Women of Color." *Stanford Law Review* 43(6): 1241-1299.

Fausto-Sterling, Anne, 2000, *Sexing the Body: Gender Politics and the Construction of Sexuality*. New York: Basic Books.

Foucault, Michel, 1978, *The History of Sexuality, Vol 1*. Trans. by Robert Hurley. London: Penguin.

Hochschild, Arlie R., 1983, *The Managed Heart: Commercialization of Human Feeling*. Berkeley: University of California Press.

hooks, bell, 1984, *Feminist Theory: From Margin to Center*. Boston, MA: South End Press.

McDowell, Linda, 2009, *Working Bodies: Interactive Service Employment and Workplace Identities*. West Sussex, UK: Wiley-Blackwell.

Oakley, Ann, 1972, *Sex, Gender and Society*. Aldershot, UK: Gower.

Rich, Adrienne, 1993, "Compulsory Heterosexuality and Lesbian Existence." Pp. 227-254 in *The Lesbian and Gay Studies Reader*, edited by Henry Abelove, Michèle Aina Barale, and David M. Halperin. New York: Routledge.

Rubin, Gayle S., 1993, "Thinking Sex: Notes for a Radical Theory of the Politics of Sexuality." Pp. 3-44 in *The Lesbian and Gay Studies Reader*, edited by Henry Abelove, Michèle Aina Barale, and David M. Halperin. New York: Routledge.

UN Women Headquarters, 2019, "Women in Politics: 2019." https://www.unwomen.org/en/digital-library/publications/2019/03/women-in-politics-2019-map.

Walby, Sylvia, 1990, *Theorizing Patriarchy*. Oxford: Basil Blackwell.

West, Candace and Don. H. Zimmerman, 1987, "Doing Gender." *Gender and Society* 1(2): 125-151.

West, Candace and Sarah Fenstermaker, 1993, "Power, Inequality and the Accomplishment of Gender: An Ethnomethodological View." Pp. 151-174 in *Theory on Gender/Feminism on Theory*, edited by Paula England. New York: Aldine.

Witz, Anne, Chris Warhurst, and Dennis Nickson, 2003, "The Labour of Aesthetics and the Aesthetics of Organization." *Organization* 10(2): 33-54.

Young, Iris Marion, 1990, *Justice and the Politics of Difference*. Princeton, NJ: Princeton University Press.

第 7 章

族群關係

■王甫昌

摘　要

1. 雖然一般人往往認為台灣社會的族群（衝突）已經是過去的事，但是與族群相關的爭議和衝突仍然不時出現，理解過去與現在的族群現象仍是掌握台灣社會脈動的重要工作。

2. 過去族群研究比較重視探討「族群團體」的起源與文化特性，1960年代以後，美國社會學的族群關係研究強調優勢族群剝削或排除弱勢族群的不對等關係之形成、維持與轉變，種族主義思想及相關的偏見或歧視，因而成為族群關係研究的核心。

3. 長期困擾台灣社會的省籍隔閡問題，早期因為是政治禁忌話題，無法公開討論，1980年代以後，族群關係的概念被引進來重新理解過去的省籍問題，將族群階層化體制視為族群問題的根源，而出現了強調差異但平等的「台灣四大族群論述」。陸續浮現的族群運動在多元文化主義的理念下，以新的族群平等觀念挑戰過去的族群階層化系統，並在民主化轉型過程中重建了台灣的族群關係體制。

4. 民主化轉型完成後，檢討過去威權體制的轉型正義工作，以及如何真正消除「多元文化主義」所引發的爭議，引發了新世紀新形態族群爭議。如何以新的族群分析概念理解新的爭議，將是台灣族群研究的新挑戰。

 問題與討論 7-1

在課程開始前，請同學思考及討論下列問題：

一、在目前 30 歲以下的年輕世代之間，已經難以辨認彼此的族群身分背景的狀況下，還有族群問題嗎？族群還有意義嗎？為什麼？

二、不同於年輕世代，年長世代似乎仍有明顯的族群身分標記、認同與意識。這是世代的差異？還是生命階段的差異？為什麼？

三、在目前一般人們的日常生活中，在何時、何處、何種狀況下，可以感受或意識到族群差異、問題，甚至衝突的存在？（提示：飲食的差異？語言、文化的差異？經濟的競爭？選舉季節？平面及電子媒體的報導？政論節目對於時事的討論？社群網路？同溫層？）

壹 前言

2019 年 7 月間，在 2020 年總統大選國民黨黨內初選競爭氛圍下，台灣社會發生了一件引人注目的衝突事件。一名強烈支持高雄市長韓國瑜參選總統的女韓粉，在高雄一家支持罷免韓國瑜市長的商店，以言語辱罵一名女學生，引發媒體廣泛報導及激烈的爭論。網友肉搜後發現這名五十多歲的楊姓女子先前曾在社群網站上自豪地宣稱與韓國瑜一樣，都是雙子座（生日只差兩天）、出身眷村的「外省第二代」，父親同為祖籍河南省的陸軍通訊官軍人，「老鄉遇老鄉 兩眼淚汪汪，我一定挺韓國瑜到底，韓國瑜總統 讚」。她也在臉書上提到：「高雄在民進黨執政這三十年來，我們眷村外省人是沒有說話權的，我心裡非常的不平衡。」

2019 年 8 月中旬，已有 180 年歷史的新竹縣「褒忠亭義民節祭典」，照例舉辦神豬比重競賽，卻被動物保護團體批評為虐待動物，引起客家學者及客委會出面呼籲，希望能尊重客家傳統文化。[1] 8 月底，台東縣議會因為漢人議員質詢政府對原住民福利保障太多，在平地建設也要經過原住民部落會議同意，是不公不義的政策，引起原住民議員激烈反駁，爆發嚴重的原漢爭辯。[2] 同時，已經通過黨內初選成為國民黨總統候選人的韓國瑜在網路直播談青年政策時，以「鳳凰都飛走了，進來一大堆雞」來比喻高等人才不斷流失、補進只是勞動力的問題，引發歧視外籍移工的失言爭議。[3]

以上這些短時間內密集出現的事件顯示，儘管許多人認為台灣社會的「族群」問題已經是上一個世紀的事，但是「族群」仍然是當下容易引發爭議的重要議題。目前中央政府機關設有兩個族群事務專責機構（原住民族委員會、客家委員會）。2000 年以後，官方文獻或學校教科書也往往用「多元族群」及「移民社會」的說法來描述住民組成及社會性質；一般民眾似乎也大多接受台灣有「四大（或五大）族群」。然而，即使有這些共

---

1 參見林吉洋〈競賽神豬增重上千斤，強迫灌食囚禁，動保團體控折磨，客委會：尊重祭祀文化〉，2019 年 8 月 18 日，https://www.newsmarket.com.tw/blog/123656/，查詢日期 2019 年 9 月 1 日。

2 參見《自由時報》，〈原民福利多 東縣議會原、漢激辯〉，2019 年 8 月 31 日，https://news.ltn.com.tw/news/politics/paper/1314427，查詢日期 2019 年 9 月 1 日。

3 參見《蘋果日報》，〈韓國瑜失言！「鳳凰飛走了進來一堆雞」歧視移工道歉〉，2019 年 8 月 29 日，https://tw.appledaily.com/new/realtime/20190829/1624761/，查詢日期 2019 年 9 月 1 日。

識，不同群體、不同世代對於台灣有哪些「族群」，什麼構成族群問題，以及是否還有族群問題，仍然存有相當歧見。在中央政府政權幾度輪替時，不同執政者對於「轉型正義」議題的立場與處置之爭議，經常被認爲與族群有關（張茂桂 2008）。更重要的是，許多年輕世代由於同儕之間已經因爲父母世代通婚、共學、共事的跨族群接觸經驗，難以清楚辨識彼此的「族群」背景或身分，而質疑族群議題的重要性，甚至對有關「族群」的討論與爭論感到厭煩，認爲這是年長世代（才會關切）的問題。[4] 更有人認爲，族群在日常生活中早已不是問題，只有在選舉時政治人物挑撥下，才會成爲問題。

面對眾多說法，我們要如何理解台灣的族群現象或族群問題呢？本章將從（特別是美國）社會學過去分析與討論「族群關係」現象的角度，提供一個理解族群現象的參考架構。

貳 「族群關係」的研究取向、概念與議題：以美國爲例

本節首先介紹西方社會學族群關係的相關概念，尤其是影響台灣最深的美國學界。美國社會是由移入的優勢者支配原有住民，並且持續有新移民進入，一向被認爲是種族及族群問題複雜、族群關係或理想形態不斷變化的國家。[5] 整體來說，美國族群現象研究比較具有系統性，對台灣及其他社會都有相當參考價值。

一、由「族群團體」到「族群關係」

1960 年代以前，美國族群研究比較局限在關心（歐洲）移民在「新大陸」的適應狀態，並且受到「同化主義」（assimilationism）意識形態影響，強調美國是一個民族大熔爐（melting pot），可以將來自不同社會移民的原有文化特質去蕪存菁，融合出比原先各民族更優秀的美國民族及文

4　參見 Le Pesant（2011）關於台灣不同年齡世代的族群意識差異研究。

5　「移入者支配」（migrant superordination）的概念引自美國社會學者 Lieberson（1961）。美國族群關係歷史變化，可參見 Feagin and Feagin（2008）的專書。

化。在此一理念下，新移民同化到美國主流社會被認爲是可欲的、也一定會發生。[6] 因此，族群研究聚焦於理解爲何特定移民團體無法融入主流社會，研究重點在移民團體本身的文化或社會特質上。當時美國社會中認定的「族群團體」主要是來自中歐、東歐與南歐的後到移民，他們是處於主流社會與文化邊緣，等待被同化的社會群體（Hirschman 1983）。「族群團體」（ethnic group）也因此界定爲：「擁有共同的文化傳統，而且有某種程度的意識自認爲與其他社會群體不同的一群人」（van den Berghe 1976: 242）。相反的，較早移入美國成爲主流的西北歐移民後裔，不會自認爲、也通常不被視爲「族群團體」。至於美洲大陸的原住民、美國西南地區的墨西哥後裔，以及由非洲大陸引進作爲奴隸工人的非洲裔，則被視爲「種族團體」而非「族群團體」。

　　然而，1960 年代以後，隨著越來愈多歐洲以外移民的到來，族群似乎並未如原先預期在工業化或現代化過程中逐漸喪失重要性。許多都會地區、或是工業化社會中，反而出現強調族群身分、族群認同、甚至族群政治動員現象，這也迫使社會學者思考要如何理解這些新形態的族群現象。在「衝突論」觀點衝擊下，社會學者也逐漸從研究「族群團體」轉向研究「族群關係」。相較於過去關注「族群同化」現象，「族群關係」的觀點將解釋重點放在「優勢族群」爲了剝削或支配「弱勢族群」，建立族群階層化體制，以及維持這種體制的社會機制（包括偏見態度及歧視行爲），造成族群階層化體制變遷的原因。[7]

　　這也使其他群體遭受到的「種族壓迫」現象開始受到關注。美國建國之初，美洲原住民或是早期非歐洲移民，不是沒有完整而平等的公民權利，便是根本無法歸化取得美國國籍。例如，1787 年美國人口統計及計算民意代表席次時，具有奴隸身分的黑人僅被算成五分之三的人（Feagin and Feagin 2008: 1-2）。美國獨立宣言中「人人生而平等」的宣示，在當時似乎僅適用於英國後裔，連其他歐洲移民都不適用，更遑論原住民、非洲裔、亞裔及西班牙裔。美國南方各州的白人主流社會對黑人及其他有色

族群團體（ethnic group）

擁有共同的文化傳統，並且有某種程度的群體意識，自認爲與其他社會群體不同的一群人。通常是指社會中人數較少或居於社會邊緣的文化群體。

6　這是美國社會學者 Park（1950）著名的「種族關係循環論」（race relations cycle）的論點，他認為種族關係會經歷「接觸、競爭（衝突）、順應、同化」四個不可逆轉階段。

7　美國大學校園中最暢銷、最有影響力的兩本族群關係教科書（Feagin and Feagin 2008; Marger 2003），都採用類似觀點。前者最初在 1978 年出版（2011 年已經出到第 9 版），後者在 1985 年出版（2015 年已經到了第 10 版）。

人種採取種族隔離政策（吉姆克勞法），儘管惡名昭彰也引起各方批評與譴責，卻仍在 1876 年制定後，持續了近百年，直到 1965 年才被「民權法案」（The Civil Rights Act of 1964）及「投票權法案」（The Voting Rights Act of 1965）取代而走入歷史。

吉姆克勞法

　　吉姆‧克勞法（Jim Crow laws）是 1876 至 1965 年間，美國南部各州以及邊境各州對有色人種（主要針對非洲裔美國人，但同時也包含其他族群）實行種族隔離制度的法律。這些法律上的種族隔離，強制公共設施必須依照種族的不同而隔離使用，且在隔離但平等的原則下，種族隔離被解釋為不違反憲法保障的同等保護權，因此得以持續存在。但事實上黑人所能享有的部分與白人相較往往是較差的，而這樣的差別待遇也造成了黑人長久以來處於經濟、教育及社會上較為弱勢的地位。

資料來源：「維基百科」，查詢日期 2020 年 10 月 7 日。

▎二、族群關係的核心：種族主義思想

　　貫穿幾百年歷史的「種族主義」思想因此是美國族群關係研究中的核心概念。必須指出的是，「種族主義思想」其實不只是針對「種族團體」而已，也可運用於其他「族群團體」；「種族主義」的主要意義在於（優勢者）看待及對待他群體的方式，而不是被看待及對待的對象本身有何特質。Feagin 和 Feagin 將美國社會中「白人菁英為了安排社會秩序、增進自身群體財富、隔離及壓迫他者，而將某些群體界定或建構為優秀或低劣的種族」，稱為「種族化」（racialization）過程（Feagin and Feagin 2008: 5）。優勢者建構的「種族主義思想」或意識形態則是指：「一種關於人們不可變的體質特徵和其心理或智識特性有關，而且可以據以分出優越或低劣種族的意識形態」（van den Berghe 1967: 11）。不過，種族主義思想不僅是想法而已，也經常成為優勢族群用來合理化各種歧視或排除弱勢族群的制度與行為。這種認為人類群體可以「分類、排序、排除」的想法，是種族主義思想的原型。

　　二次世界大戰後成立的「聯合國」（United Nations），在檢討了德國納

種族主義思想（racist ideology）
一種認為人類不同群體的體質特徵與其文化或智識特性有關，因此可以區分出優秀或落後的種族的意識形態，經常被用來合理化對於比較落後的種族的排除或消滅。

粹的種族主義思想為人類社會帶來浩劫之後，強調「體質特徵」作為界定種族的標準、明目張膽，有「科學根據」的古典種族主義思想漸漸被世人唾棄。然而，這並不表示種族主義思想或問題就跟著消失，只是以更精巧或狡猾的方式來達成同樣「分類、排序、排除」之目的。事實上，我們只要將上述「種族主義思想」定義中「體質特徵」加上「或文化特性」，「種族」改為「群體」，就可以理解或掌握更多當代新形態「種族主義思想」的不同面貌。

　　為了分析種族主義造成的族群問題，Feagin 和 Feagin（2008: 12-13）提出了「種族主義思考架構」（racial frame）的概念：「它是指一套有組織的種族主義理念、刻板印象、形象、情感及歧視他者的傾向。」這種思考架構提供了一套「全方位的詮釋架構，影響了我們如何評價日常生活事件，以及我們與不同種族化群體的接觸經驗」（同上引）。在這種思考架構中，研究者最常提到的元素是「偏見」（prejudice）或「刻板印象」（stereotype）。根據美國學者 Allport（1979: 6）的定義，偏見是指「在缺乏充分的證據的狀況下，對他者的負面看法」。族群偏見包括了對特定族群武斷而強烈的錯誤認知及負面情感，抱持偏見態度者即使在面對與看法相反的證據時，也不會改變原有看法。至於「刻板印象」則是指偏見中的「認知」面向，是人們對特定族群團體抱有超越證據能負荷的過度概推化印象（Feagin and Feagin 2008: 13）。族群偏見或刻板印象，通常不是來自個人直接接觸該族群成員的經驗，而是源自於主流社會或媒體的形塑、建構與傳播。

　　另外，「歧視」（discrimination）則是指種族主義思考架構的行為面向，通常是指針對特定族群團體或其個別成員的差別待遇，目的在傷害或是剝奪其利益。歧視包括幾種類型：「個人性歧視」（individual discrimination）是指由個別或少數的行動者對特定族群成員的差別待遇；通常是刻意的，也是最容易被理解或察覺的歧視行為（Marger 2003: 78）。所謂的「刻意」是指行動者因為對方的「族群身分」而刻意採行的待遇；因此，這一類行動其實是針對「族群身分標籤」，而不一定是針對個人的反應。個人性歧視雖然有可能是行動者在行為上實現其偏見的態度，但歧視的行動者也有可能本身沒有偏見，只是順從社會規範（也就是主流社會「種族主義思考架構」）的期待。不過，不論行動者是否有偏見態度，個人性歧視行為對於受害者所造成的傷害、剝奪或排除的結果並無

偏見（prejudice）
在缺乏充分證據的狀況下，對他者所持有的負面看法，通常是強烈、武斷、不會輕易改變的態度或想法。

歧視（discrimination）
針對他者在社會稀有資源，包括收入、機會或職位等，給予的差別待遇行為。

二致。

「制度性歧視」（institutional discrimination）則是指被整合到社會制度中、合法的歧視。過去美國南方各州透過吉姆克勞法將有色人種與白人的社會生活場域完全分隔的政策，或是南非的種族隔離制度（apartheid）都是著名例子。相對於個人性歧視，儘管制度性歧視最初建構時必然有明顯的排外意圖，但是就個人而言可能是無意圖、甚至是無意識的歧視行為，因為個人只需要順從社會規範或法律的規定，就可能產生歧視的行動與後果。

三、偏見及刻板印象的理論與族群運動

過去偏見或刻板印象的理論大致可以分為心理學解釋及社會學解釋。心理學解釋偏重偏見的態度外在化心理功能（externalization function）（Feagin and Feagin 2008: 14）。其中，比較著名的心理學理論包括「挫折攻擊論」（frustration-aggression theory）及「威權人格論」（authoritarian personality）。前者強調族群偏見可以轉移個人內在的心理焦慮，並投射到外在目標上，後者指出具有威權性人格特質者不敢直接挑戰挫折的來源（權威者），於是找尋處於弱勢位置的群體作為代罪羔羊。這些心理學理論都是從個人心理特徵、狀態或人格缺陷來解釋族群偏見。相對的，社會學的解釋，若由微觀層次出發，比較強調偏見是個人順從其參考團體的社會規範之結果，通常只是反映了行動者接受或順從在家庭、社區、學校、工作場所或媒體上習得的觀念。相對的，若由鉅觀層次出發，則比較強調優勢群體對於弱勢者的偏見與刻板印象，有助於合理化對弱勢者的剝削或壓迫，動機在於取得政治、經濟及社會利益。

此外，弱勢者如何回應或反抗優勢者，也是當代族群關係研究中的重要課題。1950 年代美國的民權運動（civil rights movement）是弱勢族群（特別是黑人）反抗種族主義偏見，以及種族隔離制度之主要行動。在不同社會脈絡中，弱勢族群回應與對抗的方式各不相同，但多數都以發起「族群運動」（ethnic movement）來進行。同樣的，政府或優勢族群回應的方式也有很大差異，有些以一般的政治民主化改革回應（如果弱勢族群並非人口數量上的少數人），有些（特別是針對人數較少的弱勢族群）為了消弭過去累積的不利狀況，設立了配額制度來保障弱勢族群的教育、參與

公共事務（政治職位）、就業或取得住宅的機會。這一類政府保障弱勢族群機會的制度性機制，通常被稱之爲肯認行動（affirmative action）。這個名稱最初來自美國總統甘迺迪（John F. Kennedy）在 1961 年簽署一項行政命令，要求聯邦政府在僱用政府員工時，必須採取積極作爲以確保弱勢族群就業機會的平等，讓申請者不會因爲種族、信仰、膚色或移民出身國的因素而受到差別待遇。不過，這一類優惠或保障措施在實施後，也經常被質疑保障措施是否合理，而成爲新的族群爭議課題。

　　以上這些分析概念將族群問題聚焦在族群群體之間不對等、壓迫或剝削關係的建立、維持與變遷之上，提供了有助於我們理解台灣族群關係的分析架構。

肯認行動（affirmative action）或優惠保障制度
爲了彌補弱勢族群（或其他弱勢群體）在社會稀有資源（包括收入、機會及職位等）上長期累積的不平等位置，所採取的積極補正行動，包括優先考量、優惠或配額保障制度。

肯認行動

　　美國的肯認行動（affirmative action）是指爲了改善弱勢群體或女性的就業與教育機會而採取的積極行動。這些行動最初源自於政府爲了彌補這些群體長期以來所受到的歧視待遇，給予弱勢族群及女性在就業、進入高等教育、獲取政府合約，以及其他社會福利上有限度優惠的政策、方案及程序。採用肯認行動的典型指標包括種族、身心障礙、性別、族群與年齡。

資料來源：作者譯自大英百科全書網路版（Encyclopaedia Britannica），https://www.britannica.com/topic/affirmative-action，查詢日期 2020 年 10 月 17 日。

參　台灣的族群關係

　　一般人往往認爲台灣社會的不同族群在此已有數百年，原住民甚至有上千年的歷史，但是大多數人可能都忽略了：人們以族群的概念來理解或認知不同語言文化群體之間的差異與關係，其實是相當晚近的現象。

一、台灣社會中族群概念的出現

　　中文「族群」一詞在台灣社會中的出現，最早可以追溯到社會人類學者衛惠林 1950 年探討阿里山曹族（現稱爲「鄒族」）三個族群的文

章。[8] 在1980年代中期以前，「族群」專指台灣原住民族內部的不同群體分類，[9] 漢人的語言群體則不被視爲是「族群」。人類學者芮逸夫討論台灣「族群」時，詳細區分並描述了台灣原住民十個「族群」（官方分類九族加上邵族）的體質與文化特徵。相對的，占了台灣人口98%的漢人，雖可區分爲閩南人、客家人及戰後來台的「外省人」（大陸各省人），但是因爲有共同的體質特徵及文化（宗教信仰、家庭與社會組織、書寫文字），因此並無「族群」差異（芮逸夫 1968: 499）。

　　1987年前後台灣社會學者開始用「族群」來指稱「本省人」與「外省人」，或是「閩南人」、「客家人」之間的關係時，立即引發激烈辯論（特別是張茂桂、蕭新煌 1987；參見王甫昌 2008）。然而，1980年代末到1990年代初，「台灣社會中誰是弱勢群體？」課題引發的激烈爭論，卻讓族群問題這個政治禁忌課題正式進入公共場域。1990年代以後，隨著「台灣四大族群」政治論述出現（張茂桂 1997），民眾大多接受了台灣社會中因爲語言文化、移住時期不同而有四個主要族群的說法。「族群」於是由人類學家分類原住民的專用名詞，轉變爲一般人琅琅上口、理解台灣社會住民組成的普遍化名詞。然而，使用「族群」這個新名詞的背後，也帶來新的族群關係意涵。

▌二、「台灣四大族群」論述內涵

　　台灣四大族群論述中，現有住民依照移住時期與語言文化，可分爲四個「族群」。「原住民」是最早住在台灣的南島語族（Austronesian）的後裔，早在十七世紀中國南方移民大量移入之前，就已定居台灣。日本官員及學者認爲台灣原住民按語言、文化及體質差異，至少可以分爲七到九族。戰後國民黨政府大致上沿用日人分類，在1950年代到2000年之間，將台灣原住民正式分爲阿美、泰雅、布農、賽夏、魯凱、排灣、卑南、鄒、雅美（達悟）等九族。在2000年後，政府才陸續認定邵（2001）、噶瑪蘭（2002）、太魯閣（2004）、撒奇萊雅（2007）、賽德克（2008）、拉阿魯哇（2014）及卡那卡那富（2014），構成現行十六族分類。目前官方登

8　這是指阿里山曹族、沙阿魯阿族與卡那布族（衛惠林 1950: 1）。

9　1950到1970年代衛惠林的用法是指原住民九族之下還可以再細分的四十幾個族群，有「族下分群」的意義；1970年代以後，以李亦園爲主的人類學者則是以「原住民九族」之區分做爲「族群」的主要指涉對象。

記原住民身分者約有 52 萬餘人，占台灣人口 2.26%。

「福佬（閩南）人」是十七世紀後，來自中國福建省南部（特別是漳、泉兩府）及廣東省西部（潮州府）使用閩南語的漢人移民後裔。福佬人在清代除了和客語人群發生「閩粵」分類械鬥外，內部也有「漳泉」分類械鬥。「漳、泉、粵」也因此被認為是清代台灣的三大社會勢力（施添福 1987）。不過，漳泉語言腔調與文化區分在日本統治末期已經漸漸淡化而難以區分，被視為同屬福佬人。福佬人目前約占台灣總人口 70%。

「客家人」主要是來自廣東東部及福建西部客語移民的後裔，移入台灣的時間與「福佬人」相差不多或稍晚。在清代客家人除了「閩粵」分類械鬥外，有時也參與「泉粵」或「漳粵」分類械鬥。由於客語和福佬話有明顯差異，加上分類械鬥的遷移，造成許多客家人漸漸集中居住形成客家聚落，而得以保存語言與文化。客家人目前約占台灣人口 13% 到 14%。

「外省人」是 1945 年以後從中國移入台灣的大陸各省移民及後裔。這些移民來自中國 35 省，使用至少七種方言，各省之間還有方言腔調的差異。在 1992 年戶籍法修正取消本籍登記之前，這些移民及後裔都在「本籍」登記父系繼承慣習下，擁有大陸省分及縣市之本籍。相對的，前述原住民、福佬人及客家人擁有台灣省各縣市或北高兩個院轄市的本籍籍貫。1992 年官方統計顯示，12.95% 民眾擁有台灣以外的外省本籍。

然而，除了描繪台灣四個族群的歷史淵源與語言文化特性外，「四大族群」論述更界定了族群之間沒有核心、邊陲或高下優劣之分，應該維持「多元平等」的理想族群關係。這種新族群關係理想，並非憑空出現，而是 1970 到 1980 年代不同族群運動挑戰族群不平等制度與結構，爭取族群集體權利，互相激盪產生的結果。以下先描述這些族群運動試圖挑戰或改變的族群階層化系統。

三、戰後台灣族群階層化體制的形成

二次世界大戰後，台灣結束了五十年日本殖民統治。雖然台灣民眾熱烈歡迎回到祖國，認為台灣「光復」了，但是經歷日治時期現代化洗禮，政治與文化和祖國已有相當差異。前來接收的官員又以「征服者」姿態，認為台灣民眾受到日本「奴化」教育影響，更將中國任用自己人、貪污等傳統政治文化帶入台灣，引發台人不滿，而在 1947 年發生「二二八事

件」。事件後國民黨政府由中國大陸調派軍隊來台灣鎮壓，並在清鄉時殺害或逮捕了許多台灣菁英，進一步加深了台人與政府的隔閡。

不過，形成族群階層化系統更重要的因素，是中央政府遷台後重建的中央政府體系。1949年國民黨政府在內戰中失利後，決定遷到台灣重新整備，準備反攻大陸。當時大約有近百萬大陸各省軍民隨著政府來台。國民黨政府為了宣稱是「代表中國」唯一合法政府，以及「二二八事件」後對台灣人不信任，遷台後重建中央政府體制中，仍然維持全中國的架構，讓人口超過百分之八十七的台灣省籍人士，仍然維持先前中國35省中的一省之比例。例如，1954年時行政院八部二會一共19位政務委員中，僅有一位台灣籍政務委員。[10] 另外，立法院遷台後，1950年共有527位立法委員，其中台灣省籍僅有8位（占1.5%）。這些1948年選出的中央民意代表都在1954年透過大法官釋憲，以「國家遭遇重大變故，第二屆委員無法順利選出」為由，凍結改選，由第一屆委員繼續行使職務，[11] 直到1969年後才有增補選，更要到1991年才進行全面改選。雖然台灣人在地方自治選舉中有充分代表，但是參與中央政府的權利受限仍然引起許多異議人士不滿（薛化元 2001）。

除了剝奪參與中央政治權利外，國民黨政府也強力推動「中國民族主義」的文化與教育政策，將台灣本地語言與文化視為阻礙國家團結的「方言」與低俗文化，並在公共場域及電視媒體上打壓。尤其是台灣原住民的社會與文化，更被視為野蠻、落後，是需要教化改變的對象。最鮮明的例子，是過去教科書中漢人通事吳鳳不惜犧牲自己以改變曹族獵首習俗的故事。

因此，1950到1960年代間，國民黨政府在台灣社會創造了一個大陸各省籍人士在政治與文化權力上居於優勢位置的族群階層化系統（張茂桂 1993）。省籍隔閡與緊張，以及對本省人的政治權利與文化歧視，成為當時最重要的「族群」問題。不過，構成「本省人」的三個群體間，遭受的族群問題各不相同。原住民由於人數最少，與漢人文化差異最大，不但受到嚴重族群偏見，社會經濟地位也處於最不利的位置。福佬人、客家人之間語言文化差異明顯，過去社會關係也不甚和諧，但是1980年代之前「省籍問題」的遮蔽下，「閩客」分歧並未成為普遍而顯著的族群問題。

---

10 〈新內閣閣員略歷〉，《聯合報》，1954年5月27日，第2、3版。
11 1954年1月29日，大法官釋字第三十一號解釋，參見薛化元（2001）。

▎四、1970 年代以後族群（政治）運動的挑戰

1971 年國民黨政府被迫讓出聯合國的中國代表席次，造成「代表中國」合法性政治宣稱之危機，讓原先族群階層化系統出現轉變的契機。為了安撫戰後新生代本省籍政治菁英，蔣經國在 1972 年擔任行政院長後以「擴大延攬人才」政策，刻意提拔台籍青年進入政治菁英位置。這些當時被戲稱為「吹台青」的政策，[12] 包括增加行政院內閣中的台籍官員（到六名）、任命首位台籍台灣省主席，以及開放中央民意代表增額選舉。

這些迫使國民黨政府進行政治改革的危機，也被非國民黨的台籍政治菁英視為追求政治民主化的機會，而在 1970 年代中升高民主改革訴求，並漸漸在選舉中取得重大進展。[13] 另一方面，「吹台青」政策卻導致外省籍青年認為政治發展前景受到限制（王甫昌 2008，2016）。

1970 年以後的民主運動，由於帶有「本土化」意涵，不可避免地涉及改變族群政治權力分配現狀，因此屬於追求族群政治平等之「族群運動」。1979 年高雄美麗島事件後，國民黨政府大舉逮捕黨外人士，促成新一代青年投身政治反對陣營，並在 1983 年提出「住民自決」訴求。這讓不少年輕外省籍菁英擔心民主化之後，外省人將成為政治上少數者，部分外省籍菁英因此開始建構外省第二代是台灣政治及經濟弱勢者的政治論述。[14] 為了保障外省人參政權，他們要求未來新國會中必須設置「大陸省分代表」。此一宣稱與訴求引發其他族群菁英不滿，更在 1987 年激起民進黨籍立委的反駁，進而引爆了誰才是台灣社會「弱勢族群」的爭論。

「原住民（族）運動」在 1980 年代登場。1983 年四位原住民大學生發行了《高山青》雜誌，提出「台灣高山族正面臨種族滅亡的危機」呼籲，試圖喚起原住民青年對「山地社會」的關懷。「黨外編聯會」更在 1984 年成立「少數民族委員會」支持「台灣原住民族運動」，原住民知識菁英也在同一年組織「原住民族權利促進會」（夷將・拔路兒等 2008）。除了指出社會經濟的弱勢位置，原住民運動工作者也試圖對抗國家及媒體

---

12 「吹台青」之戲稱，源於 1970 年代台灣當紅的影視歌星、節目主持人，被媒體稱為「一代妖姬」的「崔苔菁」名字諧音，意即「吹捧台籍青年」。

13 1977 年五項地方公職人員選舉，非國民黨籍候選人史無前例地贏得 4 席縣市長、21 席台灣省議員及 6 席台北市議員。

14 最著名的例子，是趙少康在 1986 年當選增額立委後，在《遠見雜誌》一場座談會中表達的說法（遠見雜誌 1987: 33；參見王甫昌 2016）。

對原住民的污名化及貶抑，例如《高山青》雜誌中一篇反駁教科書「吳鳳神話」的文章（圖7-1）。

曹族同胞說——「吳鳳是我們殺的，因為他是奸商」

採訪小組

住在台灣的人大概都知道吳鳳的故事，小學課本有他，雲門舞集裡有他，電視連續劇有他，嘉義縣中埔鄉有個廟祀他。我們從這些描述中知道吳鳳是「捨生取義」的偉人，使我們崇仰吳鳳的為人，因此，平地人讀書山地人獵首的惡習，因而自責，甚至為了吳鳳的犧牲而感到自卑。為了想實地瞭解吳鳳的偉大事蹟，我們一行數人前往嘉義中埔鄉實地探訪，並透過當地的山地人——分別走訪吳鳳鄉達邦村、特富野、山美等村落，這三個村落是吳鳳當年任「通事」時經常往來的地方。

另外，我們也順道參觀設於山美村射殺吳鳳的地方，據傳說他是被曹族山胞在山美村射殺的漢人，並且對吳鳳鄉一致認為他是洋買辦、中間商，在他們的傳說中吳鳳是賣布匹、草藥的漢人，專門剝奪山胞的經濟利益。當我們詢及吳鳳是否為他們所射殺時，他們說：「吳鳳雖實為我們所射殺的，因為他欺詐我們，他是奸商。」在曹族部落裡，有關吳鳳的傳說，牽來攻至中埔鄉吳鳳辦事處，吳鳳聞惡，驚慌而逃，但終死於山胞的鎗蕭之下。

吳鳳的偉大事蹟是漢人一廂情願的說法，以小學教科書的吳鳳及目前社會上所知道的故事，不僅是歪曲事實，而且是一則捏造的神話，幾乎是歪曲事實。他說從長老們的傳述：吳鳳之所以被殺，是因其侵略土地的動機驅使山胞所洞悉，因此，吳鳳被殺之前，他曾命令殺勇兵攻人阿里山曹族幾個部落，其間先後發生了三次戰役，幾次戰役中曹族利用的戰術分別為：(一)空城計，此戰術使用在山美社，此戰役漢兵死傷數百人。(二)美人計：命曹族婦女於溪中戲水，誘漢兵調戲溪水中之婦女，然後曹族壯丁伏四周，一舉俘虜漢兵，此戰役曹族獲知，漢兵擴大召集義勇兵，準備一舉消滅曹族，此計謂以攻退敵：後來吳鳳因其野心難逞，粵哥頭目便召集四十八社（番社）的壯年山胞，出其不意地下手，攻入中埔鄉吳鳳辦事處，吳鳳聞惡，驚慌而逃，但終死於山胞的鎗蕭之下。

至未曾從其長輩之中得知吳鳳的「偉大事蹟」，至此才關心吳鳳的傳說。因此，在我們的探訪當中，受訪者都異口同聲地說：我們是從小學教科書認識吳鳳的。台灣光復前，據說在曹族山胞部落裡，下就是我們採訪的一些報導。

吳鳳的故事並沒有想像的那麼廣為流傳，其實吳鳳並不是漢人所說的那麼偉大，光復以後國民教育普及，吳鳳的故事，曹族子女從小山曹族幾個部落，幾次戰役中...

得到令人驚訝的答案，他們對吳鳳的說法完全與國小課本的描述相左，因此，筆者懷疑說並非是「捨生取義」；一高姓山胞說：「結且不論此傳說的真實性如何，但是，至少...

圖7-1　曹族人對於「吳鳳神話」的回應

資料來源：夷將・拔路兒等（2008: 35）。

緊接著，客家菁英也在1987年創刊《客家風雲》雜誌，以及1988年號召客家民眾參與「還我母語」大遊行，帶動客家文化運動興起。客家

運動一方面是受到政治反對運動發展，特別是 1986 年「民主進步黨」成立、1987 年政府宣布解除戒嚴的鼓舞，而試圖反抗過去國語政策對於客語的打壓；另一方面卻也因為民進黨挑戰國民黨政府獨尊國語的語言政策，以及忽略和打壓台灣歷史記憶時，似乎流露出「福佬沙文主義」而深受刺激。這些新威脅讓原本就擔心客家語言流失與文化認同受打壓的客家文化菁英，決定發起運動來喚醒客家人的族群危機意識（楊長鎮 1991）。

▌五、民主化轉型對族群關係的影響，1987-2000

在民主化選舉的壓力下，族群運動的相互刺激，漸漸促成主要政治行動者在 1990 年代以後重新檢討、協商與調整政治結構、文化語言政策，或是過去的習慣。當時仍在野的民進黨首先回應客家菁英挑戰，過去福佬人習慣自稱「台灣人」，稱福佬話為「台灣話」或「台語」，民進黨部分黨員要求在運動活動場合必須使用「台語」，這些都讓客家菁英覺得受到「福佬沙文主義」的排斥。面對黨內客家菁英質疑，民進黨提出以「福佬人」、「福佬話」稱呼來替代「台灣人」、「台語」，並在 1992 年提出「台灣四大族群」論述，強調族群之間應有平等關係，台灣多元族群的歷史、記憶、文化都應受到尊重及保障（民進黨中央黨部 1993；楊長鎮 2008: 43-56）。[15]

1987 年以後的民主化改革，因此逐漸改變了原先的族群階層化系統。在首位本省籍總統李登輝主政時期，促成了 1991 年國民大會代表、1992 年立法委員全面改選，而且新國會不設置「大陸省分代表」，以及 1994 年開放北高兩市及台灣省省長選舉，1996 年總統直選。這些政治改革不但完成了民主轉型，也有效化解了過去本省籍政治菁英認為參政權利受限的不滿。另一方面，1990 年代國民黨政府在語言、文化及教育內容上的本土化轉向，也扭轉了過去以中國為中心、忽略台灣的文化政策。1997 年教育部在國中實施《認識台灣》課程，並在高中實施「同心圓」（台灣、中國到世界）史觀的歷史教育，即是顯著例子。

民主化進展同時促使政府比較積極地回應其他弱勢族群訴求。面對反對黨逐漸在其執政縣市落實族群平等政見的競爭壓力下，國民黨政府在

---

15 這份政策白皮書主筆張茂桂，對於「四大族群」分類有其保留立場（張茂桂 2002: 245）。

1994 年修憲將「原住民」名稱入憲，取代過去「山胞」稱呼，[16] 更於 1996 年在行政院成立「原住民族委員會」。1997 年的修憲更將第九條有關族群的部分修正為：「國家肯定多元文化，並積極維護發展原住民族語言及文化。國家應依民族意願，保障原住民族之地位及政治參與，並對其教育文化、交通水利、衛生醫療、經濟土地及社會福利事業予以保障扶助並促其發展，其辦法另以法律定之。」2000 年首度中央政府政黨輪替後，民進黨政府在 2001 年成立行政院客家委員會。這兩個族群事務專責機構也負責推動修法，提出保護少數族群語言文化，或改善其經濟社會地位的國家政策。

雖然這些政治制度變革，並無法立即扭轉長期累積的族群不平等，也仍有許多可以再改進的空間，甚至也引發了新的族群衝突（見下一節），但至少踏出了打破過去族群階層化系統的第一步。這些轉變也讓過去「四大族群」論述試圖破除「優勢族群」壓迫「弱勢族群」的不對等族群關係結構的理想逐漸實現，因此降低了這一類的「族群關係」概念與理論在理解後續台灣族群現象的分析效用。

肆　民主轉型後新世紀台灣的族群問題

不過，這並不表示族群問題在台灣民主轉型後就此消失。本章一開始提到近期頻繁發生的族群爭議事件顯示，雖然過去的結構性歧視制度已經改變，族群多元平等觀念已成為共識，但是各種明目張膽或是隱晦幽微的族群偏見、歧視言論或行為仍然不時出現。如果要理解這些新問題，必須區分不同族群所面臨的不同族群問題，包括原先「四大族群」因為民主化政治轉型而產生多層次的新族群問題。

第一個層次是部分外省人在面對政治民主化與本土化轉型的強烈反應。1988 年蔣經國病逝，李登輝繼任總統後，國民黨內部分外省籍第二代菁英成立「新國民黨連線」，1993 年更脫離國民黨成立新黨。1990 年代新黨與國民黨本土派及民進黨競爭的激烈對抗中，造成嚴重的族群對立與

16　1994 年 7 月 28 日通過中華民國憲法增修條文第九條：「國家對於自由地區原住民之地位及政治參與，應予保障；對其教育文化、社會福利及經濟事業，應予扶助並促其發展。」

衝突。不過，引發衝突的原因，已經不是先前外省人擔心做為少數人受到排擠，或者參政權受限的「重分配政治」（politics of redistribution）問題。這主要是因為 1986 年以後外省人成功地凝聚跨越大陸各省分的團結與認同，並在 1989 年增額立委選舉中，獲得超過人口比例（13%）的 17.8% 席次（1986 年僅有 5.5%）。[17] 另外，在李登輝支持下，外省籍的宋楚瑜、馬英九分別贏得 1994 年台灣省長、1998 年台北市長選舉，尤其馬英九後來贏得 2008 年及 2012 年總統選舉，更象徵著台灣選民已能跨越｜族群界線」投票。這些選舉勝利大幅化解了過去外省人認為「少數族群」無法贏得縣市長層級以上選舉的憂慮。相對的，許多外省人不滿的是台灣政治民主化與本土化已經走向實質的「台灣獨立」，並產生污名化外省人認同與歷史記憶的「認可性政治」（politics of recognition）問題。[18] 這表現在三個議題的衝突上。

首先，國家未來走向的爭議。在 1994 年省市長選舉中，新黨台北市長候選人趙少康在新黨「驅逐台獨」的政綱下提出「中華民國保衛戰」訴求對抗民進黨 1991 年通過的「台獨黨綱」，導致外省人受到「賣台」、「不愛台」的批評，並在選舉過程中引起雙方支持群眾間強烈敵對氛圍與衝突，甚至延伸到選後。[19] 隨著中國在新世紀的崛起，國家認同爭議更成為台灣社會中的重要分歧。其次，如何詮釋及定位台灣歷史上不同統治者貢獻的爭議，特別是日本殖民及戰後國民黨政府的統治。1997 年新黨的李慶華與統派中國史學者批評新的國中「認識台灣」教科書試圖「切斷台灣與中國的臍帶」、「對日本殖民統治歌功頌德」及「淡化兩蔣對台灣的貢獻」。此一衝突反映了「台灣中心」史觀與「中國中心」史觀的對抗（王甫昌 2001）。再者，有關「轉型正義」的爭議。2000 年首度政黨輪替、民進黨執政後，檢討威權時期各種人權侵犯狀況的「轉型正義」成為重要政治與社會課題。不論是早期對過去「二二八事件」、白色恐怖的平反與補償，追究蔣中正責任，或是 2016 年民進黨再次執政後對於國民黨「不當」黨產問題的檢討與追究、調整軍公教年金等等，都讓不少外省人覺得似乎

17　該年外省籍候選人在台北市 12 席區域立委中一共贏得 7 席，更被視為重大勝利。

18　「重分配政治」與「肯認政治」的區分，來自於美國女性主義學者 Young（1990）的區分。另外，張茂桂、吳忻怡（2001）也引用加拿大學者 Taylor（1994）在多元文化主義概念下討論「認可政治」的問題。

19　例如，1994 年 12 月 21 日一位支持陳水扁的全民計程車司機戴正昌，在台北市德惠街一場停車衝突事件中，被新黨支持者殺害；這個事件引發後續一連串衝突與抗爭（參見林萬億、陳東升 1996: 108-116）。

重分配政治（politics of redistribution）
如何分配社會中稀有資源，包括收入、機會及政治職位等的政治性活動。

認可性政治（politics of recognition）
處理與個人或群體認同有關的記憶、歷史，以及用以界定「我（們）是誰」的基本特質的政治性行動。

轉型正義（transitional justice）
經歷民主轉型的國家，對於過去威權或獨裁統治的檢討、反省與彌補行動，通常包括回復名譽、賠償、追究、挖掘真相。

是針對他們進行政治清算（張茂桂 2008）。例如，資深媒體工作者楊艾俐 2017 年 9 月 15 日在《中國時報》發表一篇引起許多討論的〈外省第二代的悲歌〉，指出 2016 年「綠營上台後，推出很多針對軍公教、警消、國民黨以及去中華民國的作法，已經嚴重影響到外省第二代在台灣的安全感及歸屬感。……外省第二代在台灣屬於少數（10% 左右），但執政者不宜忽略少數人的失落及不滿。……執政的綠營也不要把少數人逼上梁山，否則再多的轉型正義也無法彌補」（圖 7-2）。

外省第二代的悲歌

楊艾俐　國際觀察

身分證省籍欄在 1990 年代中已經被出生地所取代，本省、外省人之間的區別早已泯滅。但是綠營上台後，推出很多針對軍公教、警消、國民黨以及去中華民國的做法，已經嚴重影響到外省第二代在台灣的安全感及歸屬感。

外省第二代指的是 1949 年以後出生在台灣，父母或其中一人是從大陸來的。本來一個人在一地出生、成長、受教、就業，乃至納稅、壞滅，早應算是當地人。但似乎外省人不管第一代、第二代，很多人仍然被標籤為既得利益者、大中主義者、統派。

最可悲的是很多身在綠營的外省第二代，為了證明自己的忠誠度，在當上民意代表、入閣或身為名嘴後，要更加執行綠營的意識形態、加力打擊外省人或任何與中國有關的人與事，才能顯示自己的楚毒繼昏、忠貞不二。

早期外省籍民眾的經濟社會地位明顯高於本省籍民眾，但是隨著台灣經濟蓬勃，家無恆產的外省人及其第二代頂多拿到的是薪水。土地是這個小島上最大的資源，而有地的民眾多屬本省籍，外省人仍然被認為是既得利益層、實在不公平。

外省第二代多成長於眷村，據我觀察，他們有幾種出路，學業成績優良者升大學，畢業後，去國外讀書，或進入公教單位。而外省第二代在幾十年前踏入公教也有其淵源，那時要進民營企業，如台鹽、東亞，第一個條件就是要會講台灣話，長在眷村的外省第二代第一關就刷掉。當時的出路就是做軍人或公教人員，那是待遇菲薄的工作。

其成績普通者，父母已知他們很難考上大學，就進入軍校。當時軍人待遇也很差，還要與軍人長期分隔，是很難吸引人的職業，所以貝有「好男不當兵，好鐵不打釘」的說法。外省第二代投段班者，當時沒有補救措施，有的去做軍事小姐、做女工，也有的進入幫派組織，和本省籍底層人士境遇相同。

社會有表面印象，認為外省第二代接受大專教育的比例高，1990 年代台大社會系教授范雲甚至做研究指出，外省第二代能受較高教育是政府對軍公教子女的學費補貼，但是中研院研究員吳乃德指出，遠項因素並不明顯。

我親眼外省人家庭對子女教育的重視，其原因是父母來來台灣已是江山已盡，死無退路，又家無恆產，只有費盡心力要子女進大學以求自立。每逢學期開始，這些父母也是到處張羅借學費。

我家搬來台北時，租屋居住，房東看到我上政大，就和我媽說：為什麼不送我進工廠工作，還可拿錢回家，還好我母親沒有聽她的話。

外省第二代就和所有四、五年級生一樣，參與、貢獻台灣的成長。但外省第二代常被視為大中國主義者、統派，其實是他們所受的教育中注重中華民國。他們到大陸，仍然被稱為台灣人，當然還就表示是客人。大多數的外省第二代不可能完全認同中國大陸的體制？台灣再被視他們為既得利益者，他們要如何安身立命？

外省第二代在台灣屬少數（10% 左右），但執政者不宜忽略少數人的失落及不滿。俄羅斯的車臣和印度的錫金都是少數人，他們住在走極端，訴諸武力解決爭端，執政的綠營也不要把少數人逼上梁山，否則再多的轉型正義也無法彌補。

圖 7-2　楊艾俐〈外省第二代的悲歌〉

資料來源：《中國時報》，2017 年 9 月 15 日，https://www.chinatimes.com/opinion/20170914005127-262104?chdtv，查詢日期 2019 年 9 月 10 日。

以上這些爭議反映了部分外省人認為民主轉型後，其國家認同、歷史記憶，或在台灣社會的位置與貢獻受到污名化，因此強烈反抗，要求應有的尊重及認可。這主要是針對 1990 年代李登輝主導的國民黨及 2000 年以後的民進黨，在國家認同、歷史詮釋與轉型正義的不同立場與作為。

第二個層次是客家人及原住民面臨的新「族群問題」，其中最明顯的是如何落實「多元文化」強調尊重各族群文化特殊性之理想，客家「義民節祭典」神豬比重競賽所引發的爭議與批評即是一例，原住民也面臨類似問題。在原漢文化差異與法律規範仍然有衝突的狀況下，如何調整既有政治體制與法律規範，以真正落實對原住民傳統領域、自治區、傳統文化或

生活方式的尊重，仍然經常引發爭議。例如，2013 年布農族獵人王光祿為了孝敬母親而循傳統方式打獵，卻被檢方以違反《野生動物保育法》及《槍砲彈藥刀械許可及管理辦法》為由起訴，遭到法官判決有期徒刑 3 年 6 個月。[20] 除此之外，政府對原住民的一些補償性優惠政策，或是對部落會議權力的認可，也引發原住民地區漢人的抗議。

什麼是轉型正義？

轉型正義是一個社會在民主轉型之後，對過去威權獨裁體制的政治壓迫，以及因壓迫而導致的社會（政治的、族群的、或種族的）分裂，所做的善後工作。這些工作包括：

對遭受政治迫害的人給予正義。被沒收的財產必須歸還；遭受肉體、自由和生命損失的人或其家屬，必須加以賠償。

對從事政治迫害的人，必須在法律上或道德上予以追究。

對過去政治迫害的真相和歷史，必須完整地加以呈現。

資料來源：台灣民間真相與和解促進會，https://taiwantrc.org/transitional-justice/#top，查詢日期 2020 年 10 月 17 日。

最後，漸漸被視為台灣「第五大族群」的新移民，似乎成為台灣新的弱勢族群（夏曉鵑 2018）。2018 年底台灣約有 54 萬多名（約占台灣人口的 2.3%），主要來自中國及東南亞國家女性的婚姻移民。「新移民（女性）」移入台灣後，需要至少四到六年才能取得完整的公民身分與權利，期間公民權益受到相當大限制。新移民與移工也經常成為族群偏見及歧視行為的受害者（王宏仁、張翰璧 2011）。本章一開始提到韓國瑜失言的案例，反映了許多台灣人對新移民的偏見。目前新移民女性之間的不利處境似乎仍然可以用前述「族群關係」分析架構來理解。不過，由於台灣與中國的特殊關係，來自中國的婚姻移民需要比其他東南亞國家移民更長時間才能取得台灣公民身分，由於涉及不同國家認同而成為新的族群爭議焦點之一。

20　參見《關鍵評論》，〈我們是否要為了所謂的「文明」，犧牲原住民對他們的文化認同？獵人王光祿案的法律問題〉（https://www.thenewslens.com/article/32698，2015 年 12 月 17 日，查詢日期 2019 年 11 月 10 日）。這個案子在 2018 年由檢察總長提出非常上訴、暫緩執行，並申請釋憲，參見《民報》，鍾孟軒，〈原住民狩獵文化衝突聲請釋憲 原民獵人王光祿請求開憲法法庭〉（https://www.peoplenews.tw/news/a45c3d18-48e3-4e17-89ca-af23f36066ff，2018 年 8 月 1 日，查詢日期 2019 年 11 月 10 日）。

伍 結語

　　以上這些爭議說明了族群多元文化主義解決了大部分舊族群問題之後，出現的新「族群問題」。除了「新移民女性」處境還能夠用過去優勢族群對弱勢族群的剝削與排外之分析概念，或適用「多元文化主義」解決方案之外，台灣面臨的新族群問題，似乎需要新的分析架構、概念或理論來解釋。從台灣與其他國家經驗來看，種族主義思想中將人們「分類、排序、排除」的想法與作為，往往是造成族群問題的主要原因。儘管現在以體質特徵來分類「種族」，或是在法律制度上明白歧視「低劣」種族之作為，已經被多數人唾棄，但是以文化特質來分類「族群」、加以排序，並以隱晦方式達成社會排除的狀況仍然屢見不鮮，也是現代新族群問題的癥結所在。這些被西方研究者稱為「新種族主義」（Barker 1981）或是「嫌惡型種族主義」（aversive racism）（Dovidio and Gaertner 1998），[21] 是新形態、比較精巧而狡猾且不易辨識的種族主義。這些新概念，或許有助於我們理解目前台灣的新族群問題。

　　不過，台灣社會過去不對等族群關係的遺緒，也構成一些獨特、需要被認真對待的挑戰與問題。對於過去在威權統治時期受到壓迫的人們（各族群都有）來說，在新民主化政體下，重新審視、追究、補正或調整過去不公義的真相或法規制度，當然是打造健康的民主社會時重要而必要的工作。但是在民主化轉型之後，我們的確也看到不少「外省人」對自己的身分被污名化或排外，而有強烈的不安與反應。如果說台灣民主化最重要的意義是以新的「差異但平等」的族群關係概念，取代過去在中國民族主義理念下「族群同化主義」的族群不平等關係，那麼在民主化轉型之後，如何化解外省人「被排除」的不安，仍是非常重要的一環。在追求轉型正義之際，如何避免陷入創造另一種排除的陷阱，是值得深思的課題。

　　同樣的，對於民主制度中人數較少的「族群」來說，在強力主張自己的認同、文化權利必須受到尊重之際，是否也能對其他族群的認同或文化以及不同主張，多一些理解與尊重，而不落入無限上綱地排斥他人，似乎也是避免族群爭議或問題進一步惡化的重要關鍵。

---

21 也可以譯作「規避性種族主義」，是指藉由避免與其他族群的互動來實現對他們的負面評價。

> ○ **問題與討論 7-2**
>
> 　　課後的討論問題：
>
> 　　一、一名「客家人」和一名「閩南人」因為搶停車位而發生口角，終致大打出手的衝突事件，是「族群衝突」事件嗎？在何種狀況下是？在何種狀況下不是？構成族群問題或衝突的要素是什麼？（提示：衝突者的身分背景？群體間的差別待遇？對於制度性不平等的認知？）
>
> 　　二、目前由民間及政府推動的「轉型正義」工作中，經常引發新的族群爭議（例如，楊艾俐所寫的〈外省第二代的悲歌〉）。這些轉型正義工作如何影響族群關係？推動轉型正義有助於（台灣的）族群和諧嗎？為什麼？
>
> 　　三、目前政府政策對於原住民的優惠或補償政策（包括原住民學生入學考試的優惠或加分制度），經常引起爭議。你認為引發爭議的原因為何？這些措施合理嗎？為什麼？

參考書目

王甫昌，2001，〈民族想像、族群意識與歷史：《認識台灣》教科書爭議風波的內容與脈絡分析〉。《臺灣史研究》8(2): 145-208。

王甫昌，2008，〈由若隱若現到大鳴大放：台灣社會學中族群研究的崛起〉。收於謝國雄主編，《群學爭鳴：台灣社會學發展史，1945-2005》，頁447-521。台北：群學。

王甫昌，2016，〈由「地域意識」到「族群意識」：論台灣外省人族群意識的內涵與緣起，1970~1989〉。收於蕭阿勤、汪宏倫主編，《族群、民族與現代國家：經驗與理論的反思》，頁181-256。台北：中央研究院社會學研究所。

王宏仁、張翰璧，2011，〈第六章、新住民〉。收於蕭新煌等著，《臺灣全志 卷三 住民志 族群篇》，頁431-490。南投：國史館台灣文獻館。

民進黨中央黨部，1993，《多元融合的族群關係與文化：民主進步黨的族群與文化政策》。台北：民進黨中央黨部。

芮逸夫（Ruey, Yih-Fu），1968，"The Ethnic Groups of Taiwan." 收於芮逸夫，《中國民族及其文化論稿（中冊）》，頁499-522。台北：藝文印書館。

夷將‧拔路兒等編著，2008，《臺灣原住民族運動史料彙編（上）》。台北：行政院原住民族委員會、國史館。

林萬億、陳東升，1996，〈自助與衝突：全民計程車司機聯誼會的社區行動分析〉。台北：國科會專題研究計畫報告（計畫編號：NSC85-2417-H-002-009）。

張茂桂，1993，〈省籍問題與民族主義〉。收於張茂桂等著，《族群關係與國家認同》，頁233-278。

台北：業強。

張茂桂，1997，〈臺灣的政治轉型與政治的「族群化」過程〉。收於施正鋒編，《族群政治與政策》，頁37-71。台北：前衛。

張茂桂，2002，〈多元主義、多元文化論述在台灣的形成與難題〉。收於薛天棟編，《台灣的未來》，頁223-273。台北：華泰文化。

張茂桂，2008，〈多元文化主義在台灣與其困境〉。收於沈憲欽編，《知識分子的省思與對話》，頁311-325。台北：時報。

張茂桂、吳忻怡，2001，〈關於民族與族群論述中的認同與情緒：尊重與承認的問題〉。收於林佳龍、鄭永年編，《民族主義與兩岸關係》，頁147-180。台北：新自然主義。

張茂桂、蕭新煌，1987，〈大學生的「中國結」與「台灣結」──自我認定與通婚觀念的分析〉。《中國論壇》289: 34-53。

施添福，1987，《清代在臺漢人的祖籍分布和原鄉生活方式》。台北：國立台灣師範大學地理學系。

遠見雜誌，1987，〈遠見論談：少康對老康〉。《遠見雜誌》，第8期：24-34。

薛化元，2001，〈中央民意代表延任與台灣本土政治精英的態度：以（臨時）省議會在野派為中心（1950～1969）〉。收於張炎憲、曾秋美、陳朝海編，《「邁向21世紀的台灣民族與國家」論文集》，頁147-166。台北：吳三連台灣史料基金會。

楊長鎮，1991，〈社會運動與客家人文化身份意識之甦醒〉。收於徐正光主編，《徘徊於族群和現實之間》，頁184-197。台北：正中書局。

楊長鎮，2008，《從反抗到重建：國族重構下的台灣族群運動》。台北：國家展望文教基金會。

衛惠林，1950，〈曹族三族群的氏族組織〉。《文獻專刊》1(4): 1-11。

夏曉鵑，2018，〈解構新自由主義全球化下的「台灣第五大族群──新住民」論述〉。收於黃應貴主編，《族群、國家治理、與新秩序的建構：新自由主義化下的族群性》，頁311-353。台北：群學。

Allport, Gordon W., 1979, *The Nature of Prejudice*. Reading, MA: Addison-Wesley Publishing Company.

Barker, Martin, 1981, *The New Racism: Conservatives and the Ideology of the Tribe*. London: Junction Books.

Dovidio, John F. and Samuel L. Gaertner, 1998, "On the Nature of Contemporary Prejudice: The Causes, Consequences, and Challenges of Aversive Racism." Pp. 3-32 in *Confronting Racism: The Problem and the Response*, edited by Jennifer L. Eberhardt and Susan T. Fiske. Thousand Oaks, CA: Sage.

Feagin, Joe R. and Clairece Booher Feagin, 2008, *Racial and Ethnic Relations*, 8th edition. Upper Saddle River, NJ: Pearson Education.

Hirschman, Charles, 1983, "America's Melting Pot Reconsidered." *Annual Review of Sociology* 9: 397-423.

Le Pesant, Tanguy, 2011, "Generational Change and Ethnicity among 1980s-born Taiwanese." *Journal of Current Chinese Affairs* 40(1): 133-157.

Lieberson, Stanley, 1961, "A Societal Theory of Race and Ethnic Relations." *American Sociological Review* 26(6): 902-910.

Marger, Martin N., 2003, *Race and Ethnic Relations: American and Global Perspectives*, 6th edition. Belmont, CA: Wadsworth/Thomson Learning.

Park, Robert E., 1950, *Race and Culture*. Glencoe, IL: Free Press.

Taylor, Charles, 1994, "The Politics of Recognition." Pp. 25-74 in *Multiculturalism: Expanded Paperback Edition*, edited by Amy Gutmann. Princeton, NJ: Princeton University Press.

Van den Berghe, Pierre L., 1967, *Race and Racism: A Comparative Perspective*. New York: Wiley.

Van den Berghe, Pierre L., 1976, "Ethnic Pluralism in Industrial Societies: A Special Case?" *Ethnicity* 3: 242-255.

Young, Iris Marion, 1990, *Justice and the Politics of Difference*. Princeton, NJ: Princeton University Press.

第 **參** 篇

社會制度

第 8 章

家 庭

- 我們的社會如何定義家庭
- 家庭作為生產單位
- 家庭作為分配單位
- 從家庭到社會不平等
- 變遷中的家庭關係

■喻維欣

摘　要

1. 在主流意識形態中，家庭作為一個指涉社會關係的抽象概念有三個要件：婚姻關係、性別、血緣。

2. 社會學研究中的家庭形態與結構，通常是在單一居住場所的假設下，透過對有婚姻或血緣關係（或法定親子關係）的同居人之間關係的分析而進行分類。

3. 家庭除了有消費功能外，同時也是生產單位。新家庭經濟論提出，個人花費時間及勞力投入家庭，以生產對個人有價值的「家庭貨品」；社會學者雖同意家庭的生產功能，卻對新家庭經濟論的多項假設有所質疑，認為忽略了家庭中的權力關係、性別角色、個人與家庭利益的衝突等等。

4. 家務勞動是維持家庭正常運作並確保成員生計與健康的重要活動，然而女性與男性在家務分工及決策上都相當不均。社會學對這種不平等狀態的解釋，包括：資源交換論、父權社會對女性的剝削論、階級文化及社會性別角色論，以及做性別理論等。

5. 家庭也具備分配的功能。除了日常生活中的資源移轉外，家庭透過繼承或分家進行上一代對下一代財富及權威的移轉。在父母年老、子女有能力取得社會資源後，家中資源的流向常會逆轉，轉為由子女對父母提供勞力、情緒或經濟上的支持。

6. 家庭內的資源並非平均分配給所有成員，家長的父權態度、子女的性別組成、出生序、家庭規模，都可能影響家中各成員分得資源的多寡。

7. 家庭內的活動對社會不平等有直接影響。譬如：家庭對勞動投入的需求使女性成員常面對家庭與工作之衝突，影響她們在職場上的競爭力，造成勞動市場內性別不平等。不同階層家庭也常有不同的子女教養方式，上層階級往往透過教養方式將其優勢傳給下一代。

8. 婚姻關係的轉變是改變現代社會家庭形態的主要因素之一，由於經濟結構及價值觀改變，晚婚、不婚、同居、離婚、再婚等愈來愈常見，近年社會學者對東亞社會的晚婚少子趨勢日漸重視，提出多種不同解釋。

9. 台灣在 2019 年立法通過同性婚姻，正式認可家庭形態的多元性。即

使不考慮同性家庭，一夫一妻與親生子女同住的傳統家庭，目前並沒有一般人以為的普遍。傳統家庭之外的非主流家庭形態在今日台灣社會內已占家戶總數的一半，顯現主流意識形態對家庭的定義與了解需要大幅修正。

壹　我們的社會如何定義家庭

家庭對大多數人而言都是個相當熟悉的概念，我們通常很少去思考家庭的定義。主流意識形態定義家庭時，大抵假設家庭有三個要件：婚姻關係、性別與血緣。在大部分人的認知中，法律認可的婚姻關係是一個家庭的起始點。這種將婚姻等同於家庭的看法，使得社會中的非主流家庭形態不易被多數人所接受。性別是另一個考量家庭組成的重要因素，如同其他的工業社會，台灣社會對家庭的組成及延續是以父系連結為基礎，除少數特例外（如入贅），女性「嫁」入男方家庭，而男性「娶」女方進男方家門，兒女皆從父姓。台灣的法律雖不似日本法律一般要求夫妻同姓氏，但在社會關係中女性自然成為某太太而失去自己原生家族的標記：姓氏。此外，女兒或姊妹一旦結婚後，便較少被父母或兄弟認定為家庭成員（Yi and Lu 1999），所以我們的社會對家庭的認定與姓氏的傳承是有相當重疊的，而姓氏大多是透過男性來傳遞。此外，大部分人心目中的家庭是由有血緣關係的人組成的。透過合法領養建立的親子關係，在我國法律上或在社會學概念上，都屬於可界定家庭的要件，但在社會層面上一般人對領養接受度低，顯示了主流社會觀念中的家庭與血緣關係高度相關。

在社會學的家庭研究中，對家庭的定義通常也包含單一居住場所的假設。這個對居住場域的假設使得客觀的操作及實證研究得以實行。譬如說在人口普查或許多社會調查中，經常要求受訪者填寫同居人口及與受訪者關係，以便區分家庭類型，如：擴展家庭（extended family）、主幹家庭（stem family）及核心家庭（nuclear family）。簡言之，核心家庭指一居住場所中僅有夫妻及未婚子女，主幹家庭一般也稱為折衷家庭，指在一居住場所內除核心成員外另有該夫妻的父母或祖父母，而擴展家庭則又包含了其他已婚或未婚的旁系親屬。家庭研究也用家中常住成員來區分單親家庭和雙親家庭，以了解家庭形態對成員的影響。

非主流家庭
主幹及核心家庭之外的其他各種家庭類型。

家庭類型
指透過家戶中同居住的成員及角色關係所做的分類，例如，主幹家庭、擴展家庭、核心家庭是以成員相互世系親屬關係分類的家庭類型；單薪家庭、雙薪家庭等是以家中成員經濟參與方式來分類；單親家庭、同居家庭、同性伴侶家庭等是以家中主軸世代的婚姻狀況分類。

> **問題與討論 8-1**
>
> 　　醫學技術使得透過精子或卵子銀行，生育下一代的同性、異性或單親家庭愈來愈多。經由醫學技術介入而產生的家庭關係，其間所牽涉到的相關者（包括有生育及養育意願的父／母，無生養意願但有血緣關係的捐／售精卵者，介於其中的子女，以及由不同捐精者產生的同母手足）的權利、義務、責任以及其對彼此的意義，你認為應該如何界定？在未來，科學也許能使人們以複製技術來取代自然生育，你可以接受這樣的改變嗎？

貳 家庭作為生產單位

　　社會學對家庭的研究重點之一，是要解釋日常家庭活動的模式，以及家庭內成員之間如何互動，而完成必要的家庭活動。這類研究經常是從家庭作為生產單位的角度出發。

一、新家庭經濟論及社會學的回應與批評

　　傳統經濟學論述將投入市場活動的組織（如公司）與家庭做二元分類，視前者為生產單位而後者為消費單位，在此二元論述下，個人經由投入市場生產活動得到酬勞，並以此酬勞滿足家庭內消費需求。然而，新家庭經濟論（new home economics）轉變了傳統的看法，使家庭中的生產活動受到重視。經濟學者 Gary Becker 提出凡是時間都有成本，而個人在非市場勞動上所花費的時間往往多於市場勞動時間。更重要的是，新家庭經濟論提出家庭應被視為生產單位：個人花費時間及勞力投入家庭，以生產「家庭貨品」（household commodity），如子女、成員的健康，家庭衛生，情感上的滿足、愉悅的感受等等。譬如說，家庭成員的健康是經由營養的餐飲及合宜的家庭衛生所達成，若要「生產」這些要素必須要有足夠的勞力與金錢投注於煮飯、打掃、採買等等。

　　根據新家庭經濟論，一個家庭中的成員有共同的偏好及一致的目標，因此家中成員會依家庭整體所需，無私地投入最適量的勞力與金錢，以

新家庭經濟論（new home economics） 將家庭的主要功能視為生產維繫家庭目標的產品，認為家中成員會為家庭最大效能而共同努力，並做最適合的決定的一種經濟學說。

完成家庭產出。另外，新家庭經濟論假設夫妻依照相對優勢（comparative advantage）做完全分工時，對其家庭效益最大。Becker 認為現代工業社會中男性在市場活動中所獲酬勞較女性高，有相對優勢，女性因為生養子女而影響市場活動，且在家庭內勞動上有相對優勢，所以，夫妻為完成家庭最大效益會自願性地決定由丈夫將所有時間投注於市場生產活動（即有酬工作），妻子則將時間全部投注於家事勞動，以使家庭達成最大產出。

　　新家庭經濟論對時間成本的考量，以及為維繫家庭正常產出中所需的勞力論述，與社會學者對家庭勞務的看法差別並不大，然而，新家庭經濟論並不考慮社會中性別關係及權力差異的存在，其中許多假設亦無法在社會學研究中得到實證支持。首先，在家庭利益與個人利益衝突的情況中，在將權力關係列入考量後，我們不難想像最後「犧牲小我，完成大我」的家庭成員恐怕是最沒有權力的人，而非對全體利益而言最適合犧牲的人。同時，新家庭經濟論中所假設的利他精神是家中所有成員共享的，然而，女性因為社會文化認定及性別角色，比男性更常被期待扮演犧牲奉獻的利他角色，因此在社會現實中，家中成員會因性別差異而有不同程度的利他考量。其次，完全分工是否對家庭而言是最有效率的作法，還視大環境中的各種變數來決定。喻維欣（Yu 2009）對台灣及日本的比較研究指出，當社會機制及市場現況使家庭中養育照顧所需的勞力相對易得，而家庭消費所需的金錢收入相對難得時，已婚女性會將從事有酬工作視為擴大家庭整體效應的方法（如台灣），而非完全分工而離開勞動市場（如日本）。

🔍 **問題與討論 8-2**

　　過去數十年來各種家電的發明，外食選擇的增加，對於減少家庭所需的勞力投入是否有幫助呢？還是人們對於家庭整潔的要求，甚至對教育子女的標準，都在某些家事需求減少之際增加了？同樣的，許多增加生活便利性的發明，如智慧型手機及藉由網路遠距工作，是使人們更能調適工作與家庭所需時間上的衝突，還是恰恰相反？

　　最後，社會學研究顯示 Becker 所強調的男女性的相對優勢實證上並無根據。例如，許多勞動市場的研究發現，女性集中的職業所需技能與男

性集中的職業所需技能無明顯差異，而女性對家務或教養子女有相對優勢的假設亦缺乏實證。就個人認定的努力程度所做的統計分析，也並未發現女性因投入家事時間較多而在工作時較男性不努力；事實上，心理學實驗發現，當給予男女性同等薪資時，女性會認為應投入較多的時間和努力。

二、家務分工及家庭決策

家務勞動是維持家庭正常運作並確保成員生計與健康的重要活動，然而，在所有工業社會中，女性與男性在家務分工上都相當不均，台灣社會中妻子所負擔的家事時間與項目也遠高於丈夫（呂玉瑕、伊慶春 2005）。除了上一節所述之新家庭經濟論，社會學者對於不平等的家務分工狀況另有以下的理論與解釋。

1. 資源交換論

認為家庭所需的物質基礎使得家庭中成員關係不平等，所以會經由勞力與權力的交換而做出家庭相關決策。這裡所說的交換與談判，指的是在日常生活的交互作用中一種無形的角力過程。就家務分工這個特定的決策而言，資源交換論假定家事勞動都是不愉快的，家中成員會盡其可能地避免做家務。因此，擁有有酬工作且酬勞較高的家庭成員——通常是丈夫——對家庭的物質投入較多而權力較大，而在經濟上比較依賴的妻子，只好用投入家事的勞力來換取經濟資源。依此論述，當雙薪家庭中夫妻的薪資相近時，他們的家務分工便會趨於平等，對於家庭中的重大決策也會有相近程度的影響力。

2. 父權社會對女性的剝削論

主張在父權社會中男性利用優勢支配女性，剝削女性的勞力，使女性負擔大部分的家務，沒有餘力在勞動市場中發揮潛力，至於男性可因此持續擁有勞動市場中較高薪的工作、較高的社會聲望與權力，藉此維持父權社會中男性的優勢。依此學派的論點，家庭中的不平等分工狀況，同時是父權支配的結果與工具。這個學說認為男性從對女性勞力的剝削與操控中獲益，因此極力保持此剝削與操控的可能性。

家務分工（household division of labor）
家中成員對家庭生存所需勞務的分配投入狀況。家中成員對這種沒有報酬的勞務投入多寡，往往受到資源、權力、性別態度及家庭結構等因素影響。

資源交換論（resource exchange theory）
假設家庭成員會運用個人經濟資源來交換在家中的權力與勞力投入。在此假設下經濟資源多的成員往往能避免付出勞力，並對家庭決策有較大的決定權。

3. 社會中性別角色及階級文化論

　　強調社會中的性別角色以及對個人的影響。傳統的「男主外，女主內」，以及媒體中刻畫的溫柔、犧牲奉獻的女性角色，都形塑了社會中的性別角色。我們在社會化過程中學到男性應負擔「養家活口」的角色，女性則是「顧家的」、「善於照顧人的」，所以應該投入家務勞動，扮演照顧家人的角色。性別角色也會影響到夫妻對於不同家庭決策的影響程度（例如妻子對子女教育的影響力，比購買房地產的影響力大）。此派學者也認為個人的教育程度與階級文化會影響對既定社會中性別角色的認同及服膺程度，譬如，藍領階級通常對傳統性別角色的認定較強，在這類家庭中女性也會從事較多的家務。

4. 性別的展示與實踐

　　這一派學者不贊同性別角色論中將性別角色視為一種恆定的意識形態，也不認為個人與性別角色的關係純粹在於個人是否相信或願意遵守。他們主張家庭是一個「性別工廠」，個人藉由家庭內的互動得以「宣示」及「作成」個人的性別。人們在日常生活中不斷地對外展示自己的性別認定，藉由言語動作、穿著打扮，不時地用行動「做性別」（詳見第 6 章〈性／別〉）。人們對於不能明確展示自己的性別，或者無法清楚了解互動者的性別，會充滿不安與焦慮，所以會在家庭勞務或決策過程中補足自己在其他方面不合性別模式的行為。例如，有研究發現在妻子工作收入較高的家庭中，妻子投入的家事時間反而比先生多（Brines 1994）。另外，在非傳統男性職業中工作的男性以及非傳統女性職業中工作的女性，在家裡更會選擇傳統的、與自己性別一致的家務勞動項目（如女性洗衣服、男性洗車等）（Schneider 2012）。同樣的，做性別也可以用來解釋夫妻的家庭決策方式。

做性別（doing gender）指在社會生活中，個人無時無刻不在利用行為互動來展示自己的性別。性別不只是個人所被規範的社會角色行為，個人是有主體意識、主動地建構與他人間相對性別認同，性別是在做的過程中被展示出來的。

從法律面看家庭中的勞力投入、資源交換與分配

　　2002 年立法院通過民法親屬編「夫妻財產制」部分條文修正草案，舊法中夫妻法定財產制為「聯合財產制」，亦即結婚時屬於夫妻之財產，及婚姻關係存續中夫妻所取得之財產，為其聯合財產，若未約定聯合財產管理人時，聯合財產由夫管理。修法後法定財產制改為「所得分配財產制」，規定夫或妻之財產分為婚前財產與婚後財產，由夫妻各自所有。不能證明為婚前或婚後財產者，推定為婚後財產；只有不能證明為夫或妻所有之財產，推定為夫妻共有。又，立法院司法委員會通過增訂民法第 1003-1 條，規定「家庭生活費用，除法律或契約另有約定外，由夫妻各依其經濟能力、家事勞動或其他情事分擔之」，肯定「家事勞動」也是分擔家庭生活費用的方式之一。同時也增訂民法第 1018-1 條，規定「夫妻於家庭生活費用外，得協議一定數額之金錢，供夫或妻自由處分」，此即所謂的「自由處分金」規定，對於無工作的配偶（家庭主婦），可提供一定程度的保障。

 問題與討論 8-3

　　民法中規定夫或妻得協議「自由處分金」，但並不強制婚姻雙方做協議。想想看你所認識的單薪家庭成員，你認為有多少人做過這種協議？法律規定對實際上的家庭協調及分配方式會有影響嗎？你認為現有法律可以確實保護家庭中的弱勢者嗎？

 課堂活動 8-1

　　試用繪圖的方式，以妻子收入占家庭收入的百分比為橫軸，以家務時間為縱軸，說明不同理論對於夫及妻的家務時間變化會做怎麼樣的預期。

 家庭作為分配單位

　　家庭中的成員會透過勞力工作而取得社會資源，此資源經過家庭內重新分配的過程再投注於個人，由此造就了個別成員的教育成就、社會地位或財富累積等等。家庭的存在使得沒有勞動能力的人，如老人、小孩等，

都有機會透過家庭媒介而取得生存所需的資源。

一、家庭中財富及權力的傳承

現代社會中個人透過各種途徑取得的資源與財富，往往透過家庭移轉給下一代。然而，家庭中的財富分配規則，與一般市場上的分配規則不盡相同。例如，在傳統社會中性別是決定財產繼承的重要因素，財產繼承僅限於兒子，而已婚的女兒尤其不被列入繼承與分家的考量中。現代社會中兒女數目少，對女兒的重視度提高，加上法律保障女兒的繼承權，使得傳統繼承及分家規則中的性別原則受到挑戰，但在多數情況中，性別仍是影響家庭財富分配的重要元素，譬如說，家族企業往往傳子不傳女。這種以性別劃界的家庭分配機制，在某種程度上強化了社會中男女性的財富不均，且使女性在經濟上必須依賴男性。

除了財富，家庭中也可能有權威的移轉，將家族事務的決定權交給下一代。在傳統華人社會中，權威移轉的規則爲交給長子，亦即由性別及出生序兩者共同做決定，但財富的移轉是均分給諸子，這與日本傳統社會中權威與財富同時移轉給長子的方式不同。這種因文化而異的分配規則，不僅使不同社會中家庭成員的關係有所差異，對社會結構也形成影響。例如，華人傳統社會中權威與財富移轉不一致，結果爲家族成員在經濟上不仰賴「大家長」的情況下接受其絕對權威，所以成員會特別強調家庭中的血緣及情感關係。此家庭內世代間的分配方式也常用以解釋日本與台灣的企業組織結構，認爲日本傳統中權威及財富均移交長子的方式有助於家業的積累，使家族企業得以擴張、企業組織更具規模，而華人社會財富均分諸子的方式使家庭財富因分家而分散、不易積累，造成家族企業難以擴充，而以中小企業居多。

二、家庭內資源的分配過程

家庭作爲一種分配單位並不只在繼承或分家時顯現，在日常生活中家庭也不斷的以中介的角色，分配社會資源給個人。家庭的分配功能在社會階層化研究中常被討論，不過，大部分研究著眼於家庭與家庭間可分配資源的不平等，較少注意到家庭內的資源分配情況。Greenhalgh（1985）在

早期對台灣家庭的研究中指出，父權社會中家庭內資源的分配因性別而異，由於家中資源有限，父母視女兒爲短期投資，只能在婚前賺錢回饋家庭，而兒子爲長期投資，可一輩子奉養父母，因此女兒經常被迫提早結束教育，以便在結婚前有足夠年數出外工作，並用女兒賺的錢供兒子接受更多的教育，兒子長期而言能賺更多的錢回饋父母。然而，晚近研究發現Greenhalgh 對父權傳統的影響恐有誇大。雖然子女較多、經濟資源較不足的家庭，常以犧牲較長子女的教育資源方式來維持家庭生計，且年長女兒較兒子的犧牲更大，但父母在能力可及時，會同時支援女兒與兒子的教育（Parish and Willis 1993）。所以，近年來不均所得提高、生育率下降，台灣家庭對兒子和女兒的教育資源分配上的差異已大幅減小，1970 年代之後成立的台灣家庭中，女兒甚至比兒子更有教育優勢（Yu and Su 2006）。

另外，由於個人勞力所得是透過家庭分配給下一代，孩子愈多的家庭中每一人能得的資源就愈少，而孩子少的家庭個人能分配到的資源較多。家庭內資源分配的不平均也與家庭在不同時期所擁有的可分配資源有關，在台灣及其他後開發國家中，排行較後面的孩子，不論男女，常有機會接受比兄姊更高的教育，因爲他們在學時，父母的經濟程度往往較穩固，而兄姊也已長大，可以幫助弟妹。然而，也有歐美研究發現，老大的智能開發及教育成就通常較大，因爲他們在弟妹出生前能得到父母完全的關注，而有其他子女沒有的優勢。不過，在台灣只有在長子身上能發現一些相對教育優勢，長女不但沒有同等優勢，甚至在家中有年齡相距較大的弟妹時有特別的劣勢（Yu and Su 2006; Chu, Xie, and Yu 2007）。

▍三、老有所養──家庭資源的反移轉

台灣家庭對年邁父母的照顧，較傾向於以長期投資爲基礎的永續交換關係，也就是說，擁有資源或權力的父母不必然得到已婚子女較多的照顧，而資源少且較需要資源的父母也不必然得到較多照顧。但是，過去從父母處得到較多資源的子女，往往較常探視父母或給父母較高額零用金；就短期而言，父母若在日常生活中給予子女必要的幫助，如照顧孫兒女，也會提高子女對父母的經濟及情感上的回饋（Lee, Parish, and Willis 1994）。這樣的家庭資源分配模式會使父母盡其所能提高對子女的投資，以便在日後提高回饋所得。這種兩代間的家庭動態，基本上是以互利合

作、擴大長期利益為基本精神。不過，性別角色在台灣家庭中也相當重要，大多數老年人是由兒子而非女兒照顧，這與西方社會中常見的形態相反。雖然大多數老人生活上所需的協助常由一特定兒子提供，但所有的兒子會一起分擔對父母的經濟資助，女兒只在兒子提供資源不足時加以補助（Lin et al. 2003）。然而，隨著世代變遷，女兒的教育程度及經濟能力提高，這種由兒子及其配偶照顧扶養父母的傳統是否會持續尚待研究。近年在中國城市的研究就發現，有經濟能力的女兒往往比兒子更會資助父母（Xie and Zhu 2009）。

家庭中代間資源的移轉方式也與外在社會制度密切相關。在傳統農業社會中，個人的經濟基礎純粹依賴勞動生產力，而具備勞力的年輕世代給予年邁父母經濟支援，是老年人生存的唯一方法。在工業化前期，社會財富急速增加，教育程度提升，新舊世代的相對經濟能力產生很大差異，新世代對舊世代的經濟支援也相對重要。然而，當社會經濟發展較成熟，個人有能力透過長期投資的方式儲蓄老年經濟資本時，不同世代間的相對經濟能力差異隨之減少。同時，現代國家民主化過程往往使國家必須以福利制度來換取民眾支持，對老年照顧的相關福利因此提高，使年長父母不需要依賴子女經濟援助，這種種制度上的改變都會對家庭內世代間資源分配的流向與數量造成影響。台灣近年來年輕世代薪資成長少，許多年輕人沒有父母般的財力，甚至需要父母幫忙才能成家立業，在這樣的情況下，兩代間的交換模式也會有所改變，進而造成其他社會變遷（例如祖父母可能愈來愈不願意長期照顧孫子女）。

代間移轉（intergenerational transfer）不同世代間透過家庭的機制在不同時期進行經濟資源的移轉，包括父母在子女成長時期的教育投資以確保日後社經地位，以及子女在父母老年時透過金錢援助或同居共食方式所行的資源逆轉。

課堂活動8-2

　蒐集報章雜誌中有關老年人生活、福利的報導（包括社會版中的個案報導），由這些資料來討論社會中對老人福利的想法。例如，人們如何劃分家庭與國家對老年人的責任？哪些老人問題被視為道德文化的問題？哪些被歸於社會福利的問題？

肆 從家庭到社會不平等

　　家庭不但是生產及分配單位，也是社會不平等的根源之一。以下介紹兩個常見的家庭研究議題以及與社會不平等的關係。

一、家庭與工作衝突

　　家庭若要順利運作需要成員投入心力，那麼，家庭勞力付出較多的人不免面對較多的家庭與工作衝突（family-work conflict）。一般來說，女性較常面對家庭與工作衝突，因此她們的職業選擇往往與家庭變化相關，而男性的職業選擇主要與事業前途相關。在對雙薪家庭社會支援較薄弱，育兒措施較不周全，或工作時間較無彈性的社會中，女性較常在家庭負擔最大的時期（如家中有嬰幼兒時）放棄工作職場或者轉換到兼職工作。此外，家庭壓力最大的階段往往在時間上與個人事業進入軌道，亟需衝刺的時期相重疊（25至35歲），女性在此家庭階段退出職場對於終身職業成就不免造成傷害。即使女性決定留在職場，家庭與工作的衝突也與她們的工作報酬相關。美國研究發現，在自主性高、團隊工作需求小、不須高度競爭的職業工作的女性，由於家庭與工作的衝突相對較小，生兒育女對於薪資的負面影響遠比其他女性小（Yu and Kuo 2017）。

家庭與工作衝突
（family-work conflict）
指個人因為家庭與職場中的不同角色要求而面對的時間與精力上的衝突。

> ### 🔍 問題與討論8-4
>
> 　　北歐國家以社會福利制度周全聞名，家庭福利政策中包括相當長的有給產假、育嬰假，以及容許父母輕易轉換到有彈性的部分時間工作等政策，對於減少家庭與工作衝突有很大的幫助，北歐國家中育有幼兒的女性勞動參與率因此特別高。然而，也有不少研究指出，相對於美國，北歐國家中女性較常從事傳統上女性集中的職業，在職場上的升遷機會及擔任主管職位的機會也較少。學者認為北歐家庭福利政策使雇主不願意給女性非傳統、有升遷機會的職位，因為她們可能在育兒時期只做短時間工作或休長期育嬰假。想想看，台灣在推行試圖減少家庭與工作衝突、改善女性經濟地位的政策時，如何能避免陷入北歐國家所面對的困境？

近年來西方對家庭與工作衝突的研究，大多著重於如何運用社會或職場政策來紓解衝突。以單一職場隨機指定進行的一項實驗發現，當白領工作者可以自由決定工作的時間及地點，他們感受到的家庭與工作衝突較小，身心壓力較小，對工作滿意度較高，而且生產力並不受影響。此外，彈性工作對紓解男女性的家庭與工作衝突都有顯著的效果（Kelly et al. 2014）。不過，當人們可以選擇是否運用彈性工作或其他家庭福利政策（如育兒假）時，許多工作者，尤其是男性，通常不會選擇使用，因為唯恐會對職業生涯產生負面影響。至於彈性工作時間、地點對藍領工作者較不適用，如何改善他們的家庭與工作衝突，尚待進一步研究。

二、父母對子女的教養

家庭是父母教養子女的場域。父母通過教養，將上一代的意識形態或階級優勢傳給下一代，重製社會階層並鞏固既有利益。家庭同時扮演社會控制的角色，經由社會化及獎懲方式確保偏差行為不會發生，而社會秩序得以維持。許多社會學研究著眼於從家庭背景解析偏差行為、社會成就或意識形態，如母親的工作狀態對兒女教育成就或偏差行為的影響，父親的階級意識對子女職業選擇的影響等等。之前台灣對教養方式的研究著重體罰的使用，即所謂嚴酷教養方式，吳齊殷、高美英（1997）發現台灣家庭主張以體罰或嚴厲方式教養子女比西方國家多，且上一代的嚴酷教養方式常透過「潛移默化」而傳承到下一代；但教育會減低父母受上一代嚴酷教養的影響。近年來子女人數減少，教養態度也隨之改變，教養子女的研究著重於不同階級家庭的教養策略差異。美國學者 Lareau（2011）提出「計畫栽培」（concerted cultivation）的概念，形容中上階層透過參加各種才藝體能活動來培養子女人格、表達能力及文化資本的教養方式，至於勞工階級則讓小孩在不挑戰父母威權的情況下自然成長。藍佩嘉（2019）對台灣父母教養方式的研究中發現，現今台灣家庭教養策略也因為階級而異，但在同階級內另有分歧，父母對於小孩未來競爭力或自然發展，有不同的強調和策略。台灣家庭教養方式的分歧，在一定程度上是近二三十年來有小孩家庭的所得差異擴大的結果。所得高、重視小孩的競爭流動的父母，有機會與能力去計畫栽培小孩的國際競爭力，使下一代至少能保住階級地位。這種教養方式的分歧可能會增加台灣社會中的階級流動難度。

嚴酷教養
父母用體罰、吼罵或其他嚴厲方式（如不准吃飯）來教養子女。

計畫栽培（concerted cultivation）
中上階層積極計畫子女的休閒活動，通過參加各種才藝體能活動來培養子女人格、表達能力及文化資本的教養方式。

> **課堂活動 8-3**
>
> 　　與一起上課的同學交換成長經驗，討論有多少人有過參加才藝體能活動的經驗，以及家中一般假日或寒暑假的休閒活動是什麼？不同家庭父母教養子女的方式相似嗎？如何解釋不同的成長經驗呢？過去參加的活動與現在小孩的活動相似嗎？

伍 變遷中的家庭關係

　　社會及文化價值觀的變遷使家庭的種類更為多樣化，傳統式的正常／不正常的二分判斷，以及過往以婚姻關係、性別、血緣關係所定義的家庭關係，都必須接受挑戰及調整。

一、轉變中的婚姻關係與婚姻品質

　　婚姻關係的轉變是改變現代社會家庭形態的主要因素之一。現代社會中平均教育程度提高，文化價值觀轉變，工作形態也在工業化過程中有所變革，這些變化使得婚姻結合所提供的經濟效益之重要性相對減低；妻子不必依賴丈夫的農作勞力以確保食物來源，沒有妻子的男性也能在市場上購得煮食打掃所需的勞力。

　　在此脈絡下，社會學研究對婚姻的情感性效益愈來愈重視。一部分美國學者主張婚姻提供個人較多社會互動機會、長期情感支援，以及經濟穩定性，對個人的生理及心理健康都有正面效應。另一派學者則強調，婚姻對個人身心健康的效果取決於婚姻品質，長期處於不好的婚姻關係中不僅危害個人心理健康，也使個人在老年時的生理健康比同儕差。陳婉琪（2014）的台灣研究也發現，不好的婚姻關係使子女長期焦慮，並且往往在父母離婚後心理狀況才變好。

婚姻品質
夫妻主觀認定的、對婚姻的滿意程度，以及從婚姻中所能得到的愉悅與幸福感。

　　蔡明璋（2004）的研究顯示，台灣夫妻間的親密關係與家務分工的平等程度呈正相關，也就是說，感情愈好、愈親密的夫妻，愈不會以傳統性別角色來決定家務分工，而丈夫投入家務的時間也會比較多。不過，這也可能是因為較平衡的家務分工、較平等的夫妻關係使婚姻品質較好，並使

夫妻表達出更高的親密程度。

▍二、晚婚、不婚、同居、離婚、再婚

近幾年來媒體經常報導平均初婚年齡延後，圖8-1具體顯示了這個趨勢。這種晚婚、不婚的趨勢在受過高等教育的女性中尤其明顯。因此，許多學者及媒體論述都以女性教育及就業機會提高、對婚姻的工具性價值的依賴減少，來解釋東亞國家初婚年齡提高、生育率急速下降等現象。然而，並非所有的東亞國家近數十年來都經歷了同等的女性經濟資源提升，但女性初婚年齡提高、生育率下降等趨勢卻雷同，使人不禁質疑這種著重女性經濟資源的觀點。其他解釋視晚婚、不婚為教育擴張的結果，例如教育擴張使兩性就學期間增加，而延後婚齡。以日本為例，在考慮過教育程度較高的女性就學期間較長的因素後，不同教育程度的女性在晚婚程度上，實際上並無太大差別。由於受高等教育的女性仍然希望和與自己教育程度相當或更高的男性結婚，導致可以選擇的對象隨教育機會平等化而日漸減少，於是造成她們的晚婚趨勢。

台灣晚婚及低生育率的研究也常強調育兒費用，認為年輕人經濟前景不佳，而育兒費用日漸提高，造成不敢生育或失去結婚的動機。研究確實

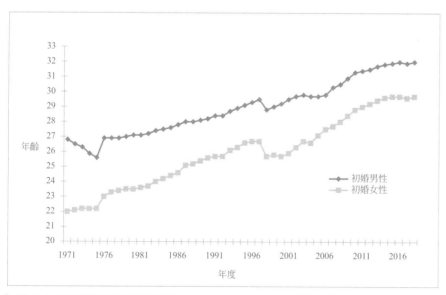

圖8-1 台灣初婚年齡之變遷，1971-2016

資料來源：中華民國內政部人口統計資料庫。

發現有購屋的已婚者比沒有房產者早生育，而在房價高期間購屋的家庭也會因所剩資金少而延後生育，顯示經濟因素確實是生育考量之一（林佩萱、張金鶚 2016）。不過，長期而言，台灣家庭所得與生育率並非正相關，而育兒費用較高的國家也不見得生育率就較低，所以育兒費用是否能解釋台灣晚婚及低生育率趨勢還需研究證實。與居住狀況相關的另一解釋，是東亞社會中未婚成年子女與父母同住的習俗，使子女缺少結婚動機，因而晚婚。近年對台灣及日本的研究都發現，與父母同住的年輕人比較不容易建立親密關係，即使建立親密關係後也比較容易分手，但是他們並沒有比較不想結婚、不積極找對象、不受異性歡迎，或者比較擔憂結婚後經濟狀況沒有婚前好。比較可能情況的是，與父母同住的年輕人心理上對伴侶的需求較小，所以找對象時標準較高，因此不容易建立及保持親密關係（Yu and Kuo 2016; Yu, Lin, and Su 2019）。當然，台灣未婚成年子女與父母同住的趨勢，並未在近年突然增高，所以這趨勢不能解釋趨向晚婚及低生育率的社會變遷，只能說同住習俗使得已然減少吸引力的婚姻，更沒吸引力，助長了晚婚、少子的趨勢。

外籍配偶趨勢

根據內政部資料，在 2001 年結婚的人口中，有 16% 與中國籍配偶結婚，而 10% 的配偶為東南亞籍。這兩個數據都逐年下降，其中與中國籍配偶結婚比例在 2003 年後幾乎減半，與東南亞籍配偶結婚比例自 2006 年起下降。到 2018 年時，中國籍配偶比例只有 5%，東南亞籍配偶約 6%。外籍配偶，尤其是外籍新娘，一度在台灣十分盛行，但在短短十來年內逐漸消退。

課堂活動 8-4

蒐集報章雜誌上對於外籍配偶及新移民的報導，以及政府單位有關新移民家庭的政策與法令，再參考台灣這十來年的經濟及人口結構的變化，你能夠根據這些資料，對於上文〈外籍配偶趨勢〉中所提出的趨勢變化，做一些可能的解釋嗎？

在受高等教育女性逐漸晚婚的同時，社會中的性別角色仍然要求男性在婚姻中提供主要經濟資源，使得經濟能力弱、工作不穩定的男性，在婚

姻市場上比以往更不具吸引力。台灣社會中常聽聞這些男性利用全球經濟體系中的相對優勢來吸引東南亞籍、中國籍女性的例子，這些以新移民為母親所組成的家庭，使台灣的家庭形態更加多元，也使研究不同形態的家庭所面臨的相對優、弱勢更為重要。

　　除了晚婚、不婚，台灣的離婚人數日漸增加。圖 8-2 顯示出 1970 年代中期以來離婚率大幅提高，增加的速度在 1990 年代尤為迅速。離婚率的增加大致在各工業化社會中都觀察得到，但美國的趨勢研究指出，離婚率並非無限度成長的，而是在高度成長後有趨於穩定的傾向，這可能是因為社會中始終存在一定比例的、相信持續婚姻必要性的人口。台灣的**趨勢圖**似乎顯示離婚率在過去數十年間有穩定**趨勢**。離婚率提高自然會使再婚人數及單親家庭增加。西方社會中因為婚姻基礎及價值的改變，性觀念的開放，以及社會價值的多元化，未婚和單親家庭數目不少，但在台灣社會中，未婚生養子女仍不為社會接受，單親家庭常是離婚的結果。單親家庭的社會效應之一為貧窮家庭的增加，女性原本在職場上便因為性別歧視而得到較低的薪資，而離婚後既行家庭財產分配法則往往不能保障女性獲得應有的、合理的財產比例，法律又無法確保贍養費的定期支付，使得失去配偶支援而得獨自負擔子女養育費用的母親，經常落入貧窮家庭的行列。

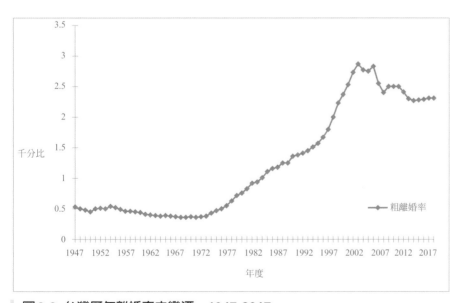

圖 8-2　台灣歷年離婚率之變遷，1947-2017

資料來源：中華民國內政部人口統計資料庫。

　　另一個隨婚姻關係改變而發生變化的趨勢，是同居關係的增加。離婚率提高及婚姻之工具性價值減弱，使得婚姻作為一種「至死不渝」的契約關係受到懷疑及挑戰，有更多人選擇以同居方式滿足雙方互動及相伴之需求。

　　西方研究常著重於單親家庭、同居家庭或再婚家庭對小孩的影響。雖然大部分研究都發現，雙親傳統家庭的小孩在學業成績及心理狀態上都較有優勢，但學者常爭議到底是家庭形態本身，或是會進入特定家庭形態的父母的其他未考量特質（如父母的憂鬱傾向），造成子女不同的影響和結果。

▌三、同性婚姻

　　近年來世界各國對同性戀及同志的接受度都逐漸增加，同性婚姻合法化也成為多有爭議的議題。贊成同性婚姻者認為人人都有結婚的權利，個人不該因為性傾向而遭受歧視；反對者認為同性婚姻不符傳統家庭定義，直接挑戰主流家庭中十分重要的性別及血緣關係，並且主張同性家庭的下一代會受不良影響。台灣在爭議多年後，在2019年通過確保同性婚姻之法律，成為亞洲第一個提供同志婚姻權的國家。然而，現行法律仍不准許同性已婚者收養無血緣關係子女（而異性父母不受此限），同性婚姻仍非全然平權。這種對血緣的要求不但表示社會對血緣與家庭的看法還是很傳統，也顯示了立法者仍然假設同性與異性家庭的親子關係有本質上的差異。

　　同性與異性家庭真的有本質上的差異嗎？最近一項針對台灣年輕人親密關係的研究發現，同性關係的穩定度及建立關係的要因都與異性關係相似（Lin, Yu, and Su 2019），顯示親密關係本質一致，不因兩人性別同或異而有不同。此外，既有研究基本上並不支持同性家庭對後代有負面影響的論述。譬如，美國一項對收養家庭的研究發現，收養子女的父母親可能有更高的教養子女意願，對子女投注的心力往往不比有血緣關係的父母親來得少（Hamilton, Cheng, and Powell 2007）。西方其他對同性家庭子女福祉的研究，迄今都無法證明同性家庭本身對後代有不良影響；在大多研究樣本中，父或母有同性關係經驗的家庭都是較不穩定、有離婚經驗的家庭，這些家庭特質比起同性家長本身，對子女更可能有負面影響。依此推論，

在同志去污名化、同性婚姻合法化後，同性家庭的穩定性應會提高，而選擇生育或收養子女的同性家庭應比主流家庭父母更有意願教養子女，因此，未來研究者可能會發現同性家庭後代相較之下，各方面表現更好。

　　許多對同性家庭的爭議是與反對者堅持保持傳統家庭模式相關。不過，我們平常假設的有父母、未婚子女、有或無同住之祖父母組成的家庭，其實並沒有我們想像中的普遍。非主流家庭，如單親家庭、無子女家庭、單身家庭、隔代家庭（祖父母和未婚孫子女）以及無親屬關係家戶的數目，過去數十年來不斷地成長，比較 1990 年及 2010 年的普查資料，單身家庭、無子女家庭及無親屬關係家戶都增加了接近或超過 60%。根據 2010 年的普查資料，單親家庭、無子女家庭、隔代家庭、單身家戶及無親屬關係家戶等非主流家庭，共占了 49% 的全國家戶組成。傳統觀念中的主流家庭，可能很快就會成為統計上的少數了。

對同性關係的態度

　　今日的台灣，雖然仍有不少人無法接受同性戀，但態度上近年來頗有變化。從 1995 到 2012 年，社會對同性戀的接受度增長了兩倍以上（Cheng, Wu, and Adamczyk 2016）。美國最近研究也發現，對同志接受度的變遷遠比歷史上對其他邊緣人群（如少數族群）的態度快速。公眾態度的變遷通常是透過世代替換，當有較開放態度的新一代取代了舊一代，成為中堅人口，社會的整體態度就會比較開放。但是世代替換曠日廢時，要數十年才觀察得到轉變。美國近十年內，男女老少不論宗教信仰，對同志的接受度都增加了，而且這方面的轉變遠比對其他議題的開放程度都高，成為一個社會變遷過程的特例。或許近年來同性戀去污名化後，出櫃同志快速增加，加上與其他邊緣人群不同的是，同志分布各個社經階層，主流人口與同志的接觸機會比與其他邊緣人群接觸機會多，使得大眾態度比較容易轉變。

延伸閱讀

Mignon R. Moore and Michael Stambolis-Ruhstorfer, 2013, "LGBT Sexuality and Families at the Start of the Twenty-First Century." *Annual Review of Sociology* 39: 491-507.

Beth Anne Shelton and Daphne John, 1996, "The Division of Household Labor." *Annual Review of Sociology* 22: 299-322.

Wei-hsin Yu 2009, *Gendered Trajectories: Women, Work, and Social Change in Japan and Taiwan*. Stanford: Stanford University Press.

參考書目

呂玉瑕、伊慶春，2005，〈社會變遷中的夫妻資源與家務分工：台灣七〇年代與九〇年代社會文化脈絡的比較〉。《台灣社會學》10: 41-94。

林佩萱、張金鶚，2016，〈沒有房子不生孩子？買了房子不敢生孩子？購屋對家戶婚後生育時間影響之研究〉。《臺灣社會學刊》59: 93-138。

吳齊殷、高美英，1997，〈嚴酷教養方式之代間傳承〉。收於《九〇年代的台灣社會：社會變遷基本調查研究系列二》，張苙雲、呂玉瑕、王甫昌主編，頁215-247。台北：中央研究院社會學研究所。

陳婉琪，2014，〈都是為了孩子？父母離婚負面影響之重新評估〉。《臺灣社會學刊》54: 31-73。

蔡明璋，2004，〈台灣夫妻的家務工作時間：親密關係的影響〉。《台灣社會學》8: 99-131。

藍佩嘉，2019，《拚教養：全球化、親職焦慮與不平等童年》。台北：春山。

Brines, Julie, 1994, "Economic Dependency, Gender, and the Division of Labor at Home." *American Journal of Sociology* 100: 652-688.

Chu, C. Y. Cyrus, Yu Xie, and Ruoh-Rong Yu, 2007, "Effects of Sibship Structure Revisited: Evidence from Intra-family Resource Transfer in Taiwan." *Sociology of Education* 80(2): 91-113.

Greenhalgh, Susan, 1985, "Sex Stratification: The Other Side of 'Growth with Equity' in East Asia." *Population and Development Review* 11(2): 265-314.

Hamilton, Laura, Simon Cheng, and Brian Powell, 2007, "Adoptive Parents, Adaptive Parents: Evaluating the Importance of Biological Ties for Parental Investment." *American Sociological Review* 72: 95-116.

Kelly, Erin L., Phyllis Moen, J. Michael Oakes, Wen Fan, Cassandra Okechukwu, Kelly D. Davis, Leslie B. Hammer, Ellen Ernst Kossek, Rosalind Berkowitz King, Ginger C. Hanson, Frank Mierzwa, and Lynne M. Casper, 2014, "Changing Work and Work-Family Conflict: Evidence from the Work, Family, and Health Network." *American Sociological Review* 79: 485-516.

Lareau, Annette, 2011, *Unequal Childhoods: Class, Race, and Family Life.* Berkeley: University of California Press.

Lee, Yean-Ju, William L. Parish, and Robert J. Willis, 1994, "Sons, Daughters, and Intergenerational Support in Taiwan." *American Journal of Sociology* 99(4): 1010-1041.

Lin, I-Fen, Noreen Goldman, Maxine Weinstein, Yu-Hsuan Lin, Tristan Gorrindo, and Teresa Seeman, 2003, "Gender Differences in Adult Children's Support of Their Parents in Taiwan." *Journal of Marriage and Family* 65: 184-200.

Lin, Zhiyong, Wei-hsin Yu, and Kuo-hsien Su, 2019, "Comparing Same- and Different-Sex Relationship Dynamics: Experiences of Young Adults in Taiwan." *Demographic Research* 40: 431-462.

Parish, William L. and Robert J. Willis, 1993, "Daughters, Education, and Family Budgets: Taiwan Experiences." *The Journal of Human Resources* 28: 863-838.

Schneider, Daniel, 2012, "Gender Deviance and Household Work: The Role of Occupation." *American Journal of Sociology* 117(4): 1029-1072.

Yi, Chin-Chun and Yu-Hsia Lu, 1999, "Who Are My Family Members? lineage and Marital Status in the Taiwanese Family." *The American Journal of Chinese Studies* 6(2): 249-278.

Yu, Wei-hsin, 2009, *Gendered Trajectories: Women, Work, and Social Change in Japan and Taiwan.* Stanford:

Stanford University Press.

Yu, Wei-hsin and Janet Chen-Lan Kuo, 2016, "Explaining the Effect of Parent-Child Coresidence on Marriage Formation: The Case of Japan." *Demography* 53(5): 1283-1318.

Yu, Wei-hsin and Janet Chen-Lan Kuo, 2017, "The Motherhood Wage Penalty by Work Conditions: How Do Occupational Characteristics Hinder or Empower Mothers?" *American Sociological Review* 82(4): 744-769.

Yu, Wei-hsin and Kuo-hsien Su, 2006, "Gender, Sibship Structure, and Educational Inequality in Taiwan: Son Preference Revisited." *Journal of Marriage and Family* 68(4): 1057-1068.

Yu, Wei-hsin, Zhiyong Lin, and Kuo-hsien Su, 2019, "Parent-Child Coresidence and Experiences of Romantic Relationships: Evidence from Young Adults in Taiwan." *Chinese Sociological Review* 51: 173-206.

Xie, Yu and Haiyan Zhu, 2009, "Do Sons or Daughters Give More Money to Parents in Urban China?" *Journal of Marriage and Family* 71(1): 174-186.

第9章

教 育

- 教育社會學：研究內容、起源及理論
- 學校教育的目的
- 教育制度的同與異
- 教育機會（不）平等
- 東亞國家教育之獨特性
- 教育改革

■陳婉琪

摘　要

1. 現代學校教育之所以擴張，功能論認為此乃因應整體社會知識技術提升的需求；社會控制論主張此乃因應資本主義運作的需要；地位競爭論則認為，教育擴張是社會群體間彼此競爭的結果。

2. 現代教育制度最常被討論的主要功能包括：傳遞知識與文化、社會化，以及分配社會位置及機會。

3. 現代教育體制為何成為最重要的社會分類篩選器？常見解釋包括人力資本論、信號理論，以及地位團體偏好。

4. 因美國民權運動、民權法案而衍生的「教育機會平等」這份研究報告，讓教育公平性成為各國長期高度關注、甚至爭論不休的議題。階級、種族族群及性別，都是此議題所包含的關注面向。

5. 教育體系扮演向上流動的階梯，為個人提供社會流動的機會；但家庭出身背景仍深深影響個人的教育成就，因此，教育亦為階級複製的重要機制。

6. 各國教育制度有其相似性。新制度理論認為，制度模仿及追求「現代性」的文化價值觀，是解釋這種組織制度相似性的主因。但不同國家的教育制度，也有一些重大差異。經常被討論的一個因素是「制度分流的時間點」，分流時間愈早，個人接受專業訓練的時間愈多、制度效率愈好，反之則否。然而，有效率的分流制度很可能同時造成不公平。

7. 如何解釋東亞國家激烈的教育競爭？有人提出「後發國家」效應，認為在現代化理想下亟需快速追趕的壓力下，正式教育成為通往現代化部門的唯一門票，誘因高，因此競爭激烈。另有學者強調東亞文化裡獨特的「努力觀」，為學習活動加諸了極大的壓力，影響東亞學子的心理健康。

8. 教育改革之動向經常如同鐘擺般循環、來回搖擺，很大的原因是我們交付給學校教育制度的目標往往多重且彼此衝突。這些衝突的根源來自平等教改追求的「政治平等」與效率教改所隱含的「社會不平等」之間的矛盾。

在台灣一談教育，若在網路上搜尋「教改」兩字，出現的大部分是「亂象」、「災難」、「浩劫」、「失敗」等負面字眼，令人怵目驚心。雖說教育制度的調整，的確仍面臨許多挑戰及問題，但若實際比較今日學生與上一、兩代長輩的學校經驗，我們也會發現過去二十年來，台灣教育體制已有相當多的正面改變。

舉例來說，教師來源比過去更加多元，學校運作比以往更有自主性。因此，不乏體制內教師率先嘗試各類教學創新，啓動教學改善的草根微教改潮流（而不再總是由上而下的官僚組織式推動）。從課程內容來說，教科書的選擇更多、教材支持系統更強；以公民與社會領域爲例，內容已經歷相當幅度的翻新（從反覆背誦教條的三民主義，進展爲涵蓋法律常識、公民參與、經濟及社會運作原則，以及基本社會科學精神等現代公民必備先修課）。我們也可以在河濱公園或廣場等公共空間，觀察到青少年熱衷參與各式學校社團活動的樣貌，個個活力四射、才藝出眾，考試分數不再是記錄青春的唯一方式。

即使跳脫台灣社會關於教育輿論的爭論不休，出國取經去，也不難發現，教育議題在各國所引發的爭議絕不少於台灣經驗。日本一度努力走向教育「寬鬆」，美國對公立學校的成效及學生基本能力有著長期的憂慮。「教育是向上流動的階梯」、「教育是階級複製的場域」……各種矛盾對立的說法，層出不窮，永不止息。如此高難度的主題，社會學研究能幫助我們了解眾說紛紜的教育現象嗎？

本章簡介社會學理論及實證研究如何有助於了解現代教育制度，對台灣過去半世紀的教育變遷，又能提供什麼洞見。這個研究領域通常被稱爲「教育社會學」，是社會學裡相當重要，也頗有歷史的一個次領域。

壹 教育社會學：研究內容、起源及理論

一、教育社會學研究些什麼？

教育理應無所不在，例如，我們稱父母教養爲家庭教育，不少宗教提供宗教教育，各式各樣的社會團體或活動也常涉及教學與學習，形式相當寬廣多元。但是若將「教育社會學」定義爲「運用社會學理論及方法來研

究『教育』，卻又名不符實。事實上，教育社會學發展至今，絕大多數研究者集中心力於探討「現代國家的學校教育制度」，因此從實質研究內容來看，若將之改稱為「學校社會學」可能還名實相符些。

　　想想以下問題：你的曾祖父母正式上學上了多久？祖父母呢？換個問法，從義務教育法令之始，短短幾代之內，現代學校擴張究竟有多快？每個現代人在成年以前，總共要在學校待多少年的時間？你是否曾有過「學校教育無聊又沒意義」的念頭？那為什麼一定要如此浪費生命？有多少國家或地區，為了課程內容、升學方式、教育法規、機會平等、資源分配等等各式各樣的議題，發生過多少爭議？以上問題，有些以個人為出發點，有些從社會整體的角度來觀察。光從問題本身已足以讓我們了解，現代學校教育體系在社會中扮演的角色，其重要性遠遠超過其他各種形態的教育活動，也難怪教育社會學緊緊守著這塊研究領土。

　　「現代學校教育制度」是怎麼開始的？哪些因素形塑教育制度今日的樣貌？它為社會提供哪些功能？如果功能／目的不只一種，那麼不同的目的之間會互相衝突嗎？它如何影響社會裡的每一個人？社會上的不同群體又如何試圖影響或操控它？學生與老師在教室相遇，大家都來自社會的某個角落，帶著各自的群體特質，於是我們也想問，教室裡發生了些什麼樣的互動？各國的教育改革，又為何總是爭議不斷？面對教育制度，我們到底要求些什麼、渴望些什麼？以上全都是教育社會學所關切的問題。

▎二、教育社會學之起源及理論

　　社會學早在學科形成初期，就開始關注教育這個主題。舉例來說，古典社會學理論三大家之一的涂爾幹，就特別關切「教育制度如何回應社會變遷」這個問題——在工業化、現代化的趨勢下，當宗教對教育的控制逐漸減弱，當社會分工越來越細密且分化，社會整合的基礎何在？國家如何建立理想的教育制度來回應這些重大變遷？涂爾幹對社會穩定的高度關注，使得他特別重視教育體系的研究，並親身參與法國國民教育體系的形塑及發展。

　　教育社會學在美國的發展路線和歐陸略有差異。美國早期社會學已發展出一些獨特的核心關懷（如了解社會問題，促進社會改革），公立小學的發展也早於社會學此學科之建立。因此，當歐陸發展出來的社會學關

注「該如何建立現代教育制度以回應社會變遷」這類鉅觀問題時，美國路線更關心「現有學校運作該如何調整」、「教育實務該如何運作」等微觀面向。舉例來說，知名教育學家杜威（John Dewey）所發展出來的教育學關懷傾向「以孩童為中心」（child-centered），在意兒童的認知及情緒發展，因此重視社會心理學的應用，並將教育視為改善社會問題、促進個人發展的重要途徑。這個關懷與日後 1960 年代盛極一時的平等議題，可說一脈相傳（Walters 2007）。

教育社會學有哪些理論？最常被引述的早期理論，分別從社會學古典三大家的論述所延伸出來；這些理論也被拿來解釋現代學校教育制度的發展，或是教育為何擴張。

功能論：有時也被稱為技術功能論，此觀點的祖師爺是涂爾幹。功能論認為社會整體如生物有機體，部分之存在（就如器官或體內系統），必定由於它能夠為社會整體運作提供不可或缺的功能。涂爾幹就認為，當宗教式微，國家必須建立現代學校制度，來扮演道德整合的黏著功能。學校之所以擴張，背後的驅動力經常是由於社會變遷產生了某種需求等待被滿足。在知識累積及技術進步的趨勢下，勞動力市場所需的技能提高，人們也隨之需要接受更多教育與訓練。

舉例來說，Trow（1961）指出美國中等教育在某段時期快速擴張，正是因為在工業化、企業大型化的背景下，整個社會對專業、經理人才及白領文書工作的需求遽增，因此對學校教育訓練的需求增加。日本幕末時期「蘭學」的興起、明治維新時期現代教育制度的建立也是一例，反映了當時整個日本社會對於吸收西方知識與技術的急切需求。戰後台灣國民黨威權統治時代之部分教育政策，被放置於經濟政策下（如高中高職分流比例被嚴格控管），主政者所採取的邏輯，很明顯地也屬於技術功能論——教育必須為「國家設立好的經濟發展目標」所服務，發揮其應有「功能」。至於幫助每位學生發展個人潛能？這可能並不在當時教育制度設計的圖像裡。

人力發展計畫與台灣的高中高職分流

　　國民黨威權統治時代，有很長一段時間，部分重要教育發展不是由教育部來規劃，也不是看民間對教育的需求，而是被放置在經濟發展計畫之下。舉例來說，1966 年開始的第一期人力發展計畫，由行政院國際經濟合作發展委員會（後來改成經濟建設委員會，簡稱經建會）所主導。政府透過此系列發展計畫，將當時高中職六比四之學生人數比，在短短不到十五年間，扭轉成三比七（高中生占三成，高職生占七成），理由是因應工業化及經濟發展對基層人力的大量需求。

　　後來的研究評估指出，這項強行扭轉高中職比例的政策，成效並不如預期，且可能還帶來不少副作用。譬如研究發現不論高中或高職生，失業率均偏高；此外，高中升學窄門可能導致國中階段之升學競爭過於激烈（羊憶蓉 1994）。

　　在這個例子中，教育不僅需提高人力資本之功能，且被政府視爲經濟發展的工具，期待扮演「符合政府規劃之經濟發展需求」的角色。

　　社會控制論（馬克思式的衝突論）：相較於重視社會穩定的功能論，採納馬克思衝突論觀點的學派，優先看到的是社會的衝突面向。資本階級與無產階級的衝突對立，是馬克思論述重要的一部分，因此，被特別關注的「衝突」，指的是階級間的衝突。Bowels 和 Gintis（1976）的研究即此派經典。現代學校教育爲何擴張？他們認爲這是由於資本主義國家爲了訓練出一批溫馴聽話的勞動力人口，來爲資本階級服務。要不然爲何工作場所裡的上下層級之間的權威及位階關係，跟學校體系裡的校長－教師－學生關係，兩者之間總有種巧妙的雷同？學校裡的評分制度，跟職場上評等與薪酬的關係爲何又如此近似？講求規則、重視服從、強調準時、定期評估成果等，也都是工作場所及學校制度所共享的特性。有人因此將此派別稱爲「符應理論」（correspondence theory）或「社會控制論」。

　　馬克思觀點看似相當有道理，但人們不免懷疑它是否過於窄化學校的功能與意義。學校教育僅僅反映資本家的利益嗎？很多時候，國家透過各類型的專業教育培育社工、教師、醫師等專業人才。政府也推動各種教育平等政策，這些未必與資本階級利益有直接的關聯。然而，仔細再想想，馬派觀點並非毫無解釋力。在我們身邊，的確也存在不少企業集團，透過投資辦學來爲企業確保穩定的人力來源。你想到哪些了嗎？

　　地位競爭論（韋伯式的衝突論）：第三種經典解釋，受韋伯的論述所影響，雖然強調社會的衝突面向，卻不特指階級衝突。此派別以 Randall Collins（1979）爲代表，也被稱爲「地位競爭論」（status-competition theory）。Collins 雖不否認功能論的解釋力（亦即技術進步為解釋教育擴張的重要因素），但他認為這種解釋有所不足。不然，我們在學校耗了這麼久的時間、這麼長的年數，真的都在學習磨練職場所需的工作技能嗎？

Collins 在其著作《文憑社會》中主張，教育擴張是社會群體間彼此競爭的結果。一旦學歷的取得能通往好的工作機會，文憑就如文化貨幣，且人人都想透過教育的管道向上爬升。在競爭激烈、需要足夠供給來滿足眾人教育需求的情況下，學校自然就會越來愈多。類似軍備競賽的邏輯，國中念完不夠，要高中文憑才夠，高中文憑不夠，要大學文憑才夠，這整個競爭過程導致了文憑的通貨膨脹，也就是文憑的貶值。此外，因競爭所引起的教育擴張，也可能導致教育內容與職業工作需求脫節，因為這種擴張並不完全來自勞動市場的技術需求。

圖9-1 歷年台灣高等教育院校數目：1972-2019

資料來源：教育部統計處，2020。

生活在升學競爭激烈的東亞社會，我們不免對 Collins 的論述有所共鳴。台灣於解除戒嚴令後不久的 1990 年代，民間出現了強大的教改呼聲，除了要求國家提升教育品質之外，「廣設高中大學」也是其中一個重要的訴求。在大眾競求教育機會的氛圍下，之後十年台灣進入了高等教育快速擴張的時期（見圖9-1），而這也成為大眾憂心大學文憑供過於求、文憑貶值的現象根源。事實上，高教擴張並非台灣獨有的現象，許多國家

都面臨此種壓力，不得不拓展高等教育。至於它是否眞的導致文憑貶值、教育報酬降低？事實上未必，目前也尙無一致的結論。儘管文憑的供給增加，勞動市場的需求也同時有增加的**趨勢**，科技升級導致技能需求 M 型化，高技術、機器難以取代的各類技能需求都逐漸增加，低技術勞動則大量被科技所取代。此類**變遷**有可能提高高教文憑的教育報酬，或者至少維持不變。

以上三大解釋，並非誰對誰錯，每個理論都提供了難以否認的解釋力，彼此具有互補的關係。以技術功能論爲例，我們實在很難否認勞動市場所需技術有不斷更新、升級的**趨勢**（例如僅需要體力勞動的工作變少了，需要電腦技能、分析能力、溝通與協調等社交技能的工作仍在持續增加中），這說明了整個社會對教育升級有強烈的需求。但另一方面，如果學習不是爲了學習，而是爲了競爭社會地位，那麼我們也很難否認，在競求文憑的過程中，多少人浪費了時間填塞日後派不上用場的知識。

問題與討論 9-1

　　1990 年代後期到 2000 年初期，短短十年間，台灣經歷快速的高等教育擴張，增加了非常多的大專院校。許多人認為大學生滿街跑，必然導致文憑貶值。但也有人認為知識累積、技術進步的速度飛快，整體社會對專業分工及人力資本的需求同時也在增加，未來社會對人才的需求與以往大不相同，高教擴張事實上乃世界趨勢，可能有其必要性。你認為呢？

貳　學校教育的目的

　　學校教育的目的是什麼？或者換個問法，學校提供什麼功能？一般人聽到這個問題，大多會先從個人的角度來思考（例如，學校讓我學習知識、讓我交到朋友等）。社會學通常偏好把視野拉大一點，我們要問的是，對社會整體運作來說，學校教育制度提供什麼功能？以下三種是教育制度最常被討論的主要功能：傳遞知識與文化、社會化、社會分類篩選。

一、傳遞知識與文化

傳遞知識與文化是學校教育最明顯的功能之一。學生在學校被要求學習的內容，就是課程內容（curriculum）。我們都知道，許多國家、社會都發生過各式各樣的課綱或課程內容爭議，因此，關於這項功能，以下這些問題難以閃躲：課程內容是如何被決定的？誰來決定、經由什麼樣的過程，如何決定出所有孩童、青少年必須學習的內容？人們認定的「必學課程」，會因時代而改變嗎？有哪些因素會影響課程的變遷？

先追本溯源，從最早建立現代學校制度的西歐國家來看，當今學校知識源於三種不同的利益動機：一是提供基礎識字訓練，對國家有利益；二是貴族為子女提供統領社會的培育準備；三是教會及各類專業欲傳承職業專業。以上分別是小學、中學、大學的歷史源頭（Brint 2017）。變遷至今，世界各國之初等教育都有類似的樣貌（國家語言及文學是最基礎的重要科目，接著是數學及科學，也都包括藝術、人文、社會科學、體育等其他領域）。中等教育經常區分為學院路線的菁英準備，以及非菁英的職業準備。高等教育亦經歷相當大的變遷，由過去的菁英式文史哲訓練，轉變至科技、商業、科學等領域，成為大學主導社群的現況。

二、社會化

社會化下一代，是學校教育的另一個重要目的。社會化通常被理解為「使個人獲得社會共同接受的行為規範與價值觀（或特定群體的文化風格偏好），方便與群體融合、順利參與社會運作」。因此，我們可將學校社會化的「內容」區分為三個面向：一、行為控制（例如，發言規矩、服裝儀容、完成清潔任務）；二、形塑價值觀（傳達什麼是好的、壞的、對的、錯的）；三、文化風格養成（例如，什麼是被崇尚的風格？何謂幽默、睿智？問出什麼樣的問題才叫有深度？）。有時，規範或價值觀會隨著時代而有所改變，譬如，從前不允許講方言的學校措施，在重視並尊重多元文化的今日，成為不可思議的觀念化石。

除了內容之外，學校社會化的過程，也牽涉「方法」。大眾所認為的適當方法，一樣會隨時代不同而變遷。工業化初期（或專制政權）的學校體系較可能採取身體規訓的強力教化管理，類似軍隊管理或早期的工廠式

管理。之後，不當體罰受到兒童發展專家的批評，接著有了組織式管理，通常是透過學校規則、例行活動的安排來潛移默化，產生影響。譬如，多元的社團活動，反映學生未來需面對的消費社會及多元選擇。另外有研究者注意到菁英教育的社會化，不同於一般制式教育。學校設立目標通常是培育未來領導人才，對象經常是富裕或具家世背景的高端人口，因此其社會化內涵包括：自律、獨立思考及創新能力、得體合宜的人際互動、體能鍛鍊及藝術涵養，甚至特定的文化風格（但視各國教育文化不同而有所差異）。

　　在台灣也可以很清楚觀察到學校社會化模式的轉型（例如廢除體罰大約是 2000 年之後的事）。伴隨著 1990 年代教改呼聲而起的早期實驗教育，拒斥體制內的規訓式教育，事實上也帶有菁英教育的理想元素（但並不同於西方先進國家那種講究文化資本的菁英教育）。

▌三、社會分類篩選

　　除了傳遞知識及社會化孩童，學校制度還有「社會分類篩選」（social sorting）這個重要功能，透過這台超級大型的社會分類篩選器，不同的人被分配到不同的社會分工職業位置上。換言之，教育制度同時扮演了「分配社會位置及機會」的功能。

　　有趣的是，現代教育體制剛開始建立的時候，並不是為了國家要篩選人才，也不是要讓個人為職場做準備，當時的主要目的為社會化（社會控制）與教育（公民基礎能力之培養）。然而長期演變下來，社會篩選反而成了教育制度最重要的功能——每一個未來公民進入學校體制，未必能被成功教育，未必能被成功社會化，但卻必定會被分類篩選；在社會分工位置的分配過程中，文憑成為一種關鍵的分類標籤。

　　這麼一來，接下來該問的是：現代教育體制為何成為社會分類篩選器？文憑為何成為分配社會地位及資源的關鍵因素？有了高學歷文憑，為何平均薪資就比較高？針對這些問題，常出現的有三種解釋。首先，人力資本論（human capital theory）是 1970 年代之前最盛行的解釋，「受教育＝人力資本提高＝生產力高＝企業認為值得聘用」。其次，信號理論（signaling theory）比較不相信學校教育的效果，傾向認為學歷取得只是較有能力／智力／學習力的指標信號而已，「取得文憑＝能力高＝值得被聘

人力資本論（human capital theory）
主張人力是經濟生產中十分重要的生產要素，也需被視為一種資本財。具備相關知識技能、工作效能高的人力，對提升整體生產效能的重要性，並不比原料、土地或廠房設備來得低。教育經常被視為投資人力資本之最重要方式。

信號理論（signaling theory）
經濟學家所發展出來的概念，指某些外顯條件成為傳遞訊息的工具。最常被應用在就業市場，舉例來說，學歷被用來作為「傳遞一個人具有相當能力」的信號。

用」。最後，地位團體偏好（status-group preference）則和前兩個觀點不一樣，對「高學歷＝高生產力」抱持懷疑，主張大學畢業生被錄取，只是因為主管認為他／她們跟自己是同類族群而已（在文化上有親近性，行為舉止或喜好彼此接近）。不過這個觀點很難解釋「如果低薪聘用人員一樣可以把事情做好，為何雇主要花較多成本來聘用大學畢業生？」。

　　以上哪個解釋較正確？答案可能因領域而異。有些文憑所代表的人力資本（以及與職業的對應）的確比較強，有些則比較弱。不論如何，越大型的企業對有效率地篩選人才之需求就越大，在職涯初期來說，文憑的確提供一個簡便的作法。

　　如上所述，在現代化的過程中，現代學校教育開始扮演社會運作的關鍵角色。社會地位的取得，如果不再那麼倚賴貴族頭銜、家世背景、土地傳承，每個人都需要在教育制度內經過一番龍爭虎鬥，以獲取文憑這張無往不利的通行證，那麼，這個世界是不是更理想、更公平了呢？的確有很長一段時間，學者激烈辯論著：現代化社會，究竟是個人能力重要，還是家世背景重要？這類的爭辯形成兩種不同的論述，一種樂觀、一種悲觀，分別是要在教育體系裡成功，個人的能力外加努力最重要（意即「選人唯才論」，meritocracy）？或者，學校只是一個傳承複製優勢家庭背景的地方（意即「社會再製論」，social reproduction）？

　　不過，這並不是空口辯論就可以解決的事，需要靠實證資料來檢證社會流動的多寡。1960至1970年代盛極一時的地位取得模型（status attainment）就是此主題早期的研究方法。從長期累積的實證研究來看，「選人唯才論」和「社會再製論」這兩個理論都可得到部分佐證，但各自只抓到銅板的其中一面。更簡白地說，教育體系的確扮演向上流動的階梯，但家庭背景仍深深影響教育成就。從分類篩選的角度來說，教育體制為個人提供社會流動的機會，同時也是階級複製的場域。機會／不平等這兩件事，可說是銅板的一體兩面。

參 教育制度的同與異

　　已發展國家的現代教育制度，有相當多的共通點，也有不少差異。為何會有共通樣貌？制度差異又展現在哪些方面，並且造成什麼影響？針對

選人唯才論
（meritocracy）
指選才以個人的努力及才能為主要原則，而非以出身家世背景等條件來決定。亦有人翻譯成「功績主義」，以「功績」一詞來表達個人能力或成就（merit）。

社會再製論（social reproduction）
指上一代的社會階級或社會關係透過傳承、經濟優勢、教育優勢等各種方式複製在下一代身上。

這兩個問題，社會學家都提供了一些答案。

一、同：新制度理論

　　以世界各國基礎教育所提供的知識課程來看，儘管歷史背景、文化脈絡不同，卻有著驚人的相似性。課程安排幾乎像是一套標準化課程，主科都相同（都是國家語言／文學及數學），比重都差不多（譬如數學的比重較科學高）。學校運作也有相當多的共通點：被規範的標準課綱，上下課時間的明確區分，年級劃分、分科學習，校長／教師之層級區分及分工。有需要如此相像嗎？為何如此？John Meyer 及同僚發展出「新制度理論」（neo-institutionalism）來解釋這種相似性（Meyer et al. 1979）。

　　前面已提到，Collins 的「地位競爭論」認為個人之間的競爭才是導致學校教育擴張的主因。然而，若不是先有學校制度的建立以及眾人對文憑作用的認可，哪來的競爭？因此，Meyer 主張「文化因素」才是現代學校這種模式不斷被複製貼上的主因，而非馬克思重視的經濟因素或 Collins 強調的競爭因素（是的，使用「複製貼上」在此稍顯違和，但這正是 Meyer 的原意：組織模式是被模仿複製出來的）。

　　Meyer 等人追溯美國初等教育發展史，發現當時的主要推動者大多是地方仕紳、宗教或政治菁英，驅動力則是與宗教及政治有關的特定文化意識形態。後來這群新制度論者更進一步把這種解釋，延伸到世界性的教育擴張現象。世界各國或多或少都有文化差異，為何學校樣貌都差不多？Meyer 認為這樣的教育制度樣貌，背後源自於現代性的概念。此概念奠基於西方文化，連結個人發展與社會進步，國家則在教育的目的及方法上扮演形塑主導的角色。為了取得「現代國家」的地位，各國治理者不得不全盤接受這樣的概念，將基礎教育視為達成國家進步的重要基石。在此文化概念的驅動之下，加上制度模仿、制度擴散、組織同形化等常見運作原則，現代學校體制的建立及運作便有了全球性的結構樣貌。

二、異：歷史比較取向的教育研究

　　今日，基礎國民義務教育已成為現代國家的共同制度要素，至於中等教育的制度樣貌，各國之間仍有很大的差異。到底造成重大影響的關鍵差

異是什麼？社會學家透過歷史取向的教育制度比較研究，辨識出「制度分流的時間點」是不同教育體系的關鍵差異，而這與教育目的之設定、國家歷史背景脈絡都有關係。

早在 1960 年代，Turner（1960）便將美國、英國兩種教育體制拿來做對比，並發展出兩個概念，分別指涉兩個國家因為各自強調的文化價值觀不同，而有不同的教育制度設計及相應的社會流動遊戲規則。

首先是競賽流動（contest mobility）。美國是一個強調「機會」的國家，重視機會平等、人人有機會。教育制度設計也反映出這種價值觀，個人在制度裡移動的彈性比較大，篩選的次數比較少，而且能夠延遲至多晚就多晚，並且比較不信任篩選標準（按照單一篩選標準容易有遺珠之憾的意思）。換句話說，在美式體系裡，要取得教育成就、成為社會菁英，就要經過一次又一次的公開競賽，參賽者各憑本事、自尋策略，最後看誰能得到什麼樣的報酬。

其次是舉薦流動（sponsored mobility）。對比之下，英國教育體系裡的流動沒有那麼開放，想要拿到最後的「菁英地位」，需要有人來推薦和擔保。以入學菁英大學為例，必須要有菁英中學文憑的擔保；若是其他類型學校，幾乎無法得到機會。這與上流社會許多私人團體，需要有人舉薦才有機會加入是相似的運作模式，可說是英國貴族社會傳統留下來的影子。教育制度設計的重點在於「盡早篩選」（譬如 15 歲就考試，判定有無資格就讀菁英中學）及「不開放轉換彈性」。換句話說，早早進入菁英軌道的人，幾乎已得到未來的菁英地位門票。

為何要將這兩種教育制度拿來做對照？因為它們各有重大的優缺點，對比可凸顯教育制度的兩難——利弊必須權衡取捨。傳統英式體系並不講究開放機會，因而得到較高的效率，因為如果篩選時間點發生得早，整個體系可以有很多的時間來依照未來的社會分工教育學生，提供適合的內容，極大化分工及專業訓練所帶來的好處。相較之下，美式制度的好處是機會之門永遠敞開，代價則是分流篩選的時間點越晚，個人接受專業訓練的時間就愈少，換言之制度效率較差。兩種制度，選了公平（為每個人保留機會）就喪失部分效率（不浪費任何教育資源在學生未來用不到的知識技能上），選了效率就喪失部分公平性。前者對大器晚成者較有利，後者則是早慧者較占優勢。

必須補充的是，在目前重視公平與機會的時代，英國教育也已歷經各

方面的改革，及早分流的封閉軌道，也不得不做出更多開放調整。目前最接近「舉薦流動」、「效率分流」模式的國家，其實是德國（及鄰近中歐國家）的學院／技職分流制度。提到德國，許多人會稱許它成功的技職教育。不過，此種制度效率的背後，代表及早分流模式的運作。[1] 教育社會學研究累積至今，在在顯示各種分流、分班制度，往往不利於弱勢群體，因為分流時間點的年齡越小，越受到家庭背景所影響。講白了，就是當制度要求學童十歲或十三歲就必須定終身時，倚賴自身努力、擺脫家庭影響的機會簡直是微乎其微。換言之，有效率的制度，同時也有很高的機會損害了社會公平性。

肆　教育機會（不）平等

在台灣，很多人認為升學考試制度運作起來六親不認，必然公平。在教育體系裡力爭上游，只要天分不差佐以勤奮不懈，一定有好結果。這種「教育成就取決於個人才能與努力」的看法，其實就是前面所提到的「選人唯才論」。很可惜的，東亞國家多數人所信任的考試制度，並沒有大家想像的那麼公平。「台灣社會變遷基本調查」合併資料顯示，出生於1960年代（屬於聯考世代）的人，若成長家庭背景並非農工階級，上大學機率達22.6%；父親若為勞動階級，僅有8.5% 能夠取得大學文憑；農家背景子女當中，比例更降至5.3%。

當特定社會群體在教育階梯的爬升過程中長期持續處於不利處境、落後其他群體，這時就很難說是努力不夠、天分不佳的個人問題了。社會學將之稱為「結構性不平等」的社會問題，階級、種族／族群、性別是最常被探討的不平等三大命題。近年來性取向、身心障礙身分的教育不平等也得到許多關注。

教育機會不平等的根源，通常源自兩類因素：一是該群體自己的資源，二是整個社會如何看待該群體。前者很容易理解，但後者是如何影響

1　德國的教育分流早在十歲就開始依學業能力將孩子分流至數種不同類型的教育軌道。學業能力最高的級別屬 Gymnasium，未來通往菁英大學。其他有些進入未來連接藍領工作的學校類別，有些進入連接低階行政人員或技術人員的軌道。德國這種雙元體制（dual system）的壞處是，學生換軌道的流動彈性很低（一旦進入技職軌道，很難換軌道或進大學），好處則是與產業密切連結的學徒制度，訓練了一批高品質的勞工。

教育機會？簡單地說，老師與學生都來自社會的某個角落，帶著各自的生活經驗進入校園與教室，因此，教室外的社會位階關係與文化模式，會被帶進教室裡運作，整個社會的偏見或刻板印象，也總會悄悄潛入校園醞釀發揮。各類因素加總起來，因而造成特定群體的教育成就弱勢。以下針對此議題當中階級、族群及性別三大命題，分別說明相關研究。

首先，在階級層面，不同社經地位的家庭擁有不同資源。很多人認為家庭富裕便能夠「購買」最優質的教育服務及學習經驗，但比起經濟資本，許多非物質的面向可能影響更大。譬如，父母教育程度通常扮演最關鍵的角色，高學歷家長更能掌握教育內容及體制運作知識，也擁有豐富的「文化資本」（cultural capital）。中產階級家長也較有能力利用各種策略來獲取有利資訊（如家長網絡、志工參與），甚至介入學校運作。相較之下，勞動階級家長並不習慣與權威（如學校老師）互動，一場親師座談會下來可能講不上幾句話。此外，教師經常偏好和自己文化較接近的中產階級學生（整潔、有禮貌、表達佳、有文化素養），進而影響師生互動（Lareau 2003；藍佩嘉 2014）。

除了家長的資源及老師的偏見，學生自己也可能是造成教育成就階級差異的重要因素。不同背景的孩子對學校教育會有不同的反應，譬如來自勞動家庭的青少年經常刻意疏離學校，拒絕學校灌輸的價值觀及提供的學習軌道。除了發展出「反學校次文化」（Willis 1977）之外，也可能形塑另類文化（如賽車、饒舌音樂、八家將、刺青），建立屬於自己、有別於主流價值觀的地位系統。總地來說，儘管教育的階級差異在不同社會展現不同風貌，但根源有其共通性——階級差異總是會展現在知識、態度與動機上，重重累積，反映在最終的教育成就上。

其次，在種族／族群層面，種族或族群的教育機會平等問題，在像美國這類種族問題嚴重、移民人數眾多的國家，是非常重要的研究主題。事實上，「教育機會平等」（Equality of Educational Opportunity）這個今日已成為各國共同重要課題的概念用詞，就是源自一份因為關切種族議題而進行的國家級研究報告標題（經常簡稱為 Coleman Report）。

早期有社會學家提出自願性及非自願性少數族群的區分，解釋了一部分黑人及原住民的弱勢。族群位階關係，有時不論做什麼，都無法改變這種深深鑲嵌的族群位階關係。相對的，最被歧視的少數族群，也會發展出一些回應方式，例如：拒斥主流群體的制度正當性，強調自己團體的社會

文化資本（cultural capital）

指有助於一個人向上社會流動之文化形態的、非物質的資產。所有不容易一蹴可幾的（需要長時間涵養的）文化區隔，包括知識、教養、興趣、學歷、行為風格、語言與說話方式等等，都可以含括在內。

反學校次文化（anti-school culture or counter school culture）

指青少年學生所發展出來有別於主流社會、具反叛特質的群體文化。通常展現於拒絕學校教育所強調的價值（如重視學業、強調規矩及服從），反抗教師權威，鄙視學校教育。

連帶，具有受害者的意識，發展出不同於主流群體的行為價值體系（如參與幫派）等等。但以上這些回應方式可能導致惡性循環，讓主流社會持續抱持既定印象及偏見。

與美國滿布歷史傷痕的黑白問題相比，台灣的族群議題沒有那麼沉重，但也是教育機會平等的重要課題。有一段時間，研究者曾聚焦於探討外省族群的教育取得優勢（例如，家庭職業背景、語言資本、公職福利）。不過隨著族群融合，這個主題越來越不重要，目前比較受關切的是原住民及新移民子女的教育發展（劉千嘉 2015；陶宏麟等 2014）。

最後，在性別層面，典型的父權社會裡，男性為政治經濟主導者，女性大多被排除在公共領域之外，以家庭為重，生兒育女為主要責任。在這樣的社會中，對於女性通常都有無能的偏見，自然也不支持或鼓勵女性追求教育成就。

台灣有時仍延續著父權社會的傳統習俗與思維，即便也經歷快速的變遷。過去，在「查某囡仔免讀太濟冊」（女孩子不用讀太多書）的價值觀下，社會學者曾經相當關注女性的教育機會弱勢，不過，隨著都市化、教育普及、家庭子女數降低等趨勢，教育機會的性別平等趨勢進展得相當快。1970 年代之後出生的女性，大學畢業的機會已經不比男性低了。

目前較被關注的性別議題，是教育的「性別隔離」（gender segregation），亦即特定性別集中在某些學科領域，如文科以女性居多，而部分自然科學領域（尤其是數學、物理、工程，常被通稱為 STEM）幾乎都是男性就讀。台灣高中裡區分自然組／社會組的分組制度，就顯示了相當不平衡的性別分布。曾有調查顯示，約有三分之一的中學生認為「男生比女生更適合就讀自然科學」，而這樣的想法會影響選組行為。選組行為連帶著影響日後科系的選擇自由，也反映在日後的薪資報酬上。這為「今日女性已有出色的教育表現，為何平均薪資總是低於男性？」這個問題提供了重要的解釋。

性別隔離（gender segregation）
通常指教育或勞動市場中，特定性別特別集中在某些領域的性別不平衡現象。

台灣高中文理分組制度中之性別議題

　　陳婉琪（2013）利用台灣國中至高中之追蹤樣本資料，分析高中生選組的前因與後果。選讀自然組或社會組，對個人有什麼影響？這份研究針對這個提問得到兩項結論：一、高中選組顯著影響個人能力發展。在「先備能力及成就動機」相同的情況下，選讀自然組的學生，各方面的能力測驗分數比社會組學生提升更多，男女皆然。二、由於性別影響選組，自然組效應也導致高中男生能力的進步幅度比女生更大。

　　哪些因素會影響高中生的個人分組選擇呢？這份研究發現，個人是否相信「男生比女生更適合念自然科學」，會顯著影響日後的選組行為。除此之外，過去（譬如國中階段）接觸過的教師之性別，也會影響學生日後的選組行為。女性數學老師乃「違反大眾普遍信念」的實例，相較於「總是被男老師教數學」，國中女生若接觸過女性數學教師，更有可能做出突破普遍信念的選擇（自然組）；相反的，「總是碰到男數學老師」會讓男生更傾向做出傳統的選擇（自然組）。

　　每個學生都有各自的獨特性，眾多領域也需要多樣的能力組合。高中課程安排，不能有自助餐式的複雜組合，而只能讓學生在兩個套餐當中做選擇嗎？上述研究讓我們了解，台灣這種二擇一的僵固選組制度傳統，在性別刻板印象普遍流傳的社會脈絡裡，有可能扮演性別位階關係之強力維護者的角色。

伍 東亞國家教育之獨特性

　　談到這裡，大家心裡可能會疑惑：社會學畢竟是起源於西方的學科，歐美先進國家所發展出來的教育社會學理論，適用於台灣嗎？比起西方國家，台灣與同樣位於東亞的幾個國家（如日本、韓國、中國）有更多的共通點。最明顯、可能也最值得討論的，或許就是考試制度下的升學競爭及應試文化了。

　　在討論此教育特色之前，先來看一段引文。名作家侯文詠在某次記者訪談時表示：

　　目前台灣教育主要問題出在學校與社會「脫節」，學校在乎的是學科分數，可是一旦進入職場，我看的是你會不會跟人溝通、容不容易了解別人的想法、作判斷時是否堅定、遭遇困難時是否能承受、適應能力、探索問題的能力、領導能力、創造力等特質……我說的這些才是現實社會需要的特質，卻沒有一樣包含在基本教育的學校課程裡；學校所強調的規矩、聽話，並非在訓練

這些特質。

> ……舉例來說，我的文章被放入教科書中，有一次我兒子問我：
> 「你的那篇文章學校會考什麼？」考完之後他拿回來讓我考一
> 次，我居然考八十幾分，我兒子跟我說在他們班上排第十三名。
> 我心想天啊！排在作者前面的十二名到底屬害在哪裡？教育真正
> 在乎的到底是什麼呢？

以上這段話想傳達什麼？其實就是考試制度（台灣教育十分重視考試）及應試文化的部分描繪（在考試領導教學的影響之下，教育內容被考試學科束縛，脫離了實際學習需求，成為一種形式）。仔細想想，本章第二節提到的理論，其實都已涵蓋這些現象，包括 Collins 的「地位競爭論」提及教育過程中的競爭本質，以及人際競爭、學校擴增的過程中，教育內容與實際需求脫節。只是，用來解釋美國教育的理論，足以用來理解東亞國家嗎？針對東亞教育現象，以下簡述社會學研究提供的兩種解釋論點。

第一種解釋為 Ronald Dore（1976）提出的「後發國家論」。雖然 Collins 已開始使用「文憑社會」這個詞來說明教育競爭的現象，研究日本社會的 Dore 更進一步使用「文憑病」的說法，來描繪某些國家的過度競爭現象：過於激烈的教育競爭，促發補習文化、不正常的學校運作、病態的填鴨教學等種種現象，進而影響到兒少的健康發展。該怎麼解釋「文憑病」現象？Dore 提出的解釋是「後發效應」（late development effect），已開發國家雖然也有文憑競求現象，但後發展國家的情況特別嚴重；亦即工業化起步越晚，學歷競爭越激烈。為什麼？因為這些國家都在短時間內追趕，經歷快速社會變遷。一方面，這類社會的勞動市場通常都有「現代化部門」、「傳統部門」的雙元差異；一般來說，現代化部門（如公部門、大企業）的工作收入高且有保障，但粥少僧多，高等教育文憑於是成為進入的門檻通行證，因此誘發大眾對學歷的需求。另一方面，這些國家在起步的時候，大多是在資源相對不足的情況下擴充教育，所展現出來的教育樣貌通常是教學品質不佳、大班大校、偏好考試這種廉價的評量方式等特色。簡言之，在後發展國家中，高教文憑的投資報酬率高、誘因大，造成競爭激烈，但提供基礎教育的資源與能力跟已開發國家相比，卻又相對不足。以上兩種層面（個人、國家）的因素加總在一起，便容易造成教育過程中

「工具（考試）取代目的（教育）」、「篩選功能凌駕於學習功能」的現象。

　　第二種解釋則為社會心理學者提出的「東亞文化裡的『努力觀』」。根據前述第一種解釋，如果脫離了後發展國家的社會環境，就不會有劇烈的升學競爭了吧？我們再來看看另一個現象。近年，越來愈多人注意到移民至美加地區的亞裔學生，大多教育成就卓越，儼然成為模範少數族群（model minority）。相同的家庭條件下，亞裔（尤其是東亞裔）學生的平均教育表現，明顯比其他族群來得優異。這又該怎麼解釋？研究者發現誘因的解釋並不夠，最終還是得回到「文化」層面來尋找答案。對照美式文化與東亞文化，後者有著強烈相信「努力比能力更重要」的「努力觀」。學生學習不好，不是因為天分不佳，而是因為努力不夠。除了努力觀之外，亞裔家長也更重視教育的價值，更相信教育有助於促進流動或維持優勢地位，並將這份對教育的信仰付諸於行動（例如，花更多精神關注孩子學業成績，耗費更多教育投資）。這種特別重視努力、重視教育的價值觀，可說是東亞國家獨特的教育競爭現象之文化基礎（Stankov 2010）。

模範少數族群
（model minority）
當某些少數族群（如美國的亞裔族群），整體平均來說取得比社會上其他族群更高的教育成就、更多的專業或管理職位，以及更好的社經地位，便有人以模範少數族群這個概念來說明此族群差異現象。

中國古代也有「升學主義」現象

　　Collins 以「地位競爭」來解釋美國的教育發展，Dore 同時比較了很多國家，以「後發國家效應」來解釋激烈的教育競爭。台灣社會經常將此現象稱為「升學主義」。其實，古代也曾有十分類似「升學主義」現象的歷史記載。中國古人是如何準備科舉考試的呢？顧炎武在《日知錄》為我們留下了線索：

> 天下之人唯知此物（程墨等「作文範本」）可以取科名、享富貴，此之謂「學問」，此之謂「士人」。而他書一切不觀，舉天下而惟十八房之讀。讀之三五年，而一幸登第，則無知之童子儼然與公卿相揖讓，而文武之道棄如弁髦，嗟乎，八股盛而六經微，十八房興而二十一史廢。（顧炎武，日知錄，卷16，十八房）

　　這樣的教育競爭，為何成為穿越時空的普同現象？要為此現象提供解釋並不困難：只要「因完成教育階段而得到文憑」或「因通過科舉而金榜題名」與眾人所希冀的經濟報酬、權力地位，乃至更好的生活之間有高度的連結，那麼「讀書或學習」此活動本身就不完全是單純的讀書或學習，而同時被賦予了「途徑」或「工具」的意義。「讀書、學習、受教育」有高度的可能性被「工具化」——被視為追求功名利祿或改善生活的「工具」；更準確地說，由於「將考題練到精熟」、「將八股文背得滾瓜爛熟」等活動，與「讀書、學習、受教育」等活動，在表面上有高度的相似性，前者因其工具性而受到眾人重視，因此較為理想的「讀書、學習、受教育」方式便被排擠了，或者反而完全被前者替代了，導致理想方式從不曾被正確理解與體驗。

陸 教育改革

　　走出台灣，我們會發現教育改革和教育制度的調整，在世界各國似乎永遠是充滿爭議的議題。每個人都覺得重要，然而不論往哪個方向調整，總有人聲嘶力竭地抗議。只觀察短短一、二十年，往往跳不出煩擾紛爭的泥淖，但若把觀察時間拉長，就能夠發現教育改革動向經常有個週期循環，就像鐘擺一樣。更有學者明白指出，教育體制運作之所以無法很有效率，那是因為我們交付給它彼此衝突的目標任務。

　　曾有學者以美國為例，指出教育改革經常有個循環，在保守派─自由派這兩類立場觀點之間擺盪，所謂教改的鐘擺現象。較自由取向的改革，強調為弱勢（或之前被排除在外的群體）提供更好的教育機會，或者採用以人為本、以學生為中心的創新作法。1910、20 年代杜威的進步主義教育，1960 至 1970 年代的教育機會平等運動都屬這類方向。相對的，較保守取向的改革，通常是指回到基本練習，提高學業標準，讓學生更努力用功。

　　為何會有擺盪現象？自由取向的改革通常要求更包容、更多元的教育，但包容經常伴隨著寬鬆，導致基本要求派不滿於程度下降；當保守派當道，自由派又不滿意嚴格要求下的教育過度僵化、不照顧學生需求，又引發另一波的改革。當然，現實世界總有其複雜性，有些改革並不完全適用「自由 vs 保守」二分的標籤。

　　事實上各國多少都有這種擺盪現象。日本於 1980 年代走向寬裕教育（ゆとり教育）改革，希望減輕應試文化對兒少身心發展所造成的壓力及負面影響，但 2010 年後以擔憂學力降低為名，很明確地走了回頭路。跨國比較來說，美國過去二十年來積極走向歐陸及亞洲模式，增加考試評量模式的作法，強加國家統一標準。[2] 回頭看看台灣（及鄰近東亞國家），則經常往相反的方向前進，急於擺脫考試制度傳統下的僵化教育。

　　此外，也有學者明白指出，教育體制運作之所以無法很有效率，教改之所以永遠紛擾不斷，那是因為我們賦予它不同的目標，而這些目標彼此經常是相衝突的（Labaree 1997），亦即教育制度的內在矛盾衝突。

　　舉例來說，有一類改革是為長期處於教育弱勢的社會群體（如少數族

2　在 No Child Left Behind 法案這波教改下，美國以「績效問責」（accountability）的概念，積極推動以強制性考試來衡量學校的成效，但被批評考試綑綁了原本多元面向的教育。

群、移民、偏遠地區學生）爭取更多教育機會，爲他／她們保有向上社會流動的可能性。此類爭取教育機會平等的教改，賦予現代教育制度的目標是「政治平等」，主張教育的目的是讓每個公民不因出身背景差異，都有同樣的機會發展自己最大的潛力；可以將之暫稱爲「平等教改」。另有一類改革，追求的是社會經濟運作效率，主張教育體制的運作需要有效率、不浪費國家資源地讓每個人適才適性地被分配到適當的位置，常見作法包括技職教育的明確區隔，階層等級的學校分化，或鬆綁規範讓學校在自由競爭的邏輯下，自行尋找定位、增加運作效率，可以將之暫稱爲「效率教改」。[3]不過，重視效率與分工，背後隱含的往往是「社會不平

（上）爲了提升基礎學力，美國 No Child Left Behind 法案帶來的改革，包括採用考試來檢視教學成效。此舉引來相當大的反彈。許多人認爲太強調考試，會傷害教育，讓原本多元的學習被化約成應試準備（資料來源：Huffpost, https://www.huffpost.com/entry/will-every-student-succee_b_8730956）。（下）多元入學之相關制度改革，讓習慣考試的台灣學生和家長對大學入學篩選方式感到焦慮不安，甚至質疑其公平性（資料來源：聯合報授權，林澔一攝影，https://udn.com/news/story/6885/3806897）。

等」，因爲重視分流其實就是強調教育體制的位階差異，而早早分工的結果，通常就會強化階級複製。

　　要注意的是，當然不是每種改革作法都可符合以上這種簡化二分類。做此區分是爲了要凸顯：許多改革雖各有良善本意，但卻經常彼此衝突牴觸。當教育體制的篩選要顧及平等性及多元能力時，難免就會拉下卓越標準，降低運作效率。這些目標衝突的根源來自「政治平等」與「社會不平

3　關於「平等教改」，美國 1960 年代民權運動引發的變革便屬此類，台灣的繁星入學政策、原住民相關教育政策、教育優先區的作法，都屬於促進教育平等的政策。至於「效率教改」，美國公辦民營學校（charter school）的施行、各類教育規範權力下放的作法，或是幾年前台灣的實驗教育鬆綁，都帶著改善制度效率的本意，儘管不見得成功。

等」之間的本質矛盾。舉例來說，台灣曾試圖走向鬆綁大學學費的統一規定，讓各大學擁有更多自主權，以提升效率，但此方向遭遇「反高學費運動」強烈的杯葛抗議。這是平等訴求抵制效率訴求實踐方案的一個明顯例子。

以上對各時期各國教改的兩點觀察，不論是鐘擺現象還是目標衝突，或多或少回答了為何多數改革總是充滿爭議。重點或許不是該擺盪至哪個極端，而是中間尺度的拿捏、不同極端之間的平衡。到底該重視效率還是強調平等？國家政府該去管制還是管制？權力分散給地區或學校，賦予更多自主性，還是所有規範全國統一，不讓學校彼此之間落差太大？從最新實證研究來看，不同推動方向其實都各有優點及成效。

那麼，實證研究告訴我們什麼事？在此以兩個提問為例。第一個問題，國家減少管制、權力下放（decentralization），可以讓學校擁有更多自主權（譬如經費分配、人事聘用、教師薪資、教材選擇），這對學校運作效率有幫助嗎？目前研究顯示，學校自主性對於學生學力提升有些微但仍顯著的正面影響。這可能是因為學校行政或教師若享有較大的彈性及自由度，較能因應地區學生需求而做資源分配。第二個問題，國家統一的課程內容及考試，有助於提升學生學力嗎？國際測驗評比的研究顯示，國家統一的課程內容，對學生的數學及科學分數有正面影響。整體來說，有統一考試制度的國家，國際測驗評比都比較優（Brint 2017）。[4]

教育改革不易，可靠實證研究的累積亦艱辛。以上教改現象的討論，至少能告訴我們兩件事：一、學校需要某種程度的運作自主性，才能夠有足夠的彈性去尋找自己的定位、特色及有效運作方式，以滿足不同地區、不同特質的學生需求。另一方面，某種程度的國家介入也不可或缺，統一制定的標準能確保所有未來公民都能獲得良好的學業能力。二、社會需要培育足夠的社會科學優秀人才，才有能力發展推動「以證據為本的政策制定」（evidence-based policymaking），亦不會讓高難度的教育政策制定流於「盍各言爾志」的主觀判斷，或是爭議不斷。

4　不過也有研究指出，此種「考試制度提升國民學力」的說法，實證效果並沒有某些研究宣稱的那麼大，此正面效應也不是很穩定（Huang 2009）。

課堂活動 9-1　教育爭議議題之分組辯論

- 辯論題目：108 課綱改革及「學習歷程檔案」新制有助於 / 無助於高中生培養因應未來社會需求之能力（說明：題目亦可調整成其他具爭議性之教育議題，尤其是牽涉「公平」與「效率」的權衡，或者「學力 / 程度」與「壓力 / 競爭」的取捨）。

- 活動準備及時間：使用一堂課的時間進行，前 20 分鐘供各組討論與彙整論點，各組成員需事先蒐集相關資料。

- 辯論規則：
  (1) 全部學生分為六組：有三種角色（老師、家長、學生），學生先按意願選擇扮演某種角色，再選擇正方或反方。助教需調整各組人數使之平衡。
  (2) 正反持方互相採申論一輪、詰問一輪。
  (3) 申論時間 3 分鐘，剩下 1 分鐘按鈴一響，剩下 30 秒按鈴兩響，時間到按鈴三響提醒。
  (4) 詰問時間 2 分 30 秒，剩下 1 分鐘按鈴一響，剩下 30 秒按鈴兩響，時間到按鈴三響提醒。
  (5) 各組需記錄己方論點、對方問題及己方回應，課堂後繳回。

參考書目

羊憶蓉，1994，〈教育與經濟發展〉。收於《教育與國家發展：台灣經驗》，頁44-71。台北：桂冠。

教育部統計處，2020，大專校院概況表（80 ～ 108 學年度）。https://depart.moe.edu.tw/ed4500/cp.aspx?n=1B58E0B736635285&s=D04C74553DB60CAD 。

陳婉琪，2013，〈高中生選組行為的原因與結果：性別、信念、教師角色與能力發展〉。《台灣社會學》25: 89-123。

陶宏麟、銀慶貞、洪嘉瑜，2014，〈臺灣新移民與本國籍子女隨年級的學習成果差異〉。《人文及社會科學集刊》27(2): 289-322。

劉千嘉，2015，〈移徙與流動：都市原住民的代間流動現象〉。《高醫通識教育學報》10: 93-125。

藍佩嘉，2014，〈做父母、做階級：親職敘事、教養實作與階級不平等〉。《台灣社會學》27: 97-140。

Bowles, Samuel and Herbert Gintis, 1976, *Schooling in Capitalist America: Educational Reform and the Contradictions of Economic Life*. New York: Basic Books.

Brint, Steven, 2017, *Schools and Societies*, 3rd edition. Stanford: Stanford University Press.

Collins, Randall, 1979, *The Credential Society: An Historical Sociology of Education and Stratification*. New York: Academic Press.

Dore, Ronald, 1976, *The Diploma Disease: Education, Qualification and Development*. Berkeley: University of California Press.

Huang, Min-Hsiung, 2009, "Do Public Exams Raise Student Performance? A Cross-National Difference-in-Differences Analysis." 《人文及社會科學集刊》21(1): 1-24。

Labaree, David F., 1997, "Public Goods, Private Goods: The American Struggle Over Educational Goals." *American Educational Research Journal* 34: 39-81.

Lareau, Annette, 2003, *Unequal Childhoods: Class, Race, and Family Life*. Berkeley: University of California Press.

Meyer, John W., David Tyack, Joane Nagel, and Audri Gordon, 1979, "Public Education as Nation-Building in America: Enrollments and Bureaucratization in the American States, 1870-1930." *American Journal of Sociology* 85(3): 591-613.

Stankov, Lazar, 2010, "Unforgiving Confucian Culture: A Breeding Ground for High Academic Achievement, Test Anxiety and Self-doubt?" *Learning and Individual Differences* 20: 555-563.

Trow, Martin, 1961, "The Second Transformation of American Secondary Education." *International Journal of Comparative Sociology* 2(2): 144-166.

Turner, Ralph H., 1960, "Sponsored and Contest Mobility and the School System." *American Sociological Review* 25(6): 855-867.

Walters, Pamela Barnhouse, 2007, "Betwixt and Between Discipline and Profession: A History of Sociology of Education." Pp. 639-65 in *Sociology in America: A History*, edited by Craig Calhoun. Chicago: University of Chicago Press.

Willis, Paul, 1977, *Learning to Labor: How Working Class Kids Get Working Class Jobs*. Farnborough: Saxon House.

第 10 章

宗 教

■黃克先

摘　要

1. 在包括台灣在內的現代社會中，宗教依然是處處可見的現象，但不少人認為宗教不再重要。本章透過反省這種反差，同時介紹宗教社會學的基本知識。

2. 傳統宗教社會學認為，宗教應包括與神聖相關事物的信念與實作所形成的統一體系，它會形成一個宗教群體；但這樣的定義本身就是在特定時空脈絡中爭奪詮釋權的社會行動。

3. 世俗化理論典範長期主宰宗教社會學，認為在走向現代的過程中，宗教對各社會領域、社會組織以及人們意識的影響力，將漸漸減弱甚至消失。然而，這個典範已在幾個方面受到批評或挑戰，研究指出現代社會的宗教樣貌與世俗化理論預測的並不相同。

4. 1970 年代起在世界各地都能看到的「宗教公共化」趨勢，是違反世俗化理論預測的宗教現象之一。這個現象反映出政治與宗教在歷史長河中糾纏複雜的關係，絕不因世俗化趨勢而告終，不論在台灣、兩岸關係，或全球政治上，依舊是值得關注的議題。

5. 在當前的社會變遷過程中，宗教權威及宗教傳統的影響力都在下降，個人則擁有更大的自由度追求宗教，在日常生活中透過信念與實作，與人以外的力量產生關係，而這種產生關係的社會行動仍無所不在遍布世界各地，包括台灣社會。

6. 「為何會覺得宗教不再重要？」我們的回答是：第一，世俗化理論影響。第二，對於「宗教」的想像可能較偏狹或傳統。第三，當代人的宗教在未預期的地方以新的方式出現。第四，認為宗教是否重要，跟個人的生命歷程階段有關。

壹　前言：「為什麼談當代社會的課，還需要介紹宗教？」

過去幾年我在不同科系教授了社會學導論課程，內容涵蓋了各種主題；然而，教學過程中能明顯感受到學生（或許正是書頁前的你）對於宗教議題的感受及回應，明顯不如其他如政治、經濟、科技、文化等議題。

有些直率的學生會問我：「爲什麼談當代社會的課，需要介紹宗教？」覺得宗教在現代社會中已如明日黃花，重要性大不如以往，自己對於宗教也十分陌生。根據台灣歷史最悠久、最具學術嚴謹度的「台灣社會變遷基本調查」，以 2019 年的調查數據來說，台灣人裡沒有宗教信仰的比例僅占 13.2%，最多人回答信仰的是民間信仰，占 49.3%；次多的是佛教，占 14.0%；接著是道教，占 12.4%，這三個本土宗教合起來約占總人口 75% 左右，這樣的比例二十幾年來都沒有太大變化，至於基督教與天主教共占 6.8%。根據最新一波世界價值觀調查（World Value Survey, 2017-2021）也顯示，被問到宗教在你生活中有多重要時，在台灣有 51.4% 的人回答非常重要或滿重要的（EVS/WVS 2020, Variable Report: 108）。同時，台灣社會中宗教活動豐富熱鬧，曾被 Discovery 頻道稱爲世界三大宗教盛事的大甲鎮瀾宮媽祖遶境進香，每年吸引百萬人以上參與；在宗教自由得到充分保障的台灣，各類宗教推陳出新、生根茁壯。根據內政部的統計資料指出，2016 年時台灣的寺廟與教堂總數合計爲 15,251 間，比便利商店還要多；宗教多元程度名列全球第二高，僅次於新加坡。在公共領域的影響力及能見度，在近幾年來與日俱增。生活周遭充斥的各種賣座的大眾文化產品——不論是過去（如八點檔《神機妙算劉伯溫》、《台灣靈異事件》、《浴火鳳凰》），或今日（例如《返校》、《紅衣小女孩》、《粽邪》）；來自本地或外來（如《鬼滅之刃》、《聖☆哥傳》）——也見證了人們除了俗常的世界外，還想像各種人外力量，並且也透過日常的實作（例如心中祈念、拜拜、講故事，藉眞人、App 或 YouTuber 算命問事，觀看或閱讀星座運勢解析）來經歷與體驗它／祂們。

那麼，爲何不少人覺得宗教日益不重要？我們或可先將此提問放在心裡，或可模仿許多社會學者在做的：不將現象視爲理所當然，並予以問題化，運用社會學的想像思考此提問會浮現在人們心中的社會結構與歷史脈絡因素。我們可以追問：「具有何種社會特質的人會覺得，爲什麼在當代還

廟宇慶典及陣頭助威，至今仍可見於台灣街頭巷尾（黃克先／攝）。

需要討論宗教？」，「在什麼社會的人會覺得，爲什麼在當代還需要討論宗教？」然後再問，爲什麼是具有這樣社會特質及身處這樣社會的人會如此覺得。最後，我們可以再想想，上述回答反映了宗教什麼樣的社會學特質。以下，先從不同面向依序介紹宗教的要素、歷史演變、當代發展，然後在結論時依據介紹的內容回應在這裡的這些提問。

■
宗教（religion）
傳統的經典定義1：
關於神聖相關的事物
的信念與實作所形成
的統一體系，相信這
套信仰及實作的人會
形成一個宗教群體。
在宗教多元化及個人
化的台灣當代情境下
的定義2：宗教是個
體與人以外的力量的
交往，在此交往過程
中——或援引宗教傳
統與組織提供的資源
爲參考，或與他人及
物共同協作——他／
她藉由實作，打造另
類實在界與基本實在
界的交纏關係，以回
應自身的現下處境並
展望另類可能。

貳 「宗教」是什麼：基本元素與定義宗教作爲一種社會行動

宗教是存在於人類歷史上最悠久的社會制度之一，在不同時期、社會、文化中以各異的樣貌出現。因此，如何定義宗教，一直是個困難且有爭論的問題。然而，在社會學的傳統中，對宗教提出最經典且影響最深遠之定義的就是涂爾幹，在此我們以其定義爲起點來討論何謂宗教。他認爲宗教是與神聖（the sacred）相關的事物、信念（belief）與實作（practice）所形成的統一體系，相信這套信念及實作的人會形成一個宗教群體（religious group）。以下分就這四個定義宗教的關鍵要素來進一步討論。

首先，宗教總是關乎神聖的。在不同脈絡裡，人們會用各種稱呼來指涉神聖，例如上帝、神明、超驗、人外之力、天、瑪那靈力（mana），便是與凡俗的截然區分；神聖不會只存在於人心靈的概念層次，還會具體顯現於世界上的各種事物上，包括時間、空間、物件、人物等。由於聖俗必須被截然區分，因此總有各類禁令圍繞在被認爲神聖的事物，若違背就會被認爲是褻瀆。例如：在作爲神聖空間的宗教場所內必須脫帽，在作爲神聖時間的慶典時必須禁食，與神聖的領袖互動時有一定規範，擺放被認爲是神聖物品的佛珠或物件時有一定規範。

信念，則是描述關於什麼是神聖的、聖俗之間的關係爲何的思想體系，它解釋了這個世界如何因神聖事物的介入而產生秩序，爲原本人類難以得到確切答案的存在式問題——包括人從哪裡來？死後往哪去？爲何要生活在這個世界上？提供解答，並且賦予人類生命及世界萬物與神聖相關的意義。信念經常被寫下爲文字，同時經過專家編纂及宗教權威認可後成爲經典，例如：簡稱爲《金剛經》的《金剛般若波羅蜜經》、伊斯蘭教的

《古蘭經》。

　　信念之於人，不會僅停留在腦中，而必然會被實現在具體的生活世界裡而成爲實作，亦即應對神聖的信念所採取的慣常作法。例如祈禱是最常見的宗教實作之一，普遍存在於各種宗教傳統之中。實作若更體系化（成爲一組邏輯相互連貫的實作）、標準化（該怎麼做，有一套明確的標準）且例行化（每隔一段固定的時間就要執行），則會成爲儀式。例如在民間信仰中廟宇每年在固定時期會進行進香儀式，到祖廟或母廟割引香火。

　　相信一套特定信念及實作的人們會形成一個宗教群體。不同宗教形成的群體會有信徒互動密度、組織化程度的高低差異。例如在基督宗教傳統裡，信徒往往組成教眾團體（congregation），成員每週見面一次以上且彼此熟識，運作上有各類規範，組織架構也很明確。這樣的團體內部會形成相對緊密的連帶：信徒在行爲及道德要求上需要遵守清楚的規範，而成爲一個涂爾幹所謂的道德社群（moral community）。然而，也有些宗教群體內彼此關係較鬆散、缺乏明確組織。

　　傳統一般認知的宗教，原則上都具備上述的四項特質，只是程度有所差異而已，但在當代社會情境中，宗教的樣貌已更加多元，例如本章所討論到的宗教，不見得每個都具備上述四項特質，即使具備程度也不一。「OO 到底算不算宗教」，這是常會出現的問題，例如儒教算不算宗教，或是對 AKB48 的偶像崇拜算不算宗教。有學者主張，四種特質全備且發展完整的才是宗教，不然只能算是「類宗教」（如信念的發展程度及信眾組織化程度較低的占星術）、「準宗教」（如信眾組織依存於其他社會制度的祖先崇拜）或「僞宗教」（如神聖事物不那麼「神聖」的共產主義或明星偶像的崇拜）。只是，算不算宗教的標準往往是拿傳統宗教的樣貌來比對，或仰賴既有宗教權威的觀點爲準，然而當代宗教現象千變萬化，很多時候已在表面上迥異於我們對「宗教」的傳統想像，但若認眞比對上述的宗教特質，仍可發現其中存在著不少宗教的痕跡。

　　從以上討論「什麼是宗教」、「什麼才算是宗教」的過程，我們會發現定義本身就是種爭奪詮釋權的社會行動，自有其特定的時空及社會脈絡，其中蘊含著權力關係（黃克先 2021: 4-11）。在二十世紀以前，中文語境裡本無「宗教」可言，而是在十九世紀末葉中國與現代西方列強接觸的過程，爲了傳播 religion 之概念而產生的對應詞彙，繼而陸續出現在譯書及知識分子的討論中（陳熙遠 2002）。在追趕西方現代文明的過程中，中

國與日本等後進國家試圖學習西方，藉由制定憲法來打造新的國家，在此根本大法裡便明列保障宗教自由的原則。在此過程中，「宗教」是相對於「迷信」、「世俗」、「靈性」等概念而被打造出來，被要求能吻合民族國家追求發展、成就現代文明、維持社會和諧的目標（van der Veer 2014）。透過社會菁英階級的帶動傳播，「宗教」一詞漸漸成為中文世界習用的概念。只是即便到了二十一世紀的今天，我們仍會發現，當問卷調查的訪員問及「宗教」時，許多人心中浮現的仍是「基督宗教」那種宗教，而不少民間信仰者被問及有沒有宗教信仰時會回答沒有，即是因為不認為自己所信的是「宗教」（請參考張茂桂、林本炫 1993；黃應貴 2008: 5）。

🔍 **問題與討論 10-1**

　　近年來，日益盛行的寵物溝通，是否是種宗教？世界電影史上最賣座的系列電影《星際大戰》，劇中描述的絕地武士情節引人入勝，在歐美就有影迷形成了絕地教的團體，以原力為信仰內容的核心，這是宗教嗎？在影視圈中，對於如防彈少年團或許光漢的偶像崇拜，是種宗教嗎？請依照本節對宗教具備的四項元素，討論上述問題。

參　當代世界走向世俗化？宗教在消失？：世俗化理論及缺陷

世俗化理論

（secularization theory）該理論認為走向現代的過程中，宗教對各社會領域、社會組織以及人們意識的影響力，將漸漸減弱甚至消失。宗教即使不消失，也會逐漸私人化（privatization），即限縮在私領域及個人內心，自公共領域中絕跡。

　　宗教存在於歷史上的時間雖然很長，但卻經歷了明顯的改變。在西方走向現代的過程中，西方啟蒙時代的思想家認為，曾經主宰著當時社會各領域——包括政治、經濟、文化、學術、家庭——的宗教，將隨著科學理性的傳播及普及而逐漸式微，甚至消亡；而這種想法也普遍存在於早期的社會學理論家的著作裡。這個一般被稱為世俗化理論（secularization theory）的典範，曾主宰 1970 年以前的宗教社會學發展，至今仍可在許多社會菁英或學者、大眾媒體有意無意的表達中發現，以下簡述該理論的內涵。

　　世俗化理論可分為三個層面，首先是最鉅觀的社會層面，隨著社會發

展愈來愈複雜，各個領域逐漸分化出去而出現運作的自主邏輯，不再像舊時代一樣受到宗教權威的左右，例如，在政治場域裡走向政教分離，原本有政治影響力的宗教逐漸失去在公共事務上所扮演的角色，而退回私人領域，成為個人的選擇，此即宗教的私人化。其次，在社會組織層面，各領域自會追尋本身的功能理性，盡可能完善該領域及其下組織的功能，或者追求更有效率地執行功能，即使在宗教這個次領域內部也是如此，教會或廟宇會根據功能及效率考量以改造組織，重視人力資源管理、成本效益評估等。最後是，微觀的個體層次上宗教不再主宰人們的文化、思想及意識，在人們社會化的過程中，宗教扮演的角色將逐漸消失。相較之下，國家主導的世俗教育體制、資本主義下的消費文化將發揮更大的作用（Dobbelaere 2002）。

然而，在半世紀以來這樣的典範受到了來自幾個不同面向的挑戰。首先，在個人生活層次上「宗教主宰前現代社會人們」的想像並不那麼可靠，史料顯示中世紀的社會中，一般人並沒有想像中那麼虔誠，教會對人們日常生活的影響也沒那麼大。其次，宗教在當今的影響力並不像世俗化理論設想的那樣，普遍走向衰退。在歐洲以外的許多地方，宗教發展得十分興盛，即使是被認為十分現代化的國家，如美國及亞洲已開發國家。換言之，歐洲宗教發展的軌跡不見得普遍適用其他地方。此外，在一些被認為宗教衰退的地方，仍會發現人們與神聖的關係依舊十分密切，只是信仰者思考、實作及結合的方式與以往大不相同，改以另類宗教、新興宗教、靈性運動或更俗常的方式出現。例如，丁仁傑（2004: 61-128）即以清海無上師教團及其他新興宗教之興起為例，說明台灣宗教發展的軌跡迥異於西方，即宗法國家體制（儒學建立起的宗教祭祀禮儀體系，賦予中華帝國統治正當性的體制）崩潰，宗法性傳統宗教萎縮，挪出的真空配合著特定社會條件，使邊陲性宗教（過去這種社會自發的信仰結社常被官方打壓或取締）擴張。瞿海源（2013）對台灣人術數行為的研究，也反駁了一般世俗化理論的預測，他指出當代教育並不見得愈「理性」，而是傾向不從事「迷信」的各類巫術及術數行為：學歷愈高的人確實愈不可能去找靈媒醫病、收驚、牽亡、安胎，但卻更可能去算命、看風水及紫微斗數。

另外一種批判世俗化理論的角度來自「宗教經濟學」（religious economy）或宗教市場理論，認為世俗化論者只關注宗教的需求面、消費者，卻忽略了供給面及宗教廠商。論者認為基本上人類對宗教的需求是穩

宗教經濟學
（religious economy）
將宗教現象比喻為經濟現象，認為宗教徒就是消費者，選擇宗教跟選擇其他商品一樣，都會考慮能自宗教中得到什麼報償（reward）及需要付出的成本（cost），因此是理性的選擇。宗教市場的供給端由一個個像廠商（firm）般的宗教團體組成，在一個完全競爭的市場中，宗教團體推陳出新以吸引信徒，得到他們貢獻的時間、勞力與金錢，才能讓團體持存。但宗教市場往往還有國家的管制，無法呈現上述完全競爭的狀態，因此會有沒有效率或宗教需求得不到滿足的情況出現。

定的，各個地方在宗教發展上之所以會有高有低，主要是因為宗教供給面是否進行管制的問題。歐洲教會之所以發展停滯，是因為許多國家的宗教市場內有政府力量的介入，例如：給予特定宗教法律上的優位，稅收上的補貼或優惠等，造成市場的不公平競爭而促使宗教廠商經營上失去效率。美國則是個近乎完全自由、去管制的宗教市場，各種宗教團體為求生存相互競爭，在教義、儀式、組織、社區經營上推陳出新，希望吸引到更多的信徒。結果，消費者各種宗教需求都能得到滿足，也在宗教團體及領袖刺激下積極投入宗教，促成了更有效率及活力的宗教產品生產（例如，在一個人人都很投入的唱詩班內唱詩，得到的滿足感及感受到的神聖性，遠較在一個大家都是被迫或不情願加入的唱詩班中取得的要大得多），帶動了良性循環（Stark and Finke 2000）。此外，當宗教市場中政府強力介入管制合法宗教，並打擊非法宗教時，即會出現三色市場，即政府核定的宗教團體形成的紅色市場，政府取締的非法宗教團體形成的黑色市場，以及遊走在合法及非法之間的灰色市場。例如，在中國嚴格管制合法宗教並取締「邪教」的情勢下，就會出現如家庭教會（可認定為私人親族朋友交流集會，也可被視為違反宗教場所規定而被取締）、氣功團體（可被視為或不視為宗教），或是號稱是文化但其中又夾雜具宗教意涵儀式的民間信仰（Yang 2012）。從宗教經濟學的角度，也可解釋台灣基督教變遷的情況。在台灣，1960 年代後經歷了快速都市化及工業化的現代化趨勢，都市中產階級逐漸興起，在新形態的工作壓力及陌生人充斥的都會情境中，靈性上或情感上的支持需求日增。面對「宗教需求端」的改變，傳統基督教會的發展停滯。此時，具有企業家精神的新銳教會領袖，敏銳嗅出「市場轉變」並據此調整出合乎潛在消費群品味的嶄新聚會和組織模式（例如引入細胞小組的情感關懷與分享、活潑熱烈的敬拜讚美、平時講道分享的

中國東南方一處蓋得富麗堂皇的三自教堂（黃克先／攝）。

信息內容也更加生活化）。這種供給端的創新，也帶動了新一波的教會增長，成為二十一世紀台灣基督教嶄新的樣貌（可參考 Chao 2006；趙星光 2014；黃克先 2021）。

課堂活動 10-1

　　請挑選一個在台灣社會中普遍可見的宗教團體或信仰，或是你生活周圍的某個教會或宮廟，試著從宗教經濟學的角度分析它為何發展得好？

肆 宗教與政治：邁向公共化、基本教義派的興起與結社民主

　　1970 年代中期以後一個個震撼世界的現象，也一再證明宗教不必然走向私人領域，也會因為歷史機遇、國家—社會關係的改變而公共化（Casanova 1993）。例如：1979 年教士何梅尼透過革命與公投，推翻了君主政體而建立了神權統治的伊斯蘭共和國，隨後根據伊斯蘭教導推行一系列的社會改革。美國的宗教右派勢力在 1970 年代末期興起並成立全國性組織，在日後選舉中扮演舉足輕重的角色。1989 年前後，當時天主教會教宗若望保祿二世及波蘭當地的天主教徒，幫助團結工聯推翻了當時的波蘭共產政權。在阿拉伯世界，認為不論是社會生活或政治生活都應依循伊斯蘭教義的伊斯蘭主義，一直是許多有民意支持的政治人物或政治團體奉行的原則，如今這樣的理念也成為如伊朗、埃及、土耳其、印尼等地，在推動政治社會變革時的重要意識形態力量，並與全球資本主義的力量融合在一起（例如 Tuğal 2009; Rinaldo 2013）。在 2007 年緬甸反對軍政府的番紅花革命中，有數千民佛教僧侶積極參與，促成了日後的民主改革（郭文般 2014: 286）。在香港 2014 年的雨傘運動及 2019 年的反送中運動裡，也看得到基督教神職人員提供運動者靈性支持或開放教會供休息的舉動，年輕一代基督徒更積極參與並視之為宗教實踐（Chan 2015；邢福增 2019）。至於在世界許多地方都有民族主義與當地的主要宗教結合，興起反對或甚至迫害其他少數族裔或少數宗教徒的運動。

在台灣，過去在威權政府統治時期，宗教團體若不是全力支持政府的主張或政策，就是盡可能避免談論政治，只有少數例外敢公然挑戰政府，例如基督教的長老教會、新約教會（林本炫 1990）。1980 年代後隨著經濟發展及民主化，宗教團體蓬勃發展，成為連結眾多群眾、資源豐沛的人民團體，在選舉中是政治人物極力拉攏的對象，因此屢屢可以看見候選人造訪廟宇、法會、教會；雖然各團體領袖意識形態有明顯差異，信眾投票的模式也有藍有綠，但政教之間多仍保持一定距離。到了 2010 年後，基督教會積極介入如性別平等教育、婚姻平權相關法案的動作明確，相較以往組織動員更積極、策略更靈活，除了透過制度性管道發聲外，並成立組織持續關心議題，發起數十萬人走上街頭，這樣的力量到了 2015 年後更組織了宗教色彩濃厚的信心希望聯盟及合一行動聯盟，希望以保守基督教信仰的教導為本，扭轉被世俗力量掌控的政治山頭。台灣保守基督教之所以不再局限在個人靈修及教會內的牧養，逐漸走向以往被認為與宗教無關的場域實踐信仰，如政治、媒體、教育、職場，除了是國家與社會的關係改變，也是教會信眾從鄉村、弱勢走向以都市中產階級為主，使得教會關注的議題圍繞在家庭倫理，主導走向的也從專職的神職人員變為在職場學有專精但關心信仰實踐的跨域創新的宗教徒。最後則是全球化時代保守基督教網絡，尤其是東亞已開發國家之間的交流所致（黃克先 2018）。另外值得一提的是，台灣的政教關係討論中，近年來日益關注中國因素的影響，不管在公領域或學界，都開始討論中國政府如何藉由宗教交流之名進行統戰之實的效果，以及培養或扶植台灣特定宗教組織成為在地協力者的可能性。在這宗教之中國因素的相關討論中，如佛教、道教、民間信仰等與中國大陸有歷史及教義等淵源的本土宗教，相較於被中國政府視為「境外勢力介入」的基督宗教與伊斯蘭教明顯有別，這樣的現象將如何左右台灣政局的合縱連橫及未來的命運，值得未來關注（古明君 2017；黃克先 2017a；劉怡寧 2017）。

　　這種宗教影響力「重返」或興起於公共領域的現象中，很重要的一股力量是「基本教義派」（fundamentalism）。這個字眼原本是指二十世紀初期在基督教內部出現的保守派人士，他們厭惡教會受到科學及人文思潮的自由化影響，主張應回歸到基本、單純的信仰，以字面理解聖經得出的教導，作為社會生活的基本原則。在二次世界大戰後整個世界走向現代化、西化的過程中，許多不同宗教傳統的地方，都出現了類似的運動，展現了

基本教義派

（fundamentalism）
意指各宗教傳統內排拒現代性的宗教團體，厭惡身處的世界受到科學、人文思潮及其他世俗因素的影響而變得複雜、墮落，主張應回歸到基本、單純的信仰，以字面理解宗教傳統經典並以此指導生活中的方方面面。

一種圍城文化（enclave culture）及善惡二元對抗的宇宙觀，認為自己身處的生活環境在多元文化、移民、世俗教育的衝擊下，已「世俗化」到面目全非，懷念令人驕傲的過往及宗教經典裡描繪的烏托邦，因此在具有神才魅力的宗教領袖號召下，面對「邪惡」力量的步步進逼，必須奮起奪回政治及社會發展的主導權（Almond, Appleby, and Sivan 2003）。至於具有基本教義派傾向的團體具體要採取什麼作法，則有很大差別，從發動「聖戰」進行恐怖攻擊或在鄰里施行暴力，組成政黨投入民主選舉，走上街頭示威抗議，運用文宣推廣理念，成立媒體平台等都有可能。

　　然而，我們還可以從另一個角度，即前述涂爾幹所謂「道德社群」與托克威爾的結社民主觀，來看待宗教的公共角色或宗教與政治的關係，而台灣的案例可貼切揭示這種可能。二十世紀後半葉，台灣社會從威權體制走向民主政體是舉世公認的「奇蹟」，而「奇蹟」的發生正好與同一時期活躍的本土宗教運動息息相關。慈濟、佛光山、法鼓山、行天宮等團體雖然繼承傳統佛教及民間信仰，但也進行了創造性的轉化，提供了適切的心靈習性（habit of the heart）（例如：勤於感恩的教導，眾生平等觀，放捨我執的修行參禪，聞聲救苦的人道救援），協助大批新興的中產階級信徒，在都市化、工業化、全球化的劇烈社會變遷下，從雞犬相聞、互信互賴的鄉村社區生活，走向多元複雜但疏離的現代都會生活，學會與原本可能相互敵視、衝突的不同階級與族群共同生活，最終促成了「寧靜革命」，讓民主化的過程順利進展（趙文詞 2015）。

公民宗教

　　在現代社會中，會看到國家運用人民普遍信仰的傳統宗教元素，包括信念、儀式或象徵，以鞏固自身統治的正當性，一般稱之為公民宗教（civil religion）。美國是最明顯的例證之一，例如：國家所發行的貨幣上寫著 In God We Trust，人民選出的總統在宣誓就職時要手按聖經等。然而，隨著原本信仰相對同質的社會變得更加多元後，這種公民宗教的存在便會受到挑戰，例如針對總統宣誓就職時手按聖經，便有非基督徒的美國國民提出抗議。

　　人類身為謀己利以求生存的個體，如何可能跟別人結合（associate）而組成社會，需仰賴宗教提供一個共同的規範及願景，個體投射的集體表徵及打造連帶的儀式性活動，最終使個體不拘泥於自身的小私小利，能顧

全大局及走向大愛。民間信仰的廟宇過去以遶境為涵蓋範圍建立起的宗教團體，如今也走向面向全社會，通過廟際交陪來造勢，資源及參與來自多方的社團，展現出去地域式的公共性（齊偉先 2011）。在當代社會中不論是資本主義的消費文化，或是強調個體權利保障的自由主義民主體制，都一再強化個體權利的重要；倘若人人各謀己利、強調個性、相互競逐有限資源，彼此如何能共同生活在一起？宗教在當代若能從傳統模式中轉化，以新的方式提供與時俱進的超越性原則及道德連帶，便能為社會帶來新的可能。只是，由上的討論可見，作為蘊含豐富思想的複雜體系的宗教不必然是社會中保守或進步的力量，而必須看在什麼樣的歷史時點及社會條件下，如何與宗教信仰者的行動結合。

> **問題與討論 10-2**
>
> 　　請同學回想自己國、高中的求學經驗中，是否曾在校園的課程教材或活動裡，遇見宗教的元素或宗教人士。接著根據這樣的經驗進一步討論，教育與宗教重疊在一起有什麼好處，有什麼壞處？

伍 後「宗教」時代的來臨：信仰者在日常生活中「做」宗教（do religion）

　　雖說世俗化理論已不再是宗教社會學者獨尊的學說，但它仍然說對了一件事，即傳統的制度性宗教模式的衰退；即使是被認為宗教活力旺盛不退的美國，也得出了肯定、一致的證據（Voas and Chaves 2016）。也就是說，假使我們認為信徒全然相信宗教權威教導的信念（belief），固定出席在宗教場所裡舉行的儀式性活動（behavior），有強烈的宗教認同（belonging），這三 B 的測量即代表宗教性強烈展現的話，那麼宗教確實是衰退的。只是，傳統的制度性宗教模式的衰退，也意味著新形態的宗教有更多空間及可能，而以下的全球性趨勢也擴大了這些空間及可能，包括：識字率及教育程度提高，資訊時代的來臨讓人們能自由取得多元知識，社會文化上愈來愈重視個體性的展現，全球化時代下宗教權威的正當性及其傳布之世界觀的看似合理性（plausibility）逐漸下降。

　　因此，我們今天在思考宗教時，不應被過往傳統西方基督宗教的模式或世俗化理論所限制（Bender et al. 2013；瞿海源 2013；丁仁傑 2004: 61-128），只認爲宗教就是看：（1）宗教場域內發生的事，（2）宗教權威（通常是神職人員）說及做的事，（3）宗教經典及具權威的詮釋，（4）所謂神聖時間內發生的事（如儀式性活動、崇拜聚會）。現今世代的宗教，不只存在於以上情境，也會在以往被認爲一般人（不論是所謂虔誠或不虔誠）在世俗的時間（即日常生活中）、空間（如醫院、法庭、慈善機構、國會、學校）中的實作中找到（Ammerman 2007; McGuire 2008）。

　　這樣的關注轉向，對於身在華人宗教脈絡裡的我們而言，將更爲適用，畢竟我們的傳統宗教本來就是瀰漫（diffuse）在社會之中，依附於如家庭、宗族、地域社群、職業團體、國家等社會制度之上，制度性宗教的力量相對於西方薄弱且邊緣許多（Yang 1961）。由於宗教組織及宗教權威本來就不那麼制度化，力量也沒有那麼強大，信仰者的能動性強且遊走在各類非排他性的宗教傳統之間，通過實作運用不同宗教的元素來解決眼前問題，其宗教權威從未取得主導地位，宗教團體也並非那麼組織化，信徒的自主性極高而遊走在各種宗教傳統之間（丁仁傑 2004；齊偉先 2018: 120-122）。然而，問題就在於，如今因爲以下各種趨勢而讓宗教性的展現逐漸不同於以往，因此與其說宗教衰退了，不如說宗教改變了展現的形態。誠如曾經是世俗化理論集大成者的著名宗教社會學者 Peter Berger（2014: 32）所說，在多元主義的當代情境中，應關注的不是個體的信仰是什麼的問題，而是如何從事的問題。因此，我們需要擴展理解宗教的目光，以下將概論其中四種新形態宗教模式的可能。

▍一、靈性團體與相關實作

　　在被認爲最世俗化或被測得宗教性最低的地區（如北歐及西歐）與群體（如高知識分子或底層階級）中，有愈來愈多人投向靈性追求。他們雖然不會進到如教堂這類宗教場所，不參加禮拜彌撒或各種儀式性的宗教活動，自稱宗教對他們的生活並不重要，也不隸屬於任何宗教團體，但卻有豐富的與超自然接觸的經驗，時常閱讀討論宇宙如何運作以及闡述人生意義的書籍，也會參與讀書會或分享團體，認識志同道合的人，平日生活中會從事一些儀式性行爲，如靜坐、做瑜伽、默觀、預測命運、靈療、與非

靈性（spirituality）
在西方脈絡下，會特別強調靈性是不受到宗教傳統或組織的約束或決定下，個體與超自然或人外力量之間的交往。據此，宗教與靈性是具張力的對立概念。但在東方脈絡下，兩者之間的界線常是模糊的。及至當代宗教多元及個人化的台灣情境下，更是如此。

人的存在（包括動物、超自然力量或其他）溝通等。從傳統宗教的角度來看，他們很不宗教，但若依照本章最初的宗教定義來看，卻是很宗教的。這群人有些自認為是無神論者或不可知論者，有些對每個宗教傳統都接納，有些則覺得自己是追求靈性的人，不願被傳統宗教的想像限制住。這群人可稱為追求靈性但不隸屬宗教的（spiritual but not religious）群體。

相對於這群靈性追求的「消費者」，目前在台灣也有不同類型的靈性供應商，規模小至都市鬧區咖啡店裡駐店的塔羅占卜師；自行租場地以推銷療癒修身產品的靈性工作室，大至自成派別、開設課程、出版相關書籍的靈修組織（如：奧修運動、中華新時代協會、「光的課程」共修團體與「奇蹟課程」讀書會）。即使大到被稱為組織，但相對於傳統宗教更具包容性及開放性，教義不那麼明確且不排他，彼此的觀念共通共融，容易擴散及相互連結，信仰者也經常流動在不同靈性傳統及團體之間。這種組織網絡的特色是鬆散連結、多元中心、重疊但又有區隔（陳家倫 2006）。這其中，或許有些項目在過去被認為不是宗教，而是巫術、是邪教。但如今，在愈加多元、個人化的現代社會形勢下，我們反思宗教的定義之後，應予以重新定位。

二、在宗教傳統或組織的脈絡下，個體追求信仰的另類可能性

雖然靈性追求者中有不少人對傳統的「宗教」十分反感，但也有人認為靈性追求與傳統宗教的共通性遠大於歧異性，同時投身在傳統宗教活動及靈性追求的實作上，在信仰上也出現揉雜各教及靈性傳統的綜攝（syncretic）色彩，而在全球化的年代裡，這種揉雜變得更加便利且具正當性。例如，即便在傳統的宗教組織內，也產生了靈性轉向，更強調個體與超驗之間的直接接觸，打破既有宗教階序裡由神職人員中介的狀態，不再拘泥於傳統教條及固有實作的範圍。舉例來說，世界各地的基督宗教在1960年代後興起了新一波的靈恩運動，強調平信徒也能領受上帝所賜的聖靈恩賜，行過去只有神職人員才能做的神蹟奇事，解決日常生活中包括家庭、職場與人際間的種種難題，在充滿各種不確定性的時代中有被賦能（empowered）的感覺；透過方言禱告，感受上帝的臨在，經歷重生的體驗（Martin 2002; Chao 2006）。這種靈恩運動在信仰觀念及實作邏輯上嫁接了

不同地方原本既有的薩滿傳統，讓當地改宗者更容易進入新的基督信仰。又例如，社會中的弱勢及邊緣人，或因成長之文化環境的差異、現處物質條件的限制，無法徹底地信奉宗教組織定義的正統信仰，或踐行宗教權威眼中的正確儀式，因此被外界認定為沒有（真實或正確）信仰的人。倘若仔細觀察，我們仍可能發現他們具備創意及自我救贖意涵的宗教信仰（黃克先 2021）。

　　在台灣曾經盛極一時的清海無上師世界會，信仰中結合了印度宗教思想的「梵我同一」及「音流瑜珈」式的內在觀想技術，以及佛教中的博愛普渡思想和劫變時間觀，另外又包含了華人倫常義理；在如此複雜的教理體系中要凸顯何者、如何詮釋，則依照該教團不同時期面向、不同受眾而有所差異（丁仁傑 2004: 374-400）。中國的大學生基督徒因為深受高等教育體制影響，在信仰理解上以超越傳統教導、接合課堂科學知識的方式，產生了吻合科學架構又印證信仰教導的宗教經驗，體現了宗教徒——特別是具備資訊技能、文化資本的新生代——穿梭在靈性追求及宗教傳統之間的能動性（黃克先 2017b）。在美國的靈性團體，其中的實作及思想看似依不同信徒的個人經歷及想像而可彈性改變，十分具個人主義特色，但這種靈性其實也交纏（entangle）著特定的社會情境及文化脈絡而形塑，絕非行動者可任意、自由地天馬行空組裝。這些尋找個人靈性者，往往借用醫療、藝術及宗教傳統，在小團體內的互動又符應大美國意識形態的靈性帝國主義（spiritual imperialism）式的冥想。因此，當我們在討論大學校園如何提供宗教實驗及靈性沃土之際，理應注意中層（即個體正式隸屬或非正式關聯的團體或組織）力量如何賦能又限制信念及實作的打造（Bender 2010）。

　　在台灣，都市化及人口遷移的過程，對於宗教變遷的影響十分顯著，也促使個體作為信仰者，能較少受傳統宗教權威的約束，有更多改信新宗教的可能，以及自行「做」宗教的空間。過往的民間信仰原本都與特定地域相連結，包括世界觀（如主要信仰的神明與當地傳統的連結）、宗教實踐（進香活動的對象及範圍）、內在網絡連結方式（如祭祀圈），但如今人們因經濟活動而遷移、因通訊及交通革新而頻繁流動，宗教也做了「去地域化」的改變，讓面臨新處境的人們藉由革新的信仰來安頓身心（丁仁傑 2009: 105-234）。遷移對於信仰這種根植於原生社會制度（如家庭、地域）的民間信仰者，會產生「淡化」的影響，使他們在進入到新居地（特別是

都市）時呈現信仰眞空的狀態，因此特別容易接受那些積極傳教的制度性宗教，例如：因求學、找工作而來到都市的本省人改信新興宗教，外省第一代遷台後大規模改信基督宗教（陳杏枝 2005；黃克先 2007）。此外，在新興的社群媒體興起後，這種跨地域的連結變得更方便，改變了傳統宗教的組織運作方式及內涵，例如：有些乩童開始用 LINE 來凝聚離鄉背景的信徒，迅速回應他們的日常疑難並提供情感支持（林瑋嬪 2018）；瘋媽祖進香的新一代信徒運用臉書進行連結，形成儀式性團體而嵌入到民間信仰的廟際場域裡，改變了媽祖廟會活動的風格（齊偉先 2018）。這些都是值得進一步觀察的重點。

三、在「非宗教」領域中發現宗教

即使是傳統的宗教團體，如今也常會基於信仰理念，而進入以往被界定爲世俗非宗教的領域，例如前述的台灣新銳基督教會，便積極涉入政治、職場、社福、教育等領域；如慈濟、佛光山等被稱爲「人間佛教」的團體，也在環保、藝術、教育等領域耕耘甚深。一些新興宗教，爲拋棄「傳統宗教」意象帶來的包袱，或避免被宗教場域裡的「正統」團體指爲搶信眾的「異端」，因此喜歡在宗教理念與實作的實質內容以外，罩上世俗非宗教模式的外衣，刻意模糊了過去社會分化下被清楚認定的制度性界線；因此宗教的元素便滲透到政治、經濟、家庭、教育、文化藝術裡。因此，當我們從事一些所謂文化活動、另類教育、新興醫療、直銷等經濟活動裡，也會察覺得到這些活動涉及人外力量，或立基在另一套與日常世界相左的實在界觀念上。這些宗教或有制度性核心的部分，可明確指出它的教義理念、儀式及宗教團體，但它的影響也擴散、瀰漫到此制度性核心之外，甚至進入過去

吸引無數訪客冥想沉思的日本京都大德寺瑞峯院枯山水（黃克先／攝）。

認為「世俗」的場域裡散布理念、實作並招募「業餘」參與者，以非宗教的外貌展現在社會大眾面前，背後卻隱含豐富的實質宗教內容。

從以上這些案例的討論中可以發現，宗教在當代社會中的身影無所不在，不必然完整具備傳統宗教社會學定義的四元素，有時缺乏「宗教團體」或該元素較弱，有時並不那麼清楚可見隸屬於哪個宗教傳統，有時沒有那麼系統性的信念，有時則是崇拜的「神聖」與世俗之間的界線並不那麼清楚。然而，新典範揭示著在宗教日益多元化且個人化的大環境下，我們對宗教的理解，應回歸到「做」宗教的個體。我們不應再把宗教等同於是宗教傳統或宗教組織，而應將之視為是個體與人以外的力量（神、鬼、妖、魔、怪或其他非實體之存在）的交往，在此交往過程中他／她藉由實作，打造另類實在界與基本實在界的交纏關係，以回應自身的現下處境並展望另類可能。這個交往的過程中，人們會援引過往的宗教傳統或宗教組織提供的資源為參考以進行該互動，但卻不必然受它們左右；他／她可能發展出與他人或物共同努力的協作，只是這協作不必然會導向高度制度化的組織，也可能以鬆散網絡或社群的形式存在，該協作的範圍在日新月異的通訊科技幫助下，不局限於面對面的生活世界，也可能擴及至不同文化下的全球社會的任一角落。

課堂活動 10-2

　　請同學訪談兩位性別不同、社會地位不同、世代有明顯差異的對象，詢問對方是否曾經有與人以外的力量產生關係的經驗，以及自己對於靈性追求有何看法？請比較雙方回答的差別，可能源於什麼因素影響。

結語：回返與前進

回到我們一開始的提問：「為什麼談當代社會的課，還需要介紹宗教？」答案非常明顯，因為宗教在當代社會依然非常重要。為什麼我們（很可能是大學生或受大學教育以上的人）可能覺得宗教在現代社會中已如明日黃花，重要性大不如以往，也令人覺得十分陌生？從本章的討論，

我們可以從以下幾個角度來回應。第一，世俗化理論的說法依舊深深影響著受過一定現代教育的人，尤其在台灣，但這種說法往往使人無視或忽視宗教在當代社會中的遍在及力量。第二，我們對於「宗教」的想像可能較偏狹，停留在傳統宗教（特別是制度性宗教、基督宗教式）的那一種宗教模式。第三，當代人宗教性的表現，或許比我們想像中的更廣，不再只是上教堂、拜廟進香或讀宗教經典。第四，從生命歷程的角度來看，通常年紀愈大宗教性愈強。一般而言，人生中宗教性最低的時刻是初期成人階段，因為剛離開原本協助固守宗教傳統的原生家庭而自立，進入社會或學校為實現個體的夢想而努力，且人生中面臨的磨難及不測較少發生。

本章從宗教的定義入手，一併討論了宗教的定義如何是特定社會過程的產物，藉此反省過去籠罩著宗教社會學的世俗化理論典範的局限，然後回到現象界揭示宗教如何重要（特別在政治場域），宗教如何無所不在，以過往難以察覺的方式現身。最終，也主張在宗教多元化及個人化的台灣當代情境，我們應有一個從個體而非宗教組織或傳統來出發的宗教定義：宗教是個體與人以外的力量的交往，在此交往過程中——或援引宗教傳統與組織提供的資源為參考，或與他人及物共同協作——他／她藉由實作，打造另類實在界與基本實在界的交纏關係，以回應自身的現下處境並展望另類可能。在討論過程中，以各種宗教為例相互對照，帶入比較的視角；同時特別引介台灣宗教社會學至今豐碩的研究成果，帶領讀者對這塊生養我們的宗教豐沃之地有更深的認識，體會為何每逢選舉，想獲得人民選票的政治人物需要跑廟和進教會？為何那麼多台灣人奉獻自己的時間及金錢在宗教上？為何許多人會自我宣稱因為信了教或某個神，改變了自己的人生？這一切的答案，絕非一句「迷信」、「無知」可輕鬆帶過。身為一名社會學的修習者，理應遵循社會學前輩的提醒，「只要人們認定情境是真實的，那情境就效果而言就是真實的」，因此值得我們深入研究。對於信仰者所述，研究者必須盡可能理解，同時抱持著方法論上的不可知論態度，對超自然是否存在這個問題先存而不論，畢竟，該問題已超出了我們學科探問的極限。

延伸閱讀

G. A. Almond, R. Scott Appleby, and Emmanuel Sivan, 2007, *Strong Religion: The Rise of Fundamentalisms around the World*. Chicago: University of Chicago Press.（中譯本：徐美琪譯，2007，《強勢宗教：宗教基要主義已展現全球格局》。台北：立緒）

本書是對基本教義派最權威的研究之一，是由一群宗教研究學者費時長達十年，針對全球五大洲、七個世界宗教傳統中基本教義派的整合研究計畫成果，有條理地分析促成基本教義派運動崛起的社會結構、文化氛圍及政治環境，可提供反思台灣本土新興宗教現象的理論指引。

趙文詞（Richard Madsen），2015, *Democracy's Dharma: Religious Renaissance and Political Development in Taiwan*. Berkeley: University of California Press.（中譯本：黃雄銘譯註，2016，《民主妙法：台灣的宗教復興與政治發展》。台北：國立台灣大學出版中心）

本書作者實地考察了慈濟、佛光山、法鼓山、行天宮這四個過去數十年間興起的宗教團體，論證台灣本土宗教如何透過各種方式，讓新興中產階級找到心靈歸宿，並促進了族群和解，打造出有利台灣和平的政治民主化奇蹟的土壤。

林瑋嬪主編，2018，《媒介宗教：音樂、影像、物與新媒體》。台北：國立台灣大學出版中心。

本書各作者描繪華人或台灣社會中，宗教如何透過各式各樣的媒介來形塑神聖與世俗的關係，包括：鹿港天后宮對玻璃的運用，民間宗教使用臉書、在 LINE 上向乩童問事，媽祖在漫畫中以萌樣現身。本書作者揭示，宗教如何透過新媒介的使用，在新的社會形態及文化環境中，找到傳統以外的新方式與人產生關聯。

張彥（Ian Johnson）, 2017, *The Souls of China: The Return of Religion After Mao*. New York: Pantheon Books.（中譯本：廖彥博、廖珮杏譯，2019，《中國的靈魂：後毛澤東時代的宗教復興》。新北：八旗文化）

作者是長期駐點中國的資深記者，遍訪中國各地，蒐集了許多宗教信仰者實踐的故事，構築成了所謂的宗教復興，內容遍及佛、道、儒及基督宗教傳統。作者文筆流暢地描繪在一個對宗教十分警惕、奉無神論為官方意識形態的政權下，中國人民如何一方面挽救精神文明的傳統，另一方面又以新的方式實踐信仰。

參考書目

丁仁傑，2004，《社會分化與宗教制度變遷：當代台灣新興宗教現象的社會學考察》。新北：聯經。

丁仁傑，2009，《當代漢人民眾宗教研究：論述、認同與社會再生產》。新北：聯經。

古明君，2017，〈媽祖信仰的跨海峽利益〉。收於吳介民、蔡宏政、鄭祖邦主編，《吊燈裡的巨蟒：中國因素作用力與反作用力》，頁289-324。新北：左岸。

邢福增，2019，〈邢福增：反修例運動中的香港基督宗教〉。端傳媒，10 月 18 日。https://theinitium.com/article/20191018-opinion-hk-protest-christian/ 。

林本炫，1990，《台灣的政教衝突》。新北：稻鄉。

林瑋嬪，2018，〈跨越界線：LINE 與數位時代的宗教〉。收於林瑋嬪主編，《媒介宗教：音樂、影像、物與新媒體》，頁 267-302。台北：國立台灣大學出版中心。

陳杏枝，2005，〈都市化、省籍和代間信仰流動之研究〉。《臺灣社會學刊》35: 181-222。

陳家倫，2006，〈台灣新時代團體的網絡連結〉。《臺灣社會學刊》36: 109-165。

陳熙遠，2002，〈「宗教」：一個中國近代文化史上的關鍵詞〉。《新史學》13(4): 31-66。

郭文般，2014，〈第十章 宗教〉。收於王振寰、瞿海源主編，《社會學與臺灣社會》第四版，頁 265-290。高雄：巨流。

黃克先，2007，《原鄉、居地與天家：外省第一代的流亡經驗與改宗歷程》。新北：稻鄉。

黃克先，2017a，〈基督教的跨海峽互動及其轉變〉。收於吳介民、蔡宏政、鄭祖邦主編，《吊燈裡的巨蟒：中國因素作用力與反作用力》，頁 367-394。新北：左岸。

黃克先，2017b，〈世俗時代中宗教徒的雙層反身性：以中國基督教大學生為例〉。《臺灣社會學刊》61: 1-50。

黃克先，2018，〈全球化東方開打的「文化戰爭」：台灣保守基督教如何現身公領域反對同志婚姻合法化〉。收於陳美華、王秀雲、黃于玲主編，《欲望性公民：同性親密公民權讀本》，頁 229-250。高雄：巨流。

黃克先，2021，〈「同」祂捍衛尊嚴：與宗教團體互動下的無家者宗教實作〉。《臺灣社會學刊》68: 1-59。

黃應貴，2008，《反景入深林》。台北：三民。

趙文詞著、黃雄銘譯註，2015，《民主妙法：臺灣的宗教復興與政治發展》。台北：國立台灣大學出版中心。

齊偉先，2011，〈臺灣民間宗教廟宇的「公共性」變遷：台南府城的廟際場域研究〉。《臺灣社會學刊》46: 57-114。

齊偉先，2018，〈臺灣民間宗教儀式實踐中的「品味動員」：陣頭、品味社群與宗教治理〉。《人文及社會科學集刊》30(1): 119-161。

張茂桂、林本炫，1993，〈宗教的社會意象：一個知識社會學的課題〉。《中央研究院民族學研究所集刊》74: 95-123。

瞿海源，2013，〈宗教與術數態度和行為的變遷（1985-2005）：檢驗世俗化的影響〉。收於瞿海源主編，《宗教、術數與社會變遷（三）》，頁 1-44。高雄：巨流。

劉怡寧，2017，〈中國情感，或佛教市場〉。收於吳介民、蔡宏政、鄭祖邦主編，《吊燈裡的巨蟒：中國因素作用力與反作用力》，頁 325-366。新北：左岸。

Almond, Gabriel A., R. Scott Appleby, and Emmanuel Sivan, 2003, *Strong Religion: The Rise of Fundamentalisms around the World*. Chicago: University of Chicago Press.

Ammerman, Nancy T., ed., 2007, *Everyday Religion: Observing Modern Religious Lives*. Oxford: Oxford University Press.

Bender, Courtney, 2010, *The New Metaphysicals: Spirituality and the American Religious Imagination*. Chicago: University of Chicago Press.

Bender, Courtney, Wendy Cadge, Peggy Levitt, and David Smilde, eds., 2013, *Religion on the Edge: De-centering and Re-centering the Sociology of Religion*. Oxford: Oxford University Press.

Berger, Peter L., 2014, *The Many Altars of Modernity: Toward a Paradigm for Religion in a Pluralist Age*. Boston: Walter de Gruyter.

Casanova, José, 1993, "Church, State, Nation and Civil Society in Spain and Poland." Pp. 101-153 in *The Political Dimensions of Religion*, edited by Said Amir Arjomand. New York: State University of New York Press.

Chan, Shun-hing, 2015, "The Protestant Community and the Umbrella Movement in Hong Kong." *Inter-Asia Cultural Studies* 16(3): 380-395.

Chao, Hsing-kuang, 2006, "Conversion to Protestantism among Urban Immigrants in Taiwan." *Sociology of Religion: A Quarterly Review* 67(2): 193-204.

Dobbelaere, Karel, 2002, *Secularization: An Analysis at Three Levels* (Vol. 1). Brussels: Peter Lang.

EVS/WVS, 2020, European Values Study and World Values Survey: Joint EVS/WVS 2017-2021 Dataset (Joint EVS/WVS). JD Systems Institute & WVSA. Dataset Version 1.0.0, doi:10.14281/18241.2

Martin, David, 2002, *Pentecostalism: The World Their Parish*. Oxford: Blackwell Publishers.

McGuire, Meredith B., 2008, *Lived Religion: Faith and Practice in Everyday Life*. Oxford: Oxford University Press.

Rinaldo, Rachel 2013. *Mobilizing Piety: Islam and Feminism in Indonesia*. New York: Oxford University Press.

Stark, Rodney and Roger Finke, 2000, *Acts of Faith: Explaining the Human Side of Religion*. Berkeley: University of California Press.

Tuğal, Cihan, 2009, *Passive Revolution: Absorbing the Islamic Challenge to Capitalism*. Stanford: Stanford University Press.

van der Veer, Peter, 2014, *The Modern Spirit of Asia: The Spiritual and the Secular in China and India*. Princeton, NJ: Princeton University Press.

Voas, David and Mark Chaves, 2016, "Is the United States a Counterexample to the Secularization Thesis?" *American Journal of Sociology* 121(5): 1517-1556.

Yang, Ching Kun, 1961, *Religion in Chinese Society: A Study of Contemporary Social Functions of Religion and Some of Their Historical Factors*. Berkeley: University of California Press.

Yang, Fenggang, 2012, *Religion in China: Survival & Revival under Communist Rule*. New York: Oxford University Press.

第 11 章

醫 療

■曾凡慈

摘　要

1. 醫療社會學關注社會結構條件的不平等所造成的健康差異，意即這種差異應該是可以避免的。過去研究已經發現不利的社經地位、種族／族群身分，乃至於性別與性特質，都可能對群體的身心健康產生有害影響。

2. 「健康的社會決定因素」與「不健康的生活方式」是經常用來解釋健康不平等的兩大取向：前者強調物質剝奪及不平等的身心後果，但不容易提出具體有效的改革方案；後者則聚焦在分析人所選擇的（不）健康行為，可能導致忽略結構限制與譴責受害者的問題。

3. 作為現代性意識形態的產物，西方醫學常被冠上「現代醫學」之名，以示科學、理性與進步，從而與傳統醫學有別。醫療社會學提醒我們將不同的醫療體系都視為特定時空脈絡下的知識與實作系統，分析它們之間何以呈現興衰消長趨勢，以及民眾如何在日常生活中經驗到多元的醫療選擇。

4. 相較於醫療專業多聚焦在疾病本身，社會學者則更關切病痛，意即病人、家屬以及更大的社會網絡如何認識、回應症狀與它所帶來的身心限制（例如病人必須遵循「生病角色」，或應對「污名」的負面影響），以及如何設法與之共同生活（因此可能發展出「常民知識」或特定的行動策略）。

5. 當代社會日益加劇的「醫療化」趨勢，不僅持續改寫我們對於健康與疾病、自我認同與親屬關係，乃至於對「生命」本身的既定認識，更帶來新的風險與倫理議題。

壹　前言

　　許多初入門者可能會懷疑：社會學為什麼要關心健康或病痛？那難道不是醫學教科書專屬的議題嗎？事實上，出生、死亡、傷病或健康，雖然都是生理過程與現象，卻同時受到社會文化因素的影響。例如，1960 年代的台灣，國家憂心過多人口不利於經濟成長，努力推動家庭計畫來節制婦女的生育數量；但時隔半世紀後的今日，生太少或不生反而被認為是一

種「國安危機」，鼓勵生育的措施成為新的政策角力場。另一方面，死亡同樣不是什麼「自然」現象。即便大家都知道人終將一死，台灣每年還是有無數的末期患者，就算治癒無望仍經歷高強度的心肺復甦術，或者依賴人工呼吸器維持表面的生命徵象。特別是在傳統孝道的影響下，多數民眾就算認同「好死不如賴活」的文化觀念，但要子女同意讓瀕死父母放棄維生醫療，仍是千難萬難的抉擇。

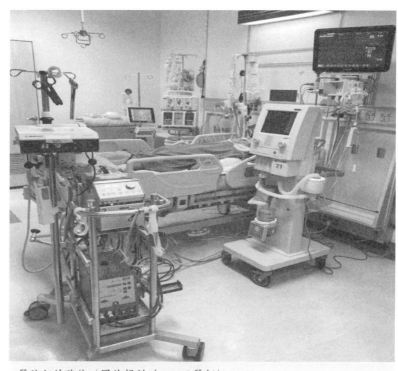

醫院裡的臨終（圖片提供／CY 王醫師）。

人們對於什麼算是生病、什麼不算的判斷，在不同的時空背景當中也會有明顯的差別。至於生病如何處理，照顧模式怎麼安排，更是社會整體組織方式的一部分。一個在 1970 年代出生的台灣小孩，即使功課永遠寫不完、上課坐不住，周遭成人大概只會認為這孩子「尖屁股」、不是「讀書的料」，或者生性頑皮需要管教。然而，如果生長在 2010 年代，十之八九會有人建議家長必須帶去精神醫療門診，檢查孩子有沒有注意力不足過動症。又或是台灣自 1970 年代以來，懷胎婦女住進醫院生產成為常態，人們普遍覺得生產很危險，必須要由婦產科醫師提供專業服務才能確保安全。反而是從 1990 年代開始，有一批產婦援引其他歐美先進國家（例如荷蘭、英國）的案例，主張生產是「自然的」，健康的產婦也不是病人，有能力在助產士協力之下進行居家分娩。當時的作為雖然未能撼動主流的孕產模式，卻持續滋養後續的生產改革行動。

易言之，健康與生病並非單純的生物事實，也與人們如何認定有關；同時也不只是個人議題，而是存在著可辨識的制度性與文化性因素，影響它們的發生或維持，形塑我們認識與對待的方式，更帶來特定的社會後果。相關的社會學提問與知識生產，自二十世紀中葉以來已累積成為一個重要的分支領域，稱為「醫療社會學」（medical sociology），或是「健康與

病痛的社會學」（sociology of health and illness）。主要的核心議題包括（但不限於）：（1）各種疾病及死亡率的不平等，以及與階層化面向（特別是社會經濟階級、性別與族群）的關係；（2）健康照護的社會組織；以及（3）生病經驗、醫病關係與病患行動等等。

貳　健康與疾病的社會分布

一、區分「健康差異」與「不平等」

　　每個人的身體條件都有高矮胖瘦的先天差距，不同社會群體的健康與罹病狀況亦有所別。但是，並非所有的「差異」都屬於「不平等」，前者是可接受的，後者則必須透過各種制度性的手段來努力弭平。那麼，什麼是可接受的健康差異？舉例來說，老年人的死亡率高過其他較年輕的人口群體，男性罹患乳癌的機率遠低於女性，這大抵反映出是生物特性，而非社會因素所致。此外，有些人平常就很重視養生保健，他們或許會比熱愛極限運動的同儕更容易長命百歲。這樣的健康差異常被解釋為個人努力的結果，沒有什麼不公平的問題。

　　然而，如果我們發現同齡長者的死亡率有社經地位差異、某些職業的勞工更容易罹癌，或是特定地區的居民更可能因為意外受傷而失去生命，就不能說是生物、自我選擇等因素所致，而必須考慮哪些社會結構條件限制了人們選擇健康行為的自由程度，或是影響基本健康與公共服務的資源取得。健康不平等指的是基於社會不平等而導致的健康差異，不只是事實描述，更帶有價值意涵；因此經常被認為源自不公平與不正義的社會處境，從而需要透過集體層次的改變來設法避免。

健康不平等
並非單純的健康差異，而是特指基於社會不平等而導致的健康差距（health disparity）。

二、誰受苦？社會階層與健康

　　社會學對於健康、病痛與死亡的分析，經常連結到社會階層的概念，也就是觀察個人或群體的社會經濟地位（包括教育程度、職業層級、收入等指標）如何影響健康。長久以來，跨國性與歷時性的資料都顯示國家整體的經濟發展程度對人民健康有強烈影響：例如，在經濟合作暨發展組

織（Organization for Economic Co-operation and Development, OECD）的會
員國當中，有半數國家在 2015 年時國民平均壽命已經超過八十歲，但在
非洲地區仍有某些貧窮國家（像是賴索托或是史瓦濟蘭），許多人要活到
五十歲都屬勉強。除了壽命長短的差異，主要的疾病形態也有差別：出生
在低度工業化熱帶國家的人民，受瘧疾、寄生蟲、痢疾與營養不良所威脅
的機會，可能遠高過心臟病和癌症，後者對他們來說太過「奢侈」，更屬
於那些活在先進國家、醫療資源更普及、壽命也更長的人。

　　不過，相對近期的研究也發現：隨著國家愈來愈富裕，經濟成長對於
提升人民健康的利益卻愈來愈不明顯。反倒是社會內部的貧富不均程度，
更顯著地影響人們的健康、壽命與幸福感。Wilkinson 和 Pickett（2019）
的研究便指出，同樣是住在富裕國家，社會內部的貧富差距愈大，人們愈
會因為與其他人的相對比較而感到壓力，社會互信關係也會流失，因此會
損害國民的身心健康，包括平均壽命愈短，死亡率與許多身心疾病的比例
都比較高。這樣的影響，對窮人的效果當然遠比對富人更甚。然而，最讓
人吃驚的或許是肥胖症。過去或許以為社會愈富裕，整體肥胖率愈高，愈
有錢的人也愈容易肥胖。事實卻呈現相反的圖像：在已開發國家，幾乎都
是窮人的肥胖率比富人高；值得注意的是，這裡的「窮」並不一定是絕對
性的客觀經濟狀況，而是與個人自認在社會層級中的位置息息相關，主觀
社會地位愈低的人愈肥胖。

　　這樣的數據顯示：並非只有窮人會蒙受健康不利，而是隨著社會經
濟地位的下降而逐漸加重其影響，稱為健康的社會梯度（social gradient in
health）。衛福部近年發布的《臺灣健康不平等報告》（邱淑媞、Marmot
2017），亦發現在 25-64 歲男性中，職業類別的社會地位愈高，死亡率愈
低（如下圖 11-1 所示）；若以廣義的藍領與白領工作者區分，前者的死亡
率比後者高出 84%。令人驚訝的是，就算是意外死亡的比例也受到社經
條件影響，以交通事故意外死亡為例，當事者的家戶可支配所得愈低，死
亡數就愈高（呂宗學 2008）；居住地區的整體社經狀況愈劣勢，孩子也愈
容易因交通事故死亡（邱淑媞、Marmot 2017）。

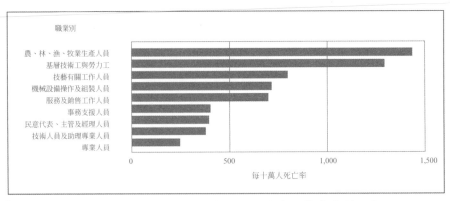

圖11-1　台灣2011-2013年25-64歲男性死亡率，依職業別區分

資料來源：邱淑媞、Marmot（2017: 44）。

三、種族與族群

　　種族、族群與健康的關係，亦與社會階層密切相關。根據美國2011年的統計，黑人的平均餘命比白人短4.8年。除了黑人的社經地位整體來說比較低之外，也跟種族主義的歷史及遺緒有關。1930年代，美國公共衛生署刻意對罹患梅毒的黑人隱瞞病情，以進行不治療的觀察實驗，希望增進對於梅毒的自然病程以及在不同種族身體上發展差異的科學知識。這個惡名昭彰的「塔斯基吉梅毒實驗」（Tuskegee Syphilis Experiment）在四十年後才為媒體揭露，不但重創黑人對美國政府與醫療體系的信任，也連帶導致他們對於後來的愛滋防治計畫抱持懷疑、拒絕合作的態度。在台灣，原住民的健康狀況與全體國人也同樣有顯著的落差。2015年的一項統計指出，原住民族的平均餘命為71.9歲，比全國平均少了8.3歲；統計前十大死因也可以發現，原住民的標準化死亡率在每個項目上都高於全國，就連新生兒與嬰兒死亡率都比全國數據高過將近一倍。此外，原鄉地區的醫療資源及醫護人力明顯不若平地，從而對他們的疾病預後產生不利影響。

　　種族之間的健康差距，與其說是基因所致的差異，不如說是社會結構因素所致的健康不平等。蔡友月（2009）發現蘭嶼達悟族人罹患重度精神疾病的比例很高，且集中在青壯世代，進而指出這是一個原本相對與世隔絕的少數族群，無可避免地捲入現代社會發展歷史過程的結果。被診斷為精神疾病的達悟人中，有九成五是在蘭嶼接受現代教育的第一代，畢業

後選擇離鄉到台灣追求更好的生活，卻經常遭遇孤立與歧視而導致各種困境與挫折，從而產生集體性的身心創傷。與此同時，達悟人在文化隔閡下對精神醫療並不信任，國家在離島所能提供的醫療服務也有高度的時空限制，使得醫療照護的目標難以實現。

四、性與性別

　　除了社經地位之外，性別也是影響健康不平等的重要變項，箇中機制十分複雜。過去不少研究指出，即使女性的平均壽命幾乎在所有國家都比男性長，卻似乎更容易生病與自認健康不佳，醫療服務的使用率也比較高，堪稱「男人死得快，女人病得多」。然而，倘若計算全球前十種造成死亡或失能的重大傷病，無論是個別疾病或加總起來，男性所受到的損害還是明顯超過女性（Snow 2008）。相對上，女性則更容易受到各種精神疾病的衝擊。就像世界衛生組織（World Health Organization 2009）總結不同國家的調查結果，發現即使各國憂鬱症的盛行率會因社會結構條件不同而有所差異，但女性苦於憂鬱症的比例，大抵都是男性的兩倍左右。不少生物醫學研究者致力於尋找使女性更易罹患精神疾病的生理機制，卻相對忽視性別歧視的社會結構可能讓她們蒙受更多壓力與痛苦。例如：女性在家庭教育與職場上更容易遭受歧視或忽視，限制了她們的生命機會；妻子與母親的角色強加不成比例的照顧責任，工作家庭兩頭燒的情況亦危及職業生涯發展；如果身為全職主婦，則必須忍受社會隔離以及缺乏經濟自主所衍生的風險。整體來說，女性比男性更可能受到貧窮、暴力與社會地位低落的傷害。此外，診斷與轉介系統亦可能受到社會既存的性別偏見影響，只要女性的社會形象持續被建構為脆弱、情緒化的，她們就比男性更容易得到憂鬱或恐慌症等精神疾病的診斷。

　　此外，性別當然不只男女兩種類別而已。既有研究已經發現，性別與性少數群體（gender and sexual minority）經常因為承受來自異性戀體制的歧視與迫害，而在高度身心壓力中展現出比主流群體更高的物質成癮與風險性行為、較高的自傷與自殺率，以及較差的營養習慣（Smalley et al. 2018）。在醫療場域中受歧視的經驗，也讓少數群體更不願意尋求健康照護。台灣就曾發生跨性別者在就醫時，因外貌與證件照片差異而遭到當眾受辱的案例，顯示出醫療現場的性別敏感與友善性仍需加強（黃志中、莊

瑞君 2013）。

　　性與性別不只是生物屬性，也是社會體制，更是人們建構自我認同的重要元素。在健康統計中所呈現的性別差異，需要進一步釐清究竟是與生物相關的脆弱性所致，還是性別化經驗的影響，或者更可能是複合作用。對社會學研究者來說，我們考慮更多的是性別化的社會組織與性別常規對健康的不利後果，例如既存的勞動分工，可能使男性較易發生粗重勞動或交通事故而導致的意外，女性則較易因承擔照顧工作而罹患傳染性疾病。此外，包含休閒娛樂等因應壓力的適應策略，也存在特定的性別差異，例如「忽略風險」經常是社會建構陽剛氣質的重要部分，也是許多男性「做性別」（doing gender）的途徑，從而使得男性遭受更多與菸、酒、藥物或毒品物質濫用相關的健康風險。

COVID-19 與健康不平等

　　西洋流行音樂天后瑪丹娜，曾經稱呼造成 2020 年全球大流行的新型冠狀病毒肺炎（COVID-19）為「偉大的等化器」（great equalizer），意即在病毒面前人人平等，但實情卻絕非如此。

　　既有研究已經發現許多健康的社會決定因素，包括社經地位、種族或族群，都對 COVID-19 的結果產生重大影響。例如：從事心智勞動者的工作形態，通常比體力勞動者更容易透過維持身體距離（physical distancing）來自我保護；無家可歸而不得不住在庇護所的人，由於居住空間擁擠以及少有機會使用相關的檢測設施，面臨更高的病毒傳播風險。在美國，以黑人住民為主的郡（county）COVID-19 感染率比白人為主的郡高出 3 倍，死亡率則高出 6 倍；僅在芝加哥一地，黑人就占據超過 50% 的 COVID-19 病例和近 70% 的 COVID-19 死亡病例，而他們實際上只占芝加哥總人口的 30%（Abrams and Szefler 2020）。

　　COVID-19 與性別的關係則較為複雜，即使女性的致死率較低，但就性別與工作交織的資料來看，能夠發現在高度「女性化」的產業中，女性的確診率遠高於同行（Azcona et al. 2020）。澳洲的調查則是發現，在政府因應大流行而關閉學校、要求員工在家工作的措施之下，薪資勞動與家務工作原本分明的界線被模糊，雖然男性對家務與育兒的參與整體上確實有所提升，但仍未能弭平既存的性別差距。許多女性更因此感覺自己是「1950 年代的家庭主婦」，不只家務勞動份量增加，在家工作的家庭資源也未能公平分享，從而憂心性別平等運動的倒退（Craig and Churchill 2020）。

五、健康與疾病的社會模式

　　學界對於健康與罹病差異的解釋,最主要的兩種觀點分別是「健康的社會決定因素」與「不健康的生活方式」。前者可追溯到工業革命時期,對於都市化及工業化如何影響國民健康的關切。一開始,這個取徑強調的是「物質剝奪」的不利後果,例如貧窮的人無法取得達到健康所需的飲食、物品和服務,並且更可能曝露在有害的環境中,包括髒亂擁擠的居住環境,或是具危險性的工作條件等等。這樣的觀點得到無數研究支持,特別是在發展程度較低的國家更是如此。

　　然而,人們也愈來愈看到已開發國家出現所謂「流行病轉型」(epidemiological transition)的現象,意即隨著國家的社會經濟條件能夠滿足人民維持健康的基本需求,原本以傳染病為主的流行病分布,會逐漸轉向以慢性病為主,此時造成人民罹病與死亡率差異的主要社會因素,比起物質剝奪,更需要考慮社會不平等帶來的身心後果。著名的英國白廳研究(Whitehall Studies)(Marmot et al. 1986)就發現,在表面上同質的政府公務員群體當中,死亡率同樣呈現出明顯的社會梯度:職位層級愈低者,死於疾病、自殺、意外與他殺的機會愈高;即便同樣從事風險行為(例如抽菸),職級愈高者,死於相關疾病的機率也愈低。

　　白廳研究中納入抽菸因素,正呼應到另一個主流的解釋模型,也就是強調個人層次的「不健康生活方式」取徑。例如在國家衛生研究院對台灣健保實施十年後的成效評估中,就以「生活習慣」來解釋台北市民的平均餘命較台東縣民高出十年以上。該報告指出,與台北市民相較,東部人民抽菸、喝酒、吃檳榔的比例更高,運動量較低(除了年輕族群沒有太大差異),肥胖程度也比較高,因此特定癌症、慢性疾病的比例都比較高。這種歸諸罹患者生活方式的論點,始於 1950 年代 Austin Bradford Hill 及同事對於抽菸與肺癌的開創性研究。這個研究影響深遠,甚至有論者喻為開啟流行病學上的「淘金熱」,鼓勵大量研究者投入尋找致病的生活方式因子,即使他們在方法論上大多不若原始研究來得審慎與嚴謹(Wainwright 2008)。

　　與前一個取向不同的是,生活方式取向預設人類既然具備行動能力,健康或不健康的行為都是自主選擇的。這樣的論點經常被批評為「譴責受害者」(victim blaming),因為許多人看似「選擇」不健康行為,事實上

流行病轉型
(epidemiological transition)
隨著國家的社會經濟條件能夠滿足人民維持健康的基本需求,原本以傳染病為主的流行病分布,會逐漸轉向以慢性病為主。

港邊的保力達 B。台灣許多從事高強度工作的體力勞動者，會習慣性地使用含酒精的提神產品，幾乎已成職場文化的一環。雖然廣告宣稱能保健強身並對抗疲勞，但卻可能對使用者造成職災風險與長期健康問題（鄭婉汝、鄭雅文 2012）。（圖片提供／劉介修）

卻是因應結構受害的弱勢處境而出現的適應策略。以山地鄉中原住民高比例的酒癮現象來說，並非「他們就是愛喝酒」能簡單解釋，而是要看到：一方面，原住民依循傳統文化的用酒模式，因政府基於統治與財政需求而開展酒的公賣政策而被破壞，迎來部落生活中酒的全面商品化；另一方面，原住民在被迫進入的資本主義生產關係中飽經壓力與挫折，故而以酒來迴避難以翻身的厄運（陳慈立 2014）。即便如此，不健康生活方式的取向對於政策制定者來說依然極具吸引力，畢竟苛責人們改變不健康行為的成本，遠低於高額的醫療投資（效果可能不彰），或者著眼於改變社會結構的長期方案（缺乏速效）。

🔍 **問題與討論 11-1**

　　想像你的鄰人是獨居的勞動者，長期以來都從事臨時性的體力工作，平日經常菸不離手，家門口也常堆著空的保力達 B 或維士比空瓶。某次你的朋友來拜訪，無意間遇到這位鄰人，私下對你批評說：「這些低階級的人明明生活條件已經很不好，怎麼還不知道愛惜自己的身體！」你會怎麼回應呢？

 課堂活動 11-1

　　前面提到 COVID-19 與社會不平等的關係。請看 Vox 發行的這部九分鐘短片，討論是什麼因素造成美國的黑人族群在罹病與死亡率上的不平等。

　　"One reason why coronavirus hits black people the hardest" — Vox, 2020, 9:02 — https://www.youtube.com/watch?v=XAFD-0aMkwE

醫療照顧的社會組織

一、現代醫學／西醫的興起

　　前面討論的這些疾病分布與統計，都是依據現代醫學（modern medicine）的分類來計算的，因此不容易看到如傳統中醫的「消渴症」或「肺積」的盛行率數據，對於醫療資源不平等的問題，人們也很少主張要透過提升傳統或另類醫療專業人力與服務來解決。就像在當代台灣，無論是學術場域或日常用語中提到「醫師」或「醫療」，往往特指西醫師與西方醫學，而非中醫或任何其他體系的健康照顧工作者。西方醫學被等同於現代醫學，以示與「傳統」醫學有別。這樣的區分——作爲現代性意識形態的產物——暗示著現代／西方醫學是科學、理性、進步的，傳統醫學則站在對立面，是不科學、非理性與落後，甚至不值得重視。傳統醫學的使用者，更因此常被貼上迷信、不具知識的標籤。然而，如果我們將所謂「現代醫學」與「傳統醫學」都同樣當成特定時空脈絡下的知識和實作系統，更有助於看到不同醫療體系之間何以會呈現興衰消長的趨勢，以及民眾如何在日常生活中經驗到多元的醫療選擇。

現代醫學的興起

　　歷史社會學者朱申（N. D. Jewson）（2004）曾梳理十八到二十世紀西方醫學的轉變，發現早期的歐洲原本是以「床邊醫學」爲正統，醫學知識並未標準化，各種流派的醫師必須根據病人的生活史與自家理論來診治，並在競爭激烈的市場中努力贏取病人的青睞。因此在醫病關係與醫學知識進展上，幾乎都是病人主導的態勢。法國大革命後於巴黎興起的「醫院醫學」，開啓現代醫學的大門，醫師開始累積身體內部病灶與外顯症狀關聯的實證知識，並帶動醫學教育改革；由於巴黎大型醫院的醫師統一由國家聘任，主要收治的是接受賑濟的窮人，醫病之間的權力關係從而翻轉，醫師成爲更自主但更封閉的專業團體。與此同時，醫學知識出現化約主義傾向，不再關注病人整體身心狀態，而是聚焦在組織層次的病理，且隨著十九世紀德國「實驗室醫學」興起，更進一步限縮到細胞層次的變化與生物化學過程，導致醫學典範當中「病人的消失」。

　　現代醫學相信疾病的起源與治療都應聚焦在身體之上，而非關魂靈或其他超自然現象，並應能以科學的語言來加以闡明。這種自十九世紀以來

醫學模式（medical model）

常被社會學家用來指涉十九世紀以來在醫學中占主導地位的疾病取向，意即從個人身體的解剖－病理觀點來理解疾病。

逐漸占據當代醫學主流的「醫學模式」（medical model），打破過去崇尚的體液理論和對症狀的詳細描述，轉向立基在身體病理解剖學的基礎上。新的模式相信每種疾病都可發現相對應的病因，並且會引發身體的病變，從而產生可辨識且能客觀定義的生理症狀；而治療決策則是依循科學方法推導而出，以將身體功能恢復到健康狀態爲目的。受惠於新的知識與技術，例如細菌學、抗生素、消毒法等等，這種新疾病模型逐漸在社會上確立可信度與有效性。與此同時，由於疾病被認爲主要存在於個人身體當中，醫師愈來愈注重症狀本身，對病人家庭、社會或道德世界複雜性和異質性的關切則日益淡化。二十世紀以來，醫學日益成爲「界線明確」（bounded）的專業，不僅對於屬於醫療的事務認定具有管轄權，亦從國家手中取得對自身行業的自主性與控制權。這裡的意思並非個人的醫療實作能豁免於一般的法律框架（雖然他們的確享有高度的臨床裁量權），而是說醫學社群能自我管理其專業證照和訓練系統，並且在相當程度上具有官方與公眾尊重的知識權威，能決定什麼會（或不會）構成醫療造成的不當傷害。

　　台灣的現代醫療與西式醫院，可以說是萌生自十九世紀末的傳道醫療。當時長老教會的傳教士（知名者如馬雅各、馬偕等）主要以醫療爲手段（特別是較具戲劇性的外科手術與西醫藥品，如拔牙和奎寧）來宣揚福音，並經常與傳統漢人文化、民間信仰，乃至中醫藥業發生矛盾和衝突。日治時期的殖民政府，則以現代醫學作爲正當化統治基礎的工具，致力經營衛生行政設施與工作，並以獨尊西醫的方式來開辦新式醫學教育、建立醫療管理規範，使得作爲「殖民現代性」反面的傳統醫療人口快速萎縮。具體措施像是：一方面透過成立醫學校，在治台五十年間培養出近三千位西醫師，一方面規定既有的中醫必須申請登記方可執業（且只能稱爲「醫師」），但登記只限至1901年終，使得中醫人數從日人入台之前約二千名左右，到1945年日治結束之時，僅剩十多名能夠持照行醫。戰後，國民政府延續日本「扶西抑中」的模式，雖然恢復中醫證照考試與發展中醫專業教育，卻仍然透過如《醫師法》等法令修訂來鞏固西醫的專業支配，在健保體制的給付上也有明顯的差別待遇（例如：中醫健保只包括門診醫療，而無住院給付；藥物上也只給付濃縮免煎的「科學中藥」，排除許多傳統中醫認爲更重要的煎煮湯劑），使台灣的醫療場景當中仍維持西醫獨大的地位（鄭惠珠 2008）。根據2017年衛生福利部發布的統計，中醫門診的就診人數約爲642萬人，同年前往西醫門診（不含急診）就醫的人數

則爲 2,139 萬人。

二、民俗與另類醫療

即便政府只認可中西醫爲專業醫療體系，但在日常保健場域中，還有相當活躍的民俗與另類醫療部門。這裡所稱的民俗與另類醫療，是一個內部高度異質的統稱，其中可再概分爲神聖的與世俗的，前者多發生在宗教場域內，運用超自然力量來進行治療行爲，例如：道教宮廟裡的收驚、藥籤，基督宗教的禱告治病、驅魔趕鬼等等；後者則是不涉及神聖事物，借助自然物質或是身體操作，如草藥、芳香療法、整骨或是跌打損傷等等。它們和中西醫一樣，各自都有專門的病因論、症狀分類與疾病名稱，預防、診斷與治療方法，以及醫療者的訓練方式，也都對受苦的人提供不同形式的協助與照顧。

在台灣這種「醫療多元主義」（medical pluralism）的社會中，民眾使用多種醫療體系的情況十分普遍，例如病發初期看西醫，認爲效果不彰或擔心藥物副作用時，則轉向中醫或其他健康照顧體系。中央研究院在 2011 年執行的「台灣社會變遷基本調查」（第六期第二次），就發現「過去一年有生病或受傷經驗」的受訪者當中，約有三成六的民眾曾經使用過傳統或民俗療法；而在所有受訪者中，回答「從來沒有用過傳統或民俗療法」的比例只有 33%。這個結果很近似於章美英等人（2013）在同年執行的電話訪問調查，她們同樣發現約有六成台灣民眾在過去曾使用非西醫的方法來促進健康或治療疾病，過去一年內有相關經驗的民眾占 37.6%；其中最常使用的項目依序爲中藥、健康食品、推拿、針灸和運動。

病人如何選擇醫療系統，與他們如何理解身體與疾病有關。早期曾在台灣進行田野研究的美國醫療人類學者凱博文（Kleinman 1981），就主張民俗醫療的效力來自治療者與病人共享同一個世界觀，例如乩童與病人雙方都相信精神不濟是源自狐狸精作祟，經由法術可鎮壓或驅趕。台灣的醫療人類學者張珣（2006）則進一步認爲：民俗醫療經常採取多重病因觀與多重治療觀的開放模式，就像台灣民間說的「要神也要人」，正是立基在傳統漢人信仰中的人觀——相信人體有三魂七魄，魂魄強時人不易受到外力侵擾（不只包含鬼煞，也包括細菌、病毒、飲食等中西醫能診斷出的因素），魂魄弱時人就容易生病，因此許多乩童在施作法術之餘，也會建議

醫療多元主義
（medical pluralism）
指一個社會中同時存在多種醫療知識與實作的體系，各自擁有不同的世界觀與運作的原則。

病人去看醫師。

　　即便病人未必抱持傳統民間信仰，他們仍可能意識到現代醫療本身具有的不確定性（診斷可能隨著病程而改變，任何治療的效果亦非百分之百，藥物更難免有副作用），從而可能透過其他醫療體系來增進健康或治療成功率，例如：崇尚自然的母親選擇順勢醫學（homeopathic medicine）幫助生病的孩子引發身體自癒力量（范代希 2017），或是病人在手術前借助宗教儀式，試圖確保過程平安順利。此外，生物醫學模式經常無法解答「為什麼是我（得了這種病）？」的終極問題；這時，宗教醫療尤其能夠提供一套超自然的意義系統，幫助病人接受自己的身心狀態，或者形成新的努力目標（不見得是治癒），甚至在主觀上感知到身體與情緒的改善。易言之，選擇多元醫療的民眾經常不是昧於現代科學，更可能是認知到現代醫學的限制，並希望尋求與個人信念和價值觀更契合的醫療方式。

▍三、健康保險制度

　　雖然多元醫療體系並存是台灣醫療場域中的現實，但過去研究已經發現：醫療照顧的社會經濟組織，尤其是保險制度，相當程度影響消費者選擇與服務提供的模式，因此有必要在此一併加以介紹。

　　台灣目前實施的全民健康保險制度始於1995年，在那之前，只有55% 國民有資格根據自身職業身分參加勞保、農保、公保等三大保險體系，享用以西醫為主的醫療服務（中醫自1984年先在勞保中試辦，1989年公保、農保才陸續開放）。既然納保的基礎是本身具有職業，可想而知，老人、小孩與沒有工作的弱勢團體往往被排除在外，一旦生重病就可能有拖垮家庭生計的風險。與此同時，不同體系的保障也不相等，勞、農保的民眾經常抱怨與公保民眾之間有明顯的差別待遇（例如：同一院所的掛號費不同，公保給付範圍較廣，也不會拒絕「帶病投保」），而衍生不公平的感受。

　　全民健保的實施，等於打破了職業類別的藩籬，形成以公民身分為社會連帶基礎的單一體系，將全台民眾整合成一個共同分擔風險的互助社群（林國明 2003）。在實際運作上，除了全民納保之外，保費主要依個人薪資等級課徵，並以受僱人30%、雇主60%、政府10% 的比例共同負擔。這樣的設計多少形成所得重分配的效果：一方面，薪資高的人必須比薪資

低的人多繳一點保費（意即多為他人分擔一點風險），但他們通常健康情況較佳，因此使用健保的機會較低，享用的健保服務範圍也不會因為繳費高低而有所差別；另一方面，亦不再有人因為不具投保資格，或受經濟能力限制，無法取得必要的醫療照護服務。

　　放眼全世界，台灣全民健保的制度設計屬於「單一保險人」模式，所有保費統一由政府（中央保險局）支付給各級醫療院所，以助於控管醫療成本。[1] 至於其他有健保制度的國家，則主要分為國家介入與自由市場模式：前者可再區分為以稅收支付、且絕大多數醫院均為公營的社會福利模式（例如英國或是北歐國家），或是徵收保費的社會保險模式（例如德、法等西歐國家），由複數保險人（可能包含公保與私保）提供不同的保險方案，民眾依能力與意願選擇，國家則規定全民皆需納保並建立相關規範。至於在自由市場模式中，醫療保障不是基本權利，而是個人但憑己力購買的商品，政府只提供弱勢族群（例如兒童、長者與貧民）醫療補助。自由市場模式經常以美國為代表，由於當地的醫療費用高昂，每年都有數千萬人因為買不起商業保險，又不符合公共保險的福利身分，而陷入一生病就破產的重大危機。如何改革醫療保健體系，讓每個公民都享有需要的健康照顧服務，同時又能避免對個人自由與企業行為進行過度干預（例如：能否強制全民納保？能否規範保險公司不得拒絕帶病投保？），遂成為美國政治與社會場域持續爭辯的重大議題之一。

課堂活動 11-2

　　與同學分享自己曾經接受過中醫或其他另類療法的經驗，並比較其與西醫的差異，包括醫療服務提供者、醫病關係與看診經驗，以及治療效果。

問題與討論 11-2

　　觀看美國公共電視網於 2008 年發行的紀錄片 Sick Around the World，思考片中從哪些面向呈現五個國家健康照護制度的差異，並且如何呈現各種不同取向的優缺點。

1　當然在政府強力控管下，醫院也會發展出各級因應方式來縮減成本，有時甚至以醫療人員權益或是臨床照護品質為代價。

> 💡 **課堂活動11-3**
>
> 　　想像你是一名外科醫師，某日一個 8 歲孩童因為車禍重傷緊急入院，必須輸血救治。但他的父母是耶和華見證人信徒，堅持要遵守教義，拒絕讓孩子接受輸血。眼看孩子即將有生命危險，你會怎麼做？請與同學一起討論。

肆　生病經驗與病患行動

一、疾病與病痛

　　除了探究各種重大疾病的社會分布，以及社會如何組織醫療照護模式之外，社會學家也同時關注微觀層次上人們如何感知與處理疾病，以及生病對個人與家庭的影響。不過，在進一步檢視相關現象之前，我們需要先區分疾病（disease）與病痛（illness）：前者是生理性的，表現在身體的器質性損傷或功能變化，經常被認為是客觀的，例如乳癌目前仍是台灣女性好發癌症的首位；病痛則是更廣泛地包括受疾病影響的人類經驗，高度受到社會文化體系的影響，從而具有主觀面向。舉例來說，乳癌患者感受到的除了病症帶來的疼痛，還有醫療照顧導致的身心與經濟負擔，對癌症轉移甚或復發的恐懼，更必須調適性別身體意象、家庭關係與工作安排，乃至於對自我的認識與對未來的期望。易言之，疾病是生理事件與醫療從業者的主要關切，而病痛則關諸病人、家屬以及更大的社會網絡如何認識、回應症狀與它所帶來的身心限制，設法與之共同生活。Michael Bury（1982）就以傳記性斷裂（biographical disruption）來概念化這種經驗，意即慢性病痛經常挑戰人們如何認識世界與思考自我在其中的定位。雖然病痛經常是疾病造成，有時還是會出現不一致的狀況，像是有人長期感覺不適卻無法診斷出明確疾病，或是患有同種疾病的人，會因為所處環境的差別而有迥異的病痛經驗。因此，這樣的概念區分有助於讓我們認識到：人們如何經歷生病過程，不能被化約到單純是生物或醫療的現象，而是要看它們受到什麼樣的政治、經濟、文化與制度所影響。

疾病（disease）與病痛（illness）
前者是生理性的，表現在身體的器質性損傷或功能減損，經常被認為是客觀的；後者則是更廣泛地包括受疾病影響的人類經驗，高度受到社會文化體系的影響，從而具有主觀面向。

終結精神疾病的污名

2016 年 5 月，英國皇室的年輕成員，威廉王子和他的妻子凱薩琳，以及哈利王子共同發起「齊頭並進」（Heads Together）運動，以對抗心理健康問題的污名。他們認為，污名使得有心理健康困擾的人，會因為擔心別人的偏見與負面評價，而不願尋求幫助，從而無法獲得實際需要的支持與服務。為此，這個運動從邀請對話開始：他們建立了一個網站，並利用社交媒體平台上的標籤，例如 #OkToSay、#ThereForMe 等等，讓人們可以分享自己受苦或獲得幫助的經驗。網站上並發布一系列名人討論自身心理困擾的短片，其中包括美國流行歌手 Lady Gaga，以及英國足球界許多知名的運動員、經理、教練等等，希望鼓勵人們，特別是年輕人與男性，能像討論身體疾病一樣自在地討論精神困擾，並為家人與朋友提供適切的支持。

在台灣，也有伊甸基金會附設活泉之家，除了提供精障者家屬照顧服務之外，同時致力於發展去除污名的社會行動，例如：透過「真人圖書館」的活動讓精障者現身與大眾自在對話，舉辦各種由精障者創作的藝術展，建立 FB「瘋靡 popularcrazy」平台等等，讓精障者得以呈現出除了疾病標籤之外，還有身為「人」的豐富樣貌與多種可能。

除了病痛的心理社會經驗有脈絡因素，對於病痛的知覺與身體感受同樣是文化建構的產物。凱博文（Kleinman 1977）就發現早期的台灣人經常會把西方醫學框架中的精神疾病表達為身體症狀，例如：同樣都是西方精神科醫師眼中的憂鬱症患者，美國病人會以心情低落、對生活失去興趣與意義感，甚至不想活下去等語言來自我描述；台灣民眾則多主訴胸悶、沒胃口、全身無力與頭痛等身體不適；或是像西醫眼中的焦慮症，台灣病人會指稱胸痛與心臟不舒服。這種心理疾病軀體化的現象，可能不只因為華人社會對於精神疾病的羞恥感，也反映出華人文化中獨特的身心觀：意即相信病痛來自具體的某個身體部位或器官出問題，即使是情緒或精神困擾也傾向以生理因素來解釋。

這種因病而生的羞恥感受，與某些疾病在特定社會文化中的污名（stigma）（Goffman 著、曾凡慈譯 2010）有關。高夫曼（Erving Goffman）在 1960 年代發展「污名」這個概念，用來指稱那些會讓人遭到貶抑的屬性。疾病就經常具有這樣的特質，特別是起因不明、治療法無效的重症或是身心障礙，更容易被賦予負面的道德意涵，從而使患者除了應付疾病本身造成的身心限制之外，還必須處理污名對社會身分與自我認同帶來的問題，甚至可能危及社會參與。例如：在華人文化中，不少人仍將障礙視為上輩子做壞事而得到的報應，或是覺得障礙者就是「殘廢」、無力自理生

污名（stigma）
指某些身體狀況、屬性、特質或行為被認為是負面、「偏差」的；由於是「被認為的」，因此高度受到社會、文化與歷史因素所影響。

活；罹患後天免疫缺乏症候群（俗稱愛滋病）的男性，亦常被衛道人士批評是性偏差而咎由自取，他們的公民資格亦受質疑。嚴重的污名迫使患者進入「深櫃」當中，將自身的疾病或障礙掩藏起來。然而，這樣的調適策略不只阻礙他們取得需要的治療或服務，當疾病具有傳染性時，也可能不利於公共衛生的防治。

二、生病角色

生病角色（sick role）
指一套關於病痛的權利與義務，會形塑醫師與病人的行為，也會影響病人如何受到他人的期待。

對社會學家來說，生病從來不只是攸關身體的事。即使病人未曾意識到，通常也已經在社會化過程中習得他人會如何期待病人的態度與行為。早在二十世紀中，美國功能論取徑的社會學家帕森斯（Parsons 1951）就提出「生病角色」（sick role）概念，將生病視為一種需要被控制的偏差（想想病人可能無法工作而必須請假，也難以扮演原本的家庭角色），以降低對於社會體制運作可能帶來的負面影響。就像所有的角色概念，生病角色包含一套立基在制度性期待的行為，病人（1）得以有限度地豁免平時應盡的角色責任（如學生不需要完成課業）；（2）不需要為生病這件事負責（如生病常被預設是非自願的）；但相對上，病人得要（3）努力康復（如不能請假之後又日夜玩樂）；必須（4）尋求並配合醫療專業的協助。如果沒有善盡這些義務，病人可能因此受到譴責，甚至被剝奪病人角色。

生病角色的概念之所以重要，在於它指出醫療除了我們一般以為的救死扶傷之外，還具有社會規範的功能，並將個人病痛與外在的制度結構連結起來。然而，隨著功能論的影響力自1970年代日益衰落，生病角色的概念也受到諸多挑戰。一部分的批評來自經驗上的適用性，例如：女性主義者指出病人得享的權利有性別差異，成年女性很少能因為生病就豁免於家務、母職等角色；也有論者主張原始的生病角色概念其實是有條件的，只適用於可復原的疾病。至於那些罹患慢性病、甚至身心障礙的人們，通常只求症狀控制而無法真正被治癒；或是當疾病被認為是病人行為不當（如過度飲食、抽菸喝酒吃檳榔，或是未實踐安全性行為）而自我招致時，他們很難獲取合法的病人角色。這樣的區分，有助於我們進一步思考如何將生病角色發展成一個比較性的概念，用來分析不同社會文化群體以及不同疾病的病痛經驗。

另一部分的批評，則針對帕森斯原始概念中預設醫病之間不對等的權

力關係：醫師被視為擁有專業知識與能力的施助者，病人則是需要求助的依賴者，必須遵循醫師的指示以追求康復。事實上，醫病關係並不總是基於共識而合作無間，許多後來的研究揭示出病人如何在專業權威下失語，甚至受到不必要的醫療介入。例如吳嘉苓（2000, 2010）就發現台灣過高的剖腹產率，經常被歸責於非理性婦女（她們要不是迷信良辰吉時，就是害怕疼痛），而忽略檢視產科的醫療行為與臨床因素。另一方面，病人當然也不會總是積極配合就醫，特別是當他們懷疑醫師的判斷或拒絕醫師的處理方式時，經常會以「逛醫師」的方式來因應。這種「複向求醫」的表現是一種理性的行動，源自於對病況或治療的困惑沒有被滿足，因此不該輕易以病人貪小便宜或濫用資源來解釋（張苙雲 1988）。

▌三、醫病互動、病人知識與行動

　　確實無論是在經驗研究或現實世界中，醫病關係並不總是能互補的。特別是病人與醫師互動的時間極為有限，且經常只聚焦在症狀，少有醫師有餘力關心病人的生活與家庭相關問題。張苙雲（2005）曾以「社會控制的延伸」、「託付式的順從」、「隨時準備翻臉的尊敬」，以及「隱形病人」來總結台灣的醫病關係，例如：實務上判斷病情嚴重度，經常以是否影響工作能力為標準，間接支持人應該工作的社會規範；由於醫病之間的知識權力不對等，病人要不展現出託付式的順從（「醫師說的就是對的」），要不就維持表面尊敬，但隨時會因為某些狀況而翻臉求去。至於醫師對疾病的處置經常謹守生物醫學典範，將病人對疾病的主觀認知與意義賦予排除在醫療工作主線之外，等於是見「病」不見「人」。

　　病患在不對等的醫病關係當中究竟如何回應與行動，是許多社會學家共同關切的議題，也在後續研究中得到更進一步的理論化。吳嘉苓、黃于玲（2002）就彙整國內外研究，提出「順從、偷渡、發聲與出走」的分類架構，認為台灣的病患行動模式由於受限於醫療場域的文化與權力結構，因此是以「不限於順從，仍難得發聲」為特色。兩位作者並以台灣居家分娩為「發聲型出走」的案例，論證一群「最在乎生產品質」的產婦，如何在醫療獨占的生產制度中「自創品牌」，打開實踐居家分娩的出路。除了觀察這群產婦如何累積資源，包括自身的文化資本與身體經驗，援引相關的宗教與靈修信念，同時連結國際母乳會的社會資本，以建立另類權威知

識，取代主流的醫療論述之外，兩位作者亦期待這些產婦的行動能促使現有的醫療體系發生轉變，以多元並存的生產制度來回應醫用者多樣的生產理念。

社會學家也關心病人如何因為經常處理自身的不適（例如慢性病），或長期使用某類醫療技術（例如洗腎），而形成對自己身體的深刻認識，甚至有能力反思、調節醫學普遍知識的缺失（林文源 2008）。這種對常民知識（lay knowledge）的重視，亦有助於讓我們再次反思生病角色概念中預設醫病關係的限制。Szasz 和 Hollender（1956）曾提出不同病情各自適合的醫病互動模式：首先是「主動─被動」模式，由醫師單方向施加影響，病人是無力參與、互動，甚至是無生命的，例如急救治療的情況，或在精神疾病急性發作狀態下的醫療處置；其次是「指導─合作」模式，多發生在病情不緊迫的狀況下，病人被期待遵循醫囑、以恢復健康；最後則是「相互參與」模式，適於多數的慢性疾病或心理治療，此時醫師的角色是幫助病人進行自我照顧，病人則是參與合作者，也是專業服務的使用者。成令方（2002）則呼籲以「醫用關係」來取代傳統的「醫病關係」概念，一方面，醫療的角色並不限於醫師本身，特別是在慢性病照顧的臨床實作上，經常仰賴護理人員、衛教師或其他輔助專業者；另一方面，傳統「病人」應被視為「醫療服務的使用者」，是多重認同的主體，而非接受醫師單向行使權力的客體，他們會採取策略去協商醫囑，甚至挑戰醫療權威。

此外，個別病人除了能在長期醫病互動與自我照顧的過程中，發展出專屬個人的知識，也經常組織以生病經驗為基礎的自助團體，彼此提供情感支持與實用性的協助。許多自助組織會積極發展集體層次上的行動策略，包括對抗偏見與歧視、追求成為更具主動性的健康照顧使用者（如左圖）。還有些病患組織能更

台灣愛滋感染者權益促進會，是國內第一個由感染者、親友以及認同人權的社會人士發起的團體，長期投入愛滋平權運動（圖片提供／愛滋感染者權益促進會）。

常民知識（lay knowledge）
指非專業的社會行動者，在日常生活中用以詮釋自己對健康與病痛經驗的見解和觀點。

進一步介入科學知識的生產與評估，例如愛普斯坦（Epstein 1995）分析美國的愛滋社群自 1980 年代後期以來即發展出許多讓自身具備「可信度」的策略，從而能有效參與國家衛生研究院主導的愛滋研究，實質改變科學界視為黃金律則的雙盲實驗程序，並在相關的各種學術、研究與評鑑委員會擁有固定席次，打破專家與常民、醫療知識生產者與使用者之間的階序與隔閡。

在台灣，則有醫療社會學者林文源（2014）長期追蹤身為弱勢者的透析病患，如何既行動但又被其他霸權行動者所影響。他們或許未能促成像愛滋行動者那種英雄式的體制轉變，卻能透過無數平凡甚至不可見的日常實作，例如在臨床場景中設法帶入另類醫療，或是在居家情境裡協調出穩定的實作模式，以改善自己的健康，或讓醫療科技成為有用。雖然在體制的層次上，這些病患一度透過病友組織發展出相當多元的行動策略，同時嘗試在體制轉變的過程中進行集體性介入，唯因為各種組織間因素，最終未能成為制度內行動者，落入被邊緣化與弱勢化的處境。即便如此，林文源認為這樣的結果並不表示病患缺乏行動能力，而是研究者需要反思既有理論的預設與限制，肯認病患身為弱勢者特定的行動能力樣態。這樣的社會學工作，能讓弱勢者與相關實務參與者更能理解自身的經驗，並有助於實質改變其處境的另類社會藍圖。

 問題與討論 11-3

你認為「生病角色」的模式，能夠應用到膽固醇指數過高，但還沒有心血管疾病狀況的人身上嗎？為什麼？

 課堂活動 11-4

想像你是一家公立幼兒園的園長。今年你的學校收了一位新生，他的家長因為擔心疫苗風險，拒絕為孩子施打任何公費常規疫苗（例如麻疹、日本腦炎、百日咳），也認為強化孩子本身的免疫力才是根本之道。儘管他們很用心照顧孩子，其他家長仍擔心自家孩子可能受影響，因此經常找你抱怨，希望你介入勸說該家長讓孩子接受疫苗接種。你會怎麼做？請與同學一起討論。

伍　當代趨勢與挑戰

　　回到本章一開頭提到的幾個案例，包括我們的出生和死亡與醫療體系愈來愈緊密連結，以及孩子無法自我控制與維持專注逐漸被認為可能是異常症狀等等，反映出的其實是日益加劇的「醫療化」（medicalization）趨勢。社會學家康拉德（Peter Conrad）使用這個概念，來指涉那些過去被視為與醫療無關的生命過程或是身心狀態，現在被以醫療語言來解釋、或是用醫療方式來處理的現象（Conrad 2007）。醫療化當然有正面影響，尤其是那些過去曾被認為屬於偏差的行為表現（像是小朋友太過調皮搗蛋，成人過度飲酒或濫用藥物，因為情緒困擾而無法工作），若能藉由醫療專業肯認行為背後有著疾病成因，等於賦予生病角色，讓個人有機會免除因行為表現而受到譴責，並且得到需要的健康照顧服務。然而，醫療化同時也改變了身心狀況的意義（無論是對個人，或對整個社會來說），容易讓人們傾向認為自己沒有能力（與責任）處理，從而託付給醫療專業，但醫療系統不見得總是能對所有問題提供根本的解決之道，甚至可能產生負面後果。例如：台灣過高的剖腹產率，死亡前無效的醫療介入，或成人為了滿足自身期待而希望孩子用藥來強化學習表現，都需要醫療專業與其他社會部門共同來思考：如何在醫療與非醫療之間畫下適當的界線。

　　與此相關的，則是隨著科學與技術的日新月異，包括電腦與資訊科技、視覺化之類的醫療技術，以及分子生物學、遺傳學、藥物基因組學等生物科學，帶動醫療領域進入所謂「生物醫療化」（biomedicalization）的新紀元（Clarke et al. 2003）。這些新的科學技術，不只讓過去不存在的介入方式成為可能（例如生物複製、基因治療），也持續改寫我們對於健康與疾病、自我認同與親屬關係，乃至於對「生命」本身的既定認識，更帶來新的風險與倫理議題。例如：各種人工生殖與代孕的技術，使得當代親緣的發生可能出自過去意想不到的方式、時機與人際結合；[2] 日益精密的產前與新生兒基因篩檢，一方面迫使父母必須擔任決定「什麼樣的寶寶適合來到人間」的道德先鋒（moral pioneers）（Rapp 1987），一方面製造出一

醫療化
（medicalization）
指原本的非醫療問題轉變為以醫療方式來界定或處置的過程，經常用來討論病痛（illness）或異常（disorder）。

2　就像《背離親緣》（*Far From The Tree: Parents, Children and the Search for Identity*, Vintage, 2014）的作者所羅門（Andrew Solomon），提供精子請同志友人代孕生下兒子；在此之前，所羅門的丈夫就曾捐贈精子給該位友人，順利產下一對子女。所羅門自己也曾捐精給另一位友人，生下一個女兒。因此，所羅門的「延伸家庭」當中，共包含六個父母與四個孩子。

群檢測數值落在正常區間之外（意即有疾病風險），卻又未形成任何症狀的「準病人」（patients-in-waiting），讓整個家庭必須承受高度不確定性，以及漫長醫療監管所帶來的附加傷害（Timmermans and Buchbinder 著，林怡婷、許維珊譯 2016）；而在新興的生技市場上，許多前所未見的商品，例如個人遺傳風險資訊、基因編輯嬰兒，以及精準化醫療等等，也藉由販賣希望與操弄恐懼來增進商業利益。這些商品通常需要一定的經濟與文化資本方能購買，恐怕也會從再製既有的社會不平等，到未來更直接地形成基因不平等的人群分類。這些新的趨勢與發展，所產生的影響事實上都超出單純醫療領域的範圍，也將對現有的社會學知識帶來新的挑戰。

延伸閱讀

成令方編，2008，《醫療與社會共舞》。台北：群學。

經典雜誌，2006，《台灣醫療四百年》。台北：經典雜誌社。

Richard Wilkinson and Kate Pickett 著、黃佳瑜譯，2019，《社會不平等：為何國家越富裕，社會問題愈多？》（*The Spirit Level: Why Greater Equality Makes Societies Stronger*）。台北：時報。

Richard Wilkinson and Kate Pickett 著、溫澤元譯，2019，《收入不平等：為何他人過得越好，我們越焦慮？》（*The Inner Level: How More Equal Societies Reduce Stress, Restore Sanity and Improve Everyone's Well-being*）。台北：時報。

參考書目

成令方，2002，〈醫「用」關係的知識與權力〉。《台灣社會學》3: 11-71。

呂宗學，2008，〈健康的社會不平等：以事故傷害為例〉。收於成令方主編，《醫療與社會共舞》，頁213-222。台北：群學。

林文源，2008，〈專屬個人知識的轉化：以洗腎病患為例〉。收於成令方主編，《醫療與社會共舞》，頁136-146。台北：群學。

林文源，2014，《看不見的行動能力：從行動者網絡到位移理論》。台北：中央研究院社會學研究所。

林國明，2003，〈到國家主義之路：路徑依賴與全民健保組織體制的形成〉。《台灣社會學》5: 1-71。

吳嘉苓，2000，〈產科醫師遇上迷信婦女？台灣高剖腹產率論述的性別、知識與權力〉。收入何春蕤主編，《性／別政治與主體形構》，頁1-38。台北：麥田。

吳嘉苓，2010，〈臨床因素的消失：台灣剖腹產研究的知識生產政治〉。《臺灣社會學刊》45: 1-62。

吳嘉苓、黃于玲，2002，〈順從、偷渡、發聲與出走：「病患」的行動分析〉。《台灣社會學》3: 73-117。

邱淑媞、Michael Marmot，2017，《臺灣健康不平等報告》。台北：衛生福利部國民健康署、英國倫敦大學健康公平學院。

范代希，2017，〈另類科學母職與順勢療法〉。《女學學誌：婦女與性別研究》41: 51-104。

張苙雲，1988，〈「逛醫師」的邏輯：求醫歷程的分析〉。《臺灣社會學刊》21: 59-87。

張苙雲，2005，《醫療與社會：醫療社會學的探索》。台北：巨流。

張珣，2006，〈魂魄與疾病：台灣民俗醫療的人觀〉。收於經典雜誌編，《台灣醫療四百年》，頁38-41。台北：經典雜誌。

章美英、劉介宇、朱美綺、吳宗懋、陳美麗、朱梅綾，2013，〈國人使用輔助與替代醫療現況及其相關因素：2011年全國性調查分析〉。《台灣公共衛生雜誌》32(1): 85-99。

陳慈立，2014，〈台灣原住民族飲酒相關健康問題的政治經濟分析〉。《台灣社會研究季刊》97: 247-282。

黃志中、莊瑞君，2013，〈性少數的健康照護：權利與困境〉。《婦研縱橫》99: 12-16。

蔡友月，2009，《達悟族的精神失序：現代性、變遷與受苦的社會根源》。新北：聯經。

鄭婉汝、鄭雅文，2012，〈含酒精提神飲料的職業安全健康危害：現況問題與政策因應〉。《台灣公共衛生雜誌》31(6): 523-534。

鄭惠珠，2008，〈中醫專業的興起與變遷〉。收於成令方主編，《醫療與社會共舞》，頁42-50。台北：群學。

Abrams, Elissa M. and Stanley J. Szefler, 2020, "COVID-19 and the Impact of Social Determinants of Health." *The Lancet. Respiratory Medicine* 8(7): 659-661.

Azcona, Ginette, Antra Bhatt, Sara Davies, Sophie Harman, Julia Smith, and Clare Wenham, 2020, "Will The Pandemic Derail Hard-Won Progress on Gender Equality?" *Spotlight on the SDGs Series*. New York: UN Women. https://www.unwomen.org/-/media/headquarters/attachments/sections/library/publications/2020/spotlight-on-gender-covid-19-and-the-sdgs-en.pdf?la=en&vs=5013 (Date visited: Sep 15, 2020).

Bury, Michael, 1982, "Chronic Illness as Biographical Disruption." *Sociology of Health & Illness* 4(2): 167-182.

Clarke, Adele E., Janet K. Shim, Laura Mamo, Jennifer Ruth Fosket, and Jeniffer R. Fishman, 2003, "Biomedicalization: Technoscientific Transformations of Health, Illness, and U.S. Biomedicine." *American Sociological Review* 68: 161-194.

Conrad, Peter, 2007, *The Medicalization of Society: On the Transformation of Human Conditions into Treatable Disorders*. Baltimore: Johns Hopkins University Press.

Craig, Lyn and Brendan Churchill, 2020, "Dual-earner Parent Couples' Work and Care during COVID-19." *Gender, Work & Organization*. https://doi.org/10.1111/gwao.12497.

Epstein, Steven, 1995, "The Construction of Lay Expertise: AIDS Activism and the Forging of Credibility in the Reform of Clinical-Trials." *Science, Technology, & Human Values* 20(4): 408-437.

Goffman, Erving 著、曾凡慈譯，2010，《污名：管理受損身分的筆記》（*Notes on the Management of Spoiled Identity*）。台北：群學。

Jewson, N. D. 著，曾凡慈譯、李尚仁導讀，2004，〈論醫學宇宙觀中病人的消失，1770-1870〉（"The Disappearance of the Sick-Man from Medical Cosmologies: 1770-1870." *Sociology* 10: 225-44）。收於吳

嘉苓、傅大為、雷祥麟主編，《科技渴望社會》，頁151-183。台北：群學。

Kleinman, Arthur M., 1977, "Depression, Somatization and the 'New Cross-Cultural Psychiatry'." *Social Science & Medicine (1967)* 11(1): 3-9.

Kleinman, Arthur M., 1981, *Patients and Healers in the Context of Culture: An Exploration of the Borderland between Anthropology, Medicine, and Psychiatry*. Berkeley: University of California Press.

Marmot, M. G., M. J. Shipley, and Geoffrey Rose, 1986, "Inequalities in Death: Specific Explanations of a General Pattern?" *Lancet* 323(8384): 1003-1006.

Parsons, Talcott, 1951, *The Social System*. New York: Free Press.

Rapp, Rayna, 1987, "Moral Pioneers: Women, Men and Fetuses on a Frontier of Reproductive Technology." *Women and Health* 13(1&2): 101-116.

Smalley, K. Bryant, Jacob. C. Warren, and K. Nikki Barefoot, 2018, "Gender and Sexual Minority Health: History, Current State, and Terminology." Pp. 3-14 in *LGBT Health: Meeting the Needs of Gender and Sexual Minorities*, edited by K. Bryant Smalley, Jacob. C. Warren, and K. Nikki Barefoot. New York: Springer.

Snow, Rachel C., 2008, "Sex, Gender, and Vulnerability." *Global Public Health* 3(Sup. 1): 58-74.

Szasz, Thomas S. and M. H. Hollender, 1956, "A Contribution to the Philosophy of Medicine: The Basic Models of the Doctor-Patient Relationship." *AMA Archives of Internal Medicine* 97: 585-592.

Timmermans, Stefan and Mara Buchbinder 著，林怡婷、許維珊譯，2016，《拯救嬰兒？新生兒基因篩檢的影響》（*Saving Babies?: The Consequences of Newborn Genetic Screening*）。台北：國家教育研究院。

Wainwright, David, 2008, *A Sociology of Health*. London: Sage.

Wilkinson, Richard and Kate Pickett 著、黃佳瑜譯，2019，《社會不平等：為何國家越富裕，社會問題愈多？》（*The Spirit Level: Why Greater Equality Makes Societies Stronger*）。台北：時報。

World Health Organization, 2009, "Gender Disparities in Mental Health." http://www.who.int/mental_health/media/en/242.pdf (Date visited: Sep 15, 2020).

第 12 章

經濟與工作

■潘美玲

摘　要

1. 社會學的核心關懷是經濟發展和工作配置，如何使人能夠擁有尊嚴，以及幸福的生活。

2. 社會學三大理論家所面對的是十九世紀末工業資本主義的社會變遷，特別是資本主義的經濟活動對人類生活的影響，提出階級關係、勞動異化、形式理性和社會分工等分析概念。

3. 經濟社會學和經濟學同樣研究經濟現象，差異在於強調社會關係和社會制度在經濟上所扮演的角色。

4. 從工業化到後工業社會的資本主義經濟生產體制，主要特徵是從大量生產的福特主義，發展為彈性化和全球生產。

5. 台灣社會的經濟與工作現況以及另類經濟的可能性。

壹　前言：社會學的核心關懷

「拚經濟」、「人民賺大錢」是近年來台灣社會的重要關鍵字，尤其四年一次的總統選舉，政府是否能夠推動經濟發展，人民是否能保有安定的工作，是台灣民眾最關注的焦點。但是拚經濟、賺大錢這樣的口號，不單只是經濟指標的數字，也不能只看帳面上的高薪。

想像你是一名即將畢業後就業，正在規劃未來工作生涯的大學生。如果你看到以下的招募廣告，是否會動心？

「探索城市，馳騁並優遊城市的每個街道巷弄，享受自由的旅程。荷包的深度自己掌握，做愈多賺愈多，這筆額外收入將直接進您的口袋！彈性的上線時間，上下線時間都由您決定。」

穿梭於大街小巷的外送服務

這份外送服務員的工作，只需要一台有安全設備裝置的摩托車，就有機會達到一個月 10 萬元的收入。然而這種高薪的背後，是血汗工作的堆積，需要犧牲休假，每天工作超過 10 小時才可能達標，以及隨之而來的，發生車禍的高風險，趕時間送達的高度壓力，等於是拿命拚來的經濟。

那麼，以下這個會是你想像中的夢幻職場嗎？

Google 這家高科技公司，由於薪水高、福利好，經常在美國最適合員工的公司評比中名列前茅。這家公司提供所謂夢幻般的工作場所，有各式精緻美味的免費餐飲，連洗衣房都有，還曾提供紓壓的專人按摩服務，以及休息的空間。員工基本上可以一星期七天，每天 24 小時都留在公司。在理察·布蘭特（2010）《Google 為什麼贏》一書中，員工指出這些福利彌補超時工作的壓力，但自我及私人空間完全被壓縮，生活變得只有工作而沒有生活，Google 令你擁有一切，但要付出個人的自由，這種工作環境就如同「天鵝絨監獄」（velvet prison）。

拚經濟和賺大錢的目的是為了生活，但從事經濟的行動者是活生生的人，不是機器，而人的生活無法脫離社會關係，因此，經濟發展和工作配置是否使人成為一個有尊嚴的人，以及擁有幸福的生活，一直是社會學的核心關懷。

貳 社會學的理論觀點

　　人類為了生存而工作勞動，因此牽涉到各種資源的取得、使用和分配，這些就是經濟的範疇。十九世紀的工業革命之後，機械化取代人力和獸力，人類社會從農業進入工業的社會結構，工廠大規模生產取代手工製作，產生了工業資本主義的經濟形態與社會發展。在此時代氛圍下，古典社會學家關注經濟結構改變，分別提出對於人的自由和社會整合的理論概念。

一、古典社會學理論

1. 馬克思

　　馬克思（Karl Marx）首先觀察到工廠體制對社會所帶來的衝擊，原先是技術師傅一個人完成的工作，被分成不同步驟，由不同的工人個別執行單一步驟，因為分工而使工廠的產出更有效率。之後，生產技術上的改進，創造了機器工具，手工生產被機器取代，大量的勞動力被帶進工廠，不同於過去只是在家裡或是小型工作坊生產物品的情況，工廠體制發展為資本經濟與集中生產的現象。工業化的擴張使得農民喪失土地，只能出賣勞動力維持生活，成為工廠勞動力的來源，構成資本主義興起的必要條件。

　　馬克思指出工業資本主義的發展產生了階級關係：擁有生產工具的資產階級，以及沒有生產工具的無產階級。資產階級也就是資本家，擁有資金、機器、工廠、僱傭的勞動力等，能夠繼續投資再生產的資本。無產階級就是僱傭勞工（waged labor），受雇於資本家，提供自己的勞動換取工資，並由勞動力市場供需決定工資的價格。但是勞工生產所創造的價值，遠大於勞工所得到的薪資報酬，這些多餘的部分，就變成資本家的利潤，也就是被資本家所剝削的「剩餘價值」。

　　工人的報酬無法提升的原因，主要是存在大量的「產業預備軍」，這些處於失業狀態而積極想找工作的勞動力，使得勞動市場供過於求，造成工人的薪資報酬被資本家壓榨的狀態。產業預備軍產生的方式有兩個來源：首先，企業會透過各種方式提升勞動的生產率，生產率越高，所需勞動力就越精簡，例如原來需要20個人的工作量，若10個人能夠在同樣的

剩餘價值（surplus value）
勞工生產所創造的價值扣除薪資報酬所剩餘的價值，是由資本家所占有。

產業預備軍（reserve army）
處於失業狀態而積極在找工作的勞動力。

時間內完成，資本家就少僱傭 10 人，而創造了 10 位產業預備軍。其次，當時從農村釋放出來的大量剩餘勞動，大幅增加可被僱傭產業預備軍數量，造成工人彼此的競爭關係。一方面，源源不斷的勞動力，使資本家握有議價的權力，工人為保住工作而被迫接受低薪，並使得工人之間在勞動市場上處於競爭的關係，而無法團結起來爭取集體的利益。另一方面，由於勞動力之間的競爭，工人力求表現而提升勞動的生產率，進一步增加產業預備軍的規模。於是，產業預備軍提供資本家廉價勞動力，構成工人剩餘價值被榨取的機制。

根據古典馬克思的理論，除了階級所界定的社會關係，還包括生產過程中對人性的自由與社會關係的異化。工人不但在階級位置上處於被宰制的不利位置，在勞動過程中也與自我產生分離。簡單來說，人原來身為一個有創造力與實踐的主體，透過工作的過程與成果表現自己的能力，工作不只是維生和表達的工具，同時也是一種社會的、溝通的行動；但在資本主義的社會中，人的勞動力被轉換成商品的形式出現，工人和工人所生產出來的物品，被視為同一種事物。工人與生產工具的擁有權與工作的成果分離，使得工人的主體經驗出現與自己的工作疏離的過程。

2. 韋伯

韋伯（Max Weber）關心現代資本主義的發展，強調理念和價值在社會變遷的重要性，以及經濟行動者本身如何看待工作的意義。他在 1904 年間完成的《基督新教倫理與資本主義精神》一書中指出，在西方宗教改革之後，對基督新教的教徒而言，最重要的是永恆的救贖，由於不再如天主教徒以神職人員作為與上帝溝通的媒介，新教徒透過俗世禁慾的紀律，也就是日常生活的行為來完成對上帝的義務。根據教義，只有少數被上帝預選的教徒才能獲得上帝的恩典，唯一能夠證明自己是被上帝揀選的人，就是積極地獻身工作累積財富，作為實現上帝意旨的手段。因此財富的累積不是為了享樂，而是宗教信仰，也就是來自理念（ideal）的動力。

於是現代資本主義的「精神」具備兩個面向：首先，使用正當的經濟活動且完全投入財富的追求，以賺錢為人生的目的；其次，嚴格避免將所賺取的財富，滿足個人享樂的慾望。這兩者的結合在於「把有紀律的工作義務，視為一種職責這樣的想法上」（Giddens 2006: 215），也就是選擇了一種職業勞動，並且認真獻身工作的態度的美德，意即「天職」（Calling）

異化（alienation）
馬克思認為在資本主義的社會中，人的勞動力被轉換成商品的形式出現，工人和工人所生產出來的物品，被視為同一種事物。工人與生產工具的擁有權與工作的成果分離，使得工人的主體經驗出現與自己的工作疏離的過程。

的觀念。雖然，現代資本主義的發展是來自於當初禁慾的新教徒在俗世中實踐上帝的旨意，基於宗教信仰而盡忠職守地工作，但實際上財富的累積已經從手段變成目的，資本主義已經不再需要禁慾精神的支撐，轉化成推進當代經濟的動力（Giddens 2006: 212-223）。

　　針對工業資本主義的發展，馬克思強調階級的剝削關係，韋伯則強調資本主義企業經營以利潤為導向的經濟理性，為了營利的目的，發展出簿記的制度，對成本精打細算，並選擇最有效率的方式達到目標，而不再因循傳統或約定俗成的方式經營企業（Weber 1976[1903]: 17），前者為「形式理性」（formal rationality），後者為「實質理性」（substantive rationality）。經濟行動的「實質理性」，是指在個人或群體的經濟行動上受到社會規範的要求而進行，這些要求涵蓋政治、軍事，當然也包括宗教的要求。至於經濟行動中的「形式理性」，韋伯強調用金錢貨幣來計算，在技術上最完美，因而是形式上最理性的手段，因為可以透過數字的方式對於企業的產出進行市場價值的評估，以及經營損益的結果。「實質理性」是行動者在經濟行為或過程中，所認定的意義，而「形式理性」對於財貨價值的計算，只有在自由市場以及自主的經濟行動者，才可能完全展現（Swedberg 2011: 68）。

3. 涂爾幹

　　涂爾幹（Émile Durkheim）關注的是因為工業經濟產生了各種職業專業化的社會發展，包括社會功能產生結構分化之後，社會運作的秩序如何整合，而不會產生混亂的結果。

　　他在《社會分工論》一書中指出，「社會分工」是團體之間的職務專業化。社會分工的功能具有道德的特質，因為需要秩序、和諧的社會連帶，所以基本上是道德的。他提出兩種社會連帶的類型：機械連帶（mechanical solidarity）和有機連帶（organic solidarity）。傳統社會是機械式的連帶，人們因為有共同的情感和信仰，而產生彼此之間的連結，這是社會凝聚的基礎。由於大家從事同質的職業或工作，並不需要個人展現特別的才智，而是共同的經驗構成社會運作的機制，因此，機械連帶是基於相似性而形成的連帶。有機連帶是因為分工所造成的相互依賴，在工業化的社會，由於專業分殊化構成的分工，並產生有機的連結，越是分殊化的社會，個體化越加發展，同時造成社會上的個體需要依賴他人提供生產的物

形式理性（formal rationality）
韋伯強調用金錢貨幣來計算，在技術上最完美，因而是形式上最理性的手段，因為可以透過數字的方式對於企業的產出進行市場價值的評估，以及經營損益的結果。

實質理性（substantive rationality）
韋伯指出個人或群體在經濟行動上受到社會規範的要求而進行，包括政治、軍事、宗教等，是行動者在經濟行為或過程中所認定的意義。

機械連帶（mechanical solidarity）
傳統社會的人們因為有共同的情感和信仰，而產生彼此之間的連結，這是社會凝聚的基礎。

有機連帶（organic solidarity）
因分工所造成的相互依賴，在工業化的社會中，由於專業分殊化構成的分工而產生有機的連結。

品或服務，這種分工依賴的共識，逐漸取代了傳統社會共享的信仰。

　　涂爾幹強調經濟現象的社會層面，批評當時的經濟學理論對於經濟現象的分析，預設了個人的經濟行動是獨立於自己所處社會的道德法律和信仰，既是個人主義式的功利主義，也是非歷史，更是不切實際的，因為不可能有任何一個社會的經濟關係，不受習俗和法律的規約。涂爾幹在《宗教生活的基本形式》一書中提到，人們從事經濟行為的動機雖然出自於個人利益，但並不意味著經濟生活就完全受到私人利益所支配，毫無道德可言，因為在經濟的事務當中，我們會和他人產生互動而有所聯繫，在這個過程當中，我們會根據被教導的處事原則，以及社會約定俗成的規範或偏好來行動，這就是社會的道德律則所扮演的角色（Swedberg 2003: 20）。涂爾幹強調要維持經濟世界的秩序，若只是制定契約，而沒有支撐契約實踐的社會規範作為參考架構，是無法實現的。因此經濟生活的律則，不能只看經濟現象的表象，對於經濟發展的理解，若忽略背後具有影響力的道德因素，就不會找到合理的答案（Giddden 2006[1971]: 127）。

▌二、新經濟社會學

1. 與古典經濟學理論對話

　　社會學三大理論家所面對的是十九世紀末工業資本主義的社會變遷，特別是資本主義的經濟活動對人類生活的影響，提出階級關係、勞動異化、形式理性和社會分工等分析概念，可見經濟的議題是傳統社會學的核心關懷。然而，直到 1980 年代之前，整個經濟社會學的研究領域，不但沒有重大的突破，甚至因為學術的分工發展，被拆解到階層、勞動、組織等個別領域，而將企業組織、廠商、金融、市場等經濟議題劃歸到經濟學的學科領域。

　　二十世紀末中葉，由於歐美國家採取自由市場經濟的政策，國家的介入被視為是對自律市場的干預，自由市場經濟成為資本主義發展的主流意識形態，經濟學家對於婚姻、家庭、教育，甚至所有人類行為與社會現象，皆可以用市場經濟的模式解釋充滿自信，有關人的自由與社會整合等社會學的核心關懷，就被排除在以經濟利益算計的程式之外，或被當成附屬的變項。經濟的形式理性於是成為主導社會行動的原則，社會生活只剩下經濟效率的考量，這不只是偏離社會現實，更影響到國家的角色和制定

政策的方向。

　　因此，歐美學界在1980年代展開新經濟社會學的研究思潮，正面處理「經濟學帝國主義」的挑戰。首先，對於經濟議題的範疇，不再自我受限，將經濟制度和經濟行為納入社會學分析。再者，批判經濟學的理性經濟人和追求自我最大利益的預設，並思索超越由自由市場所支配的資本主義經濟模式。

　　經濟社會學和經濟學雖然同樣研究經濟現象，不同之處在於「經濟社會學強調社會關係和社會制度在經濟所扮演的角色。人生活在社會之中意味著必然和別人產生聯繫，也會參與到社會制度之中，這種聯繫和參與深深地影響著所有經濟活動者的經濟行為，並由此從個人層面和整體層面影響行為方式」（Swedberg 2003: xi）。「鑲嵌」（embeddedness）的概念，則是新經濟社會學對當代資本主義經濟研究最重要的貢獻。

2. 博蘭尼

　　生於匈牙利的博蘭尼（Karl Polanyi）透過對前資本主義社會的分析，說明自由市場的發展是歷史的產物，在人類歷史上有不同形態的市場運作，經濟的運作從來就無法脫離社會、文化和政治的因素，也就是說經濟行動一直是「鑲嵌」在某種形式的社會結構之中，如果任由經濟市場邏輯決定社會的話，將會對社會產生災難性的後果。他批評馬克思主義者在人類所有行為的領域當中，將經濟放在最優越的位置以及歷史的地位，是犯了「唯經濟論的謬誤」（economistic fallacy）（Block and Somers 1992: 5）。

　　博蘭尼提出區分經濟的兩種意義：一種是形式上的定義，如何使用有限的資源，達到特定目的之過程，這是使用邏輯推理進行的算計；另一種是實質的意義，是人和其所在環境設置的互動當中，根據自然界和同伴依賴的現實，來滿足物質的需求。因此非經濟的制度對人類經濟就有不可或缺的重要性，「因為，對於經濟的結構和運作而言，宗教和政府的重要性可能與貨幣制度或減輕工作辛勞的工具和機器不相上下」（Block and Somers 1992: 28）。博蘭尼因此不接受經濟學將人性預設為謀求自己最大利益，是理所當然的經濟動機，甚至是唯一的驅力，他指出一個真正的人會為了各種理由而勞動，意即人類的經濟行為會來自於各種非經濟的動機，包括社會的義務、道德或規範的目的。

　　博蘭尼指出由供需的自律市場法則決定交易的價格，並非人類社會的

常態。在前資本主義的社會當中，價格的決定有許多不同的原則，有的是權力核心或政治領導者所決定，也有如道德經濟學所強調的，以社群的利益而非個人的利潤所調節的價格。除了市場之外，人類社會還有互惠（reciprocity）和再分配（redistribution）的交換方式，任何社會的經濟都是由這三種形式所構成的整合形態，市場的交換形式並不見得一直都扮演最重要的角色，而是直到十九世紀的自律市場發展之後，才取得支配性的角色，並將勞動力和土地變成有價格的商品。

　　博蘭尼強調當代市場經濟的擴張，並非完全不受限制，而是存在著雙向運動（double movement）的邏輯：「它可以比擬爲社會之中兩種組織原則的作用……其中之一是經濟自由主義的原則，目的是要建立一個自律性的市場，受到商人階級的支持，而且以自由放任和自由貿易爲手段；另一原則是社會保護的原則，目的是人類、自然及生產組織的保護，受到市場制度最直接傷害的人支持——主要是勞動階級和地主階級，但並不限於此，它使用保護性立法、限制性的公會，以及其他干涉工具爲手段」（Polanyi 1992: 230）。其實，社會的自我保護並不限於國家立法層次，也存在日常經濟生活的各層面，因爲社會長期發展規範，提供個人因應策略的選擇（潘美玲、張維安 2003）。

雙向運動（double movement）
博蘭尼指出當代資本社會的雙向運作邏輯，一個是市場經濟的擴張，另一個是保護社會市場擴張的社會干預手段。

3. 格蘭諾維特

　　美國社會學家格蘭諾維特（Mark Granovetter）在 1985 年出版的論文〈經濟行動與社會結構：鑲嵌的問題〉，奠定了新經濟社會學研究的里程碑。他將「鑲嵌」概念定義爲：經濟的行動既不是如獨立的原子般運行在社會脈絡之外，也不會完全依附於所屬的社會類別所賦予的腳本，而是鑲嵌在眞實、正在運作的社會關係系統之中。他指出，經濟學對於人類行爲的解釋，預設了理性的經濟人，完全從自我利益的追逐出發，絲毫不會受到社會關係與社會結構的影響，孤立於其他團體和自己內部關係的歷史之外，這是一種低度社會化的表現。與此相對的取向，是認定人們會完全內化社會共有的價值和規範，按照被賦予的角色而行動，這是過度社會化的表現。格蘭諾維特批評過度社會化和低度社會化都是機械式地解釋人類的行爲，看似兩種極端不同的意見，卻有著同樣的主張：都將行動者的行爲，孤立於當時的社會情境之外，犯了「方法論的個人主義」（methodological individualism），因此無法對人類的經濟行爲提供完整的分

析。他所指涉的鑲嵌，「社會關係網絡是不規則的方式，不同程度地滲透到各種經濟生活的不同部門」是一種動態且脈絡性的主張（1985: 491）。

新經濟社會學也將網絡分析（network analysis）運用在經濟現象與過程的研究。例如格蘭諾維特進行如何找到工作的研究時，透過觀察分析個人與他人的接觸以及關係的密切程度，發現來自於不常見面朋友的資訊，會比透過親人或常混在一起的好友，更有助於找到合適的工作，即所謂「弱連結的強度」（the strength of weak ties）（Granovetter 1995[1975], 1973），推翻了經濟學家所認定的具有同樣條件的求職者，工作資訊機會是均等的完全勞動力市場的假設，也有別於透過親朋好友比較好找工作的想法。針對組織內或組織間的網絡分析，開始大量被運用在產業聚落、市場、金融等場域，而產業全球化之後，跨國生產商品鏈的分析架構，更成為理解全球經濟與工作的重要分析工具。

問題與討論 12-1

對於人類的經濟生活，古典的社會學家和新經濟社會學家提出哪些論點？這些論點和經濟學有哪些不同？

參　資本主義的生產體制

隨著資本主義發展，工作的性質已經從維生式的經濟活動，轉變成出售勞動力、賺取薪資的僱傭工作。卓別林在 1936 年自導自演的默劇電影《摩登時代》（*Modern Times*），就以嘲諷的手法，反映了當時工業化資本主義生產體制的實況。其中一個經典的片段，是每個工人就如一顆小螺絲釘，不必思考，只要雙手重複機械式的單一動作，生產線的速度是由經理在中央控制室所設定，工人必須適應機器的速度，若管理者要提升生產率，就增加生產線的速度，工人於是就得拚命趕上，卓別林是一名瘦小、手腳又不夠靈活的工人，為了追趕進度，竟然也跟著生產線上的組件，被傳送到控制生產線的大小齒輪當中。當他被拉出來之後，人也變成像機器一樣，雙手還是重複單一的動作，連休息時間也停不下來。另一個片段更令人嘆為觀止，不只是工業生產，甚至連進餐這種屬於個人生活的事務，也

可以標準化，用餐所需的時間也交由機器的速度控制。雖然是電影的情節表現科幻想像的娛樂效果，其實正是工業資本主義生產體制邏輯的展現。

一、工業化社會

1. 福特模式

《摩登時代》影片中的生產線流程，是由當時美國福特汽車的創始人亨利·福特（Henry Ford）所發展出來的。原本一輛汽車的製作是車體、方向盤、輪胎、引擎等組件在個別工作站製造，工人需要具有完成一個物件的技術和能力，之後再將這些零組件送到總工作站組裝完成。福特模式（Fordism）的特色是：將產品製造流程拆解到最簡單的工作步驟，大量生產且標準化的零組件，透過動力傳送的生產線，組裝完成標準化的成品。由於產能大幅提升，生產成本大量降低，於是廉價的汽車帶動了大眾汽車市場的銷售成績，引導美國汽車業，甚至成為當時各國製造業生產模式的典範。

福特模式（Fordism）
將產品製造流程拆解到最簡單的工作步驟，大量生產且標準化的零組件，透過動力傳送的生產線，組裝完成標準化的成品。

2. 科學管理學派和泰勒主義

「福特模式」所帶動的大量生產模式，是採用當時由泰勒（F. W. Taylor）所開創的科學管理原則，又稱為泰勒主義（Taylorism）。實行的步驟是針對勞動生產過程當中，將原屬於工匠技藝的勞心和勞力成分進行拆解，當把所有技藝知識蒐集之後，就集中到管理階層。管理者透過實驗和系統性研究的方式，找出最有效率的工作方式，再交由工人來執行。管理階層透過對於這些勞心的知識壟斷，來控制勞動過程的每一個步驟和執行，而工人就是無差別的勞動力，能夠從事大部分簡單的製程，一方面降低訓練工人的成本，另一方面增加勞動力的產出，雇主就可以因為固定時間所付出的勞動力成本下降而增加獲利。

泰勒主義
（Taylorism）
在勞動生產的過程中，採取科學管理的原則，管理者將工作步驟拆解，找出最有效率的工作方式，再交由工人執行每一個步驟。

Braverman（1974）對於科學管理原則的實施，在《勞動力和壟斷資本》一書中提出了「技術貶抑」理論，他表示勞心和勞力工作的分離，透過機器生產，工人只要跟著機器執行簡單的動作，不必思考自然會造成技術退化。於是隨著科技的進步，產生了勞動去技術化（deskilling）和去人性化（dehumanizing）的結果，造成工人更加不利的處境。

二十一世紀的今天，人們手中拿著比 Braverman 當時的電腦具備更強大功能的智慧型手機，但是生產這款手機的年輕女工，形容自己是生產線上的「一個部件」：

「我就是肉眼檢查工作站點的一個部件，是靜電裝配線的一部分。當相鄰的焊接爐送來智能手機母板時，我的兩隻手都要去取母板。於是我的頭就要從左到右轉，眼睛從左到右，從上到下盯著母板，中間不能間斷。一旦發現少了甚麼東西，我就要大聲招呼，另一個和我一樣的人類元件就會跑過來，詢問哪裡出錯，然後改正。我每天重複這個工作上千次，我的腦子已經鏽掉了。」（潘毅等著 2015: 72）

馬克思所強調的異化是一個客觀存在的事實，資本主義以科學管理原則所進行的勞動控制，搭配大量生產的標準化流程，工人越是付出勞動力，就替資本家創造愈多利潤，而與自己的勞動所創造出來的產品，以及與其他工人之間的疏離就更嚴重，異化程度也更明顯。

3. 勞動異化有解嗎？

根據馬克思的理論，隨著工業與科技的發展，注定了人類異化的命運。Blauner（1964）嘗試用實證研究來驗證，他提出一個假設，工人被異化的程度是隨著科技的發展呈現倒 U 型，且會因為不同的技術層次，而使得各產業工人異化的程度呈現不均等的分布。他分別對印刷、紡織、汽車和化學等四個不同產業的藍領勞工檢視異化的程度，提出異化內容的四個成分包括：（1）無力感（powerlessness），工人對於工作的內容、方法與進度沒有主控權；（2）無意義感（meaninglessness），工人無法理解他的工作是如何與其他人，以及對整體的生產過程產生關聯；（3）社會孤立感（social isolation），工人對整個工作社群缺乏參與感與融入；（4）自我疏離（self-estrangement），工人傾向於將工作本身的工具化，純粹當作一種滿足工作以外的生活所需的工具。

根據 Blauner 的研究，四個不同的產業因不同的科技層次，工人呈現不同的異化面向，例如：印刷廠的工人使用工匠技術而無異化的現象，紡織廠的工人因為都在操作機器呈現出對工作控制的無力感，汽車工人雖然較滿意他們的報酬和工作保障，但卻因為在機械化的生產線上而有高度的異化，化學廠工人因為是在自動化生產過程，重獲工作上的控制與責任感，體會到工作的意義與目的，而能夠反轉異化在工業生產的趨勢。

Blauner 的貢獻在於提出不同層次科技和不同形態產業，會影響工人所感受的異化程度，甚至可能在某種科技的條件下，降低異化的可能。潘美玲（2003）用 Blauner 的指標測量台灣某石化業員工的異化程度，發現性別和員工所處部門的因素，造成員工異化程度的差異。雇主也不必然受制於其資產階級的屬性，若有意識地從管理和福利著手改善，可以減低員工的異化感，並同時維持公司的利潤和競爭力。

二、後工業社會

1. 麥當勞化

　　由於資訊科技及客製化消費形態的興起，社會生產體制的重心，漸漸地進入到服務導向的後工業社會，在醫療、教育、金融、餐飲、旅遊等提供了許多的工作機會。George Ritzer（1993）以「麥當勞化」（McDonaldization）的概念，描述科學管理的原則：從體力勞動延伸到服務部門的工作。他以速食餐飲為例，在生產的過程講求「控制」，透過訓練和機器工序的安排，讓員工按表操課，每一個漢堡、每一包薯條都能標準化。講求「效率」，用最快的方法讓顧客在最短的時間拿到食物，達到速食的目的，顧客自己拿餐具，吃完之後自己清理垃圾，一起達到企業的目的。「可計算性」以客觀的方式設定量化的目標，透過食品的標準化生產，提升了銷售額的可計算性。最後達到「可預期性」，由於工作流程與員工的標準化，產品的內容與服務就不會因地因人而不同。韋伯所宣稱的「形式理性」，除了在餐飲服務業被成功地運用，漸漸地也影響到社會其他部門的運作邏輯，成為麥當勞化的社會。

麥當勞化
（McDonaldization）
科學管理的原則，從體力勞動延伸到服務部門的工作。工作流程講求「控制」，員工的標準化尋求「效率」，擬定「可計算性」的量化目標，最後達到「可預期性」結果。

2. 情緒勞動

　　後工業社會所增加的服務業工作機會，從業人員經常必須與客戶互動，提供賓至如歸的感受。Arlie R. Hochschild（2003[1983]）在名著《情緒管理的探索》（*The Managed Heart*）一書中，以女性為主的空服員訓練和要求為例，指出受僱者的情緒必須按照公司的規定，提供特定的臉部表情、聲音或身體動作，以推銷公司的產品或服務，情緒因此成為可以賺取薪資的商品，並能夠為資本家創造利潤。空服員被要求在顧客面前，必須面帶笑容，如同體力勞動者在勞動過程當中所受到的控制，要收起個人

情緒勞動（emotional labor）
受僱者的情緒必須按照公司的規定，提供特定的臉部表情、聲音或身體動作，以推銷公司的產品或服務，情緒成為可以賺取薪資的商品。

的喜怒以及表達方式，按照公司規定的問候、表情、聲音和肢體動作，提供客人親切和熱情的服務。情緒勞動的概念，是馬克思異化勞動傳統的延伸，從個人身體操作的規訓擴展到控制情緒的操演，同樣地會因為被過度使用而產生疏離的問題，加上服務部門又具女性集中就業的特性，因此異化勞動帶入了性別化的視野。

3. 彈性化與全球生產

　　福特生產模式創造了就業與繁榮，直到 1970 年代起，客製化消費市場興起，以及國際競爭進入了價格割喉戰，大量生產標準化的工作形態不再具有優勢，原先的穩定就業、固定工時，以及流水式生產線的固定廠房空間，都必須進行改造才能快速反映市場的需求。所謂的彈性化生產模式是：不提供穩定而長期的就業契約、沒有固定的工作時間，工作場所也不限定是公司的空間，甚至延伸到其他國家，或者工人的家中。於是出現了初級勞動市場（primary labor market）和次級勞動市場（secondary labor market）的現象。初級勞動市場的工作穩定有保障，勞動付出有合理的報酬、福利佳、有公平的升遷機會，也有退休的保障。次級勞動市場沒有就業保障，屬於短期或臨時僱傭，薪資偏低且缺乏福利，通常集中在技術層次較低的工作，於是容易被取代，流動性也比較高。次級勞動市場容易出現在小型企業，外包工廠或家庭企業，也成為女性勞動力或社會弱勢族群集中的部門。

　　此外，大型企業以併購維持利潤，並以境外生產（offshoring）的方式，尋求更廉價的勞動力，將工作轉移到國外屬於開發中或未開發的國家。隨著跨國企業的海外投資或外包生產，打破過去以國家為界線的國際貿易，建立了全球產業的生產模式：一個商品從原物料、生產到銷售過程中，地理上跨越不同地區與國家，並牽涉到不同規模廠商，以及各類勞工的經濟行動。這個變化不但衝擊其國內的就業機會與勞工的權益，也同時影響到被納入到全球生產價值鏈各個環節中，各個國家的工作機會與工人的遭遇。

■ 初級勞動市場
（primary labor market）
工作穩定有保障，勞動付出有合理的報酬、福利佳、有公平的升遷機會，以及退休的保障。

■ 次級勞動市場
（secondary labor market）
沒有就業保障，短期或臨時僱傭，薪資偏低且缺乏福利，通常是技術層次較低的工作，容易被取代，流動性也比較高。

問題與討論 12-2

　　本章一開始提供的兩個工作案例，請問你會考慮哪一份工作？為什麼？你心目中所認定的「好工作」應該具備哪些條件？

課堂活動 12-1

　　請同學至少列出 10 名日常生活中所接觸的人物，記錄對方目前從事的工作性質，性別、族群與教育程度等。討論有哪些是你希望從事的工作？為什麼？

 肆　台灣社會的經濟與工作

一、工業化到後工業化的發展

　　台灣社會的經濟發展階段，基本上依循著歐美先進國家路徑，從工業化進展到後工業化以及全球化的經濟形態。差別在於時間上的落差，台灣原先是日本的殖民地經濟形態，戰後才開始農工轉型，從「進口替代」進入到「出口成長」的工業化經濟。1960 年代正值歐美經濟先進國家步入後工業社會以及從事境外生產之際，台灣才開始工業化，從農村釋放的勞動力，吸引了來自美日等跨國企業的訂單，創造了由製造業帶動的台灣經濟奇蹟。

　　這些跨國公司透過對海外直接投資或外包的方式來調節勞動力，台灣因此被納入全球經濟生產體系之中。當時美國的 RCA、通用公司等廠商，來台投資勞力密集的電子產品，1966 年在高雄成立了第一個加工出口區，大量的年輕女性操作員，在跨國公司的工廠 24 小時分成三班制輪班，讓機器維持最大的效能，並且貢獻台灣的經濟發展。

　　此外，跨國公司的外包生產是指台灣的廠商接受國際買主的訂單，以代工生產（Original Equipment Manufacturer, OEM）的方式，大量生產符合廠商品質和規格的產品，賺取代工的費用。接單的廠商除了在廠內生產，也透過協力生產的網絡以因應訂單的季節性起伏。成衣產業就是一個

代工生產
（Original Equipment Manufacturer, OEM）承接委託廠商的訂單，進行製造生產，產品的設計、規格則是由委託廠商提供。

典型的案例，因為旺季時人手不足，淡季時則出現人力閒置，因此透過
協力網絡調解勞動力供給上的彈性。下訂單的國際買主與接受訂單的廠商
和外包單位之間，並沒有任何僱傭關係，而是論件計酬的形式。承接外
包的中小企業經營獲利，通常是企業主與家戶成員的自我剝削。例如老闆
娘和其他家庭成員大多是無薪或低酬的家屬工作者，所謂的「賺自己的工
錢」，就是比一般受僱工人更長的工時，更低的薪資勞動，達到在市場價
格上的競爭。中小企業與家戶的結合不只是生產時的勤奮工作，同時也以
家庭消費支出上的量入為出作為調整與創造利潤的方式（李悅端、柯志明
1994）。

　　當台灣在1980年代服務業就業的人數超過製造業，就進入了後工業
社會。根據經濟部商業司發表的「商業服務業年鑑」統計，2018年服務
業的產值超過10兆，就業人數達679萬，占就業人數的六成，其中又以
批發零售、住宿及餐飲業就業人數所占比例較多。然而，服務業的薪資成
長率卻比不上製造業，主因是高科技產業的成長帶動了從業工程師的薪資
與福利條件，加上有股票分紅的待遇，提升了製造業的薪資水準。

圖12-1　台灣就業人口分布變化趨勢（1978-2018 年）

資料來源：勞動統計查詢網，人力資源狀況——就業者（按產業部門分），https://statdb.
mol.gov.tw/statis/jspProxy.aspx?sys=210&kind=21&type=1&funid=q02045&rdm=aNyNiili 。

雖然服務業的就業人數成為台灣勞動市場的主流，但高薪而穩定的工作增加的幅度，遠不及低薪和不穩定的工作所增加的速度（張宜君2016）。企業為了因應市場競爭，採取勞動力彈性化的措施，包括部分工時、臨時工、定期契約工、勞動派遣、外包（或承攬）等工作安排，這種非典型工作的形態，導致整體薪資水準的成長非常有限。學者研究指出，會從事這些非典型工作者，大部分是剛從學校畢業的年輕人，也有年紀比較大且教育程度和技術層次較低的人。一旦成為非典型工作者，要轉成正職工作的可能性相當低，彈性化勞動的結果，使得服務業的勞動市場產生區隔結構化的現象（柯志哲、張珮青2014）。

▋二、跨國流動的工作與勞動力

由於全球經濟的競爭加劇，台灣開始開放外籍移工來台工作，以及廠商將生產基地外移的策略。早在1980年代中期，台灣的勞力密集產業已經出現勞工短缺的現象，為了維持產業生產的動能，政府在1989年以「限業限量」的政策，開放合法引進外籍勞工，集中在營造業、製造業和

圖 12-2 台灣外籍勞工人數（1991-2019 年）

資料來源：勞動統計查詢網，產業及社福移工人數（按開放項目分），https://statdb.mol.gov.tw/evta/jspProxy.aspx?sys=100&kind=10&type=1&funid=wqrymenu2&cparm1=wq14&rdm=I4y9dcIi。

漁業，被稱為「3D」（骯髒、危險、辛苦）的工作，這些產業移工的數量由政府決定。1992 年起開始引進社福類的移工，包括家庭及養護機構的幫傭和監護工，這類移工按照需求接受申請，並沒有數量上的限制。根據勞動部統計數據，台灣移工人數在 2018 年底已經突破 70 萬人，到 2019 年社福移工人數穩定成長到 26 萬，占總移工人數 36%，其中 77% 是來自印尼的女性，進行看護的工作，補充台灣邁向高齡社會的長照人力缺口。

　　台灣的中小企業從 1960 年以來，扮演著資本主義的全球分工體系代工的承接者角色，直到 1980 年代末期，隨著全球資本的發展，因應全球商品鏈的國際買主降低成本的壓力，開始將台灣製造轉到中國或東南亞國家製造，成為「三角製造」的協調者角色，由原來已經有業務往來的外國買主研發，台灣廠商接單，再交由台商在中國或東南亞的工廠製造，最終產品銷售到歐美市場。三十年下來，台商在中國的投資規模和僱傭的人數，單以台灣前 550 大企業集團為例，2006 年起在中國的僱傭勞工已經超過在台灣的勞工人數（鄭志鵬、林宗弘 2017: 618）。

　　外籍移工的引進，人數逐年攀升，加上產業外移，同時帶走了台灣的工作機會，台灣經濟的結構由小頭家轉變成大型財團主導，於是出現了經濟成長但是薪資卻停滯的現象。台灣的工運組織憂心地指出，隨著勞動力彈性化以及資本外移的趨勢，任憑自由市場資本主義邏輯運作的結果，將擴大貧富差距，並使失業的問題惡化。非典型就業成為常態，年輕世代擁有大學文憑的學歷，卻承受低薪之苦，面臨即使擁有工作仍無法支付基本生活開銷的工作貧窮窘境。進一步則導致年輕人不敢成家生小孩，生育罷工最後導致國家人口崩壞的命運。勞工團體呼籲政府正視自由市場資本主義生產體制所帶來的不利後果，要求政府必須負起更多的責任，節制財團資本家利益，啟動「社會自我保護」的機制，針對自由市場與商品化所帶來的衝擊，制定各種社會政策因應，才可能避免「崩世代」的危機（林宗弘等 2011；李宗榮、林宗弘 2017）。

🔍 **問題與討論 12-3**

　　台灣有可能步向「崩世代」的國家整體崩壞的後果嗎？國家必須採取哪些政策？除此之外，還可以採取什麼行動？

伍 結語：我們可能決定未來的經濟與工作嗎？

在當前資本主義經濟體制之下的人們，有沒有足以維生的工作，決定了大多數人的生活條件以及個人可以擁有自由的程度。工作界定了「你是誰」（Who are you?）這個問題的答案，從事的行業、擔任的職位，成為社會地位和個人自我評價的關鍵。透過工作所呈現的價值，已經不是韋伯所觀察到的，因為宗教信仰而勤奮工作的倫理動機，而是金錢的報酬。工作的概念被限定在能夠賺取薪資，擁有市場認定的交換價值，至於許多關乎人們生活與社會生存的活動，例如家務、生育子女、照顧陪伴等工作，或是志願服務等社群經濟活動，因為沒有進入薪資勞動的範疇，或因屬於非商品化的經濟活動而被排除。於是資本主義工作體制所產生的社會不平等、異化、剝削等不利的後果，似乎就只能理所當然地接受。

我們可能決定未來的經濟與工作嗎？經濟社會學者 Fred Block（2004）指出，當代社會的集體主張是讓看不見的手來發揮的自由市場式競爭，這種將具有特殊歷史脈絡的經濟安排當成社會演化的自然法則，就是一種「偽自然化」的現象，認為事情只有一種方式，自由市場是唯一安排，這種視野將人們變成狹隘的經濟人，把大家困在市場經濟的牢籠當中，造成少數的資本家壟斷了多數的財富，卻集體賠上了社會整合、自然環境，以及人的自由與尊嚴的後果。於是當務之急，就是要認識到經濟自利的追求本身就是一種文化產物，因此在過去、現在，包括未來，都不會是支配市場的單一法則。若抱持著市場經濟的「自然化」觀點，將阻礙對市場進行調控「干預」的任何可能，從而蒙蔽了自由的潛力，造成社會整體生活水準的下降。

Erik O. Wright（2015）在《真實烏托邦》一書中更進一步指出，要創造符合民主、平等理念的經濟活動，就得發展各種非資本主義，甚至反資本主義的另類經濟想像。例如，「無條件基本收入」就是解除薪資勞動的強制性，增加工人自由，讓勞動更不異化的一種設計。其實，台灣從1950 年代以來，已經累積了儲蓄互助社、社區經濟、社會企業等另類經濟的經驗（陳東升 2017），不論是否能夠產生替代資本主義的效果，或是只能當作補救資本主義的方案，至少存在著各種超越資本主義限制的可能性，透過不斷地嘗試才足以累積對目前這個資本主義支配性制度產生侵蝕的效果。

無條件基本收入
（unconditional basic income）
凡是屬於某個國家、地區或組織的成員，定期領取由政府或組織所發放的固定額度的金錢，以滿足生活基本所需的制度。

課堂活動 12-2

　　請同學參訪社會企業、儲蓄互助社等另類經濟組織，並分享心得。

延伸閱讀

Fred Block 著，鄭陸霖、吳泉源校譯，2004，《後工業機會：一個批判性的經濟社會學論述》（*Postindustrial Possibilities: A Critique of Economic Discourse*）。台北：群學。

潘美玲、王宏仁主編，2019，《巷仔口社會學 3：如果贏者全拿，我們還剩下什麼？》。新北：大家出版。

張晉芬，2011，《勞動社會學》。台北：政大出版社。

李宗榮、林宗弘編，2017，《未竟的奇蹟：轉型中的台灣經濟與社會》。台北：中央研究院社會學研究所。

參考書目

李悅端、柯志明，1994，〈小型企業的經營與性別分工：以五分埔成衣業社區為案例的分析〉。《台灣社會研究季刊》17: 41-80。

李宗榮、林宗弘編，2017，《未竟的奇蹟：轉型中的台灣經濟與社會》。台北：中央研究院社會學研究所。

林宗弘等著，2011，《崩世代：財團化、貧窮化與少子女化的危機》。台北：台灣勞工陣線協會。

柯志哲、張佩青，2014，〈區隔的勞動市場？：探討臺灣典型與非典型工作者的工作流動與薪資差異〉。《台灣社會學》55: 127-177。

陳東升，2017，〈另類經濟模式的比較與探討：台灣的經驗〉。收於李宗榮、林宗弘主編，《未竟的奇蹟：轉型中的台灣經濟與社會》，頁 571-610。台北：中央研究院社會學研究所。

張宜君，2016，〈臺灣產業轉型下的工作機會分布變遷：1978-2012〉。《臺灣社會學刊》60: 135-187。

潘美玲，2003，〈一個去「異化」的資本主義企業？：「幸福」實業的勞動體制研究〉。《國立政治大學社會學報》35: 79-107。

潘美玲、張維安，2003，〈經濟行動與社會關係：社會自我保護機制的研究〉。《臺灣社會學刊》30: 51-88。

潘毅、陳慧玲、馬克・塞爾登著，劉昕亭譯，2015，《蘋果背後的生與死：生產線上的富士康工人》。香港：中華書局。

鄭志鵬、林宗弘，2017，〈鑲嵌的極限：中國台商的「跨國資本積累場域」分析〉。收於李宗榮、林宗弘主編，《未竟的奇蹟：轉型中的台灣經濟與社會》，頁 611-644。台北：中央研究院社會學研究所。

Blauner, Robert, 1964, *Alienation and Freedom: The Factory Worker and His Industry*. Chicago: University of Chicago Press.

Block, Fred and Margaret R. Romers, 1992,〈超越唯經濟論的謬誤：卡爾・博蘭尼的整體性社會科學〉。收於 Karl Polanyi 著，黃樹民、石佳音、廖立文譯,《鉅變：當代政治、經濟的起源》,頁 1-55。台北：遠流。

Brandt, Richard L. 著、朱家一譯,2010,《Google 為什麼贏？》。台北：天下雜誌。

Braverman, H., 1974, *Labour and Monopoly Capital: The Degradation of Work in the Twentieth Century*. New York: Monthly Review Press.

Giddens, Anthony 著、簡惠美譯,2006,《資本主義與現代社會理論：馬克思、涂爾幹、韋伯》（*Capitalism and Modern Social Theory: An Analysis of the Writings of Marx, Durkheim and Max Weber*）。台北：遠流。

Granovetter, Mark, 1973, "The Strength of Weak Ties." *American Journal of Sociology* 78: 1360-1380.

Granovetter, Mark, 1985, "Economic Action and Social Structure: The Problem of Embeddedness." *American Journal of Sociology* 91: 481-510.

Granovetter, Mark, 1995[1974], *Getting a Job: A Study of Contacts and Career*. Chicago: Chicago University Press.

Hochschild, Arlie R., 2003[1983], *The Managed Heart: Commercialization of Human Feeling*. Berkeley: University of California Press.

Polanyi, Karl 著,黃樹民、石佳音、廖立文譯,1992,《鉅變：當代政治、經濟的起源》（*The Great Transformation: The Political and Economic Origins of Our Times*）。台北：遠流。

Ritzer, George, 1993, *The McDonaldization of Society*. Thousand Oaks, CA: Sage.

Swedberg, Richard, 2003, *Principles of Economic Sociology*. Princeton, NJ: Princeton University Press.

Swedberg, Richard, 2011. "Max Weber's Central Text in Economic Sociology." Pp. 62-75 in *The Sociology of Economic Life*, edited by Mark Granovetter and Richard Swedberg. New York: Westview Press.

Weber, Max, 1976[1930], *The Protestant Ethic and the Spirit of Capitalism*. London: Allen and Unwin.

Wright, E. O. 著、黃克先譯,2015,《真實烏托邦》（*Envisioning Real Utopias*）。台北：群學。

第13章

權力與政治體系

- 權力與正當性
- 國家
- 戰後台灣的國家權力與國家
  社會關係的轉型
- 民主體制

■林國明

摘　要

1. 權力是指行動者具有排除各種抗拒以貫徹其意志的可能性，而具有正當性的權力稱為權威。正當性有傳統型、卡理斯瑪型和理性／合法型三種類型。

2. 現代國家具有以下特性：（1）控制特定領土與人民；（2）官僚組織；（3）與其他社會制度分化並整合社會；（4）權力集中化；（5）壟斷武力的正當使用。

3. 國家權力具有專制權力和基礎行政權力兩個面向。

4. 政體包含國家組織、公民社會和政治社會三個部分。公民社會與政治社會的存在狀態，會影響國家的統治形式是民主或非民主。

5. 公民身分的權利內涵包括：自由權、政治權和社會權。社會權的賦予是福利國家的核心。

6. 理想的民主過程包括：有效的參與，投票的平等，充分知情，議程的控制，成年人的公民資格五項基準。

7. 民主轉型和鞏固必須有五個彼此關聯、相互支持的條件，包括：自由活潑的公民社會，相對自主的政治社會，憲政主義的法治原則，可用的國家官僚機構，受到管制的經濟社會。

　　從2019年開始，高中職、國中和國小各個學校遵照國家的規定，實施新課綱。配合新課綱的實施，大學申請入學將從2022年起採用「學習歷程檔案」來評量學生的能力。「學習歷程檔案」包括「課程學習成果」和「自主學習計畫與成果」，是現有備審資料沒有的項目，究竟高中端該如何準備，大學教授會如何審查，充滿不確定，也引發各界不同的意見。有人認為學習歷程檔案可以培養學生的核心素養能力，有人認為會增加學生負擔，擴大入學機會的城鄉差距。家長團體屢次對這項議題表達關切，各黨派的立委也紛紛就政策實施的妥當性質詢教育部長，也有高中生在公共政策網路參與平台提案廢除實施「學習歷程檔案」，獲得迴響。教育部委託台灣大學社會學系的團隊舉辦「學習歷程檔案」的公共審議，在台灣各縣市舉辦五十場的公共討論，邀請大學教授，高中教師、學生和家長參加，總共有1,336人參與審議，討論學習歷程檔案實施後遭遇的問題，並

對學習歷程檔案中的「課程學習成果」和「自主學習計畫」該如何呈現、如何審查，凝聚共識性的意見。公民審議的結論和提出的政策建議，部分獲得教育部和大學招生委員會聯合會的採納。

　　上述例子告訴我們，受到國家政策所影響的公民如何透過參與的過程去影響政策。現代國家廣泛介入人民的生活，學校該教什麼，學生要學什麼，大學入學應審查哪些資料，都受到國家權力所影響。在非民主的政治體系，國家的專制權力排除人民參與政策決定。要實現一個理想的民主體制，不只是透過公開自由的選舉來組織政府，還需要讓政治地位平等的公民，有適當的機會參與影響到他們生活和權益的政策決定。我們如何才能靠近理想的民主狀態？本章從權力與正當性出發，介紹國家權力與民主體制的相關概念，以協助讀者探索這個基本問題。

壹　權力與正當性

一、權力與權威

　　在社會生活中，總有些人有能力可以去影響或控制他人的行為。例如：老師要求學生交作業；父母要求孩子就讀就業前景看好的大學校系；教育部要求各大學依照法令辦理招生業務。影響或控制他人行為的能力，涉及權力的運作。韋伯把權力界定為：「在社會關係內，行動者具有排除各種抗拒以貫徹其意志的可能性」（韋伯 2006: 1）。根據這個定義，權力不僅是一種影響或控制他人行為的能力，也是一種關係，指涉占據特定社會位置的行動者（老師、父母或政府部門），能夠將個人的意志施諸他人身上（學生、子女或學校組織）。社會學要了解的，就是什麼樣的社會結構因素與制度安排，使得某些類別的行動者能夠在社會關係中擁有支配其他行動者的權力，以及如何在互動情境中使用權力。

　　其次，權力涉及強制力（coerce）的使用。權力的行使可能遇到抗拒，這時就得使用強制力才能貫徹意志。強制力的形式很多樣，極端的形式是身體的暴力，但也包括非暴力的手段，如剝奪物質利益和感情等。強制力不一定要實際使用，有時僅以威脅的方式，或讓人們認知到有遭受懲罰的可能性，就能排除抗拒。威脅之所以能夠奏效，是因為權力經常產生

權力
行動者具有排除各種抗拒以貫徹個人意志的可能性。

於具有依賴性的社會關係中，讓有權者可以威脅剝奪處於依賴地位的一方所珍惜的事物，如經濟來源、情感、身分地位、自由等，令其心生恐懼而服從。社會結構與制度的變遷，如果能使權力關係中弱勢的一方，獲得充權（empowered）而降低對有權者的依賴，當可減少強制力的威脅，而增強抵抗的可能性。

　　有權者如果必須藉由強制手段才能貫徹意志，並非行使權力的有效方式。有效運作的權力，必然包含自願服從（consent）的成分。人們會自願服從權力支配，是立基於複雜的動機，如習慣、感情、恐懼和利益的計算等等（韋伯 2006）。從屬者可能希望從順服中獲得回報；或者擔心反抗所要付出的代價；或者因為習慣使然，認為服從是天經地義的事。有權者也可能透過操縱的手段，如意識形態的教化、控制資訊和宣傳，去形塑人們的想法、認知和偏好，讓人們安分守己，順從既有秩序。或者，有權者也可能進行說服、溝通的行動，使從屬者心悅誠服地順從，相信這麼做是對的。不管透過什麼方式或基於什麼因素，如果從屬者心悅誠服地相信有權者的支配是合理的、妥當的，那表示權力的行使具有正當性（legitimacy）。具有正當性的權力，稱為權威（authority）。

正當性（legitimacy）
從屬者認為有權者的支配是合理的、妥當的。

二、正當性的三種類型

　　根據韋伯的說法，正當性的宣稱具有以下三種純粹的類型。

　　一、傳統型：人們會服從權威，並不是因為明文的規定，而是根據歷代相傳的規則和傳統的神聖性。支配者的產生是依傳統的慣例，如王位世襲，人們之所以服從也是因為因襲傳統的身分。有權者的支配，有恣意而行的自由，但必須要在某種傳統的限制下行使權力，踰越界線可能會引起反抗，例如殘暴的君主可能引起「替天行道」的討伐。

　　二、卡理斯瑪（charismatic）型：基於領導人個人所具有的超凡、神聖性、英雄氣概的特質而獻身與效忠，並聽從其號令。要具有哪些普通人沒有的特質，才能成為卡理斯瑪的領導人，並沒有客觀標準，端視追隨者是否真誠信奉而定。領導人必須持續創造奇蹟和成功，否則卡理斯瑪的權威便會喪失；卡理斯瑪的魅力是個人的，無法傳承，領導人的消逝會帶來繼承人的問題，所以這種權威形態是不穩定的。

　　三、法制／理性（legal/rational）型：一個人之所以服從，是由於服膺

依法制定的普遍性規則，以及行使支配的人在法律規定下有發號施令的權力。個人之所以服從掌權者，並不是服從掌權者個人，而是服從依法占據某項職位而具有的權威。即使是掌權者，本身也要服從一套無私的法令和程序。

現代國家的統治，逐漸以法制／理性型的權威，來取代專制君主統治的傳統權威。但在現實情境中，三種權威類型可能是混合的。韋伯認為，官僚體系照章行事，缺乏追求價值的熱情；他期待現代國家的議會民主制，能夠產生具有責任感、務實的熱情和判斷力的卡理斯瑪領導人，鼓動民眾追求集體的理想與價值。

 問題與討論 13-1

舉一組權力關係（如丈夫與妻子，勞工與資本家）為例，討論哪些社會結構與法令制度的變遷，使權力關係中弱勢的一方，因為降低對有權者的依賴，增強抵抗的可能性，從而改變權力關係。

貳　國家

一、現代國家的形式

權力發生在各種社會關係，遍布在我們的生活。本章所關心的，是一種制度化的權力：一般稱之為「國家」（the state）的政治組織所具有的權力。社會學概念中的國家，和日常用語的意義不太相同。日常用語所說的「國家」，通常指的是一種政治社群與政治實體，這種政治社群涵蓋居住在特定領土範圍內的人民，擁有自己的政府和法律體系，並且宣稱具有不受外部勢力統轄的主權；這樣的意義比較接近英文的 country。社會學意義的國家，指的是一套政治組織與制度，運用公共權力來統治特定領土範圍及居住於其上的人民，意義上比較接近中文的「政府」，但指涉的範圍更大，包括行政部門、立法機構、司法體系、警察、軍隊，以及各種負擔治理職能的機構。

現代國家的組織形式，在不同社會有各種變異，也歷經不同樣態的轉

型。一般說來，現代國家具有以下幾個特徵：

一、領土與人民。控制疆域清楚劃定的領土以及居住於其上的人民。

二、官僚體系。具有韋伯定義的官僚制組織（韋伯 2006），利用適當的行政工具和資源，根據形式化的、不受私人因素影響的規則，執行法律與政策。

三、分化與整合。專注於統治的職能，而與其他社會制度有一定程度的分化，同時又透過法律與政策的執行，分配資源、調停衝突、維持秩序、塑造集體認同與目標，而使眾多殊異的個人、群體與社會制度，能夠整合在同一個政治社群。

四、權力集中化。境內所有的政治權威，來自於一個權力的核心。國家具有主權（sovereignty）的宣稱，在特定的領土範圍，具有最高和唯一的權力來制定法律，進行統治。對內而言，沒有其他組織或團體可以宣稱擁有相同的統治權力；對外而言，被其他國家組織承認具有獨立的統治地位而與之交涉。

五、壟斷武力的正當使用。根據韋伯的定義，國家是對武力之正當使用，具有壟斷權利的人類共同體。國家壟斷武力的正當使用，因此在行使權力時，擁有其他個人或團體未能具備的能力，進而要求徹底服從。

二、國家建構：戰爭、民族國家與民族主義

在悠長的歷史中，人類社會被不同形式的政治團體和組織所統治，如部落社會的酋長制、封建社會的領主和王國、城邦國家（city-state）、帝國（empire）等。具有上述組織特質的現代國家，晚近才出現在人類歷史上，約莫形成於十六世紀的歐洲，於十八、十九世紀漸次成熟，並擴展到其他地方。現代國家的形成，是非常複雜的歷史過程，戰爭是個重要的因素。Charles Tilly（1992）是主張這種觀點而產生重大影響的社會學者，他指出，戰爭對國家建構（state-building）具有深遠的影響。一方面，從事戰爭需要發展持久穩固的國家組織來汲取資源、收稅、徵兵和供給物資；另一方面，統治者必須在因戰爭而重新劃分疆域的領土上進行綏靖行動，鎮壓反抗者和敵對勢力，維持統治秩序，也就是必須發展有效的行政體系，將集中化的權威擴展到全國境內。

戰爭塑造了大型的領土國家，重新界定國家的版圖。例如，歐洲原本

有1,500個左右的政治單位，到了1900年，大約只剩25個。戰勝者將其他政治單位原本控制的領土和人民納入版圖。由戰爭建構的國家組織所控制的領土中，經常居住著不同族群，信仰不同宗教，講不同語言，有著不同的地方傳統和文化，他們原先可能隸屬於不同的政治單位。統治者在重新劃界的政治疆域內，可能將某一優勢族群的語言、宗教信仰和歷史文化，經過改造發明，推廣到全國境內，以建構集體的認同，讓居住在國家組織所控制的疆域內的人們，「想像」自己是同一個民族（nation）的成員，具有相同歷史、文化、語言或族群根源。如此，企圖使國家組織所控制的政治疆域，和民族的文化界線相契合，即所謂的民族國家（nation-state）。

　　打造「民族國家」的過程，經常是透過政府的權力，藉由教育體制和大眾傳播媒體等社會工程，建立全國一致的文化標準，但如此一來可能壓制某些群體的語言、信仰和地方傳統，引起反抗，造成嚴重的社會分歧，甚至引起挑戰主流認同，與民族主義的主張相關的獨立運動。民族國家與民族主義是高度重疊的現象，民族國家的理念與制度是「國家組織控制的政治疆域和民族的文化界線相符合」；至於民族主義運動則主張，「具有相同傳統與文化的民族，應該建立屬於自己的國家組織」。舉例來說，某一群人可能認為自己具有相同的族群根源、語言、文化或信仰，而建構同屬一個「民族」的集體認同，並要求建立獨立自主的國家組織，使政治領土的疆域與民族的文化界線相一致。

民族國家（nation-state）
國家組織所控制的政治疆域，和民族的文化界線相契合。

民族主義
屬於同一民族的成員，應該要建立獨立自主的國家。

三、基礎行政權力與專制權力

　　學者在討論現代國家的形成時，大部分都關注於韋伯所定義的科層制（或官僚組織）的面向，但國家權力還有其他重要的面向，亦即國家組織是否存在參與合法競爭權力的機制，使社會行動者能夠控制、影響國家菁英的決定。Michael Mann（2012）區分出國家權力的專制權力（despotic power）和基礎行政權力（infrastructural power）兩個面向。首先，專制權力指的是國家菁英在不必與社會團體進行例行性協商的情況下，能夠將統治意志強加在社會之上的權力（power *over* society）。具有專制權力的國家，成為自主的行動者。社會行動者可能透過議會、政黨和宮廷派系等途徑組織起來，削弱國家的專制權力，限制國家行動者的自主性。再者，基

礎行政權力指的是國家能夠滲透所控制的領土範圍，並貫徹執行政策決定的能力；這是國家在社會之中運作的權力（power *through* society）。基礎行政權力可以提高國家的集體權力（collective power），但不必然會擴大專制權力，因為社會團體也可能利用國家的基礎行政權力來控制國家，限縮國家的專制權力。另一方面，凌駕於社會之上的專制權力，不一定能轉化成能夠滲透社會的基礎行政權力，例如，國家菁英或許可能獨斷地決定政策，但卻無法在社會之中貫徹執行政策。

　　在現代國家形成的歷史過程中，這兩個權力面向有不同的連結模式，構成了殊異的國家與社會關係。封建國家的專制權力和基礎行政權力都很弱，王權無法強加在封建領主的領地上，君主對人民的統治是間接的，依賴自主的領主、教會或行會團體的基礎行政權力作為中介。在帝國統治時代，國家的專制權力很大，但「天高皇帝遠」，國家缺乏介入社會生活的能力。十六世紀以來，在歐洲及其他地方，國家基礎行政權力的大幅擴張是普遍的趨勢，國家可以不假手地方顯要而直接統治人民。另一方面，專制權力的擴大也在各地引起程度不一的社會反抗和衝突。有的轉變成民主政體，國家與社會相互滲透，社會行動者有能力控制國家；另一個極端則是一黨專政的國家，強大的專制權力結合基礎行政權力，使國家具有單向支配人民日常生活的能力。

表13-1　國家權力的兩個面向

專制權力	基礎行政權力	
	低	高
低	封建	民主
高	帝國	一黨專政

資料來源：Mann（2008）。

　　國家權力的兩個面向在不同歷史時期的連結模式，不能窮盡個別國家的具體情況，但這個概念類型可以幫助我們分析國家權力滲透社會、介入日常生活的程度與後果，以及國家與社會的行動者如何競奪、獲取自主行動的空間，並在其間運用權力。

四、公民社會與政治社會

　　分析國家的專制權力，一個核心的問題是：在政體（polity）中，是否存在公民社會（或稱市民社會，civil society）所建構的代表性力量和意見，來影響國家決策，以及是否存在政治社會（political society）的制度安排，以合法手段競爭國家權力（Linz and Stepan 1996）。公民社會與政治社會的存在和運作狀態，以及與國家權力的關係，不僅影響民主與非民主的統治形式，也影響人們在日常生活中如何組織起來治理集體生活。

　　政治社會指的是政體中一些特定的制度安排，使得行動者能夠透過合法、非暴力的競爭過程，取得控制公共權力和國家組織的正當權利。這是一個社會在政治上將自己建構起來，而能選擇和監督政府的場域。在民主體制中，政治社會的核心制度包括政黨、選舉、政治領導、跨黨聯盟和立法機構等（Linz and Stepan 1996: 8）。非民主國家不容許公開競爭公共權力，或僅開放有限的競爭，因此民主化的必要任務之一在於建構競爭控制國家權力的政治社會。

　　公民社會指的是自我組織的團體、運動或社會關係網絡所構成，相對獨立於國家的自主行動場域。與政治社會不同，公民社會的運動和組織目標不在取得國家權力，而是試圖創造團結，形塑集體的認同，表達特定的價值與利益。社會學家很早就關心公民社會團體的存在，尤其是對限制國家專制權力、促進民主治理的重要性。托克威爾（2005）在名著《民主在美國》中指出，美國有各種社團組織，獻身於結社組織的參與者，在協調合作中擴大胸懷並發展思想，因而培養了公共精神；人們在結社中學到的技能和習性，廣泛運用到政治領域，因此政治活動四處可及，表達各種想法和觀點，使得全體人民都在改善社會狀況，促使法律必須回應所有階級的要求。托克威爾因此說，結社是「民主的免費學校」。普特南（Putnam 1993）延續托克威爾的觀點，認為公民結社所產生的「內在」與「外部」效果，使得民主制度能夠有效運作。就內在而言，結社灌輸成員合作、團結與重視公益的精神，培養參與政治必要的知識與技能，強化主觀的政治效能感；就外在而言，結社創造了社會資本，形成具有互惠規範與信任的綿密網絡，使人們能夠有效地進行合作，追求共同的目標。活躍的公民社群所產生的效果，能促使政府更有效能地回應民眾的要求，因而提升民主的品質。

政體（polity）
政治社群中治理公共生活的各種組織和制度安排結合而成的整體，通常包括國家、公民社會和政治社會三個領域。在有些政體中，公民社會和政治社會的空間會受到壓縮。

社會資本
指的是「社會組織的特質，像是規範、信任和網絡等，能夠促進協調而使社會更有效率的行動」（Putnam 1993: 167）。

五、公民身分與福利國家

1. 公民身分與不平等

　　在現代國家的統治下，個人與國家的關係是直接的，個別的公民是構成政治共同體的成員。作為政治共同體的成員而具有的權利與義務，稱為公民身分。然而，公民身分的權利內容，在不同時代、不同社會，有很大的差異性。T. H. Marshall（1950）對公民權利做了非常著名的分類，他區分自由權（civil rights）、政治權（political rights）和社會權（social rights）三種公民權利的要素。自由權指的是保障個人不受干擾，享有自主空間的權利，包括言論、結社、出版、信仰和人身自由，以及保障私人財產、訂定契約和司法正義的權利。政治權是參與公共權威運作的權利，包括選舉和出任公職。自由權與政治權為公民社會和政治社會的運作，提供制度化的保障，使個人不僅保有自主性，也能積極地發展社會關係，和其他人合作管理公共事務。社會權的範圍很廣，包含「從起碼的經濟福利與安全，到享有社會遺產，以及根據社會普行的標準，過著文明的生活」（Marshall 1950: 11）。社會權包含的不僅是滿足基本生活需求的福利，也可能擴及到接受教育、維持健康、享有良好的居住和環境品質等「過著文明的生活」的權利。

　　讓社會權成為公民的基本權利，對權利運動的發展具有重要意義。這種觀念意味著，身為共同體的成員，個人不僅應該享有免於專制權力壓迫的自由，可以參與集體事務的治理，而且，共同體也有責任保障個人能夠「過著文明的生活」。社會權凸顯了公民身分理念的實踐和社會不平等之間的緊張關係。根據自由主義的概念，公民身分具有平等和普世（equal and universal）的原則，但在現實上，人民常因階級、性別、種族、族群、國籍、性傾向或其他差異，而在權利的賦予上受到差別對待。透過政治社會運動能夠爭取平等權利，擴大公民身分的範圍，賦予自由權和政治權，並且取消群體差異的歧視，達到形式的平等原則。然而，資本主義體系、父權體制和種族歧視等經濟社會領域的運作，造成現實生活的不平等，使得弱勢群體的成員缺乏資源來行使自由與政治權利；至於優勢群體則可以應用權利來影響國家決策，鞏固不平等的社會經濟體制。因此，賦予公民普及的社會權，可以降低政治參與和社會經濟生活的不平等。

2. 福利國家的三種模式

二十世紀以來，尤其是在第二次世界大戰之後，許多西方資本主義先進國家擴充國家基礎行政權力，以國家力量介入市場等私人力量的運作，同時賦予公民社會權，提供人民生活保障，形成「福利國家」（welfare state）。

福利國家指的是政府保障每個國民獲得適當的生活需求的滿足，並增進個人或家庭應付社會事故（如疾病、死亡、老年和失業）的能力（Briggs 1961）。雖然一般都認為福利國家應提供的保障，包括所得維持、就業安全、醫療保健、社會服務（如托育和長期照護）、住宅和教育等項目，但究竟哪些生活需求、風險事故和社會服務項目，應該包含在福利國家的保障範圍？什麼樣的保障程度才算是適當的？其實有很多歷史的變異，受到社會行動者與國家菁英的互動所塑造的社會權內涵所影響。

著名的福利國家研究者 Gosta Esping-Andersen（1990）指出，福利國家的核心理念就是社會權。他認為，社會權的賦予帶給個人去商品化（decommodification）的地位而能對抗市場力量。在資本主義社會，若無社會權的賦予，個人的福利需求，如教育、醫療和住宅等，必須透過市場的金錢交易才能取得。福利國家把一些需求項目視為權利而提供保障，將其去商品化，例如設立公立學校、實施全民健康保險、廣建公共住宅，讓個人在滿足需求時可以免於或降低對市場的依賴，如此也有助於降低社會不平等。

不同福利國家的制度安排，在去商品化和降低社會不平等的程度上，有所差異。Esping-Andersen 區分了三種福利體系，第一種是自由主義模式，原型範例的國家是美國、加拿大和澳洲。這種模式是以社會救助措施為主導，透過資產調查的方式，找出「值得幫助的窮人」給予救助；權利的賦予是基於需求。自由主義的模式旨在增強而非削弱市場力量，除了那些「值得幫助的窮人」，其他人被鼓勵從私人市場取得福利。然而，為了強化市場紀律，避免人民領取救助而不去工作，國家提供的福利通常不能高於最低維生水平，去商品化程度低，接受福利的人有污名（stigma）的效應，福利體系維繫了社會不平等。

第二種是統合主義模式（corporatism model），原型範例的國家是德國、法國和義大利。這種模式主要採取社會保險的方案，國家強制規定特定群體的人民必須參加保險，並有繳交保費的義務，在發生事故時（如

疾病、死亡、失業、退休）提供給付；權利的賦予是基於職業身分或繳交保費的義務。這種體系提供的福利水準，會因為制度細節的差異而有高有低，去商品化的程度有所不同。一般說來，繳交保費多寡和領取現金給付的金額，是和所得相關的（earning-related），所得高的人繳的保費比較多，遇到事故時（如退休）領取的給付也比較多。因此，福利的分配基本上是反映市場力量運作的結果，維持了地位的差異。

第三種是社會民主模式，原型範例是瑞典、丹麥等北歐國家。這種模式提供平等的給付給所有人，例如，所有六十五歲的老人都能獲得金額相同的基礎年金；權利的賦予是基於公民身分。一般認為這種福利體系最符合公民身分所蘊含的平等、普遍的原則，也最能凝聚社會團結。但是，這類一視同仁、普及性的方案，若以政府稅收為主要財源，很少能夠提供「適當水準」的給付，去商品化的程度可能有限。此外，若給付水準過低，受益公民仍須從市場或家庭等途徑取得福利，福利國家能夠降低社會不平等的能力就會受到限制。

台灣福利國家的特性：混雜的體系

Esping-Andersen 雖然指出特定國家整體福利體系的特質，比較接近自由主義、統合主義或社會民主的模式，但在個別國家之內，不同的福利方案可能展現不同的模式，甚至同一方案也可能結合不同模式。例如台灣的全民健保體系將全體國人結合在由政府經營管理的單一體系之下，提供所有人相同的醫療給付，這種被認為最能夠促成社會團結與平等主義的健保體系（林國明 2003），比較接近社會民主模式。健保提供的醫療給付項目頗為完整，去商品化程度高。年金體系則比較接近統合主義模式，不同職業群體的給付水準有很大的差異，去商品化的程度不一。例如：軍人、公務人員和公立學校教師能夠領取相對優渥的退休金，其他群體無法像軍公教人員僅靠政府保障的退休金，就能維持適當的生活水平，形成地位差距的不平等。至於中低收入戶的生活扶助，則是採取社會救助的模式，條件嚴苛且給付水準偏低。

不同的福利模式中，國家、市場或其他制度（如家庭和社區）的角色及相互關係也各不相同。例如台灣的全民健保是國家主導的福利體系，國家有強大的權力可以介入醫療體系的運作，但是在托育和長期照護等社會服務層面，國家的角色非常有限；國家只提供部分的現金補助，並對服務機構與人員進行管制。有需求的人，主要是從市場取得服務，或由家庭承擔照護的責任。

問題與討論 13-2

　　尋找相關的資料，比較台灣公教人員、勞工和農民三類人口，在老年經濟保障（年金、退休金和老年給付等）方案內容的差異。你認為 Esping-Andersen 三種福利模式是否可以說明方案內容的差異？以及為什麼這三類人口得到的保障程度不同？

六、解釋國家政策的理論

　　國家基礎行政權力的擴充雖然是普遍的趨勢，但不同國家管制市場、介入人民日常生活的程度不一，方式也大異其趣。為什麼資本主義國家會制定干預市場的社會政策？為什麼國家制定的福利方案，去商品化和降低不平等的程度不一？不同的國家理論（theories of the state），提出不同觀點來解釋國家政策的差異。

　　多元主義認為現代社會權力的分配是分散的，個人自主參與的各種團體，代表各不同的利益和價值，透過集體行動去影響國家政策。國家是中立的仲裁者，政策決定反映團體競爭的結果。多元主義認為，因為社會、經濟領域和政治競爭的多元化，加上個人隸屬於代表不同利益的團體，產生利益交叉的效果，所以政策決定沒有永遠的贏家。資本家或許在規範勞動條件的議題上獲勝，卻可能在環境保護的議題上失利。由於國家宣稱代表公共利益，相互競爭的團體在試圖影響國家決策時，必須調整自利、狹隘的主張，與其他衝突的利益團體協商出能夠回應公共利益的訴求。此外，民主國家存在行政、立法和司法權的分立制衡，加上選舉機制使得民選官員必須重視選民的感受，這些因素讓競爭的團體有多重管道可以影響政策，避免特殊利益壟斷決策。

　　多元主義理論所參照的決策過程是發生在民主政體，認為一般民眾擁有權力，能夠透過選舉機制來影響做決策的政治領導人。權力菁英理論（power elite theory）則認為，即使是民主政治，權力也是集中在少數菁英身上。社會學者 C. Wright Mills（1956）指出，美國社會的權力掌握在控制國家、大企業和軍隊等主要制度的菁英身上。權力菁英理論認為，權力並不是個人具有的特質，而是由位置（position）所決定的，要擁有權力首先必須在控制重大資源的機構中取得策略性的領導位置。至於占據這些

位置的菁英，往往來自於相同的背景（如出身於特定階級，名校畢業），具有單一的世界觀，享有共同的利益。

　　馬克思主義的國家理論認為，國家決策反映了經濟優勢階級的利益。馬克思主義的國家觀是一種歷史唯物論（historical materialism），主張特定的經濟生產模式都有相應的國家組織形式；不管形式如何，國家的功能都在壓制階級衝突，維持優勢階級的支配。例如，議會民主制的國家是全球化的工業資本主義的政治統治形式，功能也在維護資本家的利益和資本主義的生產秩序。這種功能要如何達成呢？有兩種理論取徑。一是「工具論」（instrumentalism），認為資本家階級透過控制政府部門、立法機構、大眾傳播媒體而「直接統治」國家，維護自身的階級利益。二是「結構論」（structuralism），認為國家為了維護資本的集體利益和長期利益，以及維持統治的正當性，必須具有「相對自主性」（relative autonomy），不能完全被資產階級的特殊利益所擺布，才能追求有利於資本主義再生產的政策。從這樣的觀點出發，資本主義福利國家賦予去商品化的社會權，雖然違反個別資本家的短期利益，但是可以讓階級衝突制度化，並將個別資本家無法獨自承擔的生產成本（如維持勞動力的素質與健康）由集體來承擔，而有利於資本主義的長期發展。

　　在國家中心論（state-centralism）看來，不管是多元論、權力菁英論和馬克思主義的國家理論，都把國家視為爭奪基本社會和經濟利益的舞台；國家的行動與政策，反映了社會群體的權力衝突與競爭。國家中心論反對這種「社會中心論」的觀點，認為國家不只是各方勢力競爭利益的制度場域，同時也是個行動者；國家組織具有自身的邏輯和利益，而且不一定與社會支配階級或政體中全部成員的利益相同。國家行動者是否能夠形成、追求自身的政策目標，受到國家自主性（autonomy）和國家能力（state capacity）所影響。這兩個概念與國家專制權力和基礎行政權力有些關聯。國家自主性指的是國家能獨立於社會勢力的影響而訂定政策的程度，國家能力則是執行政策目標的能力。國家中心論從韋伯學派的觀點，從國家組織結構的特性及其與社會的連結關係，來分析國家的政策制定與執行能力。

　　國家中心論的相關論著，後來被批評過度強調國家官僚部門的角色和組織特性對政策的作用，有「官僚決定論」的傾向。1990 年代以後國家中心論開始轉向於歷史制度論（historical institutionalism），這個理論觀點

有兩個特性。第一，把對國家組織結構特性的關注擴展到政體層次，分析國家組織、政治社會和公民社會之間的互動連結，以及其歷史變遷，如何塑造行動者影響政策的能力。第二，重視政策的回饋作用（policy feedback），分析前一歷史階段所制定的政策，實施以後如何塑造特定行動者的利益、價值和認知，進而影響下一歷史階段的政策決定。

> **問題與討論 13-3**
>
> 　　請舉出一個政府決策偏袒企業的例子。在這個決策案例中，你認為政府為什麼會特別照顧企業界的利益？

戰後台灣的國家權力與國家社會關係的轉型

　　一般認為，台灣現代國家的形成始於清末，而在日治時期趨於完備（王振寰 2010）。在日治時期，統治台灣的政治組織已發展出現代國家法制化、層級化和權威集中化的官僚體制。學者曾從專制權力和基礎行政權力這兩個面向分析台灣現代國家的形成和轉型（王振寰 2010），以及在不同歷史階段中，這兩個國家權力面向的特性（黃崇憲 2008）。限於篇幅，本節只說明國民黨威權統治時期國家權力的特性，以及解嚴前後國家社會關係的轉型。

　　1949 年，國共內戰失敗的國民黨政權撤退到台灣。如何在陌生又具有敵意的土地上建立統治地位，延續政權的生存，是國民黨政權主要的關切。國民黨的統治，一方面仰賴高度壓制性的專制權力，一方面則透過政黨組織、國家統合主義、情治系統和侍從主義，建立基礎行政權力，來監控社會活動，鎮壓反對力量。

一、基礎行政權力的建構

　　國民黨政權在國家基礎行政權力的建構，主要表現在四方面。第一，透過改造黨組織，建立「以黨領政」的威權黨國體制（authoritarian party-state），由黨組織控制政府運作，並以黨結合國家行政資源，進一步滲透與

威權統治時期嚴密的監控，留下大量的政治監控檔案（資料來源：促進轉型正義委員會紀錄片《不是自己寫的日記》）。

控制社會組織。黨小組和黨部遍及台灣社會，掌握地方輿情，控制社會團體。

第二，對民間團體的滲透與控制，也借助於國家統合主義的制度結構。例如，強制某些職業身分者參加社團，再依層級原則形成地區性和全國性的聯合組織（如台灣省農會、全國總工會）。所有團體都要向政府登記，接受政府的監督，一旦獲得核可，其他同性質的競爭性團體就由法律禁止成立。國民黨廣泛地滲透到民間團體，插手組織人事和政策。如此一來，國民黨政府將不同領域的民眾組織進入層級性的團體，接受黨國體制的監督控制，確保民眾的行動不會挑戰國民黨政權的存續。

第三，透過情治系統嚴密監控社會活動，防範異議分子對統治造成威脅。例如，1950和60年代的白色恐怖時期，國民黨政府透過監控蒐集情報，大量逮捕「言行可疑人士」和持不同政治意見者，進行拘禁、刑求甚至殺害，許多人因此喪失自由、生命和財產。1970年代以後，系統性的鎮壓行動雖然比較緩和，但監控行動未嘗稍歇，甚至更全面。情治單位運用龐大線民對特定個人與群體進行嚴密監控，以校園監控為例，情治系統於1971年調整、擴大校園保防系統，成立「春風專案」，由調查局統籌，協調教育部、省教育廳、國家安全局、警備總部和國民黨青工會等機構，全面監控校園，在各個大專院校布建線民，監控學生社團、宿舍和各科系的師生言行。情治系統在校園布建的線民包括教職員、教官和學生，各個大專院校都設有「校園安定小組」，由校內專任人員擔任執行祕書，定期彙整、上報線民蒐集的資訊。據統計，1976年在各校布建的線民總數達到3,941人（林國明等 2020: 25）。

第四，透過侍從主義（clientelism）的運作，籠絡本土菁英，以建立穿透地方社會的統治聯盟。侍從主義的運作與選舉有關，在1950年代，

侍從主義（clientelism）一種不對稱的交換關係，居上位的「雇主」（patron）提供「侍從」（client）財貨與服務，以交換政治支持。

國民黨政府開放選舉，但將選舉局限於地方，避免危及國民黨掌握中央的統治地位。然而，作為外來政權，國民黨無法直接深入地方社會去爭取民眾的政治支持，因此必須倚賴地方派系的本土菁英作為協力者，幫助國民黨動員選票，贏得選舉。為了籠絡地方派系的政治效忠，國民黨給予各種政治經濟資源，如從事政府特許的區域性獨占經濟活動、特權貸款、包攬政府工程、土地投機炒作，甚至以公權力掩護非法經濟活動。

> ### 🔍 問題與討論 13-4
> 　　國民黨威權統治時期的政治監控留下大量檔案。有人認為，為了了解威權政府迫害人權的歷史真相，這些檔案應該全部公開，也有人認為，監控檔案涉及個人隱私和不實記載，如果公開會對當事人造成二度傷害。你認為政治監控檔案是否要公開？若要公開，是否該有什麼配套措施？

二、專制權力和有限的政治多元主義

　　在專制權力方面，國民黨政府以《動員戡亂時期臨時條款》凍結部分憲法條文，擴充總統不受制衡的權力；實施長達三十八年的戒嚴（1949到1987年），剝奪人民的基本權利，包括組織政黨、集會結社和言論思想自由。中央民意代表機構則以「代表全中國」的法統象徵為由，凍結改選，成為「萬年國會」。不過，為了在國際上維持「民主」的門面，仍在1950年代就開放地方選舉。1969年，由於來自中國大陸的中央民代逐漸凋零，乃開放部分中央民代改選名額，並在1970年代以後，逐漸增加改選名額。地方選舉以及名額有限的中央民代改選，創造了威權統治下有限的政治多元主義（limited political pluralism），對台灣後來的政治變遷，帶來深遠的影響。首先，選舉提供給反對勢力組織化的管道和合法挑戰國民黨的政治空間，一方面創造了民主轉型過程中所需要的行動者，另一方面也使「體制內溫和的反對派」成為反對運動的主流。其次，由於選舉帶來的政治競爭，國民黨越來越依靠選舉的勝利來宣稱統治的正當性，因此不能不顧及人民的感受與偏好，無法只依靠赤裸的國家暴力和高壓統治來維持政權，必須給予物質的誘因來爭取民眾的支持，例如維持經濟成長，或

者透過政策施惠來爭取特定群體的政治支持。最後，選舉過程所建立的民意回饋機制，使國民黨能夠調整作爲、適應環境，憑藉組織優勢持續獲得選舉的勝利，進而主導民主化的議程，並在民主化過程中繼續執政，實屬罕見（林佳龍 1998）。整體來說，威權統治下的選舉爲台灣的民主轉型與鞏固創造必要的政治社會（political society）。

三、公民社會的興起

在國民黨統治下，國家權力雖然全面滲透社會，但經濟社會仍保有一定程度的多元性。由於資本主義市場經濟提供的物質基礎，台灣社會在解嚴前就存在許多社團。社會學者李丁讚和吳介民（2008）分析戰後不同歷史階段，台灣社會團體的組織樣態，以及與國家的關係。他們指出，在1970 年代，許多社會團體充當國家的代理人，協助政府解決問題，社會上並沒有出現代表特定利益而與國家衝突的社會團體。1970 年代末期以後，在消費者保護和環境保護等議題上，出現具有自主性的民間團體，開始從「對抗」和「制衡」角度看待國家與社會的關係。到了 1980 年代中期，自主性的民間團體如雨後春筍般成立，包括倡議特定權益和價值的新興團體，以及擺脫黨國體制控制的既有組織。這時興起的各種社會運動，不管是勞工、農民、環境或校園民主運動，都以國家爲目標，這是因爲國家權力廣泛介入社會各個領域，自然成爲權利主張和抗議的對象。但批評者指出，這種「國家」與「民間社會」的對立，造成「社會政治化」，無法建立草根組織或替代性的文化，而變成政治反對運動的一環。

到了 1990 年代以後，社會團體逐漸朝向小型化、在地化的方向發展，關注社區、環境等議題；有些社會團體和國家的關係，也從「對抗」轉化成「夥伴」關係。國家從威權統治時期監控與滲透社會團體，轉而透過計畫案和補助案的資源挹注，影響社會團體的運作，例如社區組織在政府經費補助下，根據政策方案進行「社區總體營造」，或是社會福利團體接受國家委託進行服務工作。李丁讚和吳介民（2008）指出，這種「社團治理化」的傾向使社團成爲國家機器的代理人，代替國家執行社會控制政策。我們也可以說，國家的基礎行政權力透過民間社團，進入人民的日常生活與社區，形成「國家與社會的相互滲透」。

在 1990 年代以後大量出現的自主性民間團體，各自競逐自身的利

益，與敵對利益的群體產生衝突。台灣的學界與公共論述於是開始關切
「公共領域」議題，強調倡議特殊利益而相互衝突的團體，應該進行合作
性對話，從差異的意見整合出共識性行動。這樣的主張涉及審議民主的實
踐，在下一節的最後部分將討論這個議題。

公民社會的興起對台灣的民主化扮演重要的角色。1980 年代中期風
起雲湧的社會運動與政治反對運動相互支持，迫使國民黨政府在 1987 年
宣布解嚴。1990 年，李登輝總統回應野百合學運的訴求，召開國是會
議，國民黨與民主進步黨菁英經過協商，達成終止動員戡亂時期、回歸憲
法、不動憲法本文而以增修條文方式進行修憲等共識，並在 1990、1991
兩次修憲會議中，確立國會全面改選和總統直選。1992 年國會全面改
選，1996 年總統直選，台灣完成民主轉型。下一節說明民主與民主轉型
的相關議題。

公共領域（public sphere）
公民們就共同關心的議題，進行理性、知情的討論，以獲得共識。

肆 民主體制

一、民主的理想與現實

什麼是民主？Robert A. Dahl（2006）指出，民主最核心的概念是：
每個人的政治地位平等，都有同等的資格來參與影響到自己的決策。這理
念要如何實現呢？最普遍的說法是賦予公民平等的投票權，透過定期、
公開和自由的選舉，選出公職人員來代表人民做決定。代議政治確實是現
存民主體制最核心的制度設計，但把民主等同於選舉是一種淺薄的民主觀
念，因為選舉機制未必能夠使公民的偏好能在決策過程中受到平等的考
量。

Dahl 認為，一個社群要實現上述的民主原則，至少要存在五項標
準。一、有效的參與：所有社群成員應該有同等的、有效的機會，讓其他
公民知道他對政策的看法。二、投票的平等：所有成員應該有同等的投票
機會，對政策做最終的決定。三、充分知情：所有成員都有同等的機會來
了解不同政策方案的內容和可能帶來的後果。四、議程的控制：唯有成員
可以決定哪些事務應該交由集體來做決定，以及決定的過程該如何進行。
五、成年人的公民資格：所有成年常住居民，或者至少是多數成年常住居

民，應該享有以上的公民權利。

　　Dahl 指出，充分的民主體制必須符合以上五項標準。若要實現這五項評估民主過程的標準，則必須要有七項制度設計，包括：民選官員、自由且公平的選舉、普及的選舉權、參選公職的權利、言論自由、可替代的資訊來源和結社自由。這七項制度設計和五項標準的關係如表13-2所示。這七項制度，簡單來說就是賦予公民透過公民社會組織表達意見的自由權，以及透過政治社會競爭國家權力的政治權。根據 Dahl 的說法，只要具備這七種制度就可以稱為多元政體（polyarchy）。我們一般所說的民主國家，在 Dahl 的概念定義下，只能稱為多元政體。至於五項標準代表民主的理想與目標，描述了完美的民主體制，現實上，卻沒有多元政體可以完全達到這五項標準。但這個民主的理想型，可以幫助我們評估，實際存在的、稱為民主的政治體制，與理想的民主體制的距離，讓民主人士朝向「更高」的民主境界努力。

表13-2 民主政體的評估標準與制度設計

民主過程的評估標準	多元政體的制度設計
投票的平等	1. 民選官員 2. 自由且公平的選舉
有效的參與	1. 民選官員 3. 普及的選舉權 4. 參選公職的權利 5. 言論自由 6. 可替代的資訊 7. 結社自由
充分知情	5. 言論自由 6. 可替代的資訊 7. 結社自由
議程的控制	1. 民選官員 3. 普及的選舉權 4. 參選公職的權利 5. 言論自由 6. 可替代的資訊 7. 結社自由
成年人的公民資格	3. 普及的選舉權 4. 參選公職的權利 5. 言論自由 6. 可替代的資訊 7. 結社自由

資料來源：筆者修改自 Dahl（2006: 326）。

▎二、民主、威權與極權政體

以往學界對於政治體制的分類，只有民主政體和極權政體（totalitarian regime）兩種類型，極權政體是以共產國家的特性為參照，例如一黨專政，執政黨壟斷國家權力，全面控制經濟活動與社會生活。不符合民主和極權特性的政體，則被認為是向兩端移動的過渡狀態。Juan Linz（2000）認為，這些被視為過渡狀態的非民主政體，有獨特且穩定的性質，與民主、極權政體大不相同，於是建立威權政體（authoritarian regime）這個概念。Linz 從多元性、意識形態、動員和領導四個方面，區辨民主、極權和威權政體的差異特性。

民主政體：在多元性方面，民主政體的經濟、社會和組織內部生活存在廣泛的多元自主性，因而強化了負責的政治多元。在意識形態方面，廣泛認可公民身分和競爭的程序規則，並且尊重法律、少數群體的權利以及個人主義的價值。在動員方面，公民透過公民社會的自主組織，以及政治社會的政黨與選舉，參與公共事務。民主政體強調積極、自發的公民參與，政府動員群眾參與的作法受到貶抑，但政府會試圖去塑造良好公民與愛國情感。在領導方面，透過定期的自由選舉產生政治領導人，在憲法和法律規範下行使權力。

威權政體：在多元性方面，威權政體具有有限的、不負責任的政治多元化；社會和經濟多元化非常廣泛，大多數的社會和經濟多元性在威權政體建立之前已經存在，威權政體通常會給予反對派一些空間。在意識形態方面，威權政體缺乏精巧的指導性意識形態，但具有獨特的心性，例如強調社會安定與經濟發展。在動員方面，公民的自主參與受到限制，政權除了在某些特定時刻之外，並不會廣泛深入地動員群眾。在領導方面，由領導人一人獨裁或是一小群菁英操縱權力，權力的行使受到沒有明確定義但事實上可預測的規範所限制；國家官僚與軍隊也有一定程度的自主性。

極權政體：在多元性方面，極權政體沒有顯著的經濟、社會或政治多元化；執政黨在法律和事實上都壟斷權力；極權政體建立之前所存在的所有多元性都被消除殆盡。在意識形態方面，極權政體具有精巧的、指導性的意識形態（如共產主義），清晰闡明一個可以實現的烏托邦；這套意識形態對人性與社會有整體的概念；領導人、個人和團體的使命感、正當性，以及具體的政策，大部分源自於對意識形態的信奉。在動員方面，政

權創立強制參與的組織，進行廣泛動員。極權政體重視幹部的積極性，努力動員民眾參與的熱情。在領導方面，領導人的統治不受明確的限制，也難以預測；領導人通常具有卡理斯瑪的特質；高層領導人的選拔，取決於個人在黨組織的成就與奉獻。

這種政權分類體系讓我們更清楚國家統治權力的性質，以及國家社會關係在不同政體間的差異。根據 Linz 的定義，民主轉型前的國民黨政權可稱為威權政體，但是黨組織控制國家、全面滲透社會，以三民主義作為指導性的意識形態，以及創造附隨組織（如青年反共救國團）從事動員等特性，又具有某些極權政權的要素。

▌三、民主轉型與鞏固

從非民主政體轉變到民主政體的過程稱為民主轉型。轉型之後，如果政府和非政府的力量，在行為、態度和制度層面，都把民主程序當做解決衝突、競爭權力唯一的遊戲規則，則稱為民主鞏固（democratic consolidation）（Linz and Stepan 1996）。什麼樣的因素能夠促成民主轉型與民主鞏固呢？主要有兩種解釋途徑，一種是結構取向，強調社會、經濟、文化和政治制度創造有利或不利於建立民主政體的條件；另一種是行動取向，重視行動者的意志與策略互動，尤其是當權派和反對派的溫和勢力如何協商民主轉型。在結構取向的解釋中最常被提到的因素，是社會經濟的發展創造 Dahl（2006）所說的動態多元的現代社會（modern dynamic pluralist society）。這種社會形態具有以下特徵：高度水準的個人平均所得和財富，都市化和工業化程度高，職業類別複雜，識字率普及且有較高比例的民眾接受高等教育，並且存在著市場經濟和自主的社會團體等。具備這些特徵的動態多元社會，可以產生兩種有利於建立民主政體的作用。第一，權力、權威、影響力和控制力量分散，使特定行動者，包括國家菁英，不能獨攬權力。第二，可以孕育有利於民主理念的態度和信念。由於資源分散，比較容易形成互利、共享的文化，不會進行你死我活的鬥爭；受排擠的團體具有可資利用的政治資源而被包容進入政治體系，擴大公民資格的範圍。

事實上，難有單一因素可以解釋民主轉型與鞏固。Linz 和 Stepan（1996）認為，民主轉型要能完成與鞏固，必須有五個彼此關聯、相互支

持的條件，包括：自由活潑的公民社會，相對自主的政治社會，憲政主義
的法治原則，可用的國家官僚機構，受到管制的經濟社會。公民社會有能
力產生政治方案、監督政府、提供理念和利益給競爭的政黨，在民主化啟
動、完成和鞏固等各個階段，都扮演重要角色。公民社會的動員或許可以
推倒非民主政權，但要完成民主轉型必得建構政治社會。民主畢竟是要
建立合法競爭國家權力的程序，因此民主鞏固的重大任務，需要政治社會
中的政黨匯集和代表民主人士的差異，運作出具有共識的規則和程序，進
而解決衝突與權力競爭。獨立自主的公民社會和政治社會，需要法治的保
障。立基於憲政主義的法治精神，才能使政府和非政府的力量遵守民主過
程所產生的規則與程序。此外，民主是政治社群集體生活的治理形式，需
要具有基礎行政權力的國家組織，去保障公民的權利、執行法律並管制經
濟社會，以滿足人民的生活需求。新生的民主政府如果缺乏可用的官僚組
織去履行國家的功能，可能滋生不滿的力量而不利於民主體系的穩定。最
後，鞏固的民主體制需要市場經濟的支持，唯有市場的自主性和所有權的
多樣化，才能產生獨立的、活絡的，對民主有貢獻的公民社會；再者，如
果所有財產和經濟活動的決定權都掌控在國家手中，就不可能產生相對自
主的政治社會。不過，市場經濟仍有必要受到國家管制，完全不受管制的
自由市場，會導致國家無法在教育、健康等基本需求領域提供去商品化的
公共財，無法紓緩社會經濟的不平等，甚至將要求社會權利的呼聲排除在
政治決策之外，如此將不利於民主政體的永續性。

　　上述五個領域，如表13-3 所示，每個領域都需要其他領域的支持，
也對其他領域產生調節作用。Linz 和 Stepan（1996）認為，民主是一個互
動的系統，唯有這五個互動關聯的領域適當地結合，發揮運作功能，才能
塑造鞏固的民主體系。

　　從結構取向和制度條件的觀點，可以發現台灣社會存在一些有利民主
轉型和鞏固的條件。例如，台灣在 1980 年代中期即具備許多動態多元的
現代社會特徵，包括市場經濟的多元性，為發展自主的公民社會提供物質
基礎；久受壓制的公民社會，在 1980 年代迸發各種表達利益與價值的自
主組織。雖然威權體制黨國不分，司法獨立和國家官僚體制的中立性長久
受到質疑，但台灣仍具有穩定、可預測的法治體系，以及以理性—法律的
科層制原則運作的現代國家組織，有能力執行政策與法律規定。地方選舉
以及有限開放的中央民代選舉，創造了反對黨和政治社會；過去的選舉經

驗也使威權政體菁英有信心可以在開放的國會全面改選和總統直選中持續
獲得勝利，因此願意在政治社會的抗爭壓力下讓步，與反對黨的溫和派協
商，主導民主化的議程。

表13-3　鞏固的民主政體的五大領域：相關原則與調節場域

場域	基本組織原則	其他場域的必要支持	對其他領域的調節作用
公民社會	結社和通訊自由	法治和國家機器保護公民社會得以組織的權利；經濟社會的多元化支持公民社會保持必要的獨立性和活躍性。	產生政治社會的利益和價值，協助監督國家機器和經濟社會。
政治社會	自由和開放的選舉競爭	公民社會認可正當性；法治和公正的國家機器保護合法權利。	制定憲法和主要法律；管理國家機器；為經濟社會制定管制架構。
法治	憲政主義	守法文化根植於公民社會，且受到政治社會和國家機器的尊重。	建立規範體系，使行為以及其他領域的運作具有正當性和可預測性。
國家機器	理性—法律的科層制規範	公民社會對理性—法律權威提供規範性支持，並且同意國家合法壟斷暴力；由政治社會的競爭掌握權力；經濟社會創造了充分的稅收剩餘。	對公民社會、政治社會和經濟社會，強制執行透過民主過程建立的法律和程序。
經濟社會	制度化的市場	政治社會制定法律與管制架構，受到公民社會的尊重，由國家機器執行。	提供必要的剩餘，使國家可以履行其提供公共財的功能，為公民社會和政治社會的多元主義與自主性提供物質基礎。

資料來源：Linz and Stepan（1996: 14）。

　　值得注意的是，有學者認為，將民主轉型的動力歸因於結構與制度條
件等背景因素，將忽略「人的作用」。吳乃德指出，對民主轉型有利的因
素，「不會讓獨裁政權自動放棄權力，讓民主體制自動出現」，「我們需要
知道的是，哪些人，透過什麼樣的努力，付出什麼樣的代價，利用對民主
有利的因素，推動了他們國家的民主化」（吳乃德 2020: 29）。「人」的作
用，不能只看政治菁英的決定和互動，而忽略一般公民的角色。吳乃德認
為，在美麗島事件殘酷的鎮壓民主運動之後，一般公民面對政治壓迫仍熱

烈支持反對派人士推動的民主運動，才迫使威權政體菁英做出民主妥協。

　　1996 年台灣在舉行總統民選之後，已歷經三次政黨輪替（2000、2008 和 2016 年），民主體制可說已經鞏固。但台灣民主體制的運作，仍有兩大挑戰。第一，民主是治理國家的一種形式，以主權國家的存在為前提。Linz 和 Stepan（1996）指出，如果有相當數量的人群對現有的國家缺乏認同，想要加入另一個國家或創造一個獨立的國家，民主體制的運作就會出現難題。台灣長期存在著國家認同差異，如何在民主過程中處理國家認同的衝突，避免境外勢力的介入，是台灣民主體制的重大挑戰。第二，與國家認同的衝突有關，公共政策議題經常無法理性討論。如何建構一個能夠針對差異與衝突進行理性溝通的公共領域，是台灣民主體制的另一個挑戰；這個議題與下一小節所要討論的審議民主有關。

▌四、審議民主

　　現存的民主體制都是代議民主，由選舉產生的政治領導人來代表人民做決定。官員和民意代表的決定未必能夠反映政治地位平等的公民們的偏好。公民投票以直接民主的方式讓民眾決定政策，但公民投票的過程中未必能夠提供充分的資訊，讓民眾判斷不同政策方案的優劣得失。上面提過，Dahl 認為理想的民主狀態是所有社群成員有同等的、有效的機會，提出個人對政策的看法，而且能夠了解不同政策方案的內容和可能帶來的後果。為了達到這樣的理想，從 1980 年代開始，許多推動「審議民主」的公民參與模式，在全球各地出現，作為代議民主的補充。

　　審議民主的理念有兩個面向，在「民主」的面向上，強調所有受到政策影響的人，應該要有平等的權利和有效的機會來影響政策；在「審議」的面向上，認為社會公眾應該透過「說理」的溝通行動來影響政策。支持或反對某項主張，都應該提出理由來辯護，而且是以別人聽得進去的理由來講道理，讓大家判斷哪個論點比較有說服力。參與者不僅要說理，也要以相互尊重、平等互惠的立場，去了解、反思和回應他人的觀點。目的是在相互說服的溝通行動中，使得各方論點受到周延的考量，以尋求合理的方案，做成足以服眾的決定。

　　以上所說的溝通行動是理想化的審議情境，世界各地的審議模式的公民參與，如公民共識會議（consensus conference）、審議式民調

高中老師、學生、家長和大學教授，透過審議民主的公民參與模式，討論「學習歷程檔案」的實施問題與審查原則（林國明／攝）。

（deliberative polling）、公民陪審團（citizen jury）等，都各有一套操作程序，希望盡量趨近審議的理想。審議模式的公民參與形式不一，但大致在「誰來審議」和「如何審議」有些共同要素。例如，在「誰來審議」方面，因為現實上不可能「所有受到決策所影響的人」都來參與審議，所以這些參與模式，大抵都有一套招募和挑選參與者的程序，希望使參與者的組成具有包容性，涵蓋不同背景的群體。在「如何審議」方面，參與者在有經驗的主持人引導下，依據程序規則進行說理的溝通；另外，審議會提供文字或影像資料，並且邀請不同立場的人士參與對話，讓參與者充分了解討論議題的基本事實和各方爭議；最後，公共討論不只是「各言爾志」，而是對共同關切的問題形成集體的意見。不同類型的參與模式，以各種方式來呈現集體意見，提出政策建議。

台灣從 2002 年開始推動多元模式的審議式公民參與，討論各種具有爭議的公共政策議題。有些公民審議產生實際的政策影響，例如，2020年一千三百多位高中老師、學生和家長，以及大學教授參與的「學習歷程檔案」審議，提出的政策建議部分獲得教育部和大學招生委員會聯合會採納。從 2015 年開始，公民審議也從全國性的議題，擴展到生活社區的議題。許多地方的民眾，透過參與式預算的模式，討論並決定如何使用公共資源來改善社區的生活環境。

學者對公民審議的觀察與研究（林國明、陳東升 2003）指出，公民在審議中展現了了解複雜的政策議題的興趣和能力，而且能夠理性地討論政策議題；參與公共討論的過程，能夠提升公民的知識與積極性的公民德行。審議式的公民參與雖然尚未被制度化地納入民主決策的過程，但其實踐經驗可以讓我們思索，如何讓公民有更平等、有效和適當的參與機會，來提升民主政治的品質，向理想的民主境界邁進。

延伸閱讀

王振寰，2010，〈現代國家的興起：從殖民、威權到民主體制的國家機器〉。收於黃金麟、汪宏倫
　　和黃崇憲主編，《帝國邊緣：台灣現代性的考察》，頁101-136。台北：群學。
　　本書從國家主權、專制權力和基礎行政權力的面向，討論台灣現代國家機器的形成與轉變，
　　跨越清末、日治時期、國民黨威權統治時期，直到民主轉型階段。

李丁讚、吳介民，2008，〈公民社會的概念史考察，1945-2005〉。收於謝國雄主編，《群學爭鳴：
　　台灣社會學發展史，1945-2005》，頁393-445。台北：群學。
　　Civil Society 有文明社會、市民社會和公民社會三種不同的翻譯，三種翻譯代表不同的意義，
　　以及現代社會三個階段的演變。這篇文章考察 Civil Society 這個概念在台灣的發展史，以「文
　　明社會」、「市民社會」和「公民社會」指稱 Civil Society 在不同階段的樣態，及其與國家的關
　　係，是了解 Civil Society 的多重意義，以及在台灣的歷史發展經驗的重要論著。

林國明，2003，〈到國家主義之路：路徑依賴與全民健保組織體制的形成〉。《台灣社會學》5：
　　1-71。
　　歷史制度論是當前分析國家政策時非常重要的理論取向，本章限於篇幅筆者無法做深入介
　　紹，而這篇文章展示如何從事歷史制度論的分析，讀者可以從中了解，為何台灣會建立一個
　　具有社會民主特質的全民健保體系。

Robert A. Dahl 著，李柏光、林猛譯，1999，《論民主》。台北：聯經。
　　本書是政治學大師所寫淺顯易懂的「小書」，說明什麼是民主？為什麼需要民主？民主需要什
　　麼制度設計？哪些條件有利或不利於建立民主體制？是了解民主的理想與現實不可多得的好
　　書。

參考書目

王振寰，2010，〈現代國家的興起：從殖民、威權到民主體制的國家機器〉。收於黃金麟、汪宏倫
　　和黃崇憲主編，《帝國邊緣：台灣現代性的考察》，頁101-136。台北：群學。
托克威爾（Alexis de Tocquerville）著、秦修明等譯，2005，《民主在美國》。台北：貓頭鷹。
李丁讚、吳介民，2008，〈公民社會的概念史考察，1945-2005〉。收於謝國雄主編，《群學爭鳴：台
　　灣社會學發展史，1945-2005》，頁393-445。台北：群學。
吳乃德，2020，《臺灣最好的時刻：1977-1987》。台北：春山。
林佳龍，1998，〈地方選舉與國民黨政權的市場化：從威權鞏固到民主轉型（1946-1994）〉。收於陳
　　明通、鄭永年主編，《兩岸基層選舉與政治社會變遷》，頁169-259。台北：月旦。
林國明，2003，〈到國家主義之路：路徑依賴與全民健保組織體制的形成〉。《台灣社會學》5: 1-71。

林國明、陳東升，2003，〈公民會議與審議民主：全民健保的公民參與經驗〉。《台灣社會學》6: 61-118。

林國明等，2020，《威權統治時期校園與社會監控之研究》。促進轉型正義委員會委託研究報告，https://www.tjc.gov.tw/public/tjc-uploads/research/2021/03/6b34f209282ddec9898609b6e9d1bbd9.pdf。

黃崇憲，2008，〈利維坦的生成與傾頹：台灣國家研究範例的批判性回顧，1945-2005〉。收於謝國雄主編，《群學爭鳴：台灣社會學發展史，1945-2005》，頁322-392。台北：群學。

韋伯（Max Weber）著、康樂譯，2006，《支配的類型：韋伯選集 III》。台北：遠流。

達爾（Robert A. Dahl）著、李培元譯，2006，《民主及其批判》。台北：韋伯。

Briggs, Asa, 1961, "The Welfare State in Historical Perspectives." *European Journal of Sociology* 2: 221-258.

Esping-Andersen, Gosta, 1990, *The Three Worlds of Welfare Capitalism*. Princeton, NJ: Princeton University Press.

Linz, Juan J., 2000, *Totalitarian and Authoritarian Regimes*. Boulder, CO: Lynne Rienner Publishers.

Linz, Juan J. and Alfred Stepan, 1996, *Problems of Democratic Transition and Consolidation: Southern Europe, South America, and Post-Communist Europe*. Baltimore: John Hopkins University Press.

Mann, Michael, 2008, "Infrastructural Power Revisited." *Studies in Comparative International Development* 43(3): 355-365.

Mann, Michael, 2012, *The Sources of Social Power: Volume 2, The Rise of Classes and Nation-States, 1760-1914*. Cambridge: Cambridge University Press.

Marshall, T. H., 1950, "Citizenship and Social Class." Pp. 1-85 in *Citizenship and Social Class and Other Essays*. Cambridge: Cambridge University Press.

Mills, C. Wright, 1956, *The Power Elite*. London: Oxford University Press.

Putnam, Robert D., 1993, *Making Democracy Work: Civic Traditions in Modern Italy*. Princeton: Princeton University Press.

Tilly, Charles, 1992, *Coercion, Capital, and European States, AD 990-1990*. Oxford: Wiley-Blackwell.

第 **肆** 篇

社會變遷

第14章

社會運動

■何明修

摘　要

1. 社會運動的基本特徵在於用體制外的策略，來改變既有的體制。因此，社會運動往往與抗議連結在一起。

2. 從個體的不滿到集體的行動，有許多因素決定了社會運動是否會產生，包括當事者的生命歷程、他們之間的認同，以及是否能夠克服搭便車的困境。很少人會主動地加入社會運動的隊伍。人際網絡、組織等動員結構的存在，促成了社會運動的參與。

3. 社會運動是一種政治現象，因此政治脈絡的變遷也形塑了社會運動的方向。社會運動通常透過論述來包裝訴求，以獲得支持或是減緩反對，這種過程即是文化構框。社會運動的訴求需要以表演的形態呈現出來，抗爭劇碼的概念即是用來分析這種戲劇性的面向。

4. 資訊社會促成了網際網路的普及化，也影響了社會運動的進行方式。抗議者可以透過更多元與便捷的方式傳遞訊息，引發社會運動參與風潮。然而，獨裁政權也會試圖掌握網際網路，以網軍、假消息或數位監控來壓制異議人士。

壹　前言：全球占領運動的風潮

在 2010 年 12 月 17 日，一位突尼西亞的水果小販 Mohamed Bouazizi 自焚，抗議警察沒收他的攤車與罰款。突尼西亞人民早就不滿長期執政的 Ben Ali 政權，一場西方媒體稱為「茉莉花革命」（Jasmine Revolution）就此爆發，大城市出現了反政府示威與罷工風潮。在 2011 年 1 月 14 日，Ben Ali 逃亡國外。「茉莉花革命」掀開了阿拉伯之春（Arab Spring）的序幕，在 1 月 25 日，埃及人開始集結於開羅的解放廣場（Tahrir Square），18 天之後，Hosni Mubarak 總統黯然下台。由於北非與中東各國都面臨經濟凋敝、政治貪腐，在長期的獨裁體制與祕密警察監控下，年輕人看不見自己的出路，占領運動的風潮席捲各地。在沙烏地阿拉伯、阿爾及利亞、巴林等國，執政者被迫讓步改革，以平息眾怒。在敘利亞、利比亞、葉門，則是引發了長期的武裝衝突與內戰。

在 2011 月 5 月 15 日，西班牙的憤怒者運動（Indignados）登場，大規

模的群眾長期占領馬德里的太陽門廣場（Puerta del Sol Square），抗議政府為了因應債務危機而採取的撙節措施，使得年輕人與弱勢民眾承受了經濟困頓。很快地，西班牙的占領運動就蔓延到其他環地中海國家，包括西班牙、法國、義大利、希臘、葡萄牙、以色列等國都出現類似的抗議活動。在 9 月 17 日，紐約的占領華爾街運動登場，抗議者以「我們是那 99%」的名義抗議日益加劇的不平等，不只迅速擴散至全美各地，更引發全球各地的模仿。「占領」正式成為全世界抗議行動的通行語言。

在 2011 年的占領運動風潮，中國、台灣與香港都曾出現仿效的抗議活動，不過都沒有形成氣候。例如：中國維權人士在 2 月號召群眾在各城市公共場所集結，但是在公安的強力驅離下，抗議群眾很快散去；台灣的證券交易所位於台北 101，其中的購物商場出現短暫的抗議活動；香港人則是在中環的匯豐銀行總部長期紮營。

到了 2014 年，占領運動才真正開始衝擊東亞。在 3 月 18 日，台灣的學生衝入立法院，抗議政府強力通過兩岸服務貿易協議。這場達到 24 天的占領立法院運動被稱為「太陽花運動」，最後朝野同意優先制定兩岸協議監督條例，抗議者決定和平退場。在 9 月 28 日，香港市民占領了金鐘、銅鑼灣、旺角，要求真正落實民主的特首直選。這場「雨傘運動」引發了國際關注，以及世界各國領袖的支持，不過，在堅持了 79 天之後，三個占領區被逐一清場而宣告結束。

從突尼西亞到香港，這股全球占領運動儘管有不同的訴求，卻有下列共同的特徵：

一、長期占領顯著的公共空間：在大部分時期，執政者可以忽略抗議者所表達的不滿，但是一旦抗議者群眾累積到一定規模，足以抵抗警察的驅逐行動，就能夠形成一種與當局對峙的態勢。占領作為一種政治籌碼，迫使執政者不得不認真面對，並且有所回應。

二、青年為主的抗議群眾：世界各地的年輕人都有相似的經濟困境，他們的教育程度越來越高，但是面臨了低薪與高失業的風險，容易淪為「不穩定無產階級」（precariat）的處境。

三、缺乏事先的組織：政黨、工會、專業的倡議團體以往被認為是社會運動的主角，因為他們有能力號召會員走上街頭。但是在全球占領運動趨勢中，事先存在的組織通常是薄弱的，或是沒有扮演重要角色，絕大部分的參與者不是因為被領導者要求，而是自行決定要參與占領行動。

四、高度依賴社群媒體：臉書、推特、微博、微信等社群媒體成為重要的資訊來源，許多參與者是由此獲知占領運動的消息。在新聞管制的國家，社群媒體成為突破官方媒體封鎖的管道；在其他地區，社群媒體也讓主事者能夠克服主流媒體的忽略抑或是負面報導。參與者積極在網路上分享自己的經驗，張貼現場照片，抗議者等於身兼報導者與攝影師的角色。

2019 年中爆發的香港反送中運動引發全球關注，起因在於香港政府以一樁發生在台灣的命案為由，強推逃犯條例修訂，香港人有可能因為中國追緝令而被移送中國法院。在這個被媒體稱為「流水革命」的運動中，香港抗爭者採用了非常有創意的手法，儘管在 2020 年有武漢肺炎與港版國安法的打擊，仍然延續了運動的動能。汲取 2014 年雨傘運動的教訓，反送中運動沒有採取長期占領公共空間之策略，但是仍是依靠青年參與者、不

2019 年香港爆發反送中運動，其中一項特徵即是所謂的「和勇合一」，「和理非」（堅持和平、理性、非暴力）的示威者與「勇武派」相互合作。集會現場常出現運送通道，或者同時組成傳遞人鏈，讓警民衝突前線所需要的物資（例如雨傘）及時交給需要的抗爭者（照片提供／44）。

依賴既有的組織、密集採用社群媒體，因此也可以算是全球占領運動最新登場的形態。在 2020 年夏天爆發的泰國學生運動，以及與秋季出現的白俄羅斯民眾抗議總統選舉不公，也可以看到相似的形態。

儘管有這些新穎的特徵，全球占領運動仍舊是屬於社會運動的現象。社會運動的定義是：由一群團結的人民所發起的集體行動，能透過體制外的策略來改變現狀。社會運動的訴求通常是挑戰強勢者的物質利益或是文化觀念，因此需要採取抗議的方式，來彰顯自己的訴求。社會運動不能簡化為單純的抗議行為，因為社會運動通常是持續性的參與，主張往往根源於某一種的世界觀或意識形態。最後，儘管大部分的社會運動是追求性別平權、生態永續、勞工保護等進步性的價值，但是社會運動也有可能由保守人士發起，甚至與其他進步性的社會運動形成針鋒相對的局勢。

社會運動的研究在近二十年來，已經不再區分各種理論流派，而是採

社會運動（social movement）
社會運動是由一群團結的人民所發起的集體行動，能透過體制外的策略來改變現狀。

取一種整合式的研究取向。在接下來的介紹，我將各種既有的理論派別之
簡介放在方塊中做說明。

貳　從個體到集體

　　社會運動來自於不滿，但是並不是每個人在日常生活所感受到的剝
削、屈辱、歧視、被排斥等負面經驗都會引發社會運動。一般人習以爲常
地認爲，只要不滿累積到一定的程度，個體的聲音就會自然而然地匯集成
爲社會運動，但是集體行動往往是不得不的選擇。

集體行爲論

　　集體行爲論盛行於 1950、60 年代，基本上是以社會心理學的觀點來討論社會運動的現象。
這個理論認爲心理不滿的產生，才是社會運動出現的主要原因。舉例而言，所謂的相對剝奪感
（relative deprivation）概念指出，社會現狀有可能保持不變，但是人們的主觀期待卻迅速成長，導
致了期待與現實落差的擴大。因此，不滿是相對比較的結果，並不一定反映眞實的狀況。集體行
爲理論主要是解釋法西斯主義、共產主義等「不理性」的運動，因此隱含了對於社會運動採取負
面的評價。

　　在個體層次，有許多方式可以因應這些不滿，而不需要採取共同的行
動。Scott（1990）提出所謂「日常抵抗」（everyday resistance）的概念，這
是指各式各樣因地制宜的弱者策略，目的並不是推翻壓迫性的體制，而是
試著讓自己在現有體制下的損失降到最低，以維持生存。在強勢者面前，
弱勢者必須隱藏自己的不滿，表現出強勢者喜歡看到的卑躬屈膝，才能確
保在強勢者看不見的地方，討回若干的公道。因此，僞裝與欺騙的手法是
必要的，日常抵抗也要儘可能地維持公開與隱藏兩個領域的區隔，以避免
透露出日常抵抗的祕密。學生上課時偷滑手機、上網聊天，員工在上班時
摸魚打混，都是常見的日常抵抗。

　　Hirschman（1970）指出，「退出」（exit）、「忠誠」（loyalty）與「發
聲」（voice）是三種面對不滿的典型反應。退出是離開原有的組織，尋找
更好的選項，例如移民、跳槽、轉學等。忠誠是耐心等待，什麼事都不

做，期待現況會自動改善，而不需要自己的介入。發聲則是主動回應，提出問題之所在，要求改善回應。發聲非常接近社會運動，也就是積極地以共同的力量來解決問題，但是發聲需要承擔風險，付出代價。相對的，忠誠等於保持觀望，是一種最安全的選擇。如果說退出的代價很低，尤其是在許多的消費行為中，大部分人都會選擇默默離開。從這個角度來看，發聲通常不會是最受歡迎的選擇，這是因為窮盡了忠誠與退出的可能之後，發聲才成為不得不採取的手段。

　　Olson（1965）指出，社會運動所追求的目標通常具有公共財（public goods）的特性。公共財是所有人都可以取用的資源，是不可分割的，沒有貢獻的人一樣可以享用這項好處。良好的治安就是公共財的例子之一，如果某個社區發起一項集體請願，成功地說服主管機關加派警力、遏制犯罪，所有的社區居民都可以獲益。但是公共財的困境正是在於，儘管每位居民都想要有安寧的生活環境，請願活動卻需要花錢、花時間，因此人們會希望鄰居去參與，自己當坐享其成的搭便車者（free rider）。問題正是如果每位居民都抱持這種想法，就不會有社會運動出現，社區治安也不會獲得改善。

　　要如何解決搭便車的難題？Olson（1965）提供了兩種方案。首先，以強制入會的規定剝奪成員選擇的權利，迫使他們要承擔公共財的成本。例如：政府提供國防、教育、治安等各種服務，但是同時規定了國民的納稅義務。其次，團體也會提供選擇性誘因（selective incentive），以提升人民參與的意願。選擇性誘因就是某種會員獨享權益，可以排除搭便車者的享用，例如環保團體贈送會員印刷精美的期刊，以鼓勵關心環保的人加入。平心而論，這些解答對於解釋人們為何會參與社會運動，並沒有多大的助益，因為社會運動通常是代表弱勢、被邊緣化的利益，他們不太可能有辦法強迫成員的參與，也沒有多餘的資源可以充當選擇性誘因。

　　公共財與搭便車的看法是立基於理性選擇理論（rational choice theory），後者主張個體的行為總是為了追求最大的物質性回報，但是這種狹義的預設往往與許多真實的社會運動相違背。舉例而言，許多社會運動是追求某些群體的尊嚴，而不是經濟利益，這種以認同（identity）為訴求的社會運動參與（例如原住民運動、婚姻平權運動等），並不是源自於個體利益的計算。也有些研究者認為，抽離群體脈絡的個體利益計算是背離現實的虛構，如果個體屬於某個強烈整合的社群，他們往往會將自己的運動參與

視為報酬，而不是一種要承受的代價（McAdam 1982: 45-46）。Hirschman（1982: 89）更進一步主張，公共參與本身有時就是一種樂趣，能帶來心靈的滿足與自我的充實，因此不能算是成本。

在台灣與香港的占領運動中，許多參與者都感受到一股強大的道德壓力，必須為運動有所貢獻。在太陽花運動，「自己國家、自己救」是一個廣為流傳的口號，後來雨傘運動也採用了「自己香港、自己救」的講法。很明顯地，許多台灣與香港公民將自己的參與視為某種急難救助，是一種要積極承擔的義務，而不是自我利益的計算。

問題與討論 14-1

　　Hirschman 指出，面對不滿的三種主要回應方式是退出、忠誠、發聲。請分別舉出三種日常情況，說明人們主要採取其中的某一種態度。進一步來說，這三種情況具有何種的特點？

參　誰來參與社會運動？

社會運動的參與意願並不是平均分布，某些人是抗爭現場的常客，某些人則鮮少出現。在太陽花運動期間，有研究團隊在占領現場進行隨機抽樣調查，結果顯示：74.1% 的受訪者是 30 歲以下，84.3% 有大專或以上的學歷，56% 的參與者具有學生身分（陳婉琪、黃樹仁 2015: 151-152）。太陽花運動的主力是來自於高學歷的青年，這當然與他們的世代處境有關係。社會學重視世代（generation）的議題，因為在相同的時代氛圍中成長，經歷相同的歷史事件衝擊，容易養成相似的世界觀。人們口語中常說的「X 年級生」就是預設了某個時代背景所形塑出特定的人格。太陽花運動的成員主要是七年級後段班與八年級前段班（即 1985-1994 年之間出生的台灣人），由於高等教育擴張，更多人有機會進入大學，但是在畢業之後卻面臨了低薪（例如「22K」的流行說法）、派遣勞動、高房價等經濟困境，因此對於服貿協議所帶來的衝擊，特別有感。

世代差異也可能影響參與意願以及運動路線的選擇。舉例而言，McAdam（1988）指出，美國的民權運動風潮崛起於戰後嬰兒潮世代

世代（generation）
世代是一種生命歷程因素，影響了社會運動的參與意願。在相近的時期成長，容易因為共同歷史事件而產生類似的世界觀。

（baby boomers），他們經歷了前所未有的經濟繁榮，優渥的物質條件使他們養成了高度的樂觀主義，相信個人的努力可以改造命運。原先他們相信美國政治體制所宣稱的自由與平等價值，後來卻發現赤裸裸的種族壓迫仍存在於黑白隔離的社會裡，他們的良心被激發了，因而積極地參與民權運動。

根據周婉窈（1989: 13）的分析，1920 年代的反抗殖民統治運動是來自於「乙未戰後新生代」（乙未即是 1895 年，台灣成為日本殖民地），因為「他們生得夠早，還能目睹早期日本統治的血腥彈壓，深知亡國之痛；但另一方面，他們接受了新式教育的洗禮，與上一代人有很不同的人生與社會視野」。在台灣 1980 年代的婦女運動中，參與者多數擁有較優勢的階級與教育背景，因此採取社會服務、立法遊說與文化宣傳的運動策略，鮮少投入激進的抗爭；但 1990 年代的婦運參與者則由於在成長過程受到各種社會抗議的耳濡目染，較願意進行草根動員（Fan 2019: 88, 96）。

社會運動的參與也受到可支配時間（discretionary time）的影響。迫於生計與家庭的壓力，某些人無法投入社會運動的隊伍，即使抗爭的議題與他們切身相關。服貿協議預計開放台灣的美容美髮、社會服務、醫療等產業，將會衝擊許多人的生計，但是這些行業的從業人員通常無法從工作抽身，參與占領抗議。在美國 1960 年代的新左派抗議風潮中，吸引許多有寒暑假自由時間的大學生參與，工作時間較彈性的專業人士則成為社會抗議的主力部隊（McCarthy and Zald 1987: 355-357）。在台灣的地方環境污染抗爭中，能夠長期圍堵工廠的人士也多半是有閒暇的阿公、阿嬤，而不是每天朝九晚五工作的上班族。

資源動員論

資源動員論（resource mobilization theory）在 1970 年代興起，挑戰集體行為理論的說法。資源動員論強調，社會運動是一種理性的現象，一群彼此團結的人們以有組織的方式來追求集體利益。要能成功地維護集體利益，行動者所掌握資源的多寡，以及他們的內部網絡，是影響社會運動的重要關鍵。過去，資源動員論重視組織與資源等物質性條件，而新社會運動理論（詳見後述）則是重視文化與認同的觀念性面向，形成相互對立的理論陣營。在目前，不同理論的界限已經被打破，大部分的研究者是採取比較整合性的分析途徑。

最後，生命歷程的歧異也使得某些群體比較有機會接觸新的觀念，成為社會運動的核心分子。在台灣1980年代的婦女運動（王雅各 1999: 59-62）、1990年代女同志運動（趙彥寧 2001: 56）的興起過程中，年輕與高學歷人士都扮演了十分關鍵的角色。當時台灣仍然處於封閉的戒嚴統治，國外的自由環境容許了更多自由探索的空間，因此1970年代的台灣留學生在國外體認到了完全不同的政治文化，了解到民主生活方式的重要，不少人開始投身於海外的台獨運動（Lynch 2002）。總的來說，世代間的差異，以及個體在生命過程中所遭遇的不同事件，會影響對於社會運動的觀感。

 問題與討論 14-2

　　請同學參與觀察每年台灣進行的五一勞工遊行、同志遊行、氣候變遷遊行等，並且試圖理解遊行參與者的心理動機。

社會運動的基本過程

　　從1960年代以來，社會運動研究出現過不同的理論流派，有些重視社會結構的影響，有些則是關切行動與策略抉擇；不過，到了1990年代之後，這些理論之間的界線已經不復明顯，越來愈多學者採取整合式的觀點，拒絕了文化／利益、結構／行動之對立。社會運動與其他類似現象（包括革命、民主化、族群衝突、民族主義、勞資糾紛等），被視為「抗爭政治」（contentious politics）的一環，研究者開始關切其中的基本過程（McAdam, Tarrow, and Tilly 2002）。

　　首先，動員結構（mobilization structure）探討哪些人參與了社運，他們又是透過何種人際管道。其次，政治脈絡（political context）的問題在於社運人士如何利用既有的政治局勢，以實現其運動目標。再者，文化構框（cultural framing）是關於運動的訴求，社運人士如何在規範上正當化自己的行動。最後，抗爭劇碼（repertoire）是社運人士如何透過具體行動呈現訴求，使其成為一股明顯可見的力量。

　　資訊社會的到來已經徹底翻轉社會運動的形態，有鑑於此，這一節先

動員結構
（mobilization structure）
動員結構是引發社會運動參與的實際管道，通常包括了人際網絡，以及社會組織兩個面向。

文化構框（cultural framing）
社會運動提出一套新的詮釋方式，賦予某些已熟悉的事物不同的意義，藉以激發出參與者的熱情，或是正當化運動的訴求。

抗爭劇碼（repertoire）
社會運動所採取的抗爭表演方式。在任何時期，反對者所能使用的抗爭形式是有限的，因此，抗爭劇碼往往反映深厚的時空背景預設。

探討傳統的基本過程，下一節再處理網際網路所帶來的改變。

▎一、動員結構

　　社會運動的參與者並不是來自於一群彼此陌生的群眾，除了他們所共同面對的不滿之外，既有的人際關係也是促使他們加入的因素。這些能串連起參與者的人際關係，就是動員結構。在日常生活中，既有的家族、鄰里、朋友、教友、同事、同學關係都是重要的人際關係，可以提供社會運動的動員管道。社會運動無法在脫離現實的真空情境中產生，而是循著既有的人際關係，以滾雪球的接力方式一個人拉一個人，形成點、線、面的廣大動員。就這一點而言，社會運動的邏輯與日常的看醫師、找工作等求助行為類似，因為我們大部分都是找熟人介紹或是獲得協助。人際關係也被稱為「社會資本」（social capital），因為社會關係就像是經濟資本（即貨幣）一樣，能夠帶來各種的回報。換言之，當發起一項社會運動，主事者所擁有的人際關係將會是非常重要的資源，有助於招募參與者。

　　有些群體儘管身處於相同的處境，但是缺乏共同的動員結構，無法形成一致的社會運動。舉例而言，過去台灣的計程車司機需要將自己購置的車輛登計在車行，形成被剝削的「車奴」，然而由於他們個人化與四處流動的特殊工作形態，不容易相互認識，產生互動。在1990年代初，由於地下電台與扣應（call-in）的興起，計程車司機開始有機會集結，並且推動追求自身利益的社會運動，最後取得車牌開放的結果（蔡慶同 2005）。

　　在網際網路普及化之前，學生運動的動員結構通常是依靠宿舍所搭建的人際關係，因為那是學生最常聚集與活動的場所。在日治時期，日本政府為了監視台灣的留日學生，1912年在東京都小石川區（即目前的文京區）興建高砂寮，以便宜膳宿費用吸引學生。這個便利的動員結構，反而有助於知識分子反抗運動的聚集（周婉窈 1989: 28）。在1989年的中國學生運動中，包括北大、清大、人大等大學宿舍都是位於北京市海淀區三角地，空間的集中性使得抗議學生得以累積一定規模的參與者，突破警察的封鎖線，遊行前往市中心的天安門（Zhao 2001: 239-266）。

　　有時，社會運動與其反制運動（counter movement）會形成對立的局勢，他們的差異也反映出動員結構之不同。在美國1970年代的墮胎爭議之中，婦女運動採用電視廣告、郵寄廣告等傳播方式，向分散的支持者

爭取支持；相對的，反墮胎運動者則依靠教會關係，動員保守派的教徒（McCarthy 1987: 59-61）。十分類似的，在台灣晚近的同性婚姻爭議中，反對者通常來自於保守的基督教會，他們有能力動員教友，密集遊說立法委員；支持婚姻平權的陣營則是以婦女運動與同志運動團體爲主，但是由於缺乏社區與草根的動員結構，無法進行如此綿密的政治施壓（Ho 2019a）。

二、政治脈絡

社會運動經常被認爲是另一種操作政治的方式（politics by other means），也就是說，在既有的體制管道被封閉的情況下，被壓迫的群體不得不採取抗議方式，來爭取自己命運的改善。弱勢群體無法像民意代表一樣直接質詢官員，或是像利益團體一樣進行遊說，也很少有辦法在激烈的選舉中脫穎而出。因此，體制外的策略是被迫的選擇，但是目的仍是改變既有的體制。

社會運動是一種政治現象，不同時空脈絡下的政治氣氛也會影響其演進的過程。可想而知，威權統治者限制種種人民的言論、集會、結社自由，抗議活動非常有可能面臨強力的鎮壓，主事者需要承擔極大的個人風險。如此一來，社會運動被迫採取溫和的路線，或是想辦法遊走於法律的邊緣。在 1987 年解除戒嚴令之前，人民團體的成立受到很大的限制，很多社會運動組織紛紛以基金會、雜誌社的方式來辦理登記，例如：消費者保護文教基金會（1980 年）、婦女新知雜誌社（1982 年）、高山青雜誌社（1983 年）、新環境雜誌社（1986 年），這些組織後來都成爲台灣消費者運動、婦女運動、原住民運動、環境運動的先驅。在解嚴之後，隨著各種禁令的廢除，各種社會運動在 1980 年代末期獲得蓬勃發展的空間。在解嚴後三十多年的今天，隨著各種選舉與代議制度的成熟，政策參與管道浮現，官民協力治理的出現，社會運動成爲我們常態民主生活的一環。在台北街頭看到各種訴求的抗議，已經是稀鬆平常的事情。隨著社會運動的日常化與例行化，我們可以說一種「運動社會」（movement society）的形態已經降臨（何明修 2011）。

政治局勢的演變深刻地影響了社會運動的走向。政治機會（political opportunity）一詞是指，政治因素的變遷提高或是降低了運動人士所需要

付出的成本。這個概念預設了，國家在當代政治生活中占據著核心地位，是社會控制的制高點，在很大程度上影響了社會資源的分配方式（Tarrow 1996）。從這種國家中心論的觀點來看，政治聯盟者的存在與否、執政聯盟的穩定性、統治者的鎮壓意願等因素，都可以算是政治機會。政治機會的概念有許多種解釋的效用，有助於我們理解某一種社會運動的興衰歷程，比如說解嚴後的罷工風潮為何從1990年代初期之後逐漸消失，原因在於政府開始以司法手段強力整肅工運幹部（王振寰、方孝鼎 1992），有效地壓縮了激進抗爭的可能性。政治機會也可以解釋社會運動所面臨的相異處境。舉例而言，在2011年的福島核災之後，東亞各國的反核運動都重新復甦，但是在台灣導致了核四停建，南韓與日本卻沒有出現類似運動成果。一個政治機會結構的解釋是，南韓與日本的擁核陣營更為強大，他們有能力對外輸出核心反應爐科技，因此獲得較強大的政治支持（Kim and Chung 2018）。

政治機會概念是一種很便利的觀點，能夠分析國家與社會運動的互動，但是近年來卻受到許多批評。其中一項非常根本的質疑在於，有利的政治條件不一定直接導致社會運動的出現，而且有時看似「不利」的政治條件也會激發動員風潮。研究者指出，當政權開始濫殺無辜，連溫和的反對派都無法立足時，激進的革命派才有可能壯大（Goodwin 2001）。Jasper（2012）更進一步指出，「機會」一詞必然是涉及了各種主觀的評估、行動者的能力，而不是純粹的客觀結構。舉例來說，台灣的婦女運動者能夠進入行政院婦女權益促進委員會，參與政策的研擬可以算是一項政治機會。不過，要使這個管道能發揮作用，仍有賴於運動者採取特定的策略，搭建與負責官員的良好關係並彼此信用（黃淑玲、伍維婷 2016）。

政治過程論

政治過程論主張，社會運動是一種政治現象，應該從國家與社會的互動來考察。其最核心的概念即是政治機會（political opportunity），這一派學者包括 Charles Tilly, Doug McAdam, Sidney Tarrow 在早期主張，社會運動之所以會有興起與衰退循環，是反映了政治機會的開啓與封閉。不過，到了更晚近，這些學者已經修正了這個觀點，也不再使用政治過程論的名稱。

另有研究者認為，只要更仔細定義政治機會，例如區分其對社會運

動的興起與後果之不同作用，這個概念仍具有分析的價值（Meyer and Minkoff 2004）。此外，研究者也提出「威脅」（threat）的概念，這是指「社會團體如果不動員所要付出的成本」（Goldstone and Tilly 2001: 183）。乍看之下，威脅很像是機會的喪失，但是實際並非如此。機會的喪失，使得社會運動要付出更高的成本（例如參與遊行有可能被捕），因此容易導致其衰退；威脅的效果則剛好相反，會使不行動比行動的成本更高（如「退一步死無其所」），因此反而激發社會運動的動員。

在台灣的太陽花運動與香港的雨傘運動登場之前，兩地反對服貿與爭取特首民主選舉的運動都面臨不利的政治機會，執政者不顧反對民意，決定強行執行，反對黨也沒有完全支持運動的訴求。然而，由於台灣執政黨粗暴處理《海峽兩岸服務貿易協議》，在混亂的三十秒內通過立法院審查，而香港警方則是動用催淚彈，驅散和平抗議的民眾，反而激發更強大的反彈（Ho 2019b: 106-107, 128-129）。如此，許多台灣與香港公民參與兩場抗爭運動，不再只是原先爭議的議題，而是為了捍衛台灣的民主或是保衛香港人的自治。

▌三、文化構框

社會運動所帶來的挑戰不只在於要求改變某些資源的分配方式，更重要的是，傳遞了某一種新的文化價值，質疑既有的觀念。要推動一場社會運動，首先就要使得處於壓迫情境下的人們不再認命，委屈地順從既有的體制。他們的熱情需要被點燃，並且進而相信太陽底下會有新鮮的事情發生，這個世界是可以被改變的。換言之，雖然社會運動是起源於一群人的共同不滿，但是民怨並不是自然而然就存在的，而是需要被刻意創造出來的。

要達到上述的作用，運動者必須進行構框（framing）的工作，也就是對於特定的議題賦予新的詮釋，以改變原有的認知方式。社會運動所提出來的框架（frame）就是一種看世界的觀點，一旦被某種運動框架所說服了，我們很可能感受到昨非今是的新生體驗；以往認為是天經地義的道理，現在成為完全不能忍受的不公不義。可以這樣說，各種社會運動的核心訴求就是框架，例如：環境運動反對人定勝天的人類中心主義，宣傳人與自然和諧相處的觀念；婦女運動挑戰男尊女卑的性別角色認定，企圖開

創性別平等的社會格局；婚姻平權運動打破一夫一妻制的限制，讓所有相愛的人可以成爲眷屬。

新社會運動理論

　　新社會運動理論興起於 1970、80 年代的歐洲，後來流傳到英語世界。這個理論主張，西方生態、和平、學生、性別等運動的出現反映了晚近資本主義的變遷。與傳統的階級運動、民族運動相比較，新社會運動追求文化創新，而不是利益重分配；採取草根參與的運動模式，而不是科層化組織形態。新社會運動理論的代表人物包括 Jean Cohen, Alberto Melucci, Alaine Touraine, Claus Offe 等。

共鳴（resonance）
社會運動框架所企圖達到的效果，使得訊息接收者能產生感同身受的感受，進而願意支持社會運動的主張。

　　運動框架要能夠發揮作用，最重要的就是要讓訊息接收者感受到共鳴（resonance），產生心有戚戚焉的感受，彷彿社運組織所講的道理就是自己的故事。共鳴判準有很多，包括框架與一般日常經驗、重大歷史事件、既有文化傳統吻合的程度（Snow and Benford 1988）。舉例而言，反國光石化運動（一項位於中部的重大填海造陸開發案）的參與者擔心環境與生態破壞，其中一項可能的衝擊正是工程會阻斷「中華白海豚」（Sousa chinensis）的洄游路徑。爲了讓這項議題獲得更多的重視，環保人士在 2007 年成立了「台灣媽祖魚保育聯盟」，採用這樣的名稱是爲了迎合沿海的民間信仰，可愛的白海豚造型也參與了每年媽祖遶境活動。在 2011 年的福島核災之後，台灣沉寂許久的反核運動重新浮現，而且聲勢遠超過以往，甚至在 2014 年促成了核四停建。日本的核災比較容易引發一般民眾的共鳴，增加反核論述的說服力。然而，如果這場嚴重的災難是發生在一個台灣人認爲「科技落後」、「工作不認眞」的國家，對於國內反核運動的影響很可能就完全不同了（Ho 2014: 966）。在反對服貿運動中，運動者很早就指出這項深遠影響台灣的協議是「黑箱作業」，完全沒有程序正義與透明，於是當執政黨強行通過服貿審查，等於是坐實了這種「黑箱」構框的指控，因此有助於太陽花運動的群眾參與。

　　上述的討論中，說明了構框主要是針對運動內部的成員，無論是潛在的同情者或是實際的參與者。在這種情況下，框架的主要作用在於形塑出參與者的一致信念，強化彼此的團結。此外，構框仍然有可能刻意針對運動以外的群體，尤其是那些對於運動議題採取敵對立場的人士。在美國的婚姻平權運動中，原先的構框是採取權利論述（結婚是權利），因爲這

符合 1960 年代以降的民權運動傳統，但是只談權利容易招致保守派的抨擊，因為家庭往往被認為是有義務相互扶持的共同體。因此，較晚近的構框是訴求愛情，讓彼此相愛的人可以永遠在一起（Tarrow 2013: 183-185）。與權利相比較，愛情的構框比較不具有爭議性，因此有助於美國最高法院在 2015 年判決同性婚姻合法化。如果社會運動持續夠久，其構框方式即有可能隨著環境改變而出現移轉。從 1987 年起，蘭嶼的達悟族就發起了反核廢料運動，儘管政府已經停止運送本島的廢核料，也承諾遷出，但是這項運動仍然持續進行。在早期，達悟族運動者批判「殖民主義」，強調族人面臨了「滅族」的危機；到了更晚近，運動者改採用環境正義的論述，與本島的反核運動一樣訴求非核家園。這樣的轉變反映了原住民族在台灣地位的提升，蘭嶼觀光產業帶來的衝突，以及新一代運動者的不同背景（黃淑鈴 2015）。

2019 年在台北舉行的同志大遊行。六色彩虹上的標語是「我可以騷，你不能擾」，同時倡議身體自主權的性騷擾防治與身體解放的面向（照片提供／陳薇安）。

四、抗爭劇碼

在真實的抗議現場，許多群眾活動都具有濃厚的表演性格。遊行隊伍手持的旗幟、頭綁的布條、高喊的口號都是為了向其他人宣告他們的身分，以及他們的迫切要求。行動劇的設計很少只是為了抒發抗議群眾積累已久的不滿情緒，往往是針對外界的旁觀者，用戲劇化的方式來凸顯他們所面臨的不合理對待。換言之，社會運動的出現雖然是源自某種特定的不滿，但是這些民怨的呈現方式通常是被高度包裝過，才呈現於公眾面前。就這一點而言，社會運動其實是一種角色扮演，抗議者選擇性地出招，設法在他人面前展現某種形象，以博取更多數人的接納與同情。

抗爭劇碼正是集體行動者所能採用的抗議形式之總合。劇碼的組成是受到文化背景的影響，在任何一個時空脈絡中，能夠容許的劇碼必定是有限的，社會運動不得不從其中選擇最適當的形式。一般而言，抗爭劇碼的採用是基於議題的價值（worthiness），以及參與者之間的一致性（unity）、數目（number）與承諾（commitment）（Tilly 2004: 3-4）。因

此，社運組織無不希望所舉辦的示威活動能盡可能地號召到更多的參與群眾，至於預先規劃好統一的標語與口號，目的不外乎是展現眾志成城的決心。

我們可以從人類生產方式的遞嬗，來標誌出不同的歷史階段（例如石器時代、鐵器時代等），同樣地，抗爭劇碼的採用也提供了一道解答的線索，有助於理解社會運動的歷史演進。在十九世紀初期，歐洲政治行動團體都帶有強烈的祕密結社色彩，包括一系列的入會式、暗語、誓言等儀式行動，其組織模型取法於更早期的同濟會、兄弟會或是行會（Hobsbawm 1959: 150-174）。因此，當馬克思在 1848 年的《共產黨宣言》中提到，「共產主義者不屑於隱藏自己的觀點與意圖」，以宣言的公開形式昭告天下，他所設想的就是不折不扣的現代社會運動。在現代社會中，遊行示威就是最具有這種特色的抗爭劇碼，幾乎在全世界各地都可以看到這樣的社會運動表演，無論是關於哪一種的議題。在大部分的民主國家，遊行成為高度例行化與制度化的政治活動，只要符合法律相關規定，免於受威脅的遊行是警政單位應該極力維護的權利。有些抗爭劇碼已經是普世通行的共同語言，例如靜坐、絕食、占領等。

儘管如此，某些抗爭劇碼仍然維持高度在地化的性格，是某些群體覺得最自在的意見表達方式。舉例而言，1980 年代中期以降的南韓工運經常採用「民眾文化」的表演元素，包括傳統的音樂、舞蹈與繪畫等，無論是在遊行或是其他的群眾抗爭場合。在當時的南韓社會，民眾是一股強而有力的時代精神，反帝國主義的草根意涵表現在各種的文化創作上（Koo 2001: 145）。台灣的抗議活動經常頭綁白布條或懸掛白布條，也與傳統認知的紅事（喜事）與白事（喪事）有關。在南韓的反政府示威與香港的紀念六四晚會，燭光守夜（candlelight vigil）是經常採用的抗爭劇碼，與基督教文化密切相關。

劇碼選擇也與抗議者的特質有密切關係。在台灣的地方環境運動中，經常可以發現民間宗教的儀式（例如武術陣頭、抬神轎等）出現在抗爭的場合中。原因正是在於，民間宗教本身就有強烈的在地性格，其保佑鄰里的意涵正好呼應了反污染的社區要求。台灣的身心障礙者經常面臨不友善的公共空間，感受到被排斥的負面經驗，因此他們的抗議劇碼就是一同用輪椅「散步」，具體呈現不得其門而入的困境，以彰顯日常生活的歧視（張恒豪、游鯉綺、許朝富 2018: 375-382）。

問題與討論 14-3

　　動員結構、政治脈絡、文化構框、抗爭劇碼是社會運動的基本四大要素，請以晚近眾所關注的同婚合法化運動，來說明這些概念的意義。

 問題與討論 14-4

　　有些抗爭劇碼具有普遍性，有些則帶有特定的區域與群體特色。請舉出三種台灣特有的本土抗爭劇碼，或是由特定群體所採用的抗爭劇碼，並且說明原因。

伍　網際網路與社會運動

　　相較於傳統的傳播管道，網際網路具有即時性、低成本、去中心化、可移動性等特性，比較不容易被統治者控制與篩選內容。網際網路的平台也從第一代的全球資訊網與電子郵件，進展到 web 2.0 的部落格，以及後來的社群媒體。其演進的方向在於更多的互動性，資訊的傳遞也開始依循既有的人際關係，而不再只是分散於虛無縹緲的雲端空間。社群媒體不但使得朋友知道彼此關心的議題，也可以看到朋友的朋友之動態，因此有助於串連起關心若干社運議題的小眾群體。Castells（2012）就指出，社群媒體已經帶來了「大眾自我傳播」（mass self communication）的境界，有助於各種弱勢者所發動的抗議。

　　網際網路對於動員結構產生了巨大的衝擊，例如，網際網路的普及化帶來了人際關係的重新定義，就如同我們線上聊天的網友已經比每天見面的鄰居、同學、同事更親密，虛擬世界（cyberspace）也已經不是生活以外的一個領域，本身就是社會現實的一部分。學生運動的成員來自於年輕世代，到了晚近，數位原生民（digital native，指從小使用電子產品的世代）已經完全取代了數位移民（digital migrant，指成年後才使用電子產品的世代），其轉變更是明顯。

　　在 1990 年的野百合學運中，各校的學運幹部透過異議性社團與跨校

活動，而彼此熟識，因此比較容易形成有共識的領導群。等到2008年的野草莓運動興起，許多異議性社團已經停止活動，再加上最初的參與者都是透過 BBS 電子布告欄獲知消息，沒有事先的信任基礎，因此在野草莓運動中，領導幹部往往被認為沒有正當性，小組也是各自為政，出現了「無領導的民主行動群」的現象（蕭遠 2011）。到了2014年的太陽花運動，占領立法院的行動第一時間就利用影音串流（video streaming）分享，臉書等社群媒體成為重要的訊息傳播管道，零時政府（g0v.tw）的工程師搭建了線上協作的平台（洪貞玲 2015）。換言之，雲端的網民已經成為社會運動的重要參與者。

網際網路同時帶來抗爭劇碼的創新。以往抗議者要在特定實體空間聚集，才能傳達不滿，當前的各種即時通訊與線上分享平台打破這項限制，使得分散各地的抗議者獲得共同發聲的管道。在2012年的反媒體壟斷運動中，關心台灣民主的國外留學生無法參與遊行，因此創造出一種新的抗爭劇碼。他們在當地校園集結，手持「我在××，守護台灣民主」的標語，並且將照片上傳到臉書分享。為了響應太陽花運動在3月30日所發起的大遊行，旅居國外的台灣人社群發起了全球接力的聲援活動，共在17個國家的49個城市有集會行動。很顯然，如果沒有網際網路所搭建的即時溝通平台，這種全球尺度的抗爭劇碼就不太可能採行。

最後，網際網路也影響文化構框的運作。社會運動的訊息如果要能更廣泛與迅速地流傳出去，表達方式必得要迎合手機閱讀的習慣與社群媒體的表述和修辭文化。因此，簡明有力的金句（sound bite）、容易流傳的「迷因」（meme），取代了長篇論述，圖文並茂的懶人包（infographic），也勝過傳統的簡報檔案。想要在社群媒體激發動員效果，其文字就不能只是「冷淡的告知」，而是需要投入當事人的情感，以喚起讀者的熱情與信心（Gerbaudo 2012: 115）。

正是由於網際網路的強大串連能力，有觀察者認為，大型組織（例如：政黨、工會、有眾多會員的倡議團體等）已經不再是社會運動的必要條件，因為動員的成本已經貶低到一文不值，帶來一種「不需要組織的組織化」（organizing without organizations）現象（Shirky 2011）。也有研究者認為，數位時代的社會運動是屬於一種新穎的「聯繫行動」（connective action），不再是需要組織動員的「集體行動」（collective action）（Bennett and Segerberg 2013）。

　　不過，過度樂觀的科技烏托邦論是站不住腳的。科技發展對於社會運動的影響往往呈現「道高一尺、魔高一丈」的互動形態。在起初，社會運動者享受到數位科技的便利與優勢；但是隨著時間過去，獨裁政府也會記取教訓，投入更多的資源，掌握新科技，甚至將其轉化為控制人民的工具。

　　在 2016 年的英國脫歐公投與美國總統大選中，俄羅斯所支持的網軍特意傳播假新聞（fake news），打擊敵對陣營支持者的士氣，已經導致了實質的政治效應。中國的網際網路過去是維權運動者經常依賴的媒介，形成了活躍的公共領域；但是隨著習近平在 2012 年上台之後，緊縮意識形態的控制之下，中國政府不僅有辦法刪除各種被視為敏感的字眼（例如「六四」），也積極培養「網路評論員」（即所謂的「五毛黨」），到處散布各種支持政府的言論，網際網路的自由因此受到嚴重的限縮（Lei 2018）。台灣近年的臉書社團與 LINE 群組，經常流傳來自對岸的假新聞、假消息，混淆視聽，也是明顯的例子。人臉辨識科技與人工智慧的發展，也有助於獨裁者建立更完美的監控，隨時隨地監視人民的日常舉止，這種趨勢被稱為「數位列寧主義」（digital Leninism）。很顯然，一旦獨裁者掌握了這樣的工具，民眾也就更不願意參與社會運動。

陸　結論

　　對於社會學而言，社會運動是非常值得關注的現象。在承平時期，我們往往容易忽略既有社會體制所掩飾的對立與矛盾，而傾向於接受和諧的表象。通常只有當社會運動以巨大的聲響敲醒了沉睡中的公眾意識，被視而不見的不滿才會赤裸裸地呈現在我們面前。因此，要探討社會運動的起源，就不得不回答這兩個問題。首先，原有的壓迫關係是如何被打造出來、如何被正當化？換言之，以往的社會體制是如何被長期維持？其次，反對勢力又是如何登場？他們的契機何在？也就是說，他們所發起的集體挑戰帶來了何種後果？很顯然，這些問題是大部分社會學家都關心的核心議題。

　　對於社會學的知識而言，種種社會運動都扮演了先驅者的角色。正是由於社會運動揭露了我們的集體無知，各種新興的研究領域才逐漸浮現出

來，例如環境社會學、性別研究、族群關係。在台灣，解嚴後三十餘年來的社會運動風潮，也在高等教育體制上留下了不可抹滅的遺產，包括性別研究、族群研究、客家研究、文化資產等相關系所的出現，多多少少都是起源於社會運動的要求。即使是在比較傳統的學科建制中，例如教育學、政治學、人類學、傳播學、法律學等等，社會運動也逐漸成為主流的研究議題，原因正是其影響力仍在發揮之中，持續地要求改造我們日常生活的每個領域。

隨著台灣邁入「運動社會」的形態，社會運動成為各種利益群體表達訴求的中性政治手段。近年來，我們看到了反教改、反墮胎、反廢除死刑、反同志結婚的抗議活動，這一類現象通常稱之為反制運動。與一般社會運動相比較，反制運動並不是來自於被壓迫者，反而是來自於比較優勢的保守群體。此外，反制運動通常並不是要推動社會變遷，他們的目標是抵消或化解另一項社會運動的要求。反制運動比較少受到研究者的關注，但是本章所提供的各種概念，例如動員結構、文化構框等，仍然可以用來分析這種特殊的運動。

高度的反思性是當前生活的特徵，無論我們的主觀願望為何，面對加劇變遷所帶來的挑戰，隨時需要重新檢視我們視為理所當然的道理，已然成為現代人的宿命。就這一點而言，社會運動的研究具有知識上的吸引力，因為我們所探討的不外乎是促成當代社會變遷的源頭之一。

延伸閱讀

David Graeber 著，湯淑君、李尚遠、陳雅馨譯，2014，《為什麼上街頭？新公民運動的歷史、危機和進程》（*The Democracy Project: A History, a Crisis, a Movement*）。台北：商周。

2011 年的占領華爾街運動是典型的網路發起、無領導者的社會運動。Graeber 是參與其中的人類學家，留下了深刻的第一手紀錄。

Peter Hessler 著、馮奕達譯，2020，《埃及的革命考古學》（*The Buried: An Archaeology of the Egyptian Revolution*）。新北：八旗文化。

2011 年的埃及革命成功推翻了獨裁政權，但是在民選政府上台沒有多久後，軍事將領發動政變，短暫的民主政治宣告失敗。這本由記者撰寫的深度報導記錄了革命後的失落感，並且剖析民主運動為何失敗。

Doug McAdam 著、黃克先譯，2011，《自由之夏》（*Freedom Summer*）。台北：群學。

本書是社會運動研究的經典，從參與者的傳記背景分析一場發生於1964年美國重要的民權運動事件。作者開創了此類型的研究途徑，深刻地描述了這場運動的前因，以及長遠的後果。

Charles Tilly 著、劉絮愷譯，1999，《法國人民抗爭史》(*The Contentious French: Four Centuries of Popular Struggl*e)。台北：麥田。

Tilly 是社會運動研究領域的大師，不只有理論上的突破，也有扎實社會史的研究。本書分析法國四百年來的抗爭演進，隨著統一王權的建立、民主革命的到來，以及資本主義的擴散，社會運動的形態產生了重大的轉變。

吳叡人、林秀幸、蔡宏政主編，2016，《照破：太陽花運動的振幅、縱深與視域》。新北：左岸。

太陽花運動是台灣近年來規模最大的社會運動，產生重大與深遠的影響。這本合輯的作者來自不同的學科背景，以多元的角度檢視那場占領運動的起源與後果。

柳廣成，2020，《被消失的香港》。台北：蓋亞。

作者是在日本出生、香港成長的漫畫家，用自己的生命故事創作出香港反送中運動的作品。

蕭新煌、官有垣、王舒芸主編，2018，《臺灣社會福利運動與政策效應：2000-2018》。高雄：巨流。

這本合輯關注晚近的各種社會運動發展，不只是與社會福利有關的運動，也包括勞工、人權、同志、青少年等運動。

參考書目

王振寰、方孝鼎，1992，〈「國家機器、勞工政策與勞工運動」〉。《台灣社會研究季刊》13: 1-29。

王雅各，1999，《台灣婦女解放運動史》。台北：巨流。

何明修，2011，〈導論：探索台灣的運動社會〉。收於何明修、林秀幸主編，《社會運動的年代：晚近二十年來的台灣行動主義》，頁2-32。台北：群學。

周婉窈，1989，《日據時代的臺灣議會設置請願運動》。台北：自立晚報出版社。

洪貞玲主編，2015，《我是公民也是媒體》。台北：大塊文化。

張恒豪、游鯉綺、許朝富，2018，〈行無礙的倡議：障礙者的網路動員與現身〉。收於蕭新煌、官有垣、王舒芸主編，《臺灣社會福利運動與政策效應：2000-2018》，頁365-387。高雄：巨流。

陳婉琪、黃樹仁，2015，〈立法院外的春吶：太陽花運動靜坐者之人口及參與圖象〉。《台灣社會學》30: 149-179。

黃淑玲、伍維婷，2016，〈當婦運衝撞國家：婦權會推動性別主流化的合縱連橫策略〉。《台灣社會學》32: 1-53。

黃淑鈴，2015，〈從族群正義到環境論述：達悟反核廢運動者的框架移轉〉。《思與言》53(2): 7-48。

趙彥寧，2001，《戴著草帽到處旅行：性／別、權力、國家》。高雄：巨流。

蔡慶同，2005，〈當『運匠』聽到『地下電台』：論計程車牌照開放運動的微視動員脈絡〉。《東吳社會學報》18: 81-116。

蕭遠，2011，〈網際網路如何影響社會運動中的動員結構與組織型態？：以台北野草莓學運為個案研究〉。《臺灣民主季刊》8(3): 45-85。

Bennett, W. Lance and Alexandra Segerberg, 2013, *The Logic of Connective Action: Digital Media and the Personalization of Contentious Politics*. Cambridge: Cambridge University Press.

Castells, Manuel, 2012, *Networks of Outrage and Hope: Social Movements in the Internet Age*. Oxford: Oxford University Press.

Fan, Yun, 2019, *Social Movements in Taiwan's Democratic Transition: Linking Activists to the Changing Political Environment*. London: Routledge.

Gerbaudo, Paolo, 2012, *Tweets and the Streets: Social Media and Contemporary Activism*. New York: Pluto Press.

Goldstone, Jack A. and Charles Tilly, 2001, "Threat (and Opportunity): Popular Action and State Response in the Dynamics of Contentious Action." Pp. 179-194 in *Silence and Voice in the Study of Contentious Politics*, edited by Ronald R. Aminzade et al. Cambridge: Cambridge University Press.

Goodwin, Jeff, 2001, *No Other Way Out: States and Revolutionary Movements, 1945-1991*. Cambridge: Cambridge University Press.

Hirschman, Albert O., 1970, *Exit, Voice and Loyalty*. Cambridge, MA: Harvard University Press.

Hirschman, Albert O., 1982, *Shifting Involvements: Private Interest and Public Action*. Oxford: Basil Blackwell.

Ho, Ming-sho, 2014, "The Fukushima Effect: Explaining the Recent Resurgence of the Anti-nuclear Movement in Taiwan." *Environmental Politics* 23(6): 965-983.

Ho, Ming-sho, 2019a, "Taiwan's Road to Marriage Equality: Politics of Legalizing Same-sex Marriage." *The China Quarterly* 238: 482-503. https://doi.org/10.1017/S0305741018001765.

Ho, Ming-sho, 2019b, *Challenging Beijing's Mandate of Heaven: Taiwan's Sunflower Movement and Hong Kong's Umbrella Movement*. Philadelphia, PA: Temple University Press.

Hobsbawm, E. J., 1959, *Primitive Rebels: Studies in Archaic Forms of Social Movement in the 19th and 20th Centuries*. New York: W. W. Norton.

Jasper, James M., 2012, "Introduction: From Political Opportunity Structures to Strategic Interaction." Pp. 1-33 in *Contention in Context: Political Opportunities and the Emergence of Protest*, edited by Jeff Goodwin and James M. Jasper. Stanford: Stanford University Press.

Kim, Sung Chull and Yousun Chung, 2018, "Dynamics of Nuclear Power Policy in the Post-Fukushima Era: Interest Structure and Politicisation in Japan, Taiwan and Korea." *Asian Studies Review* 42(1): 107-124.

Koo, Hagen, 2001, *Korean Workers: The Culture and Politics of Class Formation*. Ithaca, NY: Cornell University Press.

Lei, Ya-wen, 2018, *The Contentious Public Sphere: Law, Media, and Authoritarian Rule in China*. Princeton, NJ: Princeton University Press.

Lynch, Daniel, 2002, "Taiwan's Democratization and the Rise of Taiwanese Nationalism as Socialization to Global Culture." *Pacific Affairs* 75: 557-574.

McAdam, Doug, 1982, *Political Process and the Development of Black Insurgency 1930-1970*. Chicago: Chicago University Press.

McAdam, Doug, 1988, *Freedom Summer*. Oxford: Oxford University Press.

McAdam, Doug, Sidney Tarrow, and Charles Tilly, 2002, *Dynamics of Contention*. Cambridge: Cambridge

University Press.

McCarthy, John D., 1987, "Pro-Life and Pro-Choice Mobilization: Infrastructure Deficits and New Technologies." Pp. 49-66 in *Social Movements in an Organizational Society*, edited by Mayer N. Zald and John D. McCarthy. New Brunswick, NJ: Transaction.

McCarthy, John D. and Mayer N. Zald, 1987, "The Trend of Social Movements in America: Professionalization and Resource Mobilization." Pp. 337-391 in *Social Movements in an Organizational Society*, edited by Mayer N. Zald and John D. McCarthy. New Brunswick, NJ: Transaction.

Meyer, David S. and Debra C. Minkoff, 2004, "Conceptualizing Political Opportunity." *Social Forces* 82(4): 1457-1492.

Olson, Mancur Jr., 1965, *The Logic of Collective Action*. Cambridge, MA: Harvard University Press.

Scott, James C., 1990, *Domination and the Arts of Resistance: Hidden Transcripts*. New Haven, CT: Yale University Press.

Shirky, Clay 著、李宇美譯，2011，《鄉民都來了：無組織的組織力量》（*Here Comes Everybody: The Power of Organizing Without Organizations*）。台北：貓頭鷹。

Snow, David A. and Robert D. Benford, 1988, "Ideology, Frame Resonance and Participant Mobilization." Pp. 197-218 in *From Structure to Action: Comparing Social Movement Research Across Cultures*, edited by Bert Klandermans, Hanspeter Kriesi and Sidney G. Tarrow. Greenwich, CT: JAI Press.

Tarrow, Sidney, 1996, "States and Opportunities: The Political Structuring of Social Movements." Pp. 41-61 in *Comparative Perspectives on Social Movements*, edited by Doug McAdam, John D. McCarthy, and Mayer N. Zald. Cambridge: Cambridge University Press.

Tarrow, Sidney, 2013, *The Language of Contention: Revolutions in Words, 1688-2012*. Cambridge: Cambridge University Press.

Tilly, Charles, 2004, *Social Movements, 1768-2004*. London: Paradigm Publishers.

Zhao, Dingxin, 2001, *The Power of Tiananmen: State-society Relations and the 1989 Beijing Student Movement*. Chicago: University of Chicago Press.

第 15 章

人口

■王德睦

摘　要

1. 在人類歷史的大部分時間中，人口的增加均十分緩慢。全世界人口的快速增加是在十八世紀中期以後，而人口的快速增加乃死亡率下降所造成。

2. 從高出生、高死亡，人口增加緩慢的情況，由於死亡率先行下降，而出生率仍維持高水準，造成人口快速增加，經過若干時間後，出生率也隨後下降，最後又在低出生、低死亡下，人口又回復緩慢成長（甚至不成長或負成長），此一過程稱為人口轉型。

3. 死亡率下降的原因，文獻上較少有爭議，大抵是認為與生活條件改善和醫療衛生進步有關。至於生育率下降的原因則有許多不同的解釋，大抵而言與社會經濟文化變遷有關。

4. 台灣的人口轉型起於 1920 年代的死亡率下降，出生率的下降則在 1950 年代。人口轉型造成台灣的人口年齡組成劇烈的變化，而衝擊社會經濟。

5. 人口轉型使台灣在 1955 到 1982 年間產生高峰生育，這群人口在其不同生命歷程階段，均產生社會經濟的調適困難。

6. 許多國家的出生率隨死亡率下降後，並未在接近死亡率時停止下降，生育率已降到替換水準之下，長期而言，將面臨人口衰退。台灣的生育水準也於 1984 年之後即低於替換水準。

7. 台灣的生育率在 1980 年代中期至 1990 年代中期，曾維持一段平穩，但 1998 年之後，生育率再度下降，到 2003 年已達到超低生育率的水準，未來人口老化問題將更形嚴重。

壹　世界的人口趨勢：人口轉型

依據聯合國的估計，2018 年世界人口約 76 億，而 1950 年時世界人口僅約 25 億。[1] 顯然二十世紀中以來，人口有大幅度的增加。但是在人類歷史的大部分時間中，人口並非如此快速地增加。

1　https://population.un.org/wpp/Download/Standard/Population/

　　早期雖然出生率很高，然而死亡率也高，人口成長很緩慢。世界人口開始明顯增加，是在十八世紀中期（約1750年）。歐洲工業革命前夕，當時世界人口約7.6億，每年以200多萬成長（Weeks 2005）。1927年世界人口達20億，這是經過100多年才由10億增加到此；1960年達30億，經過33年增加10億；1974年達40億，經過14年增加10億；1987年達50億，經過13年增加10億；1999年達60億，經過12年增加10億；2011年達到70億，也經過12年增加10億。這些數據顯示工業革命後人口成長加快，而二十世紀的人口成長更加快速。依據聯合國的推計，世界人口在2025年將增至80億，經過14年再增加10億，[2]顯示二十一世紀的人口成長速度會緩慢下來。

　　從以上的描述，可見人類歷史的多數時間人口成長很緩慢，原因是因為死亡率很高（請參閱下一頁「生育、死亡、遷移水準的測量」）。在漁獵採集時期，出生時平均餘命（life expectancy at birth）約20歲，在此死亡率下，半數人在未滿5歲前就會死亡。平均一個婦女一生要生7個小孩，才能確保有2個能活到成年（Weeks 2005）。農業革命後，可能是定居下來並且糧食供應穩定，出生率大致維持不變，死亡率稍微下降，人口乃緩慢增加。此時出生率與死亡率差異仍然不大，人口成長緩慢，西元前8000至1750年，世界平均每年增加6萬7千人，若以目前的人口成長率來說，只要7小時半即有如此成長（Weeks 2005）。

　　1750年後人口之所以加速成長，主要是伴隨工業革命而來的死亡率下降。先是歐洲與北美，近來則是發展中國家，死亡率均較出生率早下降，而造成人口成長。在已開發國家，死亡率的下降主要是因為經濟發展和生活條件改善（吃、穿、住得較好，有乾淨的水，可以常洗澡等等），離開病源，也較有抵抗疾病能力。1900年以後則因醫療科技的進步，特別是以疫苗對抗傳染病，死亡率乃大幅下降。二次世界大戰之後，各國不論經濟發展程度如何，均能得到現代醫療與公共衛生科技，死亡率都明顯下降。

　　已開發國家的死亡率，是長期生活環境改善與醫療衛生發展的結果，其下降的速度較慢，且下降後經過一兩代出生率也開始下降，人口成長的速度又趨緩。至於發展程度較低的國家，二次世界大戰後從已開發國家引進醫療與公共衛生技術，死亡率下降速度較快，人口成長的速度也較快，

2　https://www.un.org/en/development/desa/population/theme/trends/dem-comp-change.asp

雖然這些國家的出生率多數也開始下降，但其快速的死亡率下降，使世界的人口在二十世紀後半前所未有的快速增加。

生育、死亡、遷移水準的測量

　　對一社會生育水準的測量，最粗略的是粗出生率（crude birth rate，簡稱 CBR）。所謂粗出生率是指當年出生數與當年總人口的比值，通常以千分比表示。然而一年當中總人口數仍有變化，通常以年中人口數代表，而出生數則指當年的活產數。由於僅婦女能生育，且能生育的年齡有限，一般而言在 15 至 44 歲間，如果兩社會的生育水準相同，若其中一社會生育年齡的人口比例較高，則該社會之粗出生率也會較高。換言之，粗出生率會受人口年齡組成的影響，不能有效表達一社會的生育水準。

　　為了避免粗出生率的缺點，而有一般生育率（general fertility rate，簡稱 GFR）的指標。一般生育率的分子仍為出生數，分母則為 15 至 44 歲的婦女數，兩者比值再乘 1000，代表每千名生育年齡婦女中當年的生育數。然而在 15 至 44 歲的生育年齡婦女中，生殖能力與實際的生育率仍有不同，高年齡的生育年齡婦女生殖能力較低，實際的生育率也較低，因此一般生育率仍然受人口（育齡婦女）年齡組成的影響。

　　為了避免人口年齡組成的影響，較佳的方式是以婦女的年齡分組，計算不同年齡組的生育數與該年齡組的婦女數之比值，此稱為年齡別生育率（age-specific fertility rate，簡稱 ASFR）。年齡組的分法最常使用的有五歲年齡組和單一年齡組兩種。年齡別生育率雖然能夠避免人口年齡組成的影響，但是採分年齡組計算，因此並非單一指標，而是年齡分組的組數有多少即有多少指標。

　　能避免人口年齡組成的影響，又是單一指標的是總生育率（total fertility rate，簡稱 TFR）。總生育率是單一年齡組年齡別生育率的加總，若是以五歲年齡組年齡別生育率計算，則是年齡別生育率加總後乘 5。代表的意義是，如果有一群婦女依照當年的年齡別生育率生育，其一生中平均的生育數。

　　計算生育率的目的在於了解人口的繁衍，由於僅女性具生育的可能性，因此將總生育率乘當年的出生嬰兒的女性比例，稱為人口毛繁殖率（gross reproduction rate，簡稱 GRR）。人口毛繁殖率的意義是，假定年齡別生育率不變與女嬰在結束生育的年齡前不會死亡下，剛出生的女嬰預期其一生中生育的女嬰數。

　　然而人口毛繁殖率並未考慮女嬰的存活率，也就是假定所有的女嬰都

■

粗出生率（crude birth rate）

是指當年出生數與當年總人口的比值，通常以千分比表示。

■

年齡別生育率（age-specific fertility rate）

不同年齡組的生育數與該年齡組的婦女數之比值。

■

總生育率（total fertility rate）

單一年齡組年齡別生育率的加總，代表若有一群婦女依照當年的年齡別生育率生育，其一生中平均的生育數。

能存活超過生育年齡。當然這是不合理的假定，因為有些女性未達到生育年齡即死亡，也有些在生育年齡階段死亡。若考慮婦女完成生育階段前的死亡率，則為人口淨繁殖率（net reproduction rate，簡稱NRR）。因此，人口淨繁殖率是考慮女嬰存活率下，剛出生的女嬰預期其一生中生育的女嬰數。若人口淨繁殖率為1，代表一名剛出生的女嬰預期其一生中生育一個女嬰，長期而言人口不增不減剛好能替換，是為替換水準（replacement level），若換算成總生育率約為2.1。人口淨繁殖率若大於1，則為增加性人口，小於1為衰退性人口。

　　一社會的死亡水準不但與該社會的人口增減有關，也代表該社會的健康狀況。對於死亡水準最簡單的測量是粗死亡率（crude death rate，簡稱CDR），粗死亡率乃當年總人口中死亡人數所占比率，也就是當年死亡人數除以年中人口數（通常以千分比表示）。

　　與粗出生率相同，粗死亡率也受人口年齡組成的影響。由於老年人與嬰幼兒最易死亡，因此若兩社會的死亡水準相當，其中一社會的老、幼人口比重較大，則其粗死亡率會較高。為了去除人口年齡組成的影響，乃分年齡組分別計算死亡率，稱為年齡別死亡率（age-specific death rate）。然而，兩性的死亡率不同，一般而言女性死亡率在各年齡層均低於男性，因此通常也分性別計算年齡別死亡率。

　　如同年齡別生育率，年齡別死亡率雖然去除人口年齡組成的影響，但並非單一指標。能去除人口年齡組成的影響，並代表一社會的健康狀況的指標之一為零歲時平均餘命（life expectancy at birth）。零歲時的平均餘命是由生命表（life table）中計算出，意義為若各年齡別、性別死亡率一直保持不變，該社會中新生嬰兒的平均壽命。

　　遷移也是影響地區人口增減的因素之一。遷入者（immigrant）多於遷出者（emigrant）時，該地區人口增加，反之則人口減少。因此粗遷入率（crude immigration rate）為該地區當年每千人中遷入的人數，分子是當年遷入的人數，分母則為當年年中人口數；粗遷出率（crude emigration rate）則為該地區當年每千人中遷出的人數。將粗遷入率與粗遷出率相加，則稱為粗總遷移率（crude gross migration rate），代表該地區人口移動的程度。將粗遷入率減去粗遷出率，則稱為粗淨遷移率（crude net migration rate），代表因遷移而對該地區人口增減的影響。因為遷入多於遷出所造成的人口成長，稱為社會增加（social increase），以別於因出生多於死亡的自然增加（natural increase）。

人口淨繁殖率（net reproduction rate）
人口淨繁殖率是考慮女嬰存活率下，剛出生的女嬰預期其一生中生育的女嬰數。若人口淨繁殖率為1，代表一名剛出生的女嬰預期其一生中生育一個女嬰，長期而言人口不增不減剛好能替換，是為替換水準。人口淨繁殖率若大於1，則為增加性人口，小於1為衰退性人口。

粗死亡率（crude death rate）
當年總人口中死亡人數所占比率，也就是當年死亡人數除以當年總人口數。

年齡別死亡率（age-specific death rate）
分年齡組分別計算死亡率。

零歲時平均餘命（life expectancy at birth）
是由生命表中計算出，代表的意義是，若各年齡別、性別死亡率一直保持不變，該社會中新生嬰兒的平均壽命。

這種人口從原先高出生、高死亡，人口緩慢增加之情況，由於死亡率先行下降，而出生率仍然維持高水準，造成人口快速成長，經過若干時間後，出生率也隨之下降，又使人口增加的速度緩慢下來（甚至負成長）的過程，文獻上稱之為「人口轉型」（demographic transition）。

人口轉型
（demographic transition）
人口從高出生與高死亡的接近均衡狀態，由於死亡率先行下降，而出生率仍維持高水準，造成人口成長加速，經過若干時間後，出生率也隨後下降，使人口減速成長，而終將轉為低出生、低死亡的接近均衡狀態。此一歷程稱為人口轉型。

貳　人口轉型的原因

在歐美的人口轉型發生後，愈來愈多不同國家也出現此現象，宛如有一新的人口變遷的普世定律產生。1940 年代中期到 1960 年代末，人口轉型所造成的人口快速成長成為世界關注的焦點，學者也致力於發展人口轉型理論。最早對於人口轉型的解釋，是使用「現代化」（modernization）的概念。認為以前的社會受「傳統」所支配，而工業化帶來的巨大經濟變遷，迫使社會改變傳統的制度。「在傳統社會中，出生率與死亡率均高；現代社會兩者均低；介於其中的就是人口轉型」（Demeny 1968）。這是鉅觀層次（macro-level）的理論，認為人類行動受改變中的社會制度所影響。在傳統社會死亡率很高，社會會發展出高生育的社會規範，以維繫種族的生存。由於大多數人追求長壽，只要現代化造成生活改善，死亡率就會下降。但出生率的下降卻與已確立的社會規範衝突，社會必須花一段時間去調適死亡率已經下降的事實，需要時間去調整為低出生率的新社會規範。因此，現代化的過程中，死亡率會比出生率先下降。

在傳統農業社會中，子女不但是家庭勞動力的來源，也是老年生活的保障，多生育對於父母是有利的。工業化的結果使工作與家庭分離，加上現代化的工作需要更多的知識，子女必須花一段長時間接受學校教育，因此不再是勞動力的來源，弱化了多生育的傳統壓力；另一方面，伴隨工業化的都市化，人們遷移至都市，匿名性高減弱了高生育的社會規範壓力。再則，人們也察覺嬰幼兒死亡率已經降低，只要生得比以前少就可以達到定量的存活子女，萌生有意識地控制生育的觀念，出生率乃大為下降。

對於人口轉型的現代化解釋，提出質疑的最重要社會科學研究是 Princeton 大學的 Ansley Coale 所主持的「歐洲生育率計畫」（European Fertility Project），他們首先發現西班牙的生育率變遷並不能以現代化理論解釋，因為一些與西班牙文化相同的鄰近區域，生育率一齊下降，縱使

其都市化、經濟發展程度有很大不同（Leasure 1962）。於是他們開始大規模、有系統地檢視歐洲人口史資料，企圖解釋人口轉型何以、如何發生，並重建人口轉型理論（Coale 1974）。

「歐洲生育率計畫」注意的焦點是生育率的下降。他們發現，歐洲各地生育率下降時，其社會、經濟、人口條件差異非常大，因此現代化理論必須修正。例如，歐洲許多地區經歷快速的生育率下降時，仍未十分的都市化、嬰兒死亡率仍高、在工業部門就業的人口比例也仍低，因此認為經濟發展可能是生育率下降的充分條件，但非必要條件。他們發現經歷生育率下降的地區有一共通性：世俗化（secularization）快速地擴散（Lesthaeghe 1977）。這種對於他世力量（otherworldly power）能保有自主性，少受他世力量影響，對自己福祉（well-being）必須負責的態度，難以精確知道為什麼出現，何時、在什麼地方出現，但是工業化和經濟發展總是伴隨著世俗化。然而，世俗化也能在沒有工業化下獨自出現，這可能可以稱為思想的現代化（modernization of thought），而有別於社會制度的現代化。在一些情況下，透過個人對於其所認為的合宜行為的模仿，世俗化快速地傳散。

教育被認為是潛在可以改變態度的刺激，因為它強調現代化和世俗化的概念。這可能是歐洲的一些地區，有接近的社會經濟發展程度，但生育率並未同時下降，而一些地區社會經濟發展程度較低，生育率反而下降的原因。這些證據顯示，文化因素的解釋力可能強於社會經濟因素，有相同文化（語言、族群背景、生活形態）的地區，生育率比不同文化地區較可能一齊下降。在相同的文化下，節制生育的觀念可以很快傳散，而相同的語言更能有效傳播新觀念與資訊。

這種由於觀念與態度的轉變改變了生育數量的論點，使人口轉型的理論由鉅觀層次轉為微觀層次（micro-level）。理性選擇理論（rational choice theory）是一個盛行的微觀層次觀點，認為人類行為是個人對於行為後果做成本效益（cost-benefit）計算的結果。Caldwell（1982）就認為：「在原始和傳統社會，生育不設上限，在經濟上是有益的」，在這樣的社會中子女是父母的所得和支持來源，其效益遠超過成本，也就是「代間財富流動」（intergenerational wealth flow），是由子女流向父母，因此多生育是理性的。然而在現代化的過程中，這些都改變了，擴展家庭變成核心家庭，經濟和情感上都在核心家庭中自給自足，子女的成本愈來愈高（包括現代

社會需要的教育成本），父母自子女得到的支持愈來愈少（子女要受教育而不能小小年紀就開始工作），「代間財富流動」方向反轉，不是由子女處得到所得，而是將所得給予子女，子女的經濟價值下降。從經濟的角度來看，任何小孩都會使財富流失，不生育子女是理性的，但是實際上人們仍會生育，那是社會性的理由使然。

Easterlin（1968）的相對年輪規模假設（relative cohort size hypothesis）（有時也稱為相對所得假設〔relative income hypothesis〕）則是結合鉅觀與微觀層次觀點。他認為生育率並不必然是對於經濟福祉的絕對水準回應，而是對已習慣的相對水準回應，也就是以幼年後期的生活經驗，作為評估成年後生活機會的基礎。若成年後比幼年後期能更容易提高所得，則會早婚、多生育子女。相反的，若成年後認知到難以達到已習慣的幼年後期生活水準，則會延後結婚、少生育子女。那麼，什麼因素會影響到成年時相對有利或不利的地位？在人口轉型期間，因為死亡率下降造成年輕的年輪規模（cohort size）相對增加，這些人成年後年輕成人比例上升，由於勞動供給增加，產生對其相對工資下降的壓力，使年輕成人無法兼顧家庭規模和物質福祉，而導致節制生育。之後，若因生育率下降、年輕人少，經濟條件變好，工資又高，就更容易成家，生育率會上升。Easterlin 以人口變遷與經濟變遷兩者的相互關聯，解釋生育率的變化。這種人口變遷與社會變遷的互動，顯示人口轉型是整個社會的轉變，而不只是一個人口的大轉變。

> 🔍 **問題與討論 15-1**
>
> 　　台灣地小人稠，人口增加對自然生態的破壞，一直是關心生態環境者注意的重點，但是本章指出目前生育率太低，造成人口年齡組成很大的變化，嚴重衝擊社會經濟，也造成未來人口嚴重老化。自然生態與社會經濟，孰輕孰重？是否有其平衡點？

參　台灣的人口轉型

自 1905 年的人口普查（日本殖民政府稱為「國勢調查」）後，台灣

即有可靠的人口資料。1906 年時台灣人口約爲 300 萬人，至 2018 年底爲 2,350 餘萬人，一百餘年來人口成長 7 倍有餘。何以會有如此大量的人口成長？影響一地區的人口數量，只有出生、死亡與遷移三個因素。日治時期雖有大量日本人（最多約至 40 萬人）與少量的韓國人移入，但戶籍分隸，且少有與台灣人通婚，二次世界大戰之後也大多遣返母國，至 1949 年外國人僅 1 千餘人，對台灣人口影響有限。除二次世界大戰後至 1949 年國民政府失守中國大陸播遷來台間，有大量軍民移入台灣外，台灣人口維持長期少遷入、遷出，接近沒有遷出、遷入的「封閉性人口」（closed population）狀態（參閱「台灣的人口封閉性」、「外籍配偶的狀況」中的討論）。因此，百年來的人口成長，主要是出生數大於死亡數的自然增加（natural growth）所造成。

台灣的人口封閉性

　　在台灣歷史中，除了若干短暫時期人口封閉性受到破壞外，長期間維持少有國際遷移的狀態。陳寬政等人（1986）指出有三次人口封閉性受到破壞：第一次是 1895 年日軍占領台灣；第二次是 1930 年左右，大批日本人與韓國人被送來台灣從事開發。第三次則在二次世界大戰後的五年內，大多數的日本人被遣送回國，而戰後初期有少數大陸人來台，至國民政府失守大陸播遷來台，而有大量的政府官員、知識分子、商人與軍人及其眷屬遷移來台。之後，由於徵兵制度與國際情勢，又恢復少有境外遷移的情況。日治時代人口資料依國籍分別登記且少有通婚，因此對人口的封閉性影響不大。唯有失守大陸時來台的人口對台灣的影響較大，這群人對於台灣人口的影響是，他們的生育率較高。這群人生育率較高的原因可能有二：其一是他們的生育率就高於台灣人；其二是他們來台前飽經戰亂，來台安定後補回戰亂時未生育的子女。陳寬政等人估計，這群人口在移入後的十年內，使得台灣的粗出生率比原趨勢上升了千分之 15。

　　近年來台灣的人口封閉性又遭受另一次的破壞，包括引進外籍勞工，台灣產業外移中國大陸，外籍（包括中國及東南亞諸國）配偶來台定居。依據主計總處統計資料，外籍勞工的數量在 2020 年 3 月約 71 萬（https://www.stat.gov.tw/public/Data/0513161114L3EO31L6.pdf），但是他們工作期滿後，絕大部分會返回母國，也少與國人通婚，對台灣人口的影響小。至於因產業外移中國及至中國經商而定居者，人數到底有多少？由於缺乏官方的統計與學術研究，數量較難估計。

　　如同世界人口的增加，台灣百年來的人口增加主要也是因爲人口轉型所造成。1906 年台灣的零歲時平均餘命，男性爲 27.67 歲，女性爲 28.97 歲，至 2017 年男性增爲 77.27 歲，女性增爲 83.68 歲，死亡率呈現快速下降。圖 15-1 顯示台灣的人口轉型起自日治時代的中期，1920 年以前出生

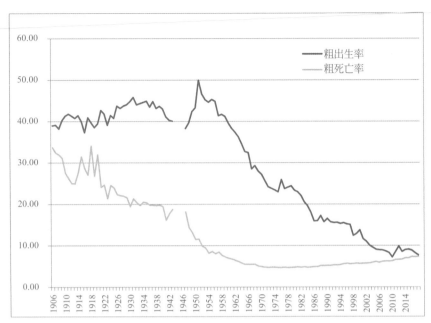

圖15-1 台灣的人口轉型：1906-2018（千分比）

資料來源：1. 臺灣省51年來統計提要，臺灣省行政長官公署，1946年。
2. 歷年中華民國人口統計，內政部。

率與死亡率大致維持在千分之30、40，出生率略高於死亡率，人口緩慢
成長。當時死亡率在有疫病流行時大幅上升，無流行病盛行時死亡率相對
較低，而死亡率起伏不定。但是1920年以後，死亡率即長期大幅度地下
降，在出生率尚未下降前，兩者的差距逐漸擴大，導致人口加速成長。

　　依據人口學者的研究（Barclay 1954；Mirzaee 1979；王德睦、陳文玲
1985），台灣早期的死亡率下降，主要是有效控制傳染病與寄生蟲病，其
次是呼吸器官結核病的有效隔離。根據 Barclay（1954: 133-172）的說法，
日本人在台灣控制疫病流行的主要方法是徹底而有效的行政措施，因為當
時殖民政府已有財政上的困難，且許多現代防疫醫學及公共衛生技術仍不
存在。另一方面，日本殖民政府也致力於稻米品種的引進和改良（陳紹馨
1979: 117）、引水渠道的興築（Barclay 1954: 40），大幅度提高糧食生產效
能，有助於人口的健康狀況而增加對疫病的抵抗力。

　　由於死亡率是年齡的 U 型分配，也就是年齡別死亡率在嬰幼兒時與
老年時有偏高的形態。死亡率先期的下降主要發生在嬰幼兒，學者的研
究（Mirzaee 1979; Tu 1985）指出，自1920年開始死亡率下降有一半以上
是因為嬰幼兒死亡率下降（嬰兒是指一歲以下，幼兒則指一歲以上不滿五

歲）；老年人口死亡率的下降在較爲晚近才變得比較重要。在死亡率下降的過程中，嬰幼兒死亡率先行下降的理由不難了解，因爲早期的嬰幼兒死亡主要是疾病感染與抵抗力不足，傳染病控制與營養改善即能迅速使其死亡率下降；而老年人的死亡經常是器官退化，死亡率的下降除了有賴醫學技術的長期發展與累積，老年人一生中有較佳的生活條件與醫療照顧，而少受到疾病感染也是重要因素，因此在死亡率下降的初期無法迅速下降。

在死亡率下降之後，出生率也在 1950 年代隨之下降，人口成長開始減速。1984 年以後，人口淨繁殖率（net reproduction rate）均低於替換水準（replacement level），長期而言已埋下了人口衰退的因子。圖 15-1 顯示在 2018 年時，台灣的死亡率爲 7.33‰，而出生率爲 7.70‰，人口自然增加率（兩者之差）爲 0.37‰，在不考慮國際的人口遷移下，人口仍在微幅成長，似乎與人口淨繁殖率低於替換水準的資料不一致，原因在於目前的人口年齡組成尚屬年輕，有高比例的婦女仍在生育年齡，雖然生育水準已經很低，但生育數仍略多於死亡數。

外籍配偶的狀況

若出生時的性比例大致穩定，男性略多於女性（在 105：100 左右），由於男性在各年齡死亡率均高於女性，一夫一妻的婚配大致可以維持。近年來生殖科技可以在懷孕時預知性別，而能選擇生育夫婦所偏好的嬰兒性別，使得台灣的出生時性比例略高於自然狀態（約 108：100），加上女性經濟獨立等因素，女性一生維持單身的比例上升（尤其是高教育的女性），一些社會階層較低的適婚男性在台灣難以找到合適的配偶下開始尋求外籍的配偶，當然也使得女性一生維持單身的比例更加上升。

根據內政部的統計，與外籍人士結婚的對數，在 2003 年達到最高點，共有 54,634 對，占當年總結婚登記數的 31.86%；當然外籍配偶不限於女性，但以女性爲主，當年女性外籍配偶有 48,633 人，而男性外籍配偶僅 6,001 人。2003 年之後外籍婚姻的對數逐年下降，至 2018 年僅 20,608 對，占當年總結婚登記數的 15.22%。在外籍配偶中，原以來自中國（含港澳）爲最多，2003 年中國配偶有 34,991 人，其次爲東南亞地區有 17,351 人；但 2018 年東南亞地區配偶超過中國配偶，中國配偶有 8,216 人，東南亞地區則有 12,392 人。（https://www.moi.gov.tw/files/site_node_file/7926/108 年第 6 週內政統計通報 _ 婚姻統計 .pdf）

自 1987 至 2018 年 12 月底爲止，外籍配偶已累積至 543,807 人，其中男性 45,378 人，女性 498,429 人。女性外籍配偶來自中國（含港澳）有 334,580 人，其他外國籍有 163,849 人。累積外籍配偶人數已超過台灣最高生育期一年出生的人口量。（https://www.gender.ey.gov.tw/gecdb/Stat_Statistics_DetailData.aspx?sn=lJvq%2BGDSYHCFfHU73DDedA%3D%3D）

台灣的出生率自1951年以後即長期大幅度下降，下降原因有許多討論，上節討論有關生育率下降的因素可能都存在。台灣在現代化的過程中，多生育的規範逐漸式微，撫育子女所需付出的成本上升，加上女性勞動參與率提高，使得婦女無法兼顧工作與育兒，自然無法多生育等，都是生育率下降的因素。日治時代以來的死亡率下降，使得夫婦擁有能存活到成年的子女數大增，造成很大負擔，到了第二代已了解小孩有很高的機率可以存活到成年，要維持所要的成年子女數，不需要多生育，出生率乃在死亡率下降約一代之後下降。加上教育逐漸普及，政府也在1960年代開始推動家庭計畫，更促使生育率持續下降。

> ### 🔍 問題與討論 15-2
> 　　近年來大量的台灣男性與東南亞諸國及中國的女性結婚，解決了他們難以在台灣找到婚配對象的問題，這些婚姻移民移入台灣後，他們本身以及台灣社會將面臨哪些挑戰？

🈟 人口轉型的後果

　　死亡率先於出生率下降的人口轉型，在轉型初期因死亡率已經下降，而出生率仍未下降，造成人口快速成長。人口快速成長對一社會的影響是正面或負面，仍有爭議。人口大量增加對於人類生存的環境破壞與資源耗用，不可否認有負面的影響；但是，許多國家的經濟成長與人口成長是伴隨出現，其中人口成長供給經濟成長所需的大量勞動力，可能也是重要因素（李少民等1990）。

　　然而，人口轉型對於社會經濟的影響，不僅在人口數量的增加，其所造成人口年齡組成的改變，對於社會經濟的影響，不下於人口數量的增加。文獻上經常以人口金字塔（population pyramid）表達人口年齡組成，台灣的人口金字塔如圖15-2。所謂的人口金字塔是分性別，將各年齡組所占比例（或絕對數量）做直方圖（histogram），再將兩性的直方圖，逆（順）時針旋轉90度並列。成長中的人口，愈年輕的人口愈多，其形狀如金字塔，如圖15-2中之1940年。

人口金字塔

（population pyramid）
人口金字塔是分性別，將各年齡組所占比例（或絕對數量）做直方圖（histogram），再將兩性的直方圖，逆（順）時針旋轉90度並列，表達一社會的人口年齡組成。

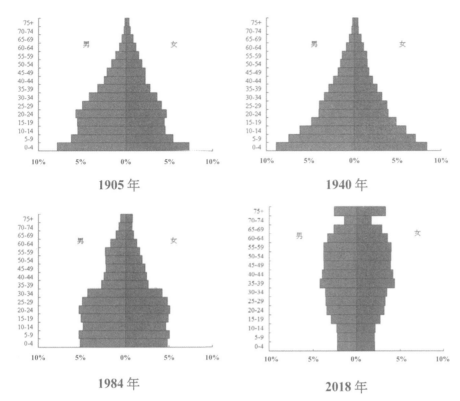

圖15-2　台灣的人口年齡、性別組成

資料來源：1. 臺灣省 51 年來統計提要，臺灣省行政長官公署，1946 年。
2. 歷年中華民國人口統計，內政部。

前述已指出，死亡率下降初期主要是嬰幼兒死亡率的降低，因此造成人口的年輕化。比較圖15-2 中1905 與1940 年的人口年齡組成，可以發現1940 年人口金字塔底部較為寬大，這是因為自1920 年後嬰幼兒死亡率下降，使得1940 年的幼年與青少年人口比例明顯比之前高。到了出生率下降之後，後繼的人口減少，配合死亡率下降的後期，老年死亡率下降逐漸變得重要，因為人口中年輕人比例逐次下降，反而老年人比例逐次上升，形成人口老化。台灣1984 年的人口金字塔與1940 年比較，因出生率下降底部已有明顯的收縮，當時的人口淨繁殖率略小於1，維持當時的生育率水準，代表人口數量將大致維持，因此人口金字塔形狀大致接近轉型前的1905 年（人口增加緩慢），只是因生育率與死亡率較低，在底部略窄，而老年比例較多。到了2018 年，因生育率持續下降，人口金字塔底部更形縮小，形成接近橄欖型。

影響人口年齡組成的最直接因素是出生量，而非出生率。圖15-1 顯

示，台灣的粗出生率最高點在 1951 年，圖 15-3 卻顯示生育量的最高峰在
1963 年。生育量是該年育齡婦女數量與其生育率的乘積，台灣婦女的生
育率自 1950 年代以來即開始下降，但是死亡率下降起自 1920 年，死亡率
下降累積大量的女性人口，於 1940 年代後逐漸進入生育年齡，此一增加
（育齡婦女）、一下降（生育率）的乘積，造成台灣的生育量形成一個高
峰，如圖 15-3。此生育高峰大致在 1955 到 1982 年之間。

圖15-3　台灣的出生數：1906-2018

資料來源：歷年中華民國人口統計，內政部。

　　此一生育高峰人口類似西方的戰後嬰兒潮（baby boom），在其不同的
生命階段均對社會經濟產生重大衝擊。只是台灣的生育高峰並非在戰後很
快發生，而是發生在二次世界大戰後十年，且持續二、三十年的時間。
在生育高峰時期，台灣每年出生 40 萬名上下的嬰兒，生育高峰過後，在
1980 年代和 1998 年以前的 1990 年代，生育量均維持 30 餘萬名。1998 年
以後生育量急速減少，至 2010 年僅 16 餘萬名嬰兒出生，2012 年為龍年生
育量回升為 22 萬，也遠低於 1997 年以前的水準，之後數年出生數都僅在
20 萬名上下。2018 年高峰生育的人口正處於 36 至 63 歲，圖 15-2 中當年
的人口金字塔也顯示，35 至 64 歲人口所占的比例最高。

　　當生育高峰人口開始就學，由於就學人數大量增加，原有教師、各項

教學設施呈現嚴重不足，首先從小學開始，接著在不同的階段均產生相同的效果。目前這群人口均已超過高等教育的階段，教育資源的不足已成過去。由於生育高峰人口已經離開學校，然而後繼學生數明顯萎縮，如果原有設備已足夠，則產生設備閒置，至於師資方面，如果維持原有的教師數，則師生比可大幅提高，但是對於新聘教師的需求必然大量減少，受過教師訓練的人獲得教職的可能性大為下降，於是發生「流浪教師」於全國各地尋求教職而不可得。目前大學錄取率逐年提高已逼近百分之百，一方面是廣設大學院校增加學生名額的結果，另一方面是考生人數因人口轉型而減少也是重要因素，由於台灣的生育數量大為萎縮，大學院校招生不足的現象將日益嚴重。

　　生育高峰人口陸續離開學校而進入勞力市場時，若社會經濟條件無法立即調整以吸納這群人口，則失業率必然提高，且前述 Easterlin 的論點指出，工資率會因競爭者多而下降。另外，當這群人口均進入勞力市場後，由於後繼的人員減少，需要年輕勞動力的產業（例如營造業）首先面臨勞動力不足的現象，1990 年代以來台灣自國外引進大量勞工，即部分反映出年輕的勞動力不足。由於職位結構呈金字塔形狀，基層者多而高階者少，且升遷與資歷有關，後繼的勞動力減少代表基層的勞動力減少，使得生育高峰人口在勞力市場面臨升遷不易的困境。當這群人口年齡逐漸增長，勞動力人口的平均年齡也逐漸上升，即形成勞動力的老化。由於較高年齡的人吸收新知的意願與能力可能下降，在此技術不斷創新的時代，勞動力老化會有不利的影響（Skirbekk 2003），這是目前正面對的問題。

　　目前生育高峰的人口正處於工作年齡，幼年的依賴人口與老年人所占比例很小。未來當這群人口年老後，對於社會福利制度將產生重大的衝擊。台灣從 1995 年實施全民健康保險，由於老年人較體弱多病，需要較多的醫療資源，而健康保險體制的維繫有賴於財務收支均衡，目前台灣的人口以工作年齡居多，尚能維持較低的保險費率；當這群人口年老後，老年人口的比例會急速上升，醫療資源的需求將大幅度增加，屆時若要維繫全民健康保險體系，費率必然急速上升。

　　生育高峰人口年老後也對老年生活保障構成威脅。台灣雖有國民年金制度，加上較早開辦的公教人員與勞工退休制度，已建立公共的老人經濟安全體系。然而，台灣老人的主要生活支柱仍是傳統中的子女奉養，但生育率的下降對家庭而言是子女數的減少，若維持以子女奉養為主要的養老

制度，隨著子女數的減少，養老資源必然逐漸減少。尤其目前生育率已遠低於替換水準，有許多夫婦並無子女可供年老的依靠，養老的問題逐漸成為嚴重的問題。然而不論何種養老制度，從整體社會的觀點來看，都是工作的青壯人口奉養退休的老人，老年人口相對於青壯人口的上升，必然增加青壯人口的負擔。因此，人口老化必然使青壯人口的負擔加重，而生育高峰的人口年老退休後，此一問題必然更加嚴重。至於嚴重程度如何，則有賴目前與未來的生育水準，若生育水準能提高則問題較為緩和，否則將更形嚴重。2017 年公教人員年金改革中，大幅度縮減給付，即是對人口快速老化的反應。

問題與討論 15-3

　　台灣的生育率已遠低於替換水準，且平均壽命持續延長，意味著無子女奉養的老人會愈來愈多，傳統從家庭獲得養老資源的制度將難以維持，以人道的立場來說，社會似乎必須負起責任；另一方面，老年依賴比也快速上升，意味著實施各項普遍式的社會安全制度，則稅率會快速上升，青壯工作人口的負擔持續加重。那麼，如何因應此一問題？

伍　超低生育率與第二次人口轉型

第二次人口轉型
（second demographic transition）
人口轉型的後期，出生率仍繼續下降，而低於死亡率，造成人口自然增加率轉為負值。其間也伴隨離婚率與同居率提高，高墮胎率，初婚年齡延後，終身未婚比例提高，生育年齡（特別是第一胎）提高、高胎次的生育減少等。

　　人口轉型論者相信死亡率與出生率的均衡是常態，人口數量大致會維持穩定或小幅度增加。由於死亡率的下降破壞長期的均衡，導致人口快速增加，但是他們相信一段時間後出生率會隨之下降，死亡率與出生率又回復均衡。然而，綜觀世界各個已發展國家，除了美國等極少數國家，生育率下降後維持接近替換水準，大部分國家的生育率均降到替換水準以下，並且沒有回升至替換水準的跡象。這種現象顯然不是人口轉型理論所能解釋的，於是有第二次人口轉型（second demographic transition）的論點出現。

　　圖15-4 是第二次人口轉型的示意圖，在（第一次）人口轉型之後，出生率並非與死亡率接近，維持人口少量增加（減少）的接近均衡狀

態，而是繼續下降，出生率低於死亡率後，造成自然增加率為負值。要維持足夠的勞動力，必須從較為低度發展的國家遷入人口。由人口轉型到第二次人口轉型，提出此概念者之一的 van de Kaa 認為，最根本之處在於價值與態度的轉變。在人口轉型的階段，小孩是父母所最珍惜、重視的（child-king），生育率下降與撫育小孩必須投入大量的時間、情感和財物有關，因成本過高而減少生育。然而，重視小孩的時日已過，新世代的人們轉為強調自我實現，甚至珍視配偶間彼此的關係勝於與子女的關係，van de Kaa 稱此為從「利他主義的」（altruistic）轉為「個人主義的」（individualistic）。當然，這不代表年輕世代不再生育或不喜歡小孩，而是將小孩視為豐富個體生命的一部分。基本價值的改變，也使家庭形態產生改變，在人口轉型時期，家庭是最主要的社會制度，在第二次人口轉型中，家庭逐漸弱化，體現在離婚率與同居率提高，高墮胎率，初婚年齡延後，終身未婚比例提高，生育年齡（特別是第一胎）提高、高胎次的生育減少等（van de Kaa 2002）。

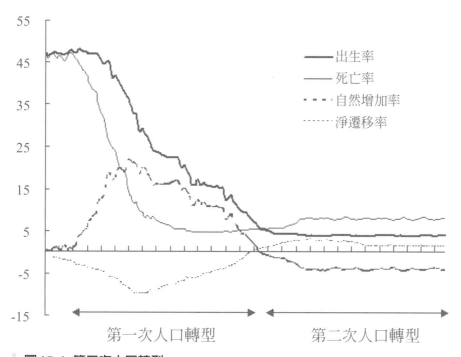

圖15-4 第二次人口轉型

資料來源：van de Kaa（2002）。

　　第二次人口轉型所描述的典型現象是北歐國家，然而北歐國家的生

育率在已開發國家中是中等程度（總生育率約為1.7、1.8），其他國家的生育率降得更低，例如1980年代德國的總生育率已降到1.5以下，之後許多國家也降到此水準，文獻上稱總生育率低於1.5為極低生育率（very low fertility）（Caldwell and Schindlmayr 2003），以此生育水準，必須透過大量且無法負荷的國際遷移才能抵銷低生育的後果（McDonald 2006）。但到了1990年代，希臘、義大利、西班牙等南歐國家，以及一些前社會主義國家的總生育率更降到1.3以下，文獻上稱為超低生育率（lowest-low fertility），以總生育率為1.3的水準來說，長期而言，每年人口將減少1.5%，45年後人口即減少一半（Kohler et al. 2002）。

　　目前屬於超低生育率的包括南歐、前社會主義、東亞地區的一些國家。台灣的歷年總生育率如圖15-5，顯示自1950年代初約7的水準，持續下降到1980年代中期的1.7上下，維持一段約十餘年的平穩，但1998年又再度下降，到達極低生育率的水準，2000年為龍年生育率有所回升，但2001年又開始下降，2003年後即低於1.3，成為超低生育率國家的一員。2010年甚至降到0.895的水準，女性一生平均生不到一個小孩；2012年為龍年生育率有所回升，但總生育率也僅1.270，仍屬超低生育率，之後至2018年總生育率均不超過1.2。

圖15-5　台灣的總生育率：1947-2018（千分比）

資料來源：歷年「中華民國臺閩地區人口統計」。

■■
極低生育率（very low fertility）
總生育率低於1.5。

■■
超低生育率（lowest-low fertility）
總生育率低於1.3。

前社會主義國家因社會主義體制崩潰、社會經濟混亂，超低生育率可能是對混亂的社會經濟的回應。然而，南歐與東亞國家卻是珍視家庭價值、維持傳統家庭形態的地區，並非如同第二次人口轉型所稱的家庭弱化。超低生育率發生在重視家庭的地區，原因可能與女性的地位改變有關。McDonald（2000）將性別平等（gender equity）區分為家庭導向制度的性別平等（gender equity in family-oriented institution）和個人導向制度的性別平等（gender equity in individual-oriented institution），指出在傳統社會中，不論是家庭導向或個人導向的制度均對女性不利，女性在家庭中沒有決定權，無法在家庭外發展個人的事業，只能扮演妻子與母親角色，因此有高的生育率。從高生育轉為替換水準的生育率，與家庭導向制度的性別平等有關，因為女性在家庭內的地位提高之後，能參與決定子女的數量。但是，由於家庭體系與諸如宗教等的保守制度有強烈關係，家庭導向制度的性別平等發展十分緩慢，女性仍承擔主要的家務工作。在社會經濟變遷下，個人導向制度的性別平等發展雖然發生的時間較晚，卻發展得較快，女性在家庭外的職場愈來愈與男性並駕齊驅，造成女性必須兼顧事業與家務工作，無力生養理想的子女數。

另一方面，也有研究南歐生育率的學者認為，重視家庭反而是超低生育率的原因。家庭是保護傘，除非子女能有好的工作、過更好的生活，否則父母寧願子女留在家中生活，以致離開原生家庭而獨立生活的時間較晚，而延後成家（或同居）的時間。加上生殖能力隨年齡而下降，晚婚造成低生育。此外，由於男孩留在家中太久，未能發展出處理家事的習慣，婚後家事仍由女性操持，在女性勞動參與率快速上升下，進一步壓抑了生育（Dalla Zuanna 2001）。

近年來台灣的生育率持續維持超低水準，使嬰幼兒人口更形減少，後繼人口的減少將凸顯生育高峰人口的影響。若未來生育率沒有明顯的回升，上節討論的生育高峰人口對社會經濟的影響將更嚴重。

延伸閱讀

陳紹馨，1979，《台灣的人口變遷與社會變遷》。新北：聯經。

　　本書廣泛介紹自日治時代至二次世界大戰戰後初期，台灣的人口及社會現象，對於了解日治時代台灣的人口現象有很大幫助。

John R. Weeks 著、涂肇慶譯，1990，《人口學：觀念與研究課題導論》（*Population: An Introduction to Concepts and Issues*）。台北：桂冠。

　　本書為國際廣泛使用之人口學教科書的中譯本，對於人口學的主要概念、方法有詳細的介紹。

蔡宏進、廖正宏，1987，《人口學》。台北：巨流。

　　本書為台灣之人口學教科書，除了介紹人口學的概念、方法、使用的資料外，並以台灣資料為例說明之。

陳寬政、王德睦、陳文玲，1986，〈台灣地區人口變遷的原因與結果〉。《台大人口學刊》9: 1-23。

參考書目

王德睦、陳文玲，1985，〈日據時代以來台灣地區之死亡率變遷〉。收於《廿世紀的台灣人口變遷研討會論文集》，頁57-78。台中：中國人口學會。

李少民、陳寬政、涂肇慶，1990，〈人口成長與經濟發展〉。《人口學刊》13: 107-124。

陳紹馨，1979，《臺灣的人口變遷與社會變遷》。新北：聯經。

陳寬政、王德睦、陳文玲，1986，〈臺灣地區人口變遷的原因與結果〉。《臺大人口學刊》9: 1-23。

Barclay, George W., 1954, *Colonial Development and Population in Taiwan*. Princeton, NJ: Princeton University Press.

Caldwell, John C., 1982, *Theory of Fertility Decline*. New York: Academic Press.

Caldwell, John C. and T. Schindlmayr, 2003, "Explanations of the Fertility Crisis in Modern Societies: A Search for Commonalities." *Population Studies* 57(3): 241-263.

Coale, Ansley J., 1974, "The History of Human Population." *Scientific American* 231(3): 41-51.

Dalla Zuanna, Gianpiero, 2001, "The Banquet of Aeolus: A Familistic Interpretation of Italy's Lowest Low Fertility." *Demographic Research* 4(5): 133-162.

Demeny, Paul, 1968, "Early Fertility Decline in Austria-Hungary: A Lesson in Demographic Transition." *Dædalus* 97(2): 502-522.

Easterlin, Richard A., 1968, *Population, Labor Force, and Long Swings in Economic Growth*. New York: National Bureau of Economic Research.

Kohler, Hans-Peter, Francesco C. Billari, and José Antonio Ortega, 2002, "The Emergence of Lowest-Low Fertility in Europe during 1990s." *Population and Development Review* 28(4): 641-680.

Leasure, J. William, 1962, *Factors Involved in the Decline of Fertility in Spain: 1900-1950*. Doctoral dissertation, Department of Economics. Princeton, NJ: Princeton University Press.

Lesthaeghe, Ron J., 1977, *The Decline of Belgian Fertility, 1800-1970*. Princeton, NJ: Princeton University Press.

McDonald, Peter, 2000, "Gender Equity in Theories of Fertility Transition." *Population and Development Review* 26(3): 427-439.

McDonald, Peter, 2006, "Low Fertility and the State: The Efficacy of Policy." *Population and Development Review* 32(3): 485-510.

Mirzaee, Mohammad, 1979, *Trends and Determinants of Mortality in Taiwan, 1895-1975*. Doctoral dissertation, Population Studies Center, University of Pennsylvania, Philadelphia, PA.

Skirbekk, Vegard, 2003, "Age and Individual Productivity: a Literature Survey." *MPIDR Working Paper WP 2003-028*. Max-Planck Institute for Demographic Research.

Tu, Jowching, 1985, "On Long-Term Mortality Trends in Taiwan, 1906-1980." *Chinese Journal of Sociology* 9: 145-164.

van de Kaa, Dirk, 2002, "The Idea of a Second Demographic Transition in Industrialized Countries." Paper presented at the Sixth Welfare Policy Seminar of the National Institute of Population and Social Security, Tokyo, Japan.

Weeks, John R., 2005, *Population: An Introduction to Concepts and Issues*, 9th edition. Belmont, CA: Wadsworth Publishing.

第 16 章

都市發展、空間與文化

- 全球與台灣的都市發展
- 都市空間
- 都市文化
- 全球化與都市發展的未來

■王佳煌

摘　要

1. 高度開發國家的都市化步調較快，低度開發國家自二十世紀後半期起急起直追，其中東亞各國是後進國家都市化的主力，非洲國家的都市化速度相對較慢。

2. 都市空間模型包括芝加哥學派的同心圓模型、修正同心圓模型的扇形模型與多核心模型、洛杉磯學派的複雜都市蔓延模型，以及紐約學派的曼哈頓中心模型。

3. 仕紳化是中產階級遷居市中心部分地區，加上房地產商投機炒作房價，迫使底層階級與社會弱勢遷至更邊陲地區的過程。居住隔離通常是指（白人）中產階級與勞工階級，或是白人與黑人（有色人種）各自集中居住在某些地區，社區界線涇渭分明。

4. 後工業與後福特主義時代的都市發展，常以都市企業主義公私夥伴關係為經濟與產業發展策略的核心，文化經濟與都市企業主義的發展方向密切相關。

5. 全球城市是當代資本主義全球經濟的指揮與控制中心，研究主軸包括城市內部社會階級工作與居住模式的兩極化模式分析，以及各個全球城市之間的網絡關係與流量分析。

6. 都市發展的環境永續是指合理地使用自然資源，減少都市生活對自然環境的剝削與破壞。經濟永續是指都市經濟盡量追求自給自足。社會永續是指政策與行動要改善都市生活品質，維護居民對自然環境與建物環境平等近用的權利。

壹　全球與台灣的都市發展

一、核心概念

都市化
（urbanization）
一個社會或國家大量人口居住在城市聚落的社會現象與過程，通常是以都市人口占全國人口的比例來衡量。

　　人類在遠古就有城市（city）形態的聚落。城市是一定數量的人口居住、工作、消費與從事其他社會活動的特定地方。都市與都市化（urbanization）則是十九世紀以來資本主義、現代化、工業革命、資本主義、大量人口移動的產物。資本主義每個發展階段連結不同形態的都

市與都市化，十八世紀第一次工業革命形成典型的工業市鎮（如曼徹斯特），十九世紀初第二次工業革命促成北歐與北美快速的都市化（如芝加哥）。二十世紀初期，全球快速都市化的地方，集中在生產群聚與勞動市場供給豐富的地區。福特主義大量生產與大量消費成爲二十世紀西方國家都市化的主軸，以汽車與公路系統爲主的服務業經濟，促成郊區化（suburbanization）的發展（Annunziata 2011）。當代資本主義的彈性積累與資訊科技的發展，形塑了新形態的都市發展模式與後工業社會的都市。

　　都市化是指一個社會或國家大量人口居住在城市聚落的社會現象與過程，通常是以都市人口占全國人口的比例來衡量。郊區化則是指大都市人口外移，在都市周邊形成若干聚落。若某些郊區發展太快、人口遽增，房價、物價水漲船高，負擔不了的人又搬到更偏遠的區域，稱爲遠郊化（exurbanization）。隨著人口的遷移與產業活動的擴展，都市化、郊區化、遠郊化造成城鄉聚落界限的模糊，形成更大的都市區域，如都會區（metropolis）、大都會區（megalopolis）或巨型城市（megacity，人口通常超過一千萬）。

　　都市計畫（urban planning）、都市更新（urban renewal）與都市發展密切相關。都市計畫，或都市與區域計畫，是安排都市中各種活動或土地使用空間結構的規劃活動。這種規劃又稱爲實體規劃或空間規劃，常用地圖、藍圖、統計數字呈現都市與區域的空間結構和資料，以供都市政策擬定與執行參考（Hall 2002: 3）。都市更新則是拆除老舊、危險建物與違建，以新建物取代之，或是清理舊市區街廓，重整城市空間格局，推動公共建設（公園、馬路等），提升都市居住與生活品質。

　　都市計畫、都市更新與都市發展、都市地景、生活設施、公共建設、永續的都市發展、城市的競爭力息息相關，更牽涉到居住空間的分布模式（如仕紳化〔gentrification〕、居住隔離〔residential segregation〕）與居住正義（如住宅商品化與貧民窟迫遷）等關鍵議題。都市計畫、都市更新，乃至於都市再發展、都市再生、都市振興等術語，看似純技術與實務議題，實際上牽涉到特定的價值與社會意涵，常用來淡化早年都更清理貧民窟與迫遷的負面印象，背後涉及都市發展過程中的權力運作、生活空間與經濟資源的分配、社會不平等等議題。

郊區化
（suburbanization）
與遠郊化
（exurbanization）
大都市人口外移，在都市周邊形成若干郊區的過程與結果。某些郊區發展太快，房價、物價遽升，部分人口不得不搬到更遠的地區，稱爲遠郊化。

▌二、全球的都市發展

　　全球在 1950 年的都市化程度為 29.6%，30 年後增加到 39.3%，預估 2030 年可達 60.4%。高度開發國家從 1950 年的 54.8% 增加到 2010 年的 77.2%，2030 年將達 81.4%。低度開發國家的都市化較慢，1950 年僅有 17.7%，但此後迅速成長，1980 年代將近 3 成，預估 2030 年可達 56.7%（參閱表 16-1）。

　　相較其他區域，非洲的都市化起始點較低，速度也較慢，但自 1980 年代起開始快速都市化，預估 2030 年將近 5 成。拉丁美洲都市化在 1950 年已超過 4 成，1980 年達到 64.6%，到了 2010 年已緊追北美，甚至超過西歐。東亞的起始點同樣較低，但此後即迅速發展，2000 年已經超過低度發展國家，2030 年可達 72.8%。

　　在東亞區域，香港因地狹人稠，1950 年代的都市化程度超過 8 成，1990 年代即達 100%。日本在 1950 年代為 53.4%，2030 年將達 92.7%。台灣、韓國在戰後工業化與經濟起飛之後，都市化程度迅速爬升，預估 2030 年都將超過 8 成。中國在 1970 年代末期採行改革開放政策，逐步與資本主義世界經濟接軌，都市化程度在 1980 年代迅速增至 19.4%，加上城鎮合併的政策，2030 年預估可達 70.6%。

表 16-1　全球各區域與部分國家的都市化程度：1950-2030（%）

區域／國家	1950	1980	1990	2000	2010	2020	2030
全球	29.6	39.3	43.0	46.7	51.7	56.2	60.4
高度開發國家	54.8	70.3	72.4	74.2	77.2	79.1	81.4
低度開發國家	17.7	29.4	34.9	40.1	46.1	51.7	56.7
非洲	14.3	26.8	31.5	35.0	38.9	43.5	48.4
西歐	51.7	67.6	69.9	71.1	72.9	74.9	77.5
北美	63.9	73.9	75.4	79.1	80.8	82.6	84.7
拉丁美洲	41.3	64.6	70.7	75.5	78.6	81.2	83.6
東亞	17.9	27.5	33.9	42.0	54.4	64.8	72.8
日本	53.4	76.2	77.3	78.6	90.8	91.8	92.7
香港	85.2	91.5	99.5	100.0	100.0	100.0	100.0
韓國	21.4	56.7	73.8	79.6	81.9	81.4	82.0
台灣	26.8	48.7	66.3	69.9	74.7	78.9	82.4
中國	11.8	19.4	26.4	35.9	49.2	61.4	70.6

資料來源：United Nations（2018）。
註：表中數據為每年中居住在都市的人口占全國人口的比例。

三、台灣的都市發展

　　圖16-1 右圖為台澎金馬在民國89-99 年十年間常住人口密度，最高的是台北市、基隆市、新竹市、嘉義市，其次是新北市、桃園縣、台中市、彰化縣，較低的是東部的宜蘭縣、花蓮縣、台東縣。左圖是十年間常住人口數增減情形，增加最多的依次是桃園縣、新北市、台中市，減少最多的是雲林縣、屏東縣、嘉義縣。

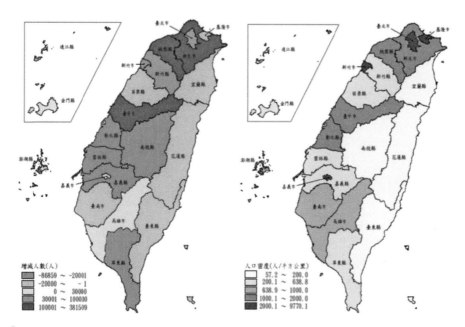

圖16-1　台澎金馬人口密度與十年間常住人口數增減：民國89-99 年

資料來源：行政院主計總處編印（2012: 9）。

　　圖16-2 顯示，近年來台灣都市人口總增加率最多的都市區域以中、北部縣市為主，如新北市、桃園市、台中市，其增加主力為社會增加率。多數中南部與東部縣市的人口總增加率均為負數。從這兩張統計圖來看，中、北部已成為1990 年代以後台灣都市化的重心。

> 🔍 **問題與討論16-1**
>
> 　　台灣的人口長期往都市集中的趨勢原因為何？中、北部與南、東部縣市社會增加率正負的原因何在？人口過度集中在都市，可能造成哪些社會與經濟問題？政府應提出什麼政策與策略來解決這些社會經濟問題？

圖例：
- 總增加率
- 自然增加率
- 社會增加率

圖16-2　近年來台灣各縣市人口增減

資料來源：國家發展委員會國土區域離島發展處（2018: 12）。

🔍 **課堂活動16-1**

　　請同學蒐集政府統計資料，繪製台灣各大縣市近年來人口增減的統計圖（例如：長條圖、趨勢圖或圓餅圖），從中觀察各大縣市近年來人口增減的趨勢與模式（例如：出生率、死亡率、自然增加率與社會增加率、人口年齡結構、扶養比例等）。

貳　都市空間

一、都市空間的發展模型

　　都市實體空間的發展常因社會經濟與族群關係的階層化，形成不同的生活、產業、工作、消費與休閒的空間群聚和空間區隔。如圖16-3所示，美國在二十世紀前半期的都市空間發展大致可分為三種：同心圓模型（Concentric Model）、扇形模型（Sectoral Model）、多核心模型（Multiple Nuclei Model）。同心圓模型中的1號圓圈是市中心商業區（central business

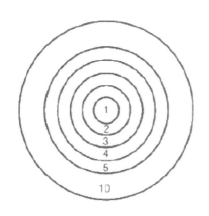

同心圓模型

扇形模型

多核心模型

1. 中心商業區
2. 商業與輕工業區
3. 低所得住宅區
4. 中所得住宅區
5. 高層階級住宅區
6. 重工製造業區
7. 邊遠商業區
8. 郊區住宅區
9. 工業郊區
10. 通勤區

圖 16-3　都市空間模型

資料來源：Gregory et al.（2009: 484）。

district, CBD）所在地，內圈逐層向外擴展與演替（succession）。扇形模型的中心商業區仍在市中心，中下階級與高級住宅區則分處兩端，中間隔著中產階級的住宅區。多核心模型的中心商業區不在市中心，另有邊遠的商業區，與高級住宅區相鄰；批發與輕工製造區、低所得家戶區就在中心商業區旁邊，純住宅郊區與工業化郊區離中心商業區與其他區較遠。

同心圓模型反映出芝加哥學派（Chicago School）人文生態學與社會達爾文主義的思維。1980 年代興起的洛杉磯學派（Los Angeles School）強調後現代都市四處蔓延與支離破碎，經濟、社會活動多重群聚，難以治理的複雜空間形態。紐約學派（New York School）則主張市中心（曼哈頓）是工作與生活的核心，強大的政府力量與區域規劃，地鐵與區域運輸系統，都是紐約市中心保持優勢的主因（Judd 2011: 3-13）。

同心圓等模型是一種示意圖，並非二十世紀初期芝加哥都市發展的實況，自然也不能反映當代芝加哥的現況。針對洛杉磯學派與紐約學派的批評和研究，部分學者提出第二代或新芝加哥學派（New Chicago School）之說，強調政治與政府是形塑當代芝加哥發展的主要因素（Simpson and Kelly 2008）。芝加哥特殊的政治結構與移民社區、族群關係，與全球化的力量交互作用，造就芝加哥都市發展的獨特性（Judd 2011: 11-15）。儘管如此，洛杉磯學派的學者仍堅持兩個學派的理論觀點有三大典範差異：（1）從都市形態的同心圓到都市邊陲為主；（2）全球與企業支配的相連平衡，顛覆個人為中心的都市過程；以及（3）直線演化的都市典範轉變為非直線與混沌的過程（Dear 2003: 500-503）。

芝加哥、洛杉磯、紐約代表三種美國都市發展的典型案例，台灣的都市發展當然也自成一格。以台北市為例，中心商業區原在西門町一帶，信義計畫區自1990 代後期崛起，以「台北曼哈頓」為發展意象，企圖建立國際金融中心，以美式娛樂經濟為範本，打造新的消費空間，卻促成房地產豪宅市場的炒作（周素卿 2003）。在大台北區（台北市、新北市），中和、永和本就是人口高度密集與繁榮的地方，捷運路網成形之後，雙核區域更加繁榮。新板橋車站特定專用區是台鐵、高鐵、捷運多鐵共構的中心，搭配公車路網，加上百貨公司、購物中心、娛樂事業進駐，形成大台北區域另一組商業核心。台北都會區的工業區多數集中在新北市，特別是台北市西側的三重、五股、新莊、樹林等區，市內的工業區多已轉型為科技園區或軟體園區。整個台北都會區構成「北北桃」數個同心圓與都市

蔓延的複合發展，這都是台北市、大台北地區歷史、地理環境、建物環境
（built environment）與都市發展政策等眾多因素交互作用的產物。

二、仕紳化、居住隔離與居住正義

約在 1970 年代，美國郊區部分中產階級因郊區房地產價格高漲等因素，搬回市中心整修過後的公寓住宅。於 1980 年代遷至市中心的中產階級，以單身人士、無子女的夫妻、高薪服務業專業人士（律師、高階企業主管等）為主。這些中產階級對老房子與歷史建築的偏好，加上建商與地產商的投機炒作，政府的都市更新與市區重建政策，塑造新的都市地景與生活風格，造成房價、房租與物價上揚。原先住在市中心的勞工階級和底層階級無法負擔，被迫搬到城市邊陲等房價較低的區域。這些現象通常稱為仕紳化。與仕紳化現象相關的是美國都市與郊區的居住隔離，例如：黑人與白人，中產階級與勞工階級、底層階級的社區界線涇渭分明，歐洲則是以社會階級的居住隔離為主（Brindley 2003: 60-61）。居住隔離的現象之一是門禁社區（gated community），特徵是門禁森嚴、出入管制嚴格，社區警衛與警察密集巡邏、高聳的（通電）圍牆或柵欄，四周安裝電眼與監視器，社區內的高級建物、花木扶疏的環境、豪華的休閒設施，與周遭的平民社區或貧民窟形成強烈對比。

台灣的都市發展是否也有仕紳化與居住隔離的現象？研究發現，在 1990 年代的台北市，受過高等教育的居民集居在大安、松山、信義、士林等行政區，之後逐漸向南北延伸；非高等教育居民則集中在東側南港區與西側萬華、大同等區。在台北縣（今新北市），高等教育程度居民集中在新店、中和與永和等區域。台北市中心家戶所得也比周邊區域高，雙北居住模式分殊化的現象很明顯（王佳煌、李俊豪 2013: 334-336）。

台北市的仕紳化現象，可以大安區為例。大安區在 1990 年代初、後期出現第一波與第二波仕紳化，如大安森林公園的建設與周遭房地產的炒作。第三波約在 2005 年前後，特色是豪宅與文化歷史襲產（heritage）的商品化。大安區仕紳化的主因是中央政府沒有一貫的、完善的住宅政策，國民住宅、公共住宅的供給不足；政府出售國有地等政策，有利於財團炒作房地產價格，一般民眾無力負擔高額房價與沉重的房貸利息；以及都市更新與大規模公共建設（公園、新設國小等），公有地上的違章建築與住

仕紳化（gentrification）
中產階級遷入市中心部分地區，其生活方式與房地產業者的炒作，導致房價與物價上揚，原住在市中心的社會弱勢被迫遷到城市邊陲等房價較低的區域。

居住隔離（residential segregation）
白人與黑人、中產階級與底層階級集中居住在某些區域，各社區之間涇渭分明。

戶被迫遷出（如大安森林公園與華光社區原占住戶）（Jou et al. 2016）。

居住正義的議題與仕紳化、居住隔離息息相關。居住正義是指無論人民的貧富或社會差異（種族、年齡等），都能夠負擔合理的房價、房貸與房租，享有合理的居住空間。政府必須依照國際人權公約、我國憲法保障居住權的精神，制定合理的財稅政策與住宅政策，平抑房價，防制投機炒作，並提供公共住宅或社會住宅給社經弱勢群體租用或購買，如中低收入戶、青年、長者、身心障礙人士等。

然而，從 1950 年代到二十一世紀初期，政府的住宅政策相對消極，土地法令與財稅政策未能有效遏止房地產的投機炒作，僅有零星的國民住宅與眷村改建政策、房貸與租屋補貼（Chen and Bih 2014）。「無住屋者團結組織」於 1989 年發起「萬人夜宿忠孝東路」等一系列「無殼蝸牛運動」，抗議財團炒作房地產，導致房價飆漲，民眾無力負擔。二十多年後，社會住宅推動聯盟等 101 個團體於 2014 年 10 月發起「巢運」，抗議政府與金權結合，台灣淪為炒房樂園，並發動夜宿仁愛路三段，提出五大居住改革訴求。

面對社運團體的要求與民怨，政府制定並修改五項與土地、住宅相關的法令，號稱「住宅五法」或「居住正義五法」。近年來陸續推出「健全房屋市場方案」、「社會住宅興辦計畫」，立法設置由內政部監督的行政法人「國家住宅及都市更新中心」，其主要業務包括社會住宅與都市更新的管理、投資和資訊統計分析等，但這些法令與政策的成效仍待觀察和檢討。從 2011 到 2018 年，絕大多數縣市的貸款負擔率、房價所得比持續上升，雖然台北市、新竹縣市與少數南部縣市略降（表 16-2），但對多數民眾而言，特別是雙北生活機能較佳的地區，房價仍然高不可攀。

根據行政院「社會住宅興辦計畫」的資料，我國目前只租不售的社會住宅，占全國住

豪宅、公營住宅與鐵皮屋（王佳煌／攝）。

宅數量的比例僅有0.08%，遠低於其他國家（荷蘭34%、香港29%、英國20%、丹麥19%、歐盟平均14%、新加坡8.7%、美國6.2%、日本6.1%）。蔡英文總統曾提出「8年20萬戶社會住宅興辦計畫」，但根據內政部不動產資訊平台（2020）的資料，截至2020年9月8日，既有、新完工、規劃中、興建中、已決標待開工的社會住宅數量，總計才42,376戶，離20萬戶的目標還有很大的距離。

表16-2　民眾房價負擔能力統計

	貸款負擔率（%）		房價所得比（倍）	
	2011 第 4 季	2018 第 3 季	2011 第 4 季	2018 第 3 季
全國	33.59	36.17	7.99	8.82
台北市	63.02	57.70(-)	15.00	14.07(-)
新北市	37.37	49.79	8.89	12.14
台中市	33.47	37.97	7.96	9.26
台南市	30.63	28.00(-)	7.29	6.83(-)
高雄市	28.5	30.97	6.79	7.55
桃園縣（市）	22.9	30.70	5.45	7.51
基隆市	15.88	23.17	3.78	5.65
新竹縣	35.72	32.89(-)	8.50	8.02(-)
新竹市	37.37	30.93(-)	8.89	7.55(-)
苗栗縣	29.18	33.28	6.94	8.12
彰化縣	25.59	33.58	6.09	8.19
雲林縣	32.01	26.98(-)	7.62	6.58(-)
南投縣	28.26	34.59	6.73	8.44
嘉義縣	27.77	23.51(-)	6.61	5.73(-)
嘉義市	31.16	21.18(-)	7.41	5.17(-)
屏東縣	20.19	22.62	4.81	5.52
宜蘭縣	30.4	32.68	7.23	7.97
花蓮縣	25.68	37.13	6.11	9.06
台東縣	25.8	29.94	6.15	7.30
澎湖縣	28.22	32.72	6.71	7.98

資料來源：內政部營建署（2011）、內政部不動產資訊平台網站。
註：桃園縣於2014年12月25日升格改制為直轄市。

從「無殼蝸牛運動」到「巢運」，三十多年來台灣的居住正義問題仍未落實，這顯示問題的背後有更深層的結構與機制。主因包括：政府的財稅政策並未促成財富的重分配，也未能有效遏止房地產的投機炒作；中央

與地方政府、民意代表、房地產業者之間的政商關係，形塑有利於業者的土地政策與財稅政策，致使平均地權、照價徵稅、漲價歸公的理想難以實現；以及政府長期忽視公共住宅或社會住宅的供給，未能滿足社會弱勢群體的居住需求。

台北市政府的「豪宅」定義

　　根據《台北市房屋標準價格及房屋現值評定作業要點》第 15 點，「高級住宅」的定義為鋼筋混凝土的住宅，每戶房地總價在 8,000 萬元（含車位價）以上者。豪宅坪數動輒上百，售價多在數千萬或上億，均有嚴密的安全管理措施，穿著類似軍警制服的警衛管控人員與車輛出入；只有企業巨富、「田僑仔」、暴發戶或大紅大紫的演藝人員才買得起。豪宅住戶每個月繳的管理費在三萬至十萬元之間。相對的，豪宅保全或警衛的月薪約在三萬至四萬元之間。

問題與討論 16-2

　　台灣六大都會區房價持續上漲或居高不下的主因為何？財團與房地產業者如何投機炒作房價？為什麼政府的住宅政策與財稅政策無法有效平抑房價？

 都市文化

一、都市文化的理論

　　齊美爾（Georg Simmel）認為，都市生活造成個人的感官超載與壓力，迫使個人為適應都市生活而彼此保持距離，採取冷漠的態度，對時間與金錢更加精打細算。芝加哥學派的沃爾斯（Louis Wirth）認為，都市性（urbanism）是一種生活方式，都市社會隨著人口密度增加與社會分工的進展而更加分殊化，帶來混亂與疾病，但也促成個人的開放與創造性。甘斯（Herbert Gans）受到芝加哥學派的影響，研究都市居民的類型，以及都市中各種群體的文化過程，指出小義大利、中國城等少數族裔社區

與小團體的文化並非支離破碎
的，而是充滿活力與創造性
（Turley 2005: 9-11）。

西門町與信義計畫區的文化地景（王佳煌／攝）。

　　美國的都市文化研究受到
芝加哥學派的影響，長達數十
年，期間也有挑戰決定論傾向
的學術研究，包括郊區白人中
產階級、勞工階級與少數族裔
聚居區、貧民窟的次文化。洛
杉磯學派興起之後，都市文化
研究的理論典範逐漸轉向後現
代主義觀點，認為都市文化是
一種文本、符號、虛擬真實、
擬像（simulacrum）、影像、主
題樂園與拼貼，未必能反映或再現真實，而是取代真實，比真實更真實。
都市中的後現代主義建築特色是無邏輯、無參照點的建築空間，質疑、挑
戰，甚至摧毀現代主義的直線邏輯、極簡原則、理性概念與機器文明等。
後現代的都市設計也捨棄全面的城市規劃，轉向小規模、混合使用，以及
特定地方歷史、多樣與美感的途徑，都市環境與體驗是多樣的與支離破碎
的（Stevenson 2003: 87-91）。

　　整體而言，美國的都市文化研究大致上有四種觀點。芝加哥學派著重
民族誌（ethnography）的研究方法，把文化視為靜態的。新馬克思主義都
市政治經濟學鮮少把文化當作獨立的分析對象與主題。洛杉磯學派與後
現代主義觀點過度強調文本、符號、擬像，忽略都市居民日常生活中體現
的真實文化，也未透過民族誌等研究方法，深入了解鑲嵌在都市居民日
常生活中的文化過程與脈動。相對於前三者，都市文化主義理論（urban
culturalist theory）聚焦於都市居民日常生活中如何實踐文化，建構、維持
與重建自己居住的城市中各個具體地方（place）的文化（Borer 2006）。

　　這些學派多半是針對美國或歐美都市文化的發展，並不適合完全套用
到台灣的都市文化研究，但我們可以截長補短，發展綜合的理論觀點，或
是從不同的理論觀點切入研究台灣的都市文化。例如，西門町可謂後現代
主義拼貼與「擬東京」消費地景的想像和建構（李明璁 2009），與信義計

畫區的美式消費地景及國際金融中心意象形成強烈對比。

▌二、都市文化與都市經濟

近年來，研究都市文化與文化經濟（cultural economy）之間關係的著作，包括理論觀點與實證研究，愈來愈多；都市文化不再只是都市居民社會互動的過程與日常生活的表現，更有相當的經濟與產業潛力，有助於重振都市經濟，提升城市競爭力。

文化經濟是含意相當廣泛的概念，包括文化與經濟相互穿透的關係，文化產業或創意產業的結構與發展等。都市文化經濟的研究與政策可以從三個相互關聯的層次來看：第一個層次是工具論導向，如創意階級（creative class）、創意經濟（creative economy）、文創園區的論述等。城市的軟硬體建設要能夠吸引創意階級入住與進駐，特別是市中心與指定的文化特區。主張創意城市的學者還建構所謂的創意城市指數（creative city index），評比各大城市的創造性與創意能量，並提供諮詢與顧問服務。

第二個層次是都市規劃與文化政策導向的研究，希望協助後工業化的城市解決後福特主義階段的產業轉型與外移、都市蕭條等社會經濟問題。實際政策操作結合都市計畫與文化政策，透過文化導向的都市再生（culture-led urban regeneration）理念，推展文化觀光與旅遊，建構創意產業的群聚，鼓動都市文化與生活風格的消費，期望建立都市經濟的新基礎。常用的策略包括建立或重塑城市品牌、文化襲產觀光（翻修文化資產或廢棄工廠與倉庫等），建立文化產業或創意產業的園區、指標型建築（特殊建築風格的博物館、摩天大樓、商貿中心）、世界級文化節慶，提供資金（低利

文化導向的都市再生：松菸文創園區與大稻埕（王佳煌／攝）。

貸款、補助、減稅等）與基礎設施（園區、工作室等）給文化或創意產業
工作者（Flew 2010: 86-87）。

　　第三個層次從跨學科的理論觀點檢視都市發展與文化經濟的關係，包
括文化規劃與文化經濟地理的研究議程，創意城市與文化經濟的制度支
柱，文化產業或創意產業的政策轉移（模仿與複製），都市文化經濟與創
意產業牽涉到的社會經濟不平等，社會階層化的空間分布模式等議題，以
及前兩個層次議題的分析與批判。

文化導向的都市再生

　　台北市大稻埕街區近年來的發展，可說是文化導向的都市再生最佳的典範。在政府與在地社
區、文化工作者的努力之下，大稻埕與迪化街一帶的歷史建築和老屋風貌得以維持。在迪化街與
周邊的街道、巷弄，中藥材、南北貨、布料業者與新進的文創、咖啡店業者並存共榮，共同構建
一條有生命的老街。政府與民間策辦的文化和商業節慶（年貨大街、大稻埕情人節、大稻埕國際
藝術節、本草派對、大稻埕碼頭貨櫃市集），政府委託經營的文化設施（新芳春茶行、都市再生前
進基地）與私人博物館（迪化 207 博物館、Olympus Plaza Taipei 大稻埕旗艦店），形塑熱鬧的文化
氛圍，也讓大稻埕成為文化引導的都市再生或地方創生的典範。

課堂活動 16-2

　　請描述你居住的都市或熟悉的都市呈現什麼文化樣貌？與台灣
其他城市的文化有何異同？在你居住的縣市，有哪些地方需要推動
地方創生？地方政府應該採取什麼樣的文化政策，凸顯各地方的文
化特色？

肆 全球化與都市發展的未來

▌一、全球城市

　　根據世界城市（world city）的論題，城市與世界經濟整合的程度與形
態，以及城市在世界分工架構中的功能，對城市內部的結構有決定性的影

響。此一根本假設是其他假設的基礎：世界城市是全球資本積累與流通的據點，全球資本與跨國企業的指揮和控制中心，也是國內外移民的目的地。世界城市可依據所屬的核心國家或半邊陲國家、都市人口數量，以及都市的政經功能，分為一級、二級或三級城市。例如，倫敦、紐約是位於核心國家的一級世界城市，香港、台北市是位於半邊陲國家的二級與三級世界城市（王佳煌 2005: 132-136）。

全球城市（global city）的概念與理論意涵與世界城市有異有同，但更強調特定城市是全球經濟的指揮與控制中心（如紐約、倫敦、東京），協調分散全球各地的金融、製造業、零售與運輸網絡。全球城市是生產者服務業（producer services，如會計、金融、廣告與行銷、法律、管理顧問等）與創新的軸心，但城市內部的社會經濟與居住空間兩極化的不平等也日益明顯，例如：高所得的專業人士與企業主管住在豪宅與豪奢飯店，低所得的移工、少數族群與低階勞動者則住在貧民窟等地（王佳煌 2005: 136-139）。

研究全球城市的發展，通常聚焦於兩個互相關聯與影響的層面。首先是全球城市本身的條件、屬性與內部社會空間的分殊化，特別是城市的經濟、產業發展與社會結構（族群關係、社會階層化的空間分布）。都市的產業結構從大規模與福特主義的製造業轉型為生產者服務業，需要金融、法律、會計、企管顧問等專業人才等腦力密集的勞動力，相對也需要低階服務業、勞力密集的勞動力（餐飲、旅遊、觀光、飯店旅館、家居生活），還有小規模製造業與血汗店；外籍移工往往是血汗店與街頭攤販的勞動主力。在跨國企業與高階服務業集中之處，玻璃帷幕的摩天大樓與豪奢飯店林立，專業人士的住宅位於嚴密保全的豪宅或郊區，低階服務業人力在辦公大樓、高級餐廳中負責清潔、運輸、快遞、居家服務等勞力工作。不過，有學者認為，全球城市勞動力、所得與居住空間兩極化的現象，不一定能完全歸因於全球城市在資本主義世界體系中的位置、功能與網絡鏈結之上。公共與社會政策人謀不臧，大量外籍移工的引進，也是很重要的原因（Parnreiter 2013: 20-23）。

其次是聚焦於全球城市在全球城市體系與資本主義世界體系全球、區域分工結構中的位置、功能和網絡鏈結。學者蒐集、整理全球城市網絡鏈結的量化資料，繪製全球城市網絡圖，並以統計分析驗證某個城市的位置與功能，如各個城市之間的運輸流量（空運、海運）、電信與網路流量、

全球城市（global city）
資本主義全球化經濟的指揮與控制中心，其功能為調控全球各大城市的生產者服務業（金融、會計、廣告與行銷、法律、企管顧問等）。

企業間與企業內的交易關係。企業內關係包括跨國企業營運總部（全球總部、區域總部、功能性總部）及其分公司的鏈結關係；企業間關係是指生產者與服務業業者的來往關係，或是業者與委託者的關係。這種量化研究常以網絡圖呈現節點（圓圈）大小與節點之間連接線的粗細，缺點是跨國比較的總體資料可靠度常遭人質疑（Parnreiter 2013: 23-24）。

台北市被歸類為半邊陲國家的次級世界城市，研究台北或台北都會區全球城市的中英文研究也不少，分析的重點包括：台北市作為全球城市的屬性與條件、社會極化、經濟與空間的再結構化，以及與國家機器的關係等（Kwok 2005）。

▌二、全球化與城市競爭力

自1970年代以來，全球化競爭的壓力愈來愈大，產業升級轉型或自動化、資訊化，對勞動力的需求減少，也有壓低工資的趨勢。去工業化造成許多社會經濟問題，如大量藍領勞工失業、經濟衰退、社會不安等。英美的都市治理逐漸從都市管理主義（urban managerialism）向都市企業主義（urban entrepreneurialism）轉型，地方的公共服務與社會福利供給讓位給地方的經濟發展與投資。都市企業主義以公私夥伴關係（public-private partnership）為核心，聚焦於地方的投資與經濟發展，其效應可能超越既定的轄域（territory），或是集中在某些地方，而非整體地、均衡地改善轄域中的工作與居住環境。不確定性與投機性非常高，承受風險的卻是公部門與一般民眾（Harvey 1989: 5-8）。

■
都市企業主義（urban entrepreneurialism）
以公私夥伴關係與企業化經營為核心，促進城市的經濟與產業發展，公共服務與社會福利不再位居地方政府的政策首位。

都市企業主義之下的城市競爭策略有四大類：一是創造或運用地方的比較優勢，如透過公私夥伴關係生產財貨與勞務，改善勞力的質量並形塑聚集經濟。二是消費空間的建構，如運用城市的特定資產，推動觀光旅遊（景點、歷史襲產、主題樂園、嘉年華、會展等）。三是建立指揮與控制中心，如加強交通運輸與傳播通信建設，吸引跨國企業總部進駐，發展金融業等高階服務業。四是吸引特定產業（如高科技製造業），以創造就業機會、促進經濟發展，或是爭取中央對都市發展的特殊補助。每個城市可以兼用這四種策略，也可以偏重若干策略的組合。當然，策略運用可能產生綜效，也可能造成不均衡的成長，或是效果不大。這些策略都是資本主義積累邏輯之下，城際競爭與空間重構的風險（Harvey 1989: 8-10）。

　　企業型城市（entrepreneurial city）的概念，則是結合都市企業主義與熊彼得（Joseph Schumpeter）的創新模式，提出加強城際競爭力的創新策略，依據企業精神而研擬執行創新策略；企業型城市發展出企業化論述，陳述企業型城市的精神與模式，其創新策略包括（Jessop and Sum 2000）：

- 針對生產、消費、服務等層面，建構新的都市空間，如科技城、智慧城等。
- 以新方法生產財貨、勞務或建立各種都市空間，如都市生活的基礎建設等。
- 透過地方行銷等方式，開拓新的市場，如提高生活品質，建立宜居城市等。
- 尋求新的供給來源，提升地方競爭力，如鼓勵特定類型的移民，以提高城市競爭力。
- 重新界定城市在全球都市階層中的位置。

　　都市企業主義與企業型城市雖是當代都市治理的主流趨勢，但城市競爭力的強化不一定要完全遵循私人企業利潤極大化的邏輯。城市畢竟不是私人企業，不能只是將本求利。進步的統合主義（progressive urban corporatism）主張秉持地緣政治的意識，建構同盟與跨空間的鏈結，減少資本主義的積累邏輯造成的不良影響，克服資本主義對社會生活的歷史地理宰制（Harvey 1989: 16）。因此，城市競爭力的提升不應該只重視資產階級的企業文化，而是致力於建構企業型社會（enterprise society），將焦點放在個人與社群的授能（enabling）與賦權（empowerment），超越企業型城市的格局，創造學習型社群（learning community），培育社會創新的文化（Jessop 1998: 98）。

　　綜上所述，我們可以歸納出都市企業主義與企業型城市理論的兩大主軸。第一，企業型城市因應全球化帶來的變遷與壓力，追求創新的策略，提升國內與跨國的城際競爭力。常用的策略包括：城市行銷（國際賽事、會展活動、嘉年華等）與品牌建立（宜居城市、美食之都、海洋城市等），空間重塑（都市更新、捷運與網路等交通基礎建設、科技園區、會展空間與設施），制度調整（公私夥伴關係、公辦民營等）。在地情境與脈絡（法規制度、中央與地方政府的關係、政治動態），都會影響到這些策略的成效。

　　第二，提升城市的競爭力，不宜只重經濟發展，也要注意社會正義，

預防或減緩企業型城市策略可能造成的問題。塑造企業型城市，不能只談企業化策略與企業化論述，還要考慮到社會正義與公平。政府固然要推動經濟成長導向的政策，也要留心解決經濟政策造成的資源分配不公等問題。

　　由此觀之，台北市政府為了提升台北市的全球競爭力，治理模式（mode of governance）似乎也是從管理主義轉變為企業主義，偏重私人參與公共建設與公私夥伴關係，如信義區的台北金融中心（Jou et al. 2016: 571）。但我們要問的是：這種傾向是否真的大幅提升台北市（或其他台灣城市）在各種面向的競爭力？在強化競爭力的過程之中，中央政府、市政府與企業扮演什麼角色？是否能徹底處理社會不平等惡化的問題，並提出某種社會正義的理想？

三、都市與永續發展

　　布倫特蘭委員會（Brundtland Commission）於 1987 年發表《我們共同的未來》（*Our Common Future*）報告，提出永續發展（sustainable development）的概念，主張人類應努力讓發展滿足當代人的需求，但不會傷害到未來世代滿足其需求的能力。

　　都市是人口密集之地，數十萬乃至數百萬、上千萬人口集中在有限的空間，有各種食衣住行等生活需求與活動，這些都考驗著都市的承載力與各級政府的都市治理能力。都市人口的增加與密集，造成許多環境問題，包括水污染、空氣污染、能源耗竭、廢棄物污染、熱島效應等。天然災害（洪災、地震等）在都市建物環境之中造成的傷亡往往更大。都市居民的日常生活也產生許多環境與社會問題，如噪音、意外（車禍、火災）、交通堵塞、公共衛生（傳染病與防疫、衛生下水道）、垃圾處理（蒐集與焚化）等。

　　都市的永續發展與都市的經濟發展息息相關。都市的產業結構、產業性質與經濟發展，在在影響到都市居民的生計、都市人口的消長與環境品質。如果都市發展的經濟基礎以高耗能、高污染的重工業為主，雖可提供大量工作機會，卻也嚴重傷害到都市的環境與生活品質。企業因環境、成本考量而遷廠到海外，或者使用自動化、資訊化的生產技術，往往造成就業機會減少，人口移出或流失，都市隨之萎縮。市政府或中央政府必須以

特定的政策介入，重建都市的產業與經濟結構，如推動文化產業、觀光產業、高科技產業等。此外，都市人口的組成，包括宗教信仰、族群關係、不同社會階層居住的空間分布模式，也會影響到都市生活資源的分配與彼此的互動關係（社會矛盾與社會衝突）。

表 16-3　永續都市發展的概念架構

環境永續	經濟永續	社會永續
• 低碳、綠能	• 在地工作	• 住宅密度高
• 低污染	• 在家工作	• 在地社會系統
• 低移動	• 混合用途與活動	• 社會混居與社會整合
• 緊密城市	• 緊密經濟＝「村落」	• 緊密社會＝「社區」

資料來源：Brindley（2003: 57）。

都市的永續發展至少包括環境永續、經濟永續、社會永續三個相互影響的子系統（表 16-3）。首先，環境永續是最基本的層次，也是狹義的永續都市發展，重點為綠能與低碳、低污染、低移動（減少長程通勤耗費的能源）、緊密城市（compact city）。緊密城市是指城市規模大小適中，生活機能完善，產業發展適當，工作機會充足，居民可在城市中居住與工作，不必長途通勤浪費時間與能源，有助環境與經濟的永續發展。緊密城市讓居民有同處都市村落的感覺，而非疏離的陌生路人，營造雞犬相聞、和樂融融的社區生活（Brindley 2003）。進一步說，環境永續是指合理地使用自然資源，減少對都市生活的壓力。實體環境的永續必須考量都市的建物環境能夠支持人的生活與生產活動。大都會最大的危機是承載人口的能力，這個危機在第三世界國家的巨型城市特別嚴重。

其次，社會永續是指住宅密度高，不同階級與族群混居，花園廣場與街道就是社會互動的空間，有助於促進和諧的社會關係，私有住宅、社會住宅等各種住宅形態混合，可減少社會階級與族群的居住隔離和社會極化，促進社會群體的關係和諧發展。空間與土地混合使用，也可提高使用彈性。社會永續並強調所有的政策與行動要改善生活品質，維護居民平等近用自然環境與建物環境的權利。

最後，經濟永續的重點在於都市經濟盡量追求自給自足，避免對自然環境與資源造成不可回復的傷害，其困難則是要因應經濟全球化過程之中城市相互競爭對環境資源的剝削與破壞。另外還有政治永續，是指在地民

間社會參與都市治理的民主化機制和過程也要健全完整，都市居民能夠充分地參與都市發展的決策、公共討論與辯論，以免都市發展完全被市場力量與政客主導（Pacione 2007: 250）。

　　台灣的永續都市發展願景、目標、政策，均符應前述都市永續的架構與層面。例如，台北市的永續發展政策以生態、生產、生活的「三生」要素為核心，經濟發展強調有效率的生產與智慧成長，環境保護注重健康生態與循環共生，追求社會公義與進步共享。這些層面均與國家、國際的永續發展願景一一對應（圖16-4）。

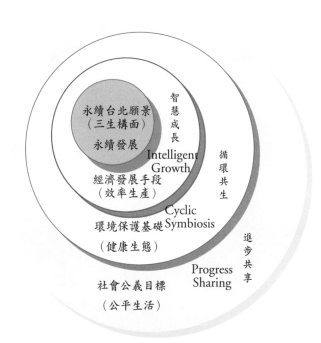

圖 16-4　台北市永續發展願景的環境、社會與經濟關係意象

資料來源：台北市政府環境保護局（2019a）。

　　確立永續都市發展的面向之後，下一步是追蹤都市發展的永續程度，解決永續發展面對的問題與阻礙。例如，台北市永續發展的策略規劃分為永續願景組、水土資源組、能源與生態組、永續交通組、永續社區組、永續教育組、宜居環境組。每組都列出行動方案與具體工作項目，以便追蹤檢核與改進（台北市政府環境保護局 2019b）。

　　當前永續都市發展的重要課題之一，是要因應全球暖化與極端氣候變遷對都市內部環境、都市之間與都市生活的威脅，探討都市生活與氣候

變遷的關係。政府已於2012年核定「國家氣候變遷調適政策綱領」，成立專案小組，召開研討會，依據政策綱領針對各種極端氣候變遷已經與可能造成的災害，研擬調適行動與方案。都市化與環境變遷的重要研究課題包括：都市土地與地表覆蓋變遷對台灣環境系統的影響，都市空間形態與功能對環境系統的影響，都市地區生活方式與消費形態對環境變遷的影響，社會力（社會運動與非政府組織的倡議）對都市環境系統經營管理的影響，以及都市化對都市系統的影響如何經由社會、生物、物理的連鎖關係，影響到其他地區的環境系統（黃書禮等 2018）。

另一個重要課題是均衡的都市系統與區域發展。各都市之間與城鄉區域的發展彼此影響與互補，舉凡河川跨域治理、環境保護、交通運輸等，都需要各都市之間密切合作，才能全面處理永續政策議題。例如，2004年成立的「北台7縣市論壇」於2006年簽署宣言成立「北台區域發展推動委員會」，合作的九大議題組包括：發展推動、環境資源、文化教育、防災治安、交通運輸、健康社福、產業發展、休閒遊憩，以及原住民客家族群及新移民。九大議題與四大面向（Friendly 安全友善的環境、Advance 科技先進的環境、Convenient 便捷舒適的環境、Eco 低碳永續的環境）交會，構成28個縣市分工合作的政策領域。北台之外，中部與南部各縣市也有類似的非正式跨縣市合作組織，如中彰投、雲嘉南、高高屏的區域治理平台、永續發展推動委員會、合作平台、區域整治合作平台（邱敬斌 2015）。

熱島效應

熱島效應是指都市的日照溫度高於周邊的郊區，原因包括：高樓大廈林立，阻礙空氣與風的流動；都市所處地形地貌（如亞熱帶與熱帶盆地）不利空氣流通；房屋與汽車空調設備散熱；柏油路與混凝土蓄積太陽與人造熱能，散熱慢；以及長期乾旱，缺乏雨水調節等。

> 🔍 **問題與討論 16-3**
>
> 在你長期居住的縣市，有哪些環境永續、經濟永續與社會永續的問題？該縣市政府提出哪些永續發展的政策與策略，試圖解決這些問題？政策成效如何？

參考書目

內政部不動產資訊平台，2020，〈社會住宅專區〉。https://pip.moi.gov.tw/V3/B/SCRB0501.aspx?mode=7。

內政部營建署，2011，《「房價負擔能力計算方式與國際各國比較」委託專業服務案結案報告》。
　　http://publichousing.cpami.gov.tw/ezfiles/0/1000/attach/71/pta_10080_1116690_55499.pdf。

王佳煌，2005，《都市社會學》。台北：三民。

王佳煌、李俊豪，2013，〈台北都會區居住模式之分析（1980-2010）：隔離、分殊、群聚或階
　　層？〉。《都市與計劃》40(4): 325-354。

台北市政府環保局，2019a，〈永續發展願景〉。https://www.dep.gov.taipei/cp.aspx?n=81AAC2F85759C61E。

台北市政府環保局，2019b，〈永續發展策略規劃〉。https://www.dep.gov.taipei/Content_List.aspx?n=
　　47A8C8253B444761。

行政院主計總處編印，2012，《99 年人口及住宅普查：總報告統計結果提要分析》。https://www.stat.
　　gov.tw/ct.asp?xItem=31969&ctNode=548&mp=4。

李明璁，2009，〈去／再領域化的西門町：「擬東京」消費地景的想像與建構〉。《文化研究》9: 119-
　　163。

周素卿，2003，〈全球化與新都心的發展：曼哈頓意象下的信義計畫區〉。《地理學報》3: 41-60。

邱敬斌，2015，〈區域合作與平臺：以北臺區域發展推動委員會為例〉。《國土與公共治理季刊》
　　3(3): 106-113。

國家發展委員會國土區域離島發展處，2018，《都市及區域發展統計彙編》。台北：國家發展委員
　　會。

黃書禮、李盈潔、李叢禎、周素卿、林子倫、張昱諄、張學聖、葉佳宗、詹士樑、蔡育新，2018，
　　〈接軌「都市化與環境變遷」國際研究：台灣研究議題〉。《台灣土地研究》21(2): 93-110。

Annunziata, Sandra, 2011, "Urbanization." Pp. 1496-1499 in *Encyclopedia of Consumer Culture*, edited by
　　Dale Southerton. Los Angeles: Sage.

Borer, Michael Ian, 2006, "The Location of Culture: The Urban Culturalist Perspective." *City & Community*
　　5(2): 173-197.

Brindley, Tim, 2003, "The Social Dimension of the Urban Village: A Comparison of Models for Sustainable
　　Urban Development." *Urban Design International* 8(1-2): 53-65.

Chen, Yi-Ling and Herng-Dar Bih, 2014, "The Pro-Market Housing System and Demographic Change in
　　Taiwan." Pp. 204-226 in *Housing East Asia: Socioeconomic and Demographic Challenges*, edited by John
　　Doling and Richard Ronald. New York: Palgrave Macmillan.

Dear, Michael, 2003, "The Los Angeles School of Urbanism: An Intellectual History." *Urban Geography* 24(6):
　　493-509.

Flew, Terry, 2010, "Toward a Cultural Economic Geography of Creative Industries and Urban Development:
　　Introduction to the Special Issue on Creative Industries and Urban Development." *The Information
　　Society* 26(2): 85-91.

Gregory, Derek, Ron Johnston, Geraldine Pratt, Michael Watts, and Sarah Whatmore, 2009, *The Dictionary
　　of Human Geography*, 5th edition. Oxford: Wiley-Blackwell.

Hall, Peter, 2002, *Urban and Regional Planning*, 4th edition. London: Routledge.

Harvey, David, 1989, "From Managerialism to Entrepreneurialism: The Transformation in Urban Governance in Late Capitalism." *Geografiska Annaler: Series B, Human Geography* 71(1): 3-17.

Jessop, Bob, 1998, "The Narrative of Enterprise and the Enterprise of Narrative: Place Marketing and the Entrepreneurial City." Pp. 77-99 in *The Entrepreneurial City: Geographies of Politics, Regime and Representation*, edited by Tim Hall and Phil Hubbard. Chichester: John Wiley & Sons.

Jessop, Bob and Ngai-Ling Sum, 2000, "An Entrepreneurial City in Action: Hong Kong's Emerging Strategies in and for (Inter)Urban Competition." *Urban Studies* 37(12): 2287-2313.

Jou, Sue-Ching, Eric Clark, and Hsiao-Wen Chen, 2016, "Gentrification and Revanchist Urbanism in Taipei?" *Urban Studies* 53(3): 1-17.

Judd, Dennis R., 2011, "Theorizing the City." Pp. 3-20 in *The City, Revisited: Urban Theory from Chicago Los Angeles, and New York*, edited by Dennis R. Judd and Dick Simpson. Minneapolis: University of Minnesota Press.

Kwok, Reginald Yin-Wang, ed., 2005, *Globalizing Taipei: The Political Economy of Spatial Development*. New York: Routledge.

Pacione, Michael, 2007, "Sustainable Urban Development in the UK: Rhetoric or Reality?" *Geography* 92(3): 248-265.

Parnreiter, Christof, 2013, "The Global City Tradition." Pp. 15-32 in *Global City Challenges: Debating a Concept, Improving the Practice*, edited by Michele Acuto and Wendy Steele. Basingstoke: Palgrave Macmillan.

Simpson, Dick and Tom M. Kelly, 2008, "The New Chicago School of Urbanism and the New Daley Machine." *Urban Affairs Review* 44(2): 218-238.

Stevenson, Deborah, 2003, *Cities and Urban Cultures*. Maidenhead, PA: Open University Press.

Turley, Alan C., 2005, *Urban Culture: Exploring Cities and Cultures*. Upper Saddle River, NJ: Pearson/Prentice Hall.

United Nations, 2018, "World Urbanization Prospect 2018." DESA/Population Division. https://population.un.org/wup/Download/.

第 17 章

消費社會與消費文化

- 前言
- 何謂消費社會
- 消費文化
- 消費實踐
- 結語

■李玉瑛

摘　要

1. 消費社會是一個商品的時代，主導社會的是與商品有關的資訊，因此品牌、商標、廣告、傳媒影像構成了消費社會新的生活元素。

2. 台灣在 1970 年代之前，處於求溫飽的基本民生消費階段，經濟起飛之後，大部分的民眾衣食無慮，開始進入消費社會的生活方式。

3. 消費文化是資本主義生產方式之下的產物，指的是人與物的關係，亦即一種消費行為的文化。從負面批判角度而言，有學者認為消費者是被資本主義控制的笨蛋；也有學者從正面角度，頌揚消費者是取悅個人感官經驗的享樂者。另外有學者從符號消費的角度，解釋消費者乃是利用商品消費來表達社會身分和品味。

4. 在消費社會中，消費與休閒活動已經取代生產，成為人們的生活重心和身分認同的表徵。當代的消費空間與消費實踐均傾向奇觀式消費和感官的體驗消費。

5. 因應環境保護與愛護地球，新興綠色消費的文化是永續消費、低碳、分享共有。

壹 前言

2020 年伊始，新冠肺炎疫情在全球蔓延，疫情對人們的健康與生命造成威脅，各國政策強行決定封鎖與隔離所帶來的是失業潮與百業蕭條。因為疫情，人們被禁止外出，公共集會也被取消。首當其衝的就是娛樂服務業，以往是人群聚集的購物中心、電影院、音樂廳、咖啡廳、餐廳、酒吧、夜店等全都停止營業。在各國邊境管控之下，人們跨境移動受到影響，航空業和旅遊行業全都慘澹經營。以上的現象，充分說明了一旦人們停止消費對國家經濟所帶來的巨大影響。從 7 月開始，有些國家在疫情緩和下，陸續開放邊境、允許商店營業，在經濟的考量之下，即使仍受疫情威脅也必須讓商業活動運行。本章的主題就是我們該如何來理解自己所處的消費社會以及消費文化。

貳　何謂消費社會

美國學者貝爾克（Belk 1995）認為，消費社會就是一個鼓勵消費的時代。在物質匱乏的時期，人們被教導要克制自己的慾望貪念，但在消費社會則被鼓勵盡可能的去消費和擁有物品。現在我們稱呼自己是生活在一個消費社會，指的是生活被消費所主宰，一切生活所需不再是自給自足，而是依賴商業的買賣來取得。消費社會即是一個商品的時代，主

米蘭拱廊商場（李玉瑛／攝）。

導社會的是與商品有關的資訊，因此品牌、商標、廣告、傳媒影像構成了消費社會新的生活元素。

消費社會也可以稱之為後現代社會（Featherstone 1991），全球化資訊與金融的營運系統使得人員、物資和訊息快速地流動，形成一個以消費、休閒與服務業、大眾傳播媒體業為主導的時代。以消費者／顧客為導向的客製化生產方式，讓人們得以自由選擇，以消費商品來展現自我的生活風格和身分認同，因此會依賴廣告和社群媒體來吸收有關商品的資訊，以便更精確地計算並掌握消費知識。

一般而言，世界上不同的地區和國家進入消費社會的時間不一樣，而其消費社會形成的軌跡也不相同。以北美和西歐的國家為例，在二次世界大戰結束，1950 年代就開始進入消費社會，大量工業化所生產的商品，使得以前的奢侈品變成了生活中的必需品，例如：汽車、電話、電視、洗衣機、電冰箱、冷暖氣等。1980 年代，台灣經濟起飛之後，大部分的民眾衣食無慮，才開始進入消費社會的生活方式。

國際上經常用恩格爾係數來衡量一個國家和地區人民生活水準的狀況。1857 年，德國統計學家恩格爾闡明一個定律：隨著家庭和個人收入增加，收入中用於食品方面的支出比例將逐漸減少，這一定律被稱為恩格爾定律，反映這一定律的係數被稱為恩格爾係數，係數愈低表示家庭

生活風格（lifestyle）生活風格在消費文化中意指個性、自我表達及生活品味的自我意識。一個人的身體、服飾、談吐、休閒生活的安排、飲食的偏好、家居的布置、汽車和度假的選擇等，都可以表達個人的消費品味和風格的認知指標。

生活水準愈高。根據聯合國糧農組織提出的標準，恩格爾係數在59%以上為貧困；50至59%為溫飽；40至50%為小康，30至40%為富裕，低於30%為最富裕。由表17-1，台灣民間消費形態的生活支出情形來看，在1951年的時候，台灣人收入所得中有55.63%是用來填飽肚子，在1961年收入的一半還是用於食品，所以一般會說，在1960年之前台灣是處於溫飽的階段。1971年食品消費數字已降至41.19%，顯示已經進入小康的階段。1981年食品消費數又下降到38.75%，可說已晉升到豐衣足食的富裕階段，而1990年之後的收入所得只有二成左右是用在食品上，2000年之後降到二成以下。2017年家戶的食品開銷持續下降，但是用在餐廳及旅館的費用逐漸增加，外食與休閒旅行成為家戶重要的消費支出，消費社會已然形成。

表17-1　民間消費形態

年　別	食品飲料及菸草	住宅服務、水費瓦斯及其他燃料	休閒、文化及教育消費	餐廳及旅館
1951	55.63	-	6.07	-
1961	50.70	10.46	5.42	-
1971	41.19	12.52	8.01	-
1981	38.75	24.25	7.48	2.50
1991	25.40	25.77	11.33	7.57
2001	17.29	25.08	12.04	8.98
2011	16.22	24.39	10.39	10.16
2017	15.60	23.90	9.55	12.00

資料來源：1951-1971年資料取自中華民國統計資料網，「民間最終消費結構」，http://www.stat.gov.tw/public/Attachment/812301411871.xls。1981年之後的資料取自中華民國統計資訊網，「家庭消費支出按消費形態分」，http://statdb.dgbas.gov.tw/pxweb/Dialog/Saveshow.asp。

　　從1970到1990年這段期間，台灣社會逐漸豐衣足食，1976年平均國民生產毛額（Per capita GDP）突破一千美元（表17-2），民生消費品量的滿足已經不再是問題，很多的消費開始講究質感與設計，消費開始要求品質、品牌與品味。此時台灣已經有台視、中視與華視三家電視台，代表開始進入電視傳播的時代。同時新興的消費場域陸續出現，例如，1970年台北忠孝東路開設第一家「頂好超級市場」，1979年台灣第一家便利商店7-11誕生，1989年第一家量販店「萬客隆」在桃園成立，代表著逛街購物即將進入新的體驗。

　　1987 年台灣解除戒嚴令，這不僅止於民主政治的意義，對於消費也產生巨大的影響，例如沒有了宵禁，24 小時營業的娛樂事業蓬勃發展，如卡拉 OK、KTV。1992 年平均國民生產毛額突破一萬美元（表17-2），有著「台灣錢淹腳目」的說法。到了1991 年經濟產業結構中的服務業部門產值過半，已經超越工業部門成為主要的生產力，而在2001 年已近七成（參見表17-3），這些數據顯示民眾對商品的需求已經提升到「喜歡與否」的情感需求階段。此時消費不再只是溫飽的需求，而是為了滿足感性的需求，是情感的寄託，是夢幻的對象，是個人特質的展現，也是社經地位的象徵。2001 年全台灣施行週休二日，人們的休閒時間增加，休閒娛樂成為日常生活的重心，例如：電影、電視、音樂廣播、SPA、運動、觀光旅行等等。美學化的都市景觀在日常的生活空間中，餵養人們的好奇心和觀看的慾望，如百貨公司、購物商場。藝術設計開始介入工業產品和家飾商品，如生活工場、IKEA，提升家居生活的設計感和美感。來自世界各地龐大又多元的商品，任憑人們自由地選擇搭配，藉由商品來展現個性化與自己的生活風格，消費已經超越生存的需要（need）而是慾望（desire）的滿足。當今在網路時代，人們可以隨時隨地消費購物，沒有時間和空間的限制，靠一指神功購物，只要手機在手就可以買遍天下。

表17-2 台灣平均國民生產毛額（GDP）

1951 年	1976 年	1992 年	1998 年	2008 年	2018 年
US$ 145	US$ 1,150	US$ 10,822	US$ 12,840	US$ 18,131	US$ 25,026

資料來源：1951-1992 數據來自行政院主計處，「中華民國臺灣地區國民所得統計摘要」，https://ebook.dgbas.gov.tw/public/Data/352913302353.pdf。1998 之後數據來自行政院主計總處，「國民所得統計摘要」，https://www.stat.gov.tw/public/data/dgbas03/bs4/nis93/ni.pdf。

表17-3 台灣經濟產業結構的變化（%）

	1981 年	1991 年	2001 年	2012 年	2017 年
農業部門	7.33	3.68	1.90	1.78	1.8
工業部門	43.86	38.48	28.74	29.08	35.5
服務部門	48.81	57.84	69.36	69.14	62.7
合計	100	100	100	100	100

資料來源：《101 年國民所得統計年報》（2013），台北：行政院主計總處。《國民所得統計年報 106 年（2018），台北：行政院主計總處。

問題與討論 17-1

　　請同學想一想，妳／你每天有從事任何生產的工作嗎？然後再想想，每天從早到晚，妳／你從口袋中掏出多少錢、購買了哪些東西？為什麼購買？妳／你是真的「需要」，或只是「想要」那些商品？

 課堂活動 17-1

　　請記錄妳／你一週的消費活動，清楚記錄所花費的每一筆金額，買了什麼東西？去了哪些地方？跟誰在一起？逛了哪些購物網站？然後在課堂與同學交換觀看和討論，由此來幫助大家理解消費與個人的關係。

參　消費文化

　　消費文化是當代富裕的生活之下的產物，指的是人與物的關係，一種消費行為的文化。討論消費的文化需要有以下的四個條件：（1）社會中大多數人的生活水準已經超過基本溫飽的需求，（2）人們是透過交換而非自行生產得到物品和消費服務，（3）消費被認為是普遍接受而且是正當的行為，以及（4）日常生活中人們是經由消費的方式來評斷自己或是他人（Rassuli and Hollander 1986: 5）。

　　英國學者史賴特（Slater 1997）在《消費文化和現代性》一書中指出，消費文化幾乎等同於現代的西方文化，因為它與定義西方現代性的核心價值、實作與制度緊密聯繫在一起，例如選擇自由、個人主義和市場機制。消費文化意味著人們的生活方式和所依賴的象徵性或是物質性的資源，都必須透過市場機制為媒介來完成。消費文化因此標示出一個社會系統，日常生活被消費所主宰，而在消費的領域中是依賴個人自由意志的選擇而完成。

　　消費者只要有錢就可以擁有商品的選擇自由，正好與民主社會的自由多元化互相呼應，但是學者對此有著正負不同的理論觀點，以下將相關消

費文化的理論區分爲三個流派來敘述：第一是左派的批判理論，認爲消費者是處於被動的，被控制而不自知。第二是認爲消費就是享樂，頌揚個體感官經驗的感受。第三則是從象徵性來看消費，主張消費文化是標示身分階級，目的是區分人／我。

一、消費是控制

1. 商品與拜物教：馬克思

　　馬克思（Karl H. Marx, 1818-1883）在資本論中批評資本主義將所有的物品都轉變爲商品，改變了人與物的關係，同時也改變了人與人的關係。在自給自足的農業社會中，人們消費自己所生產的物品，但是資本主義制度下，生產與消費發生斷裂，工人所生產的不再是所需要的物品，其所生產的商品被送到市場去販售，這就是所謂的商品化。在這樣的制度之下，工人販賣勞動力換取薪資，並以薪資到市場上去購買生活所需的商品，於是人們的生活方式與商品化市場緊密相連。在商品化的社會中，人們渴望擁有商品，馬克思把這種交換價值的神祕化稱作「物化」或是「商品拜物教」。馬克思認爲人性在商品化的過程中被犧牲掉了，人的價值只是透過勞動力所生產出來的工／薪資來計算，很少人能在工作中實踐自我，人們只是需要「賺錢」來購買商品。

　　馬克思認爲在資本主義制度下，工人生產自己並不需要的物品，也不能決定要如何生產，這樣就造成了工人與產品之間的疏離感，而工人反而被其所生產出來的物所控制，這就是所謂的異化（alienation）。馬克思的異化理論影響，就是造成一些左派的學者對消費社會抱持悲觀的看法，爲首的是法蘭克福學派對文化工業的批評。

2. 法蘭克福學派對文化工業的批評

　　法蘭克福學派指的是一群任職於法蘭克福大學社會研究院的德國知識分子，研究院成立於 1923 年，他們在 1933-1950 年從納粹德國逃亡到美國紐約。主要成員是霍克海默（Max Horkheimer, 1895-1973）、阿多諾（Theodor Adorno, 1903-1969）和馬庫色（Herbert Marcuse, 1898-1979）。霍克海默和阿多諾（Horkheimer and Adorno）在 1944 年出版了《啓蒙的辯證》，提出對文化工業的批評。文化工業指的是文化被當成商品來生產，

交換價值（exchange value）
某一商品與另一商品之間的等價關係。

異化（alienation）
人與物質世界的創造關係變成市場供需關係，人被自己所創造出來的東西所控制。

如同工業產品一樣標準化，文化藝術的原創性或獨一無二性不見了，因爲廣播、雜誌、電影、電視節目等傳播媒體，可以不斷重複放送並且大量複製以利潤爲導向的商業化產品。文化原本是需要長時間才能培養出來的涵養品味，但是文化工業產品往往偏向通俗與娛樂性。法蘭克福學派的學者憂心文化工業產品讓人們持續受膚淺的和消費享樂主義所吸引，而不關心其他嚴肅的社會議題。

馬庫色認爲，消費文化就是一種「異化」的文化，是根據商品的邏輯而非人類本質需求而發展的。馬庫色指出物質享受並非人的本質需求，人與動物之別在於人有能力去追求更高尚的境界，但是在消費社會，人們卻把物質需求當成是基本需求，此乃資本主義社會強加給人們的「虛假需求」。當人們把物質需要視爲自己的基本需要之後，就等於是爲商品而生活，人爲了商品消費而存在，而不是商品爲了滿足人的需求而存在。

法蘭克福學派對文化工業的批評，很有力道地指出，消費者在資本主義的消費經濟體系之下只會成爲受害者，消費者大量接收文化工業標準化制式化的文化產品，如廣播、雜誌、電影、電視節目，他們也擔心消費者會被四面八方所充斥的物品所淹沒，喪失自主性，並且誤以爲在消費社會中購買和擁有商品就代表了財富、快樂和進步。

從法蘭克福學派的觀點而言，消費者就像是一群不會思考又容易被控制的笨蛋，只會盲目地接收資本家所餵養的東西。然而，法蘭克福學派對於消費的看法還是以經濟實用爲主，而忽視文化的象徵意義層面，沒有思考過消費的文化意涵，或是無視於消費乃是人類的必要行爲（Paterson 2006: 28）。文化研究學者對法蘭克福學派批評有以下兩個重點：首先是菁英主義，忽略了可以複製的文化產品對一般大眾的影響，例如日常生活的美學化。其次是忽略了消費者的多樣性和能動性，個人對文化產品的消費過程中擁有不同的經驗，例如愉悅；同時個體會賦予文化產品很多不同的意義，而那並非是生產者所能掌控的。

肯定大眾文化者認爲，看連續劇、羅曼史小說、電影、聽流行歌曲是無傷大雅的，甚至可以視爲民主化的表現，而且這些節目可以陪伴無聊或孤獨的人、排遣寂寞，並能抒解生活中的壓力。於是在消費文化的理論中形成了悲觀的批判和樂觀的頌揚，兩種對立的觀點。

3. 新消費工具

在左派學者的眼中，消費者各種主動消費的行為和選擇，仍受限於消費的鐵牢籠（iron cage）而無所遁逃。美國社會學者 George Ritzer（2001）觀察美國近年來消費空間不斷推陳出新，如購物中心、主題遊樂園、主題餐廳、大型連鎖店、郵輪、賭場、3C 賣場、名牌暢貨中心（Outlet），他批判這是公共空間的商業化、私有化，是資本家不斷地把商業空間裝扮成富麗堂皇的奇幻世界，吸引消費者去完成膜拜的儀式，鼓勵人們開心地消費。在《資本論》中，馬克思認為勞工成為被剝削的階級乃是因為資本家掌握了生產工具，亦即工廠與機器。至於在消費社會中，消費者也是處於被宰制的階級，因為資本家掌握了新消費工具，亦即購物中心、度假村、網路平台等。表面上看似消費者主動地體驗消費購買的自由，但骨子裡還是一群被控制的肥羊。

▌二、消費是享樂：取悅個人的感官經驗

左派學者對西方消費文化持悲觀的看法，然而文化研究學者卻提出不一樣的觀點，他 / 她們擁抱通俗大眾文化，並且認為消費者是主動地選擇商品來取悅自己。例如：偶像崇拜的消費讓人有模仿學習的對象，經由閱讀小說和觀賞連續劇可以逃逸到一個比較理想的生活空間，更重要的是經由消費，人們可以實際體驗愉悅或是驚悚的感官經驗。

1. 粉絲文化

英國傳播學者費司克（Fiske 1989）是一位通俗文化的喜愛者，他從看肥皂劇、綜藝節目、迪士尼樂園等地方得到了愉悅，《理解庶民文化》這本書算是為自己辯解，也是企圖與文化研究的左派學者對話。費司克對庶民文化抱持正面樂觀的態度，認為消費者既有悟性又有主動性，只是利用文化商品來尋歡作樂，才不是一群被動的傻子。例如瑪丹娜迷可以活出自信，驕傲地展示自己的身體，因此在日常生活與工作環境中改變自己的人際關係。眾多的影迷、樂迷、歌迷利用不同管道結合進行分享，和有相同嗜好的人團結在一起，共同抵抗外在不同的思想理念。傳播媒體流通關於偶像的內幕、八卦或閒話也是有必要的，因為它提供了明星藝人、名人相關的資訊，增加偶像迷親密的感受，有助於閱讀時生產自己的知識，充

實偶像迷與她／他人溝通的資訊，費司克認為這就是消費者可以參與和生產自己的文本，積極主動性的方面。

問題與討論 17-2

請同學討論有哪些資訊會影響消費者的消費決定？以及自己的消費通常是由個人決定，還是受網路社群影響而決定？

課堂活動 17-2

請同學寫出自己經常瀏覽的社群網站，或是自己喜歡的偶像團體與網紅，並且說明欣賞他們的原因。接著討論粉絲消費有年齡層的差別嗎？不同的粉絲群體之間可能有何種差別，可以如何從社會學的角度解釋？

網紅

在網路時代，網紅成為消費者的意見領袖，網紅利用自身特色充當模特兒來推銷產品，透過常見的服裝、鞋帽、化妝工具、日常用品等代言，吸引大批的社群粉絲追隨，這是把死忠粉絲文化轉化為銷售數字，有別於傳統的實體商店和廣告宣傳的消費行為。近年來網紅經濟逐漸成為一種新的經濟模式，例如，根據《2016 中國電商紅人大數據報告》，中國的網紅經濟在 2016 年達到 528 億人民幣的產業規模，這個數字遠超過 2015 年中國電影 440 億的票房，可見規模之巨大。網紅的消費文化代表即使在現代個體獨立的時代，消費者依然需要在網際網路的空間尋找到群體歸屬感，因為網紅貼近生活，讓粉絲感同身受其生活方式和價值觀；同時也呈現出在資訊爆炸的時代，網紅作為文化中介者的影響力。推陳出新的商品令人目不暇給，消費者需要有專家／達人來幫忙消化資訊並做出選擇，消費者只要瀏覽網頁和選定跟隨的網紅即可。

台灣自 1990 年代開始出現哈日和哈韓風潮，興起了「哈日族」與「哈韓族」這樣的名詞，代表「我們日／韓劇迷」vs.「他者」的區分。這些喜愛觀賞日本和韓國偶像劇的死忠觀眾，不僅觀看偶像劇，消費購買日／韓國產品，吃日／韓國料理，甚至到日本／韓國觀光旅遊親身經歷，當然也有人因此開始學習日／韓語以及文化，成為日／韓達人。這些說明了消費者在面對文化消費產品時積極主動的面向，同時也凸顯出消費

者是消費實踐的主體位置。在近年網路社群媒體崛起的時代,出現了許多
由粉絲追捧出來的網路紅人,以網路直播來傳達資訊,也推銷商品,形成
一股不容小覷的網紅經濟。

2. 替代性消費

女性主義學者以民族誌或文本分析進行閱聽人的研究(Radway 1984;
Ang 1985; Stacey 1994; Winship 1987),對法蘭克福學派主張觀眾是無知的
受害者理論,提出很大的修正,主張文化產品對一般大眾的影響是複雜且
多樣的,個人在文化產品的消費過程中會有不同的經驗,同時會賦予文化
產品不同的意義,而那並非是製造者所能掌控的。觀眾/閱聽人會有各自
不同的方式消費/使用文化產品,例如,瑞德薇(Radway 1984)提出女
性閱讀羅曼史可說是唯一屬於自己的自由時間,可以暫時逃避煩悶的家事
和母職,讓自己陶醉於浪漫愛情故事的想像空間。史黛西(Stacey 1994)
的研究顯示英國女性觀眾會把好萊塢電影女主角當作認同的偶像,模仿偶
像的髮型、衣著打扮,看電影是讓自己逃逸到一個豪華的金粉世界,滿足
了幻想之後再回到現實生活,可以讓她們有能力面對平淡無奇的日常生
活。雖然那只是一種替代性的經驗,但是所帶來的歡愉卻是真實的。台灣
學者林芳玫(1996)研究女性觀眾如何看日劇《阿信》,指出大多數的女
性閱聽人並非被動地服從文本及其所指涉的社會規範,而是主動地對社會
規範加以詮釋,並內化為個人修身及待人處事之道,在適應與批評之間選
擇利人利己的人際互動方式。

3. 體驗消費

坎貝爾(Campbell 1987)在《浪漫倫理與現代消費主義精神》一書
中,授予個體有追求感官歡愉的正當性,他把尋求歡愉的關鍵放在個人對
感官慾望的控制和念想,因此,即使不擁有商品,只是「渴望」的慾念,
都可以成為召喚歡愉的刺激點。浪漫倫理強調主觀理解的消費經驗,使得
主觀的想像和白日夢成為現代消費的重要因素,只是通常經驗過了就不
再稀罕,所以市場上不斷有推陳出新的消費品,於是消費就像是一個無底
洞,不斷地更新延伸。加上人是經驗的動物,只要是沒吃過、沒看過、沒
去過的,都會想要非去親身體驗不可,而且經驗獲得困難度愈高,滿足感
就會相對愈高,因為這當中包含了很多個人的想像。

感官想像式的消費文化

「拍照當天覺得像嘉年華一樣。在相館待了一天，有賓至如歸的感覺。親切的服務，低聲細
　語，感覺自己好像是被當作『超級大明星』般的對待，在那裡自己好像就是『最佳女主角』
　滿足自己穿以前沒機會穿的衣服，滿足了虛榮心，滿足了自己的想像。穿露肩晚禮服，好像
　大明星要去登台或是出席晚宴。好滿意喲！」（bride 20: 2）

最後一句「好滿意喲」傳神的點出女性消費者身歷其境的感官經驗，這正是婚紗照消費文化的特
質之一。也是業者刻意經營的理念，誠如一位婚紗店的女經理（Manager 5）很自然的脫口而說：
「我們這種服務業是不能對客人發脾氣的。服務業不能有閃失，我們要讓客人樂意花這個錢！」花
錢的是大爺，在婚紗照的消費中，客人果真是被當成公主王子侍候著……（摘錄自李玉瑛 1999）

拍攝婚紗照（李玉瑛／攝）。

台灣形成於 1980 年代的婚紗照，是十足展現感官想像式的消費文化。李玉瑛（1999, 2004）的研究指出，婚紗照的消費文化延續了傳統女性「被看」以及「以貌取人」的社會文化，但是女性從拍婚紗照的經驗中體驗千面女郎的造型，尤其是能夠穿上夢寐以求的「漂亮」禮服，裝扮自己的美貌，滿足當最佳女主角的愉悅。雖然只是短暫的滿足，但是「曾經擁有」似乎還是強過未曾擁有的遺憾，同時照片可以一再地被觀看，成為回憶或是想像的媒介物。更重要的是台灣的女性消費者從拍婚紗照的體驗中，能夠破除美貌的迷思，對自己的平凡泰然處之。

　　除了經由消費來滿足個人身心的需求之外，人們還會經由消費的物品或是消費的實踐來傳達意義，也就是說人們的每一項行動都具有社會意義，所以我們必須知道在消費社會中消費文化所代表的象徵意義。

三、消費是區分：表達社會身分

　　消費文化乃是物質文化的一種當代的特殊形式，在性別、種族、階級和工作的區分之外，消費文化提供了新的身分認同，也就是說人們是由所消費的商品／物品來定義自己（Lury 1996）。在消費文化的領域中，權力關係可被重新解釋，但是也會帶來新的不平等關係，關鍵在於消費者如何操弄關於商品的知識和其在社會文化中所代表的意義。

1. 炫耀式的消費

　　以消費來表達身分地位，美國學者韋布倫（Thorstein Veblen, 1857-1929）在《有閒階級論》（1994）這本書中剖析得很透徹，書中研究美國新英格蘭地區因工業生產而致富的新貴階級，他們學習歐洲上流社會的生活品味，以購買和展示昂貴精緻的商品作為誇富的手段，雖然那些商品的實用性不高，卻有高度的象徵意涵，他稱之為「炫耀式的消費」。這種以擁有特殊商品來傳達社會文化意涵的消費方式，最終的目的就是在群體之間形成區別。例如，當男性要以工作追求財富來成就自己的時候，就由妻女來完成替代性的消費，她們不必參與任何生產性勞動，藉由群聚喝下午茶、追求時尚、熱心慈善公益等活動，以此來彰顯先生／男性的財富。

2. 符號消費

　　法國文化研究學者布希亞（Jean Baudrillard, 1929-2007）認為，在當代消費社會中炫耀式的消費不再只是權貴的專利，而是已經普及到每一個階層，他稱之為符號消費。代表人們消費不是為了溫飽的需求，而是為了購買那些商品所代表的社會意涵和所定義的生活風格，例如，在家喝杯自己沖泡的三合一咖啡和到星巴客喝杯咖啡的意義是不一樣的。他認為馬克思商品價值的理論不足以解釋後現代社會的勞動與消費，因為馬克思忽略了物品一直有文化上的意涵，於是布希亞對馬克思主義商品價值學說添加一個重要的補充：商品除了具有使用價值和交換價值之外，還有符號價值（Baudrillard 1981）。

　　商品的符號價值是由商品的設計、顏色、品牌、廣告所塑造出的價值，這是由馬克思只注重生產面的使用價值和交換價值所看不到也無法分析的層面。就以很多女性想要擁有的愛馬仕、香奈兒、LV、Gucci、Loewe

有閒階級（leisure class）
意指擁有眾多財富、不必工作，以休閒消費過生活的群體。

炫耀式的消費（conspicuous consumption）
有閒階級為了誇耀財富，因此爭相購買昂貴的物品，以此彰顯購買力，物品只是傳達象徵性的功能。

符號消費（sign consumption）
為了某種社會地位、名望、榮譽而進行的消費。

使用價值（use value）
即物品本身的價值能滿足人們的需要。

名牌包爲例，從使用價值而言，它和任何一種袋子一樣，都有裝東西的功用；但是由交換價值，也就是價格而言，動輒數萬元的名牌包，和一般超級市場兩塊錢的購物袋天差地遠！名牌包之所以可以有這麼高的交換價值，原因就在於消費者付費購買的是符號價值，而非使用價值。消費者在乎的是符號功能，同時也希望能藉由名牌商品而躋身名流階級之列。人們消費昂貴的名牌商品，主要是給別人看的，展現個人的生活風格和品味。一般大眾也想要追求名牌，但又無法付出高額購買，於是市場上出現了平價快時尚品牌，包括 H&M、ZARA、UNIQLO、GAP 等滿足消費者追求符號價值的需求。

快時尚

　　有別於傳統時尚講究精心設計與高貴質感，快時尚重新定義流行的風潮時尚，以平價、俐落、美觀又有設計感的服裝來吸引消費者。由於新款服飾更換上架的速度很快，消費者對推陳出新、琳瑯滿目的商品有著難以抗拒的誘惑，陷入購買的漩渦，有些買來的衣服可能還來不及穿，新款又出來了。快時尚與好市多零售批發賣場一樣，都是鼓勵消費，但是對於商品消費後面所帶來的浪費，以及對生產製造國當地的環境污染和剝削勞工都視而不見。

3. 品味與階級

　　什麼是品味？法國學者布迪厄（Pierre Bourdieu, 1930-2002）在《秀異》（1984）一書中分析，品味就是一種辨識區分差異的過程，意指人們在消費之際，同時是在實際演練並展示對商品喜好和選擇的知識。他把區分社會階層的要素由經濟領域擴展到文化領域，經由象徵性的財富，如購買藝術品、古董來製造區分，擁有文化藝術的知識可以將某些人與一般大眾區隔開來。所謂的品味和社會階級的區分息息相關，布迪厄不把品味視爲純個人的選擇，而是一種社會性的模式。品味代表的是社會階級成員的日常生活實踐，它是流動的，而且具有競爭性，也就是說，社群中的個體如何操弄文化的再現來維繫相互的認同，並且展示自己的品味和生活風格是特別的、高人一等的。布迪厄認爲同一階級的行動者會有特定的消費品味和消費風格，乃因爲他們具有相同的思維結構以及相同的習性（habitus）。習性是指人們的行爲性向系統，展現在食衣住行生活中很多「視爲當然」的嗜好和選擇。習性的養成最初是在家庭，接著是學校，

還有階級屬性中很多已經自我內化的觀念。習性不只是一種「知識」，而是具體而微地鑴刻在人們的身體和行為舉止，例如：說話的口音、立臥的姿勢、臉上的表情、休閒的方式、吃飯的方式，這些都可以讓一個人的習性展露無疑。

　　布迪厄研究的重點在於，人們經由消費選擇適合自己的消費品味，於是產生了階級的差異性，而不是說消費直接來自階級差異。無可諱言的，具有優勢的階級力圖維繫自己「高尚」的品味，以便與「他人」造成明顯的區分。

肆　消費實踐

　　「消費」最原始的定義是把物品消耗掉，用光蕩盡的意思。隨著社會形態的改變，消費的方式也跟著不一樣，在消費社會中，消費與休閒活動已經取代生產，成為人們的生活重心和身分認同的表徵。本節的主題即是討論消費的情境、空間與象徵意義。

一、奇觀式的消費空間

　　雖然目前網路購物非常便捷，但是實體購物並未消失，代表消費者依然有走逛觀賞購物的需求，有別於虛擬商場的平面型錄化，實體商場競相以更炫目吸睛的消費空間來滿足消費者的感官需求。Alan Bryman（2004）以迪士尼化（Disneyization）這個名詞來代表後現代消費社會中對奇觀消費和體驗消費文化的特性，迪士尼化有四個元素：主題化、去區隔化、商品化和情緒勞動者。這樣的特質已經充滿在消費社會中的各種場所。

　　一、主題化：一個主題化的環境，讓消費者可以將想像的樂趣集中於一個單一主題。例如：迪士尼樂園以迪士尼卡通電影和人物為主題，台灣有卡通角色凱蒂貓和拉拉熊的主題餐廳，不論是餐飲或空間裝飾都以卡通角色為主，吸引粉絲在喜愛熟悉的場景中消費，沉浸在其中，達到貼近偶像的目的。

　　二、去區隔化：消費的場域區分開始模糊，例如：購物中心和主題樂園之間經常不容易區分；博物館和美術館都以販售館藏複製品和美食為號

迪士尼化
（Disneyization）
這個名詞用來代表消費空間的四種概念，包括主題化、去區隔化、商品化和情緒勞動。

召；書局不再只是賣書，而是一個複合式空間，有咖啡、餐點、各種商品還有演講與表演；美國賭城拉斯維加斯和澳門，則是聚合博奕、逛街購物、美食與表演娛樂於一身的度假天堂。這些地方把所有的娛樂消費聚在一起，讓消費者享受各種奇觀式空間。

三、商品化：迪士尼很早就開始推銷卡通人物的商品，米老鼠誕生於1928年，次年迪士尼就設立一個部門專門處理米老鼠的商品行銷和專利註冊。主題樂園的品牌商品是因應遊客買紀念品之需，現在衍生出來的是各大學、公司行號、運動球隊、咖啡館推出印上品牌商標的T恤、馬克杯、鑰匙圈等等。星巴克的城市杯成為消費者的收藏品，是典型例子之一。

四、情緒勞動：工作人員的服務品質，也構成消費經驗的一部分，例如：遊樂園裡身穿毛茸茸卡通服裝的職工，要將情緒融入所扮演的角色，其他提供服務的人員同樣都要笑臉迎人，努力營造出歡樂的氣氛，這些都是要求工作人員做好情緒的管控。在服務業工作的人幾乎都受到情緒勞動的規範，最典型的案例是女僕咖啡廳，女僕員工提供情緒勞動滿足主人／消費者的想像空間。

▋二、體驗式的節慶消費

2018年媽祖遶境（周正履／攝）。

在傳統社會，嘉年華會和節慶讓人們合理地大肆消費。到了現代資本主義時代，傳統的節慶被商業包裝成吸引觀光客的焦點，西方商業包裝出來耶誕節、情人節、萬聖節都是名正言順地消費節慶，百貨公司與便利商店也會配合推出相關的應景商品。所謂的「週年慶」已經成為台灣各種商場刺激消費、鼓勵購買的人造節慶，而各種宗教節慶成為聚合人潮大量消費的商機。以台灣的媽祖遶境為例，不但參加的人數逐年增加、年齡層降低，並且吸引許多國外觀光客前來看熱鬧，親身體驗進香客的虔誠與熱情的氛圍，參與者不僅享受在現場的感覺，還可以再藉由影音社群媒體來展示／炫耀自己參與其間的感官體驗式消費。

拜拜經濟：媽祖遶境

　　每年農曆三月開始的媽祖遶境，是台灣宗教文化的一大盛事，在時代變遷之下，這個傳統的宗教活動已經成為「大甲媽祖國際觀光文化節」，在長達九天八夜的大甲媽出巡遶境活動，全長三百多公里的進香路線，近百萬人參與，媽祖遶境的人龍所到處都會消費，每天可以吃掉一億元，沿途採買的辦手禮約花費四億三千萬元。附有廁所的便利商店，也成為信徒的小型休息站，除了消費食物及飲料之外，信徒還能在此寄送換洗衣物，儼然是一項大商機。（鍾文榮 2014）

> ### 💡 課堂活動 17-3
>
> 　　請同學分組到百貨公司、大賣場、菜市場、購物中心、夜市、星巴克、IKEA、Costco 等地，觀察並比較各種消費空間的特色。還可以觀察人們的消費行為，察看消費者是單獨前往？還是成群結隊？他／她們在那些消費空間做些什麼事？

▌三、區分式的綠色消費

　　當代人們在富裕的消費社會中被大量的商品包圍，享受自由選擇的樂趣。但是這種大肆消費的購物方式，已經讓地球付出很大成本，《經濟學人》曾報導服裝製造過程需要大量的能源、水和其他資源，從棉花田上的農藥，到浸泡牛仔布的洗滌物都會污染環境，估計平均 1 公斤織物就會產生 23 公斤的溫室氣體。根據台灣舊衣回收業者推估的資料統計，台灣一年製造 7 萬 2,000 公噸的舊衣垃圾，無法二手再使用的舊衣服堆在垃圾掩埋場，長期都不會分解，還會產生有毒化學染料污染土壤和地下水（魯皓平 2017）。

　　目前世界上很多的食物不是消耗掉，而是被拋棄浪費。聯合國報告指出，全球有 1/3 的食物被浪費掉，碳排放量高達 44 億噸；近 13 億噸被浪費掉的食物，每年造成 7,500 億美元的經濟損失和龐大的環境成本。特拉姆‧史都華（Tristram Stuart）（2012）書寫的《浪費：全球糧食危機解密》調查顯示，每年英國超市拋棄的總廢棄物只有 30% 是真正的垃圾，其餘 70% 都是食物。在富裕的美國和西歐國家，食物的供應量是消費量

的2-4倍，還有許多農產品因為賣相不佳直接被丟棄。根據環保署統計顯示，2018年我國廚餘回收量超過59萬公噸，一年浪費掉的食物高達275萬噸，國人1天的廚餘量達4萬桶，高度足以堆出70棟台北101大樓。在太平洋中有一個垃圾帶，又稱「垃圾島」（Great Pacific garbage patch），這些海上漂浮垃圾塊大約有兩個德州大，主要都是工業製造塑膠製品，不但污染海洋，而且傷害海洋生物。為了愛地球與環境保護，綠色消費成為一個新的消費趨勢。

1. 惜食潮

　　全球各地環保人士因此紛紛提倡「停止食物浪費」與「惜食」，推廣「醜食運動」鼓勵消費者接受賣相不佳的蔬果。2016年丹麥哥本哈根開了一家名為WeFood的超市，專門賣超過保存期但依然可以食用的食品，並以低於市價3-5成的價格出售，一來可以幫助減少浪費，二來讓低收入人士有機會以較低的價格買到需要的食品。近年台灣各地方政府與公有菜市場、社福機構及民間團體組織推廣「惜食分享櫃」、「社區愛享冰箱」，各地區並有溫暖又有創意的食物愛心平台，召集義工蒐集食物並烹調分送給獨居老人與身障人士。

2. 協作消費

　　協作消費乃是目前依賴網路科技而興起的消費方式，相信人性本善，以分享共用的方式降低資源浪費，改變以自我為中心的「我世代」成為社群分享的「我們世代」。Rachel Botsman和Roo Rogers（2010）的專書《我的就是你的》介紹當代永續消費的新興方式，人們不一定要一直擁有物品，而是要知道如何資源共享，例如，在網路上交換各種知識，以維基百科代表；二手物資的交易平台、小孩二手衣物和玩具交易平台，如台灣「TOYOTA玩具愛分享」；或是喜愛旅行的人以「沙發衝浪」的方式在不同的城市取得免費的住宿，同時還可以得到當地主人的地陪招待。家中閒置的車子可以租給別人，或是參加共乘租車組織，不必擁有一輛車，卻到處都有車可以開；台北市所推廣的Ubike也是相同的理念。協作消費重點不是消費者消費了什麼，而是消費者如何消費。

3. 在地消費

從個人生活做節能減碳，各地的農夫市集與社區／群支持型農業就是提倡消費「在地食物」，消費者直接向農夫買食物，中間少了中盤商、通路商等層層剝削，雙方皆受惠。台灣近幾年也出現小規模的農夫市集，如台北希望廣場、台中合樸農學市集。另外有網路平台直接把生產者和消費者連

香港中環的假日農夫市集（李玉瑛／攝）。

接在一起，讓消費者熟悉食物的生產履歷。還有營運多年的「台灣主婦聯盟生活消費合作社」透過共同購買的消費力量，關心自己的環境，提升生活品質，保護台灣農業、支持友善環境的生產者及綠色生活。透過「訂購一籃菜」的銷售方式，消費者沒有商品選擇權，而是接受因應季節而存在的有限農產，建立了一個能夠貼近永續和社會價值、互惠的另類消費場域（張春炎、蕭崑杉 2012）。

綠色消費有強烈的道德宣示作用，首先是消費者有能力反身性思考，拒絕資本主義工業大量生產破壞環境，以及低薪壓榨勞工的商品。其次是能夠壓低自己的消費慾望、不浪費，做一個聰明的消費者。然而，這些支持綠色有機、友善生產的消費者大都是擁有高學歷或高收入的群體，所以在社會中儼然區分出高價、健康、環保與廉價、傷身、污染之別。

伍 結語

如果我們只有在需要買東西的時候才進商店，而且每次都只買需要的物品，那麼，社會的經濟體系就會轟然一聲地崩潰（Underhill 2003: 31）。資本主義的社會之所以能夠繁榮興盛，靠的就是日以繼夜的消費。然而我們只有一個地球，在經濟成長與環境保護之間一直是處於兩難的狀態，有人身體力行低碳消費，展示出保護環境永續消費的生活風格；有人耽溺於繁花似錦的商品世界，追求流行、跟隨網紅吃喝玩樂，以不斷的消費來貢

獻經濟成長。事實上，現在人們爲了生存的必要消費已然減少，人們如何消費，以及選擇使用商品達成想要的目的，才是消費文化的重點。消費研究在 1980 年代成爲社會學下的分支，西方學界 1980 年代之前對消費的研究是傾向「負面」解釋，憂心人們的自主性會埋沒於物慾之中，消費者將被資本家所控制而失去自由。1990 年代開始，對消費的研究不再把它視爲純經濟的活動，體認到人與物的關係是複雜的，消費者的主體性、創造力以及身分認同的層面開始被研究討論。不論是樂觀還是悲觀地看待消費，讓人們成爲聰明的消費者，知道商品由生產到消費的歷程才是重要的課題。

延伸閱讀

Peter Corrigan, 1997, *The Sociology of Consumption*. London Sage.（中譯本：王宏仁譯，2010，《消費社會學》。台北：群學）

　這是一本消費社會學的教科書，書中回顧了與消費相關的重要研究，作者在很多章節當中，對於既有的文獻都整理出清晰易懂的表格，對初學者很有幫助。

Mike Featherstone, 1991, *Consumer Culture and Postmodernism*. London: Sage.（中譯本：劉精明譯，2000，《消費文化與後現代主義》。南京：譯林）

　作者充分洞悉符號消費與傳媒在後現代社會的重要性，書中清晰的理論爬梳與論述，讓讀者可以理解當代消費的特性。該書在 2007 年發行第二版，收錄新的導論，同時在最後加入一章探討多元現代性，並論及關於中國明朝和日本德川、江戶時代消費社會的情況。

Don Slater, 1997, *Consumer Culture and Modernity*. Cambridge, MA: Polity Press.（中譯本：林祐聖、葉欣怡譯，2003，《消費文化與現代性》。台北：弘智）

　本書是以左派批判理論的立場來闡述西方消費文化與現代性的關係。作者指出，消費文化的自由選擇看似呼應了當代的民主自由精神，然而這果真是自由，或者只是虛假意識？是一個值得仔細思考的重要問題。

參考書目

李玉瑛，1999，〈「實現你的明星夢」：臺灣婚紗照的消費文化分析〉。《台灣社會研究季刊》36: 147-186。

李玉瑛，2004，〈女性凝視：婚紗照與自我影像之戲〉。《臺灣社會學刊》33: 1-49。

林芳玫，1996，〈「阿信」連續劇觀眾研究：由觀眾詮釋模式看女性與社會規範的互動關係〉。《台灣社會研究季刊》22: 153-193。

特拉姆・史都華（Tristram Stuart）著、李靜怡譯，2012，《浪費：全球糧食危機解密》（*Waste: Uncovering the Global Food Scandal*）。台北：遠足文化。

張春炎、蕭崑杉，2012，〈永續消費論述與日常生活的實踐：以主婦聯盟消費者社群為例〉。《農業推廣學報》29: 71-104。

魯皓平，2017，〈穿一次就想丟？快時尚沒有告訴你的殘酷真相〉。《遠見》，11 月 15 日，https://www.gvm.com.tw/article.html?id=41043。

鍾文榮，2014，《拜拜經濟學》。台北：時報。

Adorno, Theodor W. and Max Horkheimer, 1944, *Dialectic of Enlightenment*. New York: Continuum.

Ang, Ien, 1985, *Watching Dallas: Soap Opera and the Melodramatic Imagination*. London: Methuen.

Baudrillard, Jean, 1981, *For a Critique of the Political Economy of the Sign*. St. Louis, MO: Telos Press.

Belk, Russell W., 1995, *Collecting in a Consumer Society*. London: Routledge.

Botsman, Rachel and Roo Rogers, 2010, *What's Mine Is Yours: The Rise of Collaborative Consumption*. New York: Harper Collins.

Bourdieu, Pierre, 1984, *Distinction: A Social Critique of the Judgement of Taste*, trans. R. Nice. London: Routledge & Kegan Paul.

Bryman, Alan, 2004, *The Disneyization of Society*. London: Sage.

Campbell, Colin, 1987, *The Romantic Ethic and the Spirit of Modern Consumerism*. London: Basil Blackwell.

Featherstone, Mike, 1991, *Consumer Culture and Postmodernism*. London: Sage.

Fiske, John, 1989, *Understanding Popular Culture*. London: Routledge.

Lury, Celia, 1996, *Consumer Culture*. Cambridge, MA: Polity Press.

Paterson, Mark, 2006, *Consumption and Everyday Life*. London: Routledge.

Radway, Janice A., 1984, *Reading the Romance: Women, Patriarchy, and Popular Literature*. Chapel Hill: University of North Carolina Press.

Rassuli, Kathleen M. and Stanley C. Hollander, 1986, "Desire-Induced, Innate, Insatiable?" *Journal of Macromarketing* 6: 4-24.

Ritzer, George, 2001, *Explorations in the Sociology of Consumption: Fast Food, Credit Cards and Casinos*. London: Sage.

Slater, Don, 1997, *Consumer Culture and Modernity*. Cambridge, MA: Polity Press.

Stacey, Jackie, 1994, *Star Gazing: Hollywood Cinema and Female Spectatorship*. London: Routledge.

Underhill, Paco, 2003, *Why We Buy: The Science of Shopping*. New York: Texere.

Veblen, Thorstein, 1994, *The Theory of the Leisure Class*. New York: Dover Publications.

Winship, Janice, 1987, *Inside Women's Magazines*. London: Pandora.

第 18 章

資訊與社會

- 新的社會人際關係
- 網路人際關係
- 雲端運算、大數據、物聯網
  及人工智慧
- 網路管制與監控
- 資訊化的其他影響

■ 翟本瑞

摘　要

1. 進入二十一世紀，科技發展的速度與效能，以及能運用的資訊總量，都是二十世紀所無法想像的。行動通訊及網際網路已經全面改變人類社會與文化，資訊社會來臨帶來全面性的變革。

2. 網路社群透過弱連結的關係，將線上活動和真實生活，虛實整合成一個多元複合世界，也將所有日常生活經驗結合成一體。然而，人與人雖然在網路上彼此連結，即時、短暫的親密感，換來的卻是全新的孤獨感，只能「在一起孤獨」。

3. 雲端運算、大數據、物聯網、人工智慧，整合出一套全新的科技客製化服務系統，提供前所未見的整合性服務。

4. 高效能的科技服務，也可能提高了監控與管制的技術，容易侵犯到民眾的隱私權，應有適當管制以防止被濫用。

5. 資訊時代來臨後帶來許多高效能的服務，但也產生許多潛在的隱憂。如何辨識資訊真偽、面對產業結構變遷、工作消失，以及資訊焦慮，成為資訊社會要面對的挑戰。

　　2016 年 3 月，人工智慧程式 AlphaGo 4 勝 1 負打敗人類圍棋世界冠軍李世乭。由於圍棋步驟的絕對數量比宇宙的原子數還多，被視為人類文明中最複雜的遊戲，人工智慧打敗世界棋王在人工智慧發展史上當然是最重要一步。但是，科技發展並未因此而減緩，AlphaGo 是把全球所有圍棋棋譜當成資料庫，訓練程式以人類經驗的人工智慧，打敗人類。2017 年 10 月，原設計團隊僅給 AlphaGo Zero 遊戲規則，沒有任何棋譜的經驗，透過機器學習，只用了 3 天就完勝 AlphaGo。從此之後，人工智慧程式不必再藉助人類經驗，就能獨立發展出致勝的能力。人工智慧的發展呈幾何級數倍增，且絲毫沒有減緩趨勢。至此，人工智慧的發展完全牽動了人類的未來命運。誰能想像，再透過深度學習之後，電腦及人工智慧程式的能力將進化到何等層次？

　　過去二十年間，行動通訊與網際網路全盤改變了世界經濟模式。以阿里巴巴為例，2008 年阿里巴巴發布經濟危機警告，在香港掛牌價跌破 4 元。然而，到了 2019 年 11 月 11 日（光棍節），阿里巴巴旗下的天貓跨境電商平台，單日營業額達到 2,684 億人民幣（新台幣 1.15 兆），2020 年增

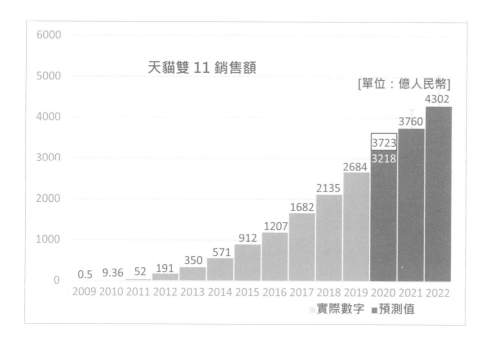

加 11 月 1-3 日後更高達 3,723 億人民幣（新台幣 1.63 兆），成長令人刮目相看。

　　天貓國際站上有來自 78 個不同國家、超過 2 萬 2 千個商家，整體營業超過 55% 的消費者是「90 後」。近幾年淘寶直播帶動了線上交易的熱潮，截至 2018 年底，淘寶直播平台用戶每日在線時間已接近 1 小時，月銷量超過 100 萬人民幣的直播間更超過 400 間，直播推廣帶來店鋪訪問量轉化率高達 65%，更催化了電子商務及網紅經濟的發展。淘寶直播愛用者以中國一、二線城市，以及五、六線城市居多。電子商務的基礎在於訂購系統、物流配送系統、金流支付系統，需要諸多系統配合才能有效達成。又如 2019 年雙 11，淘寶應用程式單日活躍用戶超過 5 億人，訂購單峰值每秒 54.4 萬筆。2019 年 9 月 16 日周杰倫新歌《說好不哭》正式發售，一首單曲人民幣 3 元，上線 2 個多小時，三個音樂平台銷售總額突破新台幣 4,500 萬元，兩天內突破 800 萬下載量，換算收入突破新台幣 1 億元，這樣的銷售模式，是上個世紀完全無法想像的。線上經濟改變了人類商業行為模式。

　　Google 執行長 Eric Schmidt 2010 年時指出，網際網路上每 48 個小時增加的內容，相當於創世以來到 2003 年的資訊總量。Google 的科技長 Ray Kurzweil（2000）更指出，從科技史檢視，科技並非線性發展，而是以指數遞增的模式成長，因此，我們將不會經歷一個一百年的二十一世

紀，反而比較像是經歷了兩萬年的突飛猛進。

　　全球超過 1 兆個連線的智慧型有機和無機體，不斷地擷取、匯流資料，資料總量更快速成長。透過智慧手機、網路、感測器等資料化系統，有史以來，幾乎所有人類資訊都可以被數位化地測量，而各種新的感應科技被大量嵌入汽車、家電、公路、水利、電力等設施中，加上高速發展的網路，使得所有的人、事、物被建構成一個聯網互通的系統。不但硬體基礎設備不斷擴充，在通訊頻寬上，各國正式啓動 5G 商用服務，未來提供超高解析度影片、雲端硬碟、雲端電腦運算、物聯網、工業大數據、VR/AR 等服務，都將指日可待。此外，透過互聯網、物聯網、雲端運算、大數據、AI 等技術創新應用，更能實現深層資訊共享和業務協同，讓「智慧城市」成爲人類文明發展重要目標。

　　一場全面改變人類社會、文明的革命就在我們眼前展開，資訊社會的來臨帶來全面性的變革。

壹　新的社會人際關係

> 「Google，我到家了！」說完，Google Nest Mini 智慧音箱自動解鎖開門，古典音樂、合宜的冷氣以及柔美燈光迎接著家君（化名）回家，窗簾開啓、小米機器人早已完成清潔工作。APPLE 手錶上顯示今天運動量、心率監測數據，以及自己與群組在體能訓練競賽項目的比較；「雅婷逐字稿」整理出大家都已確認、下班前的會議紀錄。在 IG 上看著死黨的照片、抖音上好笑的影片，透過 LINE 轉發給朋友。這時，簡訊通知蝦皮上訂購的商品已經送到樓下 7-11，而 Uber Eats 點的餐也送到了門口……

資訊社會
（information society）
資訊的生產、分配、傳播、使用等，深具經濟、政治、文化上意義的社會。

　　十年間，網路環境變化宛如不同世界。智慧手機與 App 應用成爲主流，YouTube、抖音、Instagram 已成爲影音上傳分享場域，年輕人在父母使用 Facebook 後逐漸退出，也鮮少使用電子郵件，而搜尋引擎不再是年輕人找尋資料的重心、網路交易成爲常態。在中國沒有支付寶，連叫車、訂餐都不容易，幾年間，世界已經改變了。現在大家熟悉的資訊社會、網路世界，全都是在過去不到三十年間發展出來的。

二十世紀末學界對資訊社會的了解，認為網際網路具有匿名性、便利性、互動性、逃避性等特徵，讓人們很容易流連於虛擬社群中而忘了重返真實世界，造成對真實世界不同活動的排擠。角色扮演、多重人格、身分認同、虛擬社群的凝聚力等是當時學界關心的議題，網際網路成為一種「既隔離又連結」的介面。

如果把智慧手機、App 下載、行動支付、Facebook、YouTube、Google、Uber、Airbnb、阿里巴巴等公司拿掉，我們根本無法想像當前社會會是什麼樣子。事實上，資訊社會的發展，幾乎每兩年就會出現過去所沒預料到的殺手級產品，全面改造人際溝通、互動模式，任何主流產品、大眾價值都很容易就被潮流所淘汰。

網路的價值是依循里德定律（Reed's Law）而推展：網絡能讓個體之間形成團體時，價值就呈指數函數的倍數，網路成長的價值即呈現指數函數成長。如果人與人能夠透過網路的端對端連線，隨時依不同需求而形成虛擬團體，它的價值就會更積極地被創造出來。當前即時通訊軟體，以及諸如 Facebook、Twitter、LINE、微信等社群平台，讓許多群聚的心靈能夠超越既有規劃，形成一個複雜關係網絡，網路的價值當然就大大超越個人所能規劃的範圍。

資訊社會發展的重點在於開創出全新的人際關係價值網絡。Facebook 使用人口有 28 億，旗下的 WhatsApp 用戶也超過 20 億人，微信（WeChat）每月活躍人數達 12 億人，LINE 每月活躍用戶 1.65 億人，Instagram 每月活躍用戶高達 10 億人。全球有超過 56 億部智慧型手機，透過這些溝通程式傳遞訊息，各社群平台及行動通訊讓不同個體形成各式各樣的團體，讓價值呈指數函數成長，我們見到里德定律已經蓄積了能量，全面解放所有束縛，充分展現資訊社會的能量。

我們面對的是一場資訊革命，人類社會正經歷前所未有的變革，而資訊社會的發展速度只會愈來愈快，終將突破自然對人類發展所設的限制，全面地影響人類的社會、文化與生活。

虛擬社群（virtual community）
一群主要藉電腦網路溝通的人們，彼此有某種程度的認識，分享某種程度的知識和資訊，相當程度如同對待友人般彼此關懷，所形成的團體。

里德定律（Reed's Law）
網絡能讓個體之間形成團體時，價值就呈指數函數的倍數，意味著網路成長的價值不是與使用者的平方成正比，而是呈指數函數比。

即時通訊（Instant Messaging, IM）
不以伺服器為中介的實時通訊系統，允許兩人或多人透過網路直接即時傳遞文字訊息、檔案、語音以及視訊交流。例如：WhatsApp、LINE、Facebook、Messenger、微信皆是。

🔍 **問題與討論 18-1**

如果沒有網際網路，當前的生活世界會有什麼樣的改變？請分析沒有網際網路前的世界和當前世界的差別，並討論不同國家、文化、年齡、階級的網路運用方式是否會強化已經存在的差異？

網路人際關係

　　Barry Wellman 和 Milena Gulia 的研究發現，在眞實世界中，北美地區民眾大約會與 1,000 多人建立不同形式的關係，但是，受到時空的限制，眞正有意義的關係不過 50 人，最親密的則平均只有 6 人，大致是建立在核心家庭的關係上（Wellman and Gulia 1999）。相較於這 6 個具有強連結（strong tie）的人際關係，我們在這個世界中，大部分的互動都只具有 Mark Granovetter 所說的弱連結（weak tie）關係（Granovetter 1973）。雖然，這種弱連結的關係一直存在著，但是，資訊時代來臨後，資通訊工具可以有效地增強並維繫這種弱連結的關係，甚至更能形成新的弱連結關係，讓人們凝聚在不同的社群中。藉助這些社群的互動，人們可以交換資訊、傳達情緒並維繫個人支持關係。

六度分隔理論（Six Degrees of Separation）

　　1960 年代，美國社會心理學家 Stanley Milgram 的研究，發現平均只要透過 6 人聯繫，便可找到所想要找尋的人（Milgram 1967）。網際網路發展後，哥倫比亞大學社會系「小小世界搜尋計畫」（Small World Research Project），透過 166 個國家超過 6 萬名電子郵件使用者，發現只要經由弱連結的關係網，平均透過 5 到 6 個朋友幫忙，就可以找到目標對象，再次驗證了 Milgram 當年的研究。然而，2011 年 Facebook 和米蘭大學團隊，針對 7.21 億名 Facebook 使用者的 690 億個朋友關係加以分析，發現任意兩個使用者之間相隔平均值是 4.74 人（美國的數字更降低到 4.32 人），92% 人際關係的彼此關聯低於 5 人（在美國則高達 97%），如果將關係局限在同一國家或是同一語言使用者，數字會更低。相隔平均值從 2008 年的 5.28 人逐年下降到 2011 年的 4.74 人，Twitter 上的平均關係則是 4.1 人，可以看出資訊社會來臨後，隨著行動上網普及、社群網站廣泛使用，全球已經更爲緊密地整合在一起了。

　　資訊社會中，弱連結關係非常有效地促成資訊傳遞，影響程度遠超過強連結的效果。透過社群網站連結，個人很容易鑲嵌進許多群體之中，超大型的社會網絡，整合成一個龐大而複雜的互動社群；網民悠遊於其間，各取所需，如同享受歡樂的嘉年華會一般，建構出各自的線上經驗。於是，這些超大型的線上超連結社區可說是「眾聲喧譁」的複調互動團體，不必有特定目的與共同價值和利益關聯，就可以形成高度互動的社群。

　　社群網站非常有效地在不同團體間分享、傳遞訊息，充分發揮「弱連結的優勢」。透過社群網站，個人可以有效整合不同團體間的連結，填補了 Ronald Burt 所說的「結構洞」（structural holes）（Burt 2017），讓不同小群體可以整合成龐大社群。於是，許多過去不易集結的社會力，透過弱連結可以達到社會運動所需的動員力量，促使諸如茉莉花革命等大型改革得以發生。

　　社群網站有效地將不同資訊透過團體內、團體間、跨團體，甚至孤立個體而傳遞出去，讓天涯若比鄰的網路效果真實地在個人連線裝置上發生。社群網站間的人際互動，印證關於弱連結的討論，也能支援結構洞的分析，擴充傳統社會學在社會網路分析上的領域。

　　於是，透過智慧型手機與各種 App 把人們緊密結合在一起，每個人都可以與所有相關人等直接溝通。工作、購物、知識、休閒娛樂、社交等，都可以透過網路完成。Uber、Airbnb、滴滴出行、Uber Eats 等服務，以及各種網購，讓網友足不出戶就可以參與各種線上活動。線上活動和真實生活，虛實整合成一個多元複合世界，將所有日常生活經驗結合成一體。線上活動因此強化了真實世界的互動關係，人們已經離不開連線世界，真實與虛擬世界的整合，讓人們隨時都保持有效的互動關係。

　　網路世代（Net generation）是資訊社會的原住民，他們出生在網際網路普及、頻寬及應用程式方便的年代，目前已經進入職場成為主流社會，擅長運用媒體、購買力強、有協同工作習慣，更將創業精神和政治態度帶進世界中，歷史上第一次，社會的發展是由年輕人所主導。

　　雪麗・特克（Sherry Turkle）長期以來關注科技對人類心靈所產生的影響，她的三部重要著作，也被視為機器／心靈的三部曲。《電腦革命》（*The Second Self*）一書指出：1970 代年晚期至 1980 年代初期，機器邀請我們改變思考人類思維、記憶和理解方式，電腦儼然成為一種引人自省的物體，整個社會充滿了希望和樂觀。《虛擬化身》（*Life on the Screen*）一書探討人們在虛擬空間上體驗不同的角色扮演，在線上空間塑造新的身分認同。到了《在一起孤獨：科技拉近了彼此距離，卻讓我們害怕親密交流？》（*Alone Together: Why We Expect More from Technology and Less from Each Other*）則探討人生全面網路化的發展，以及機器人的進化，讓數位原住民模擬人生（simulation）的代價感到不安，社會上產生新的焦慮。由於智慧型手機與各式應用程式，年輕人逐漸從真實世界撤退，對其他人的興

趣大幅降低，也比上一世代更不容易設身處地、感同身受其他人的世界。例如，學生缺乏同理心與線上遊戲、社交網路的普及關係密切，比起30年前，當代大學生較不可能認同「我有時候會從朋友的角度想像事情，藉此更了解他們」，或是「對於比我不幸的人，我常體貼、關懷他們」的敘述。太多資訊和太頻繁的線上互動，讓深度思考及自我反省變得相當奢侈，人類心靈開始從量變產生質變。

數位世代永遠連線、分心多用、多重自我、行動裝置永不離身，把「模擬」視爲眞實，他們嫻熟科技，卻持續存在焦慮。他們被朋友環繞，卻無法確定眞正的友誼。科技協助他們解決所有生活問題，但卻不知道生活的意義何在。電腦讓我們永遠忙碌，我們卻不知道在忙什麼，以及到底哪些事物是眞正有意義的。於是，科技重新界定親密和孤獨的界限，人們隨時都可以和所有人連結，但這種即時、短暫的親密感，換來的卻是全新的孤獨感。當我們對科技的期望日高，對彼此的期望就日低。我們被低風險且永遠唾手可得的連結所吸引，線上的朋友、社群中的觀眾，把我們留在網路空間安排好的刺激。「關係的單純化和簡化，已不再是我們抱怨的事情，反倒可能變成我們期待、甚至渴望的東西」，於是，人與人雖然在網路中彼此連結，卻只能是「在一起孤獨」。

Sherry Turkle 在《重新與人對話：迎接數位時代的人際考驗，修補親密關係的對話療法》（*Reclaiming Conversation: The Power of Talk in a Digital Age*）一書中，強調對話，尤其是面對面對話的重要性（Turkle 2018）。當前人們不斷地溝通，但卻害怕面對面對談，只能透過手機或電腦介面來溝通。她認爲適度放下手機、重啓面對面對話，是解決心靈空虛的重要方法，也唯有如此，人類文明中精神性靈一面才能得以存留。

🔍 **問題與討論 18-2**

網路上的人際關係與真實世界的人際關係，有什麼不同？又有什麼相同處？

參　雲端運算、大數據、物聯網及人工智慧

「雲門舞集最近的公演哪一場我有空？什麼時間？幫我訂兩張成
人票。」

「公司附近出租的小套房，平均價格多少錢？幫我找 CP 值最高
的房間。」

「老婆生日前記得訂花，在生日當天送到她公司，事先不要讓她
知道。」

「找出到公司不塞車的最佳路線。」

上述這些服務在過去有所困難，但現在都是可行技術。以自動駕駛為
例，結合各種感應器的物聯網，以光學雷達、GPS 及電腦視覺等技術感
測環境，加上地理資訊系統智慧地圖、人工智慧影像辨識系統等資訊整合
能力，才能讓自動駕駛在道路上安全行走。這也成為未來汽車發展趨勢，
Tesla、Google 等大公司無不積極爭取此一龐大市場。事實上，Google 公
司深具野心，從無人車到能源、醫療，甚至透過 Google 氣球讓網路普及
到全球等改變世界構想，都是 Google 將全世界資訊整合成一體的企圖展
現，而它的基礎就在於龐大雲端資料庫。

雲端運算是一種無所不在、方便且依需求存取廣大共享運算資源，可
動態地指派或分配包括儲存、處理、記憶、網路頻寬等實體及虛擬資源，
並可以透過任何載具依用戶需求自助存取，提供最適化服務。

「雲端運算」是一種基於網際網路的運算新方式，透過網際網路上異
構、自治的服務，為個人和企業使用者提供按需即取的運算。其資源是動
態、易擴充套件而且虛擬化的，透過網際網路提供的資源，終端使用者不
需要了解「雲端」中基礎設施的細節，不必具有相應的專業知識，也無需
直接進行控制，只需關注自己真正需要的資源以及透過網路得到相應的服
務（摘自《維基百科》）。

當我們開啟 Gmail 帳戶，在 Flickr 上使用相簿分享照片，在 YouTube
上欣賞影片，在 Facebook 上發文或按讚，在 App Store 下載各種 App，用
Dropbox 分享檔案時，透過分散式運算，我們早已漫步在雲端之上，使用
隨叫隨用的雲端應用服務而不必了解其原理。

2009 年 3 月，IBM、思科等一百多家公司，共同發布「開放雲端宣

雲端運算（cloud
computing）
一種基於網際網路的
運算新方式，透過網
際網路上異構、自治
的服務，為個人和企
業使用者提供按需即
取的運算。

言」（Open Cloud Manifesto），主張雲端運算業者應同心協力，確保透過公開合作和建立共同標準，解決包括安全性、整合性、可攜性、互通性、管理、測量與監測等使用雲端運算可能遭遇的挑戰，以確保資訊未來能夠充分整合，為世人共享。在台灣，經濟部與資策會也主張，業者在文化創意、醫療照護、觀光旅遊、綠色能源、生物科技以及精緻農業等政府積極推動的六大新興產業，應該積極推出華文數位閱讀、K12 數位教學、分散式電子病歷交換、國際人士來台觀光、整合通信、中小企業 ERP、能源管理、健康銀行、醫療影像交換、科技農場等雲端服務，以提升台灣產業的競爭力。

一、大數據

在《鋼鐵人 3》電影中，主角 Tony Stark 為了找出邪惡的滿大人（Mandarin）行蹤，運用 Oracle Cloud 雲端技術比對全球各地的爆炸事件，並利用 Exadata 資料庫駭進美國五角大廈，把恐怖集團成員揪出來。人類從古到今，總是希望有效掌握資訊以解決生活周遭的問題。古人長期觀察降雨規律，建構出有用的《農民曆》；又如透過生活經驗累積，歸納出《本草綱目》這類的醫書。只是，過去需要長時期累積大量資訊，才能建立出這些規律，甚至需要時日驗證、修訂其有效性，現在拜科技之賜，人們可以在大量資料中淘金，挖掘出有用的資訊，解決具體的問題，這就是「大數據」（big data）。

Google 每天處理超過 24 PB 的資料，數量是美國國會圖書館所有紙本資料量的幾千倍，2009 年 H1N1 新型流感病毒開始蔓延，世人皆沒有抗體，如果大流行將造成重大損失。Google 工程師從疾病管制局 2003-2008 年間的流感傳播資料，運用 4 億 5 千萬種不同的數學模型，與美國人最常使用的前 5,000 萬個搜尋字眼加以比對，針對搜尋頻率找出和流感傳播的時間、地區相關的關鍵字，找出 45 個相關的搜尋字眼，放進數學模型後，其預測結果與官方公布的真實資料相符。Google 每天接收超過 30 億筆搜尋，並儲存記錄，長期累積的大數據，提供預測流感最佳資訊，運用這套系統，從世界各地搜尋行為就能有效預測流感傳播的模式。

透過大數據的分析，科學家可以如同疾管局般掌握流感疫情，甚至更有效率地預測疫情，以防範蔓延。同樣的，台灣的全民健保資料庫也是大

大數據（big data）

來自各種來源的大量非結構化或結構化數據，超出傳統軟體在可接受時間內的處理能力，需要透過大規模並列處理資料庫、資料探勘、分散式檔案系統、分散式資料庫、雲端運算平台、網際網路和可延伸的儲存系統，以進行分析與運用。

數據，如何從中找出可以改善全民健康、提升民眾生活品質的資訊，當然是值得探索的領域。

　　2014 年巴西世足賽，德國隊透過 SAP 公司「競賽分析」大數據應用技術，針對個別球員和球隊整體表現及戰略評估分析，同時掌握敵情的數據，最終得到冠軍。2015 年杜克大學運用運動大數據分析，獲全美 NCAA 男子籃球賽冠軍。2016 年第 34 屆美國杯帆船賽，甲骨文隊利用 WiFi 傳送大量有關風速、風向、海面氣象等數據，結合帆船本身蒐集到的各種參數，透過 Oracle Exadata 數據分析器對每天產生的約 200GB 數據進行分析，迅速提供美國隊修正調整，最後擊敗強勁對手，成功衛冕冠軍寶座。而在一級方程式賽車（F1）透過賽車上裝設的 150-200 個傳感器進行諸如胎壓、油耗、車速等數據蒐集，大規模使用大數據分析，提供領隊及維修技術團隊進行戰略調整。這些都說明在實力之外，數據分析更能針對個別狀況量身訂製所需的調整（程紹同 2018）。

　　愈來愈多企業、政府機關運用大數據改善既有服務、提升品質並節省成本。以下是幾個例子：

- Zara 服裝公司分析顧客意見和銷售數據，發現各地消費者的偏好，因而能準確控制各地發貨和品項，將庫存降到最低，精簡人事和倉儲成本，大幅提高獲利能力，稅前毛利率高達 23%。

- 美國南卡羅萊納州的查爾斯頓警局，利用 IBM 的 i2 以及 SPSS 分析軟體，發現宵小的固定犯罪模式，因而在特定時間、地點加強巡邏，有效地預防犯罪，成功地降低犯罪率。事實上 FBI 也用 IBM 的 i2 分析軟體，比對大量即時圖像和數據，在獵殺賓拉登任務上發揮功效。

- 加拿大英屬哥倫比亞省的蛋品行銷協會（BCEMB），旗下有超過 130 家蛋農，飼養 270 萬隻雞，每年生產超過 8 億顆蛋。現場人員透過平板電腦上傳雞舍所有即時資料，經過彙整分析，結果每年省下 6 成的監測人力及 10 萬美元的支出，有效降低成本並增加收益。

- 斯德哥爾摩運用大數據，分析建置道路收費系統，讓市中心交通流量減少 25%，使用大眾運輸工具人數增加 4 萬多人，道路廢氣排放量減少 8-14%，市中心溫室氣體排放量也下降了 40%。

- Lady Gaga 的業務經理 Troy Carter 利用大數據分析，從龐大資料中找到最具吸引力的方法，成立 Littlemonsters.com 微型社群平台，讓 100 萬名死忠的「小怪獸」成為 Lady Gaga 各項活動的鐵票和收入來源，成功打

造新的商業模式。

Amazon 有效推薦客戶最想要的書；Google 排序出與使用者最相關的網站；Facebook 知道哪些人對什麼議題按了讚；LinkedIn 可以猜出我們認識什麼人；英國政府藉以提高效率並削減近 300 億英鎊的浪費；隸屬美國能源部的邦威電力管理局藉以省下了蓋一座近 10 億美元的新電廠；Spotify 線上串流音樂分析使用者喜好主動推薦歌曲給使用者；金融業藉以將規劃和執行促銷的成本降低 10%，並讓客戶對行銷活動的回應率提高 60%，這些都是大數據的具體應用。

Netflix 自 2007 年起推出串流服務，到 2020 年用戶超過 1.3 億，獨占全美串流影視 75% 的市場。Netflix 打造了一套全球唯一的「個人化評比」系統，針對全世界最大電影微分類及關鍵字資料，提供每位用戶精準推薦功能。同時，從所有用戶的偏好中，更可以選出有市場價值的影片組合，製作能夠滿足用戶需求的影片，提供高獲利、高滿意度的電影及影集服務。只有在資訊化時代，各個數位平台才可以針對個別用戶提供客製化精準服務，Google 搜尋、Amazon 購物、Facebook 瀏覽、Netflix 影音服務都是如此。資訊爆炸時代，拜資訊技術之賜，所有資料都可以長期地記錄、保存，對個人、企業、政府而言，大數據蘊藏了高度的應用價值，可說是二十一世紀的黑金。

據估計，製造業如果利用大數據分析，可縮短 20~50% 研發到上市的時間，並提高預測供需的精準度，同時增加 2~3% 毛利。有了大數據的分析，藉由分析結果可以對過去難以解釋的現象提供說明及預測，無論疾病疫情、金融風暴、政治動盪、流行風尚、市場趨勢等，都可以在大數據中找到規律，並進一步分析研究，有效運用相關資源。大數據改變了傳統行銷模式，未來企業在決策之前都應從大數據中擷取資料、進行預測以利精準行銷，而企業在產品設計及製程中，若依所發現的規律來創造價值，更能針對特定客戶提供量身訂做的適性服務。將大數據具體應用到醫療、政府、教育、經濟、人文等各不同領域，能夠有效改變經營及服務品質。

二、物聯網

物聯網（Internet of Things）
運用射頻識別等資訊感測設備，透過網際網路，將嵌入式感測器和 API 等裝置所接收到不同物件上的訊息連結起來，以實現智慧化識別和管理。

物聯網（Internet of Things, IoT）是透過無線通訊將不同物品上的電子標籤連結起來，集中管理、控制，匯集成可運用的數位資料庫，以應用到

製造流程、智慧城市、災害預測、物流管理等不同領域。前述阿里巴巴雙
11 商品的倉儲、配送、物流管理，如果沒有有效的物聯網管理，是不可
能達成的。以倉儲、自動搬運、物流配送為例，可以看出資訊時代的管理
模式變化。

　　無人自動搬運車（Automated Guided Vehicle, AGV）改變了倉儲流
程，在 AGV 電商倉儲系統中，卸貨、入庫上架、搬運貨架至工作站、處
理出倉單並從貨架揀貨等動作，均由搬運機器人自動完成，包裝完成到物
流配送，亦都能自動化處理。Amazon 旗下 50 個倉儲據點，透過 20 萬台
AGV，讓會員購物日 1.75 億個商品能順利交貨。於是，全面資訊化後，
目前電子商務已能有效處理小量及多樣組合的訂單，也能有效整合物流倉
儲作業系統，更能透過電子交易與行動支付完成金流系統。傳統零售物流
出貨是以同款貨品大宗出貨的 B2B 訂單為主，目前電子商務可以針對個
別消費者多種商品組合，完成 B2C 的交易。台灣的永聯物流在 2018 年導
入 AGV，全倉 108 台 AGV 一天最高可以處理 2 萬張訂單。Yahoo! 奇摩購
物在 2019 年 10 月啟用全台第一座自動化物流中心，導入穿梭式自動倉儲
設備，全倉 8 成作業線變成「以物就人」的模式，可減少 3 成人力，並以
過去 15 年累積的數據，訓練 AI 演算法，決定商品的存放處，出庫時間也
減少 6 成。物聯網技術應用已經全面改變物流的模式

　　雲端運算、大數據、物聯網、智慧製造、區塊鏈、智能機器人等不同
科技發展都不是單一現象，彼此間有著更緊密的整合。然而，讓這些不同
應用科技匯整成巨大變化的，要算是人工智慧的發展了。

三、人工智慧

　　人工智慧（Artificial Intelligence, AI）的歷史相當久遠，但是，真正能
產生巨大效能與影響，還是最近這幾年的事。大數據、演算法和高速晶片
三股力量匯合，讓深度學習得以可能，人工智慧透過機械學習、深度學
習，再結合物聯網及網際網路大量數據，可以更有效地掌握並提升所有科
技的應用潛力。人工智慧之於未來，正好像電力之於第二次工業革命。

　　人工智慧發展雖晚，但已有許多豐碩成果。例如，Google 利用 AI 深
度學習協助醫師準確診斷乳癌，從大量衛星雲圖辨識預測未來降雨量，建
立多語言搜尋配對提供不同語言使用者所需服務。麻省理工學院學者訓練

人工智慧（Artificial Intelligence, AI）
透過深度學習，讓機器及程式在感知、推理、理解、學習、行動等領域，具備和人類一樣的思考邏輯與行為模式。

機器學習演算法，分析 2,500 種不同分子結構，AI 系統辨識出一種新的抗生素化合物，可以殺死許多頑強致病細菌，對所有測試的抗藥菌都有殺傷力，解決了醫藥界多年來抗生素研發遲滯的困境。再如，微軟與台灣人工智慧實驗室（Taiwan AI Labs）的杜奕瑾推動「AI 齊柏林計畫」，以齊柏林留下的大量影片訓練機器，用無人機拍攝 AI 版的 360 度《看見台灣》。

　　人工智慧發展，開啓一個不必依經驗法則，也不依靠人類心智，就能創造新的智慧應用成果。雖然還在起步階段，但目前人工智慧在一些影像辨識、語言分析、棋類遊戲等單方向的能力，已經超越人類的水準。由於人工智慧程式與系統有共通性，只需提供足夠的資訊，不須重新開發演算法就可以應用現有的 AI 完成任務，比起人類更有效率。一般認爲以 AI 的發展和效率，很快就將取代大量的人力，造成嚴重的失業問題。

課堂活動 18-1

　　請從日常生活中，比較不同世代對科技的態度及應用，分析其間的異同。

隱私

　　爲了防止犯罪及恐怖主義，監控系統仍然是各國維安的重要利器。根據統計，2019 年底全球監視攝影機約有 7.7 億支，就監視器密度而言，中國平均每 4.1 人有 1 台排第 1，美國 4.6 人排第 2，台灣 5.5 人排第 3，英國 6.5 人排第 4，新加坡 7.1 人排第 5。全球監視器每百人密度最高的城市分別爲：重慶（16.8）、深圳（15.9）、上海（11.3）、天津（9.3）、濟南（7.4）、倫敦（6.8）、武漢（6.0）、廣州（5.3）、北京（4.0）、亞特蘭大（1.6）、新加坡（1.5）。預計到 2021 年後全球將有超過 10 億支監視攝影機，其中超過半數坐落在中國，從 3.5 億台增加到 5.7 億台，讓中國成爲全球監視技術最先進的國家。美國則從 7,000 萬增加到 8,500 萬支。根據 2019 年的媒體報導，印度爲維持 13 億人的法律與治安，也打算開始建置中央化臉部辨識系統。

　　到處設置的監視器，不論是搭火車、公車、地鐵，還是到停車場、銀行、超市、百貨公司等，都會被監看。美國在 911 恐怖攻擊後，每年耗費 600 億美元在全國加裝了 3,000 萬台路邊監視器，讓波士頓馬拉松爆炸案兩名嫌犯不到 4 天就落網，避免紐約成爲攻擊目標。全台灣由警察列管、可供偵防調閱的監視器，再加上辦公大樓、停車場、學校、鄰里自行安裝，監視器數量早已超過 100 萬台，這對打擊犯罪當然有一定效果，但是，是否也有侵犯個人隱私的疑慮？

四、大數據所引發的隱私問題

凡走過必留下痕跡。手機定位、電子行事曆、信用卡消費、健保紀錄，加上 Google, Amazon, Facebook, LINE 等大型網站記錄了每個人的使用行為，個人隱私很容易全都暴露，試想如果被有心人利用，可能造成多大的負面影響？《全民公敵》影片中對個人隱私的侵犯，成為資訊社會最大考驗。

Facebook 創辦人 Zuckerberg 在 2010 年 1 月初表示：「承認吧，沒有人在乎線上隱私了！」但真的大家都不在乎嗎？由於 Facebook 註冊時必須輸入真實姓名，又與許多網站異業結合，可以自動登入不同應用程式，再加上許多在 Facebook 上的應用程式會將用戶身分資訊提供給廣告行銷公司，因此引發外界對使用 Facebook 安全性和隱私的疑慮。面對使用者對隱私的擔憂，分享軟體 Snapchat 推出分享照片、限時瀏覽、「閱後即刪」，成為網路的新寵，吸引大量青少年族群的喜好，可見得大家對隱私還是在意的。

公領域和私領域的界限模糊不只發生在 Facebook 等社交網絡，這些資料的歸屬、誰能用什麼樣的方式記錄什麼，如何應用或交易這些資料，我們有沒有權利拒絕個人資訊在大數據中被第三方使用？這些問題衝擊我們以往所熟悉的隱私領域。

美國前中央情報局職員史諾登（Edward Snowden）曾揭露美國以反恐為名竊聽全球通訊，甚至對友邦元首及重要政治人物也都長期監聽，引起世人對隱私問題的重新重視。在輿論壓力下，美國總統歐巴馬在 2014 年 1 月 17 日宣布，美國政府將停止大規模蒐集美國民眾通話資料，除非得到國家安全秘密法庭的批准，才能為政府蒐集通話資料，而允許蒐集的個人資料範圍也有所縮減。然而，在海量資訊時代，隱私問題已經沒有那麼單純了，網路使用行為中所發掘出的模式，其複雜性遠超過傳統隱私討論範圍。

哈佛商學院 Shoshana Zuboff 教授在《監控資本主義時代》（*The Age of Surveillance Capitalism*, 2019）探討監控資本主義的崛起與主宰世界，尤其是科技運用及發展，將消費者的行為資料與「使用者輪廓資訊」（user profile information, UPI）綁定在一起，讓諸如 Google, Facebook, Amazon 等科技公司將使用者資訊衍生成可藉以獲利的商品（Zuboff 2020）。於是，

每個人在網路世界中所有搜尋、瀏覽、點閱、消費等資訊，加上無所不在的監視器與 AI 系統，構成了對所有使用者的資訊監控，甚至比當事人還要更精準地掌握其所有行為模式。

正如同一般商品所進行的廣告行銷，在網路世界中，包括 Facebook, Twitter, Google 等數位平台上，都可以付費針對使用者量身訂做精準廣告行銷。然而，假如銷售內容涉及政治選舉，恐怕科技公司的市場策略就不只是「廣告」可以說明的，而諸如假新聞更不只是無害的娛樂效果，已經涉及法律邊緣更深刻的灰色地帶了。

肆　網路管制與監控

中國在 2012 年通過的《全國人大常委會關於加強網路資訊保護的決定》，要求有限度的網路實名，於是，新浪、搜狐、網易、騰訊微博共同正式實施微博實名制。2016 年 11 月 7 日《中華人民共和國網路安全法》第二十四條規定，網路運營者在與用戶簽定協定或者確認提供服務時，應要求用戶提供真實身分資訊。此後中國正式在法律上明確規範網路實名制，對網路採取了嚴格的管控。

透過顏面辨識、大數據及 AI 技術應用，可以為智慧型手機解鎖、無人超市進出管制、授權者門禁管理，提供方便的服務。2019 年 9 月啟用的北京大興機場，已經全面採用人臉辨識技術，讓旅客體驗無感通關的便利。然而，科技不全然是中性的，深圳交通警察利用人臉辨識系統，抓到闖紅燈的行人，並將姓名、照片等個人資訊，公布在路口螢幕和「行人過馬路闖紅燈曝光台」網站。舉凡製造噪音、車廂內吸菸、行車超速、欠債不還等等行為，不再需要以「公德心」自制，都可以透過監控科技達到規範。2014 年中國國務院印發《社會信用體系建設規劃綱要》（2014-2020年），計畫在 2020 年建立社會信用體系，所有公民、企業甚至政府機構都會獲得信用評分，再配合激勵及懲戒機制，達到「一處失信、處處受限」的效果。一旦被列入「失信人」名單，乘坐飛機和火車都會受到限制。先進的臉部識別系統已能在 3 秒內依其龐大數據庫辨識出所有合法登記中國公民，單單在 2019 年 7 月一個月內，中國的信用體系就制止了 256 萬次「不及規格」機票出售，以及 9 萬次高速火車票出售。

中國「天網」人臉辨認監控遍布各地，2017 年一名 BBC 記者實際測試，不到 7 分鐘就被抓獲，可見其效率。2018 年張學友在中國舉辦的幾場演唱會中，官方亦透過顏面辨識技術，在數萬名粉絲中抓到了幾名嫌疑犯。中國幾乎在所有公共場所廣泛運用「掃臉」技術，更具體應用在監控新疆 1,100 萬名維吾爾人，其中，針對黃河沿岸三門峽市每月進行約 50 萬次檢查，依膚色等特徵掃描人群中有沒有維吾爾人。在新疆喀什市，監控更是無所不在，彷彿小說《1984》中「老大哥」的具體實現。新疆的現象不會局限在新疆，所有監控技術與規範，預期將逐步擴大應用到中國不同地區。

浙江杭州第十一中學引進「智慧課堂行為管理系統」，每隔 30 秒掃描一次，針對學生的閱讀、舉手、書寫、起立、聽講、趴桌子等 6 種行為，以及面部表情是高興、傷心、憤怒、反感等，分析學生課堂狀態，以及教師授課時學生的反應。這當然可以提高學習效率，但同時也讓教室成為全面監控的牢籠，所有行為與情緒反應無所遁逃。

中國網路審查一向相當嚴格，「翻牆」才能連結到被限制的網路空間，實名制實施後管制更嚴峻。然而，新的網路審查更將規範在安裝網路時就需先經過臉部認證才能完成，目的在「鞏固網路安全以及打擊恐怖主義」，且禁止未通過認證者使用已開通 SIM 卡撥打電話，無所不在的監控系統，再加上為了重整道德風氣而採用的「社會信用體系」，更將限縮民眾的自由範圍。處於這種「全域覆蓋、全網共享、全時可用、全程可控」的「全國性視頻監控網絡」，個人隱私與資訊都沒能得到保障，每個人無時無刻都處在全景式的監控網絡中，無所遁逃。

相形之下，歐美民主社會對於臉部辨識技術運用則有諸多疑慮，由於目前人臉辨識技術仍存在嚴重的種族與性別歧視問題，可能造成錯誤，更威脅到民眾的隱私權與自由權。美國公民自由聯盟（American Civil Liberties Union, ACLU）從「不透明就難以問責」（There can be no accountability if there is no transparency）的角度，希望執法機關能夠針對人臉辨識技術的使用加以透明化，並依據「資訊自由法案」（Freedom of Information Act, FOIA）要求執法機關公開相關細節，以防範濫用相關技術，侵犯基本人權。香港反送中抗議運動讓世人警惕政府部門很容易濫用監控工具，妨礙民眾的隱私權。這也是為何台鐵為保障車站安全，在 2019 年 11 月 5 日宣布將運用人臉辨識技術，試辦「智慧型影像監控系統

工程」，消息一出，外界認為有侵犯隱私疑慮，台鐵一天後就緊急取消，以確保民眾隱私權不受侵害。

　　AI 技術可以應用到醫療、能源、汽車安全、農業、金融管理等不同領域。AI 科技是中性的，但其應用範圍與權限則不是中性的，由於技能太過強大，濫權的可能性始終存在。知名 AI 演算法發明人「YOLO 之父」Joseph Redmon 在 2020 年 2 月 21 日宣布由於無法忽視自己的工作對人類社會可能造成的負面影響，基於道德考量，將中止一切與視覺化機器學習的研究。這引發 AI 研究及應用在倫理上的反省。

　　2019 年 3 月史丹佛大學電腦科學教授李飛飛在史丹佛大學成立「人本 AI 研究院」（Human-Centered AI Institute, HAI），包含三大理念：（1）下一代 AI 技術應具備由人類啓發的認知力和世界觀；（2）發展 AI 是為了「強化」（enhance）人類而非取代人類；（3）必須從法律、倫理、經濟到勞動市場等不同角度，了解 AI 對人類社會所造成的各種衝擊。李飛飛表示 AI 技術發展迅速，人類正站在歷史的轉捩點，並將創造出全面改變未來生活和工作方式的技術，但 AI 終究不會取代人類，甚至還可能會出錯。因此，她希望 AI 保持謙卑，因為 AI 不是萬能的。

　　同樣的，歐盟委員會在 2019 年提出 AI 應用應受到倫理規範，因此針對 AI 準則制定了 7 項規範，包括：（1）由人類機構監督；（2）穩健與安全性；（3）隱私和數據控管；（4）透明度；（5）多元化、無歧視和公平性；（6）社會和環境福祉；（7）問責制度。

　　然而，這些規約如果不能成為世界各國共同遵循的倫理規準，只要個別國家違反上述原則，發展 AI 技術並濫用在軍事或政治監控上，都將產生巨大的人類浩劫。

🔍 **問題與討論 18-3**

　　治安監控與隱私無法兩全，到處充滿的監視器、大數據分析及人工智慧，已能有效地預防潛在犯罪，要如何才能不致讓科技侵犯到個人隱私？

伍　資訊化的其他影響

　　資訊社會發展當然帶來相當多正面積極的價值，直接提升了人類文明的福祉以及個人生活的品質。但是，科技發展同時也存在諸多負面的影響。

數據分析、假新聞操縱總統大選

　　劍橋分析公司（Cambridge Analytica），透過數據分析、社群網站，掌握選民在意的議題與個性，接著再用各類廣告服務，將經過選擇，甚至是不實但不容易查證的資訊、爭議的內容推播給特定民眾，產生情緒性反應，影響 2016 年美國大選。拜數據分析之賜，同一概念的競選廣告，可以做出上千種不同版本，為每個不同民眾量身訂做發放。這種精準投放，在全美國巡迴時，針對不同州、城市、社區，甚至個人所重視的議題，達到精準行銷的最大效果。劍橋分析團隊宣稱為川普投放超過 5,000 種不同廣告，每個廣告都經過一萬次反覆修改，以達到最佳成效。於是，整個操作跨越了道德界限，並損毀了民主的核心價值，每票都可以換算成廣告與行銷成本，動員及阻止特定民眾投票也都有了價碼。川普陣營在劍橋分析上花費一億美金，創造兩億多次觀看，實質改變了選民的意向，最終影響大選的結果。

　　當時，Facebook 與第三方分享用戶資料後，全球至少有 8,700 萬用戶的個人隱私成為選戰中被操縱的材料。經由分析選民結構，找到特定族群，以心理統計學來了解要操控的對象，再精準投放廣告攻擊對手，並透過特定新聞與訊息操作，改變選民意向。這套經營模式放入全球 68 個國家的政治中，刺激民眾的感受和情緒，就能按照出錢客戶的意思產生行動方向。

　　瑞典哥德堡大學所主持的跨國調查計畫 "V-Dem"（Varieties of Democracy）中就指出，全球 179 個國家中受到外國政府或代理人不實資訊干預選舉，受害最嚴重的三個國家為台灣、美國及拉脫維亞。2020 年台灣大選前夕 Facebook 下架了諸如「密訊」等違反社群守則的上百個內容農場網站，卡神楊蕙如養網軍遭北檢起訴案，都說明網路行銷足以影響選舉結果。如何避免假新聞以及外國惡意介入政治事務，已經是各國需要慎防的要務。

　　舉例來說，中國政府贊助的駭客集團 APT41 企圖滲透電信業者簡訊服務伺服器，以攔截目標對象的簡訊流量；北韓 DTrack 木馬程式入侵印度核電廠網路並竊取內部資料；間諜監控程式 Pegasus 的 NSO Group 利用 WhatsApp 漏洞攻擊美國聯邦政府官員；《財星》500 大企業超過 2,100 萬筆使用者憑證被竊取待售；美國 Capital One 金融公司 1 億 600 萬筆信用卡資料被駭⋯⋯這些新聞屢屢見於報章，可見網路資安的問題相當嚴重。尤其是，一些將資訊戰當成國家武器的勢力，更可能造成全球動盪的潛在風

險。以下僅舉數例，說明資訊化發展同時，應關注可能造成的一些負面影響。

一、假資訊、假新聞充斥

許多內容農場（content farm）網站為了創造流量、賺取網路廣告分潤，大量張貼內容聳動的文章，其真實性難以確認。以 2019 年第三季為例，Facebook 在全球就發現了 17 億個假帳號，專門發布不實內容及假新聞，為此，Facebook 特別制定社群守則，以防範不真誠行為。Google 則是透過 Google Panda 演算法來過濾內容低劣的內容農場資訊，降低其搜尋排序，以減少可能造成的負面影響。除此之外，由 Deep Learning 透過 AI 影像合成技術，將特定對象移花接木「換臉」的 Deepfake 技術，包括偽造歐巴馬辱罵川普的假影片，或是將明星移花接木到色情影片上，都幾可亂真。為了阻止惡意運用 Deepfake，Facebook 在 2019 年 9 月聯合麻省理工學院、柏克萊等大學，Google、蘋果等大型科技公司組成的非營利性研究組織 Partnership on AI，希望尋求低成本檢測 Deepfake 影片方式，以避免其危害社會。

二、工作消失、中產階級消失

2016 年 10 月 20 日，Uber 的無人駕駛卡車以時速 88 公里越過 193 公里，載送 5 萬罐啤酒，這標示著未來卡車司機的工作都可能被全面取代。「摩根大通啟用 AI，數秒內完成 36 萬小時工作」，類似的新聞也都說明 AI 技術的發展，將逐漸取代現有的工作。Google 大中華區前總裁李開復指出，未來 10 年內 50% 白領智慧工作者會失業，其中，金融、醫師、律師、教師將首當其衝。這種衝擊不只限於個人層面，過去半個世紀以來，全球政治穩定是奠基於多數的中產階級在經濟生活上富裕、政治上追求民主，構成了社會的穩定力量。然而，中產階級是建立在「高薪、中等技能」的基礎之上，而傳統資本主義時代伴隨科技發展已經過去了，機器人、人工智慧將逐一取代中等技能的工作，造成中產階級消失，也成為未來全球政治、社會穩定的最大隱憂。面對未來可能的失業潮，Tesla 合夥創始人和總設計師 Elon Musk 認為，在機器人接管後，人類終將靠「全民

基本收入」（universal basic income）過日子。

三、資訊焦慮

在資訊爆炸的年代，每人每天大約接受3.6萬GB的資訊（約為100,500個字彙，相當於每秒23字），大腦需要處理過多的數據，長期疲勞轟炸造成人們注意力被切割、無法過濾不相干訊息、無法有效組織資訊，民眾為片斷資訊左右，失去深度、感情與思考能力。由於隨時都與朋友溝通、傳簡訊、聽音樂、打電話，習慣分心多用模式，長期處於多工作業的環境，未來人類大腦有可能因為適應資訊超載的環境而有重大轉變，甚至大腦中的神經網絡連結也可能因而改變。

透過 Facebook, Twitter 等社群平台傳播，龐大的弱連結網絡關係，讓少數有趣、針對特殊偏好群眾的信息，從龐大又令人眼花撩亂的資料海中，被推薦出來，迅速傳播擴散到全世界。人類製造出排山倒海的海量資訊，資訊超載將每個人都淹沒在其中，一般人只能看到同溫層的資訊，逐漸地活在自我建構出的世界觀中，不願意也不能感受、體驗、理解不同價值觀，網絡世界成為自我媒體，只為每個個人服務，活在自我世界中，焦慮與不安可想而知。

資訊社會來得太快，快到人類心靈無法承受此一變革。在一個十倍速、百倍速的時代，人類接受資訊、應用資訊的能力受到考驗。有史以來，一場最大的革命，就在我們眼前發生，終將從量變到質變，全面改變人類社會！

 課堂活動 18-2
請比較2000年和當前社會的差異，進一步預測2030、2040年時的社會可能會是什麼樣的風貌？面對未來的可能改變，我們要有什麼樣的心理準備？

延伸閱讀

李傑等，2019，《工業人工智慧》。台北：前程。

　　介紹將人工智慧技術落實在工業生產流程管理，以滿足系統性、快速性、持續性、流程性和標準化原則，以開創「工業智慧＋」的新產業變革。

李開復，2019，《AI 新世界》。台北：天下文化。

　　深度學習技術的突破，讓人工智慧技術能具體應用在廣泛的真實世界，也會全面改變了科技與社會間的關係，值得我們省思未來世界何去何從。

Howard Gardner and Katie Davis 著、陳郁文譯，2015，《破解 App 世代：哈佛創新教育團隊全面解讀數位青少年的挑戰與機會》（*The App Generation: How Today's Youth Navigate Identity, Intimacy and Imagination in a Digital World*）。台北：時報。

　　年輕一代「數位原住民」已與數位媒體形成牢不可破的關係，App 的應用更是年輕人開拓生活與世界的重要介面。本書研究如何讓 App 成為激發青少年創造力與無窮潛力的跳板。

Sherry Turkle 著，譚天、吳佳真譯，1998，《虛擬化身：網路世代的身分認同》（*Life on The Screen*）。台北：遠流。

　　針對 MUD 中角色扮演、化身對真實人格所產生影響的討論。作者有後現代主義理論背景以及電腦科技的專業知識，因此能夠在網路發展初期，就見到網路文化對人格與心靈的可能影響。

Sherry Turkle 著、洪世民譯，2017，《在一起孤獨：科技拉近了彼此距離，卻讓我們害怕親密交流？》（*Alone Together: Why We Expect More from Technology and Less from Each Other*）。台北：時報。

　　科技拉近了人與人彼此的距離，把所有人連結在一起，但人們更可能宅在自我空間裡而與外界隔離。數位時代來臨，人們卻孤獨生活，引起心理的焦慮感。本書分析科技時代網路青年的心理困擾。

Viktor Mayer-Schönberger and Kenneth Cukier 著、林俊宏譯，2018，《大數據：「數位革命」之後，「資料革命」登場：巨量資料掀起生活、工作和思考方式的全面革新》（*Big Data: A Revolution That Will Transform How We Live, Work, and Think*）。台北：天下文化。

　　本書分析巨量資料如何從根本上轉變我們對世界的基本理解，同時分析企業應如何轉變，才能面對大數據分析時代的挑戰。

Ray Kuzwei 著、高寶編譯中心譯，2000，《心靈機器時代：當電腦超越人腦》（*The Age of Spiritual Machines*）。台北：高寶。

　　本書從科技未來的可能發展，以及心靈與機器間的對話角度，預測並推估人類社會未來的必然發展，並對當電腦超越人腦時的社會變遷有所刻畫。

參考書目

胡世忠，2013，《雲端時代的殺手級應用：Big Data 海量資料分析》。台北：天下雜誌。

程紹同[*]，2018，〈改變運動世界的大數據〉。領客體育，2018/1/18，https://www.linksports.tw/post/169842325450/ 改變運動世界的大數據。

黃厚銘，2001，《虛擬社區中的身分認同與信任》。台北：台灣大學社會學研究所博士論文。

Brown, J. S. and Paul Duguid 著、顧淑馨譯，2000，《資訊革命了什麼？》。台北：圓神。

Burt, Ronald S. 著，任敏、李璐、林虹譯，2017，《結構洞：競爭的社會結構》。上海：格致出版社。

Carr, Nicholas 著、王年愷譯，2012，《網路讓我們變笨？數位科技正在改變我們的大腦、思考與閱讀行為》。台北：貓頭鷹。

Castells, Manuel 著、夏鑄九等譯，1998，《網絡社會之崛起》。台北：唐山。

Granovetter, Mark S., 1973, "The Strength of Weak Ties." *American Journal of Sociology* 78(6): 1360-1380.

Jordon, Tim 著、江靜之譯，2001，《網際權力：網際空間與網際網路的文化與政治》。台北：韋伯。

Kurzweil, Ray 著、高寶編譯中心譯，2000，《心靈機器時代：當電腦超越人腦》。台北：高寶。

Lessig, Lawrence 著、劉靜怡譯，2002，《網路自由與法律》。台北：商周。

Levinson, Paul 著、宋偉航譯，2002，《數位麥克魯漢》。台北：貓頭鷹。

Mayer-Schonberger, V. and K. Cukier 著、林俊宏譯，2013，《大數據》。台北：天下文化。

Milgram, Stanley, 1967, "The Small World Problem." *Psychology Today* 1(1): 61-67.

Rheingold, Howard 著、張逸安譯，2004，《聰明行動族：下一場社會革命》。新北：聯經。

Rosenbaum, Steven 著、黃貝玲譯，2012，《為什麼搜尋將被淘汰：在內容被淹沒的網路世界，策展才是王道》。台北：麥格羅希爾。

Schwartz, Evan 著，呂錦珍、洪毓瑛譯，1999，《Webonomics：一個新名詞背後的無限商機》。台北：天下文化。

Turkle, Sherry 著、施寄青譯，1986，《電腦革命：人工智慧所引發的人文省思》。台北：遠流。

Turkle, Sherry 著、洪慧芳譯，2018，《重新與人對話：迎接數位時代的人際考驗，修補親密關係的對話療法》。台北：時報。

Wallace, Patricia 著、陳美靜譯，2001，《網路心理講義》。台北：天下文化。

Webster, Frank 著、馮建三譯，1999，《資訊社會理論》。台北：國立編譯館。

Wellman, Barry and Milena Gulia, 1999, "Net Surfers Don't Ride Alone: Virtual Communities as Communities." Pp. 331-366 in *Networks in the Global Village*, edited by Barry Wellman. Boulder, CO: Westview.

Zuboff, Shoshana 著，溫澤元、林怡婷、陳思穎譯，2020，《監控資本主義時代》。台北：時報。

---

[*]　編按：因編輯疏忽，本書前版漏列此筆書目，特此更正。

第 19 章

全球化與社會變遷

- 前言：從 COVID-19 反思全球化
- 全球化的意涵
- 全球化的後果
- 全球化下的中國
- 全球化的變局與台灣社會

■陳志柔

摘　要

1. 全球化是指科技和市場的力量突破國界藩籬與地域限制，造成人類的社會關係產生根本變化，國家之間、本國及外國人之間，互動和依存度增加的過程。

2. 經濟全球化，意指全球經濟體的生產和消費，彼此之間越來越相互依存。貨櫃與航空運輸、資訊與通信科技發展、資金人員的便利流動，強化全球生產網絡，不同地方只需負責生產或服務過程的特定部分。

3. 政治全球化，意指國際組織或國際規範承擔國際事務的治理監管，例如：跨越國界的經濟生產、資訊流通、人員流動，都必須有國際標準和規範。因此，國際政治更加制度化，國家以外有新的權力中心。

4. 文化全球化，意指世界各地的文化慣習，例如：行為模式、藝術影音、思想觀念等，跨國傳播及影響的過程。當發生對立或排斥時就是文化衝突，會成為文化全球化的阻礙。

5. 1980 年代以來，經濟全球化縮小了各個國家間的收入不平等。占世界人口近40% 的中國和印度，是這個差距縮小的決定性因素。2000 年以來，中、印以外的其他發展中國家，經濟增長速度加快，更加縮小了國家間的不平等。

6. 在大多數國家，全球化擴大了國家內的不平等。一是因為跨國資本流動性，減少廠商移出國的勞工就業，二是因為國家再分配功能和管制角色弱化，影響稅收、教育、住房、福利等政策，惡化貧富差距。

7. 中國戶口制度建構了二元勞動力市場，其中工資、社會保險、勞動權益都有城鄉之別及地區差序。農民工勞動力是中國成為世界工廠的要件，政府及企業由此積極參與經濟全球化的過程，中國的地方體制及產業聚落也因此鑲嵌到全球價值鏈之中。

8. 全球化的世界秩序由「市場資本主義」與「自由民主政體」兩個核心元素構成。中國經濟崛起之後，國家機器掌握龐大的經濟資源，鞏固了黨國資本主義，對內壓制反抗，對外則是積極主動的擴張戰略，挑戰自由民主的全球化價值。

9. 美國政府在 2016 年川普總統任期時，表示對中國的「交往政策」是個錯誤。2020 年拜登當選總統後，認為中國、俄羅斯和其他威權國家，都呈現「國家主義高漲」和「民主衰退」的問題；美國宣稱必須

聯盟友好國家，對抗數位威權主義，重塑新的全球規範，以促進和反映民主國家的利益與價值。

10. 台灣的經濟成長及國家發展和全球化息息相關，尤其中國因素不時影響台灣的經濟和政治。兩岸經貿關係密切，社會文化互動頻繁，但中國為求統一，持續對台文攻武嚇。台灣不是單獨面對中國威脅，而是在美國及亞太諸國共同的戰略利益下，形成共利共生的網絡，這是台灣在全球化脈絡下的生存之道。

前言：從 COVID-19 反思全球化

「全球化」，可以從日常生活中顧名思義。我們學英文，是為了理解世界、吸收知識，跟世界各地人溝通，所以英語是全球化的語言。世界各地，尤其是已開發國家的現代化城市，都有麥當勞、Starbucks、Nike、iPhone、VISA 等產品和服務，我們會說這些是全球化的品牌。世界各地都有人崇拜 Lady Gaga、LeBron James、Messi，所以他們是全球化的偶像。網際網路讓我們通達世界各地，所以網路使用率高的國家，想必全球化的程度也比較高。

就時間而言，當今世界比起二十年前、一百年前，更加「全球化」。第二次世界大戰之後，航運技術大躍進，民航機、貨櫃、遠洋船等，降低跨境運輸成本，成為全球化基礎。就空間來說，已開發國家比起低度開發國家，更加全球化。電腦化、數位化、網際網路等發展之下，個人和企業都能以低成本與世界各地保持緊密聯繫。跨越國境的人員流動（旅遊、商務、留學）、產品貿易、金流（貿易支付、信用卡跨國交易）、資訊流（新聞、訊息），都是全球化的現象。全球化使不同的地方相互連結，遠方發生的事影響本土的事，本土的事又反過來影響遠方的事。各地社會彼此之間的關係產生根本性的改變，因此我們需要了解全球化的性質和過程：驅動全球化的力量有哪些？全球化帶來了什麼後果和爭議？

2020-21 年間，全球籠罩在 COVID-19（又稱新冠肺炎、武漢肺炎）大流行疫情下，直至 2021 年中，全球已有超過一億七千萬人確診，三百多萬人喪生。全球化之下，各國彼此的經濟與社會高度連結，因此疫情一發不可收拾。因應疫情，各國都限制國境人流進出，有的國家經歷了好幾

波的封城。大部分國家經濟生產受到嚴重影響，航空業、旅遊業、餐廳商場、電影娛樂等行業，陷入停擺，很多人因此失業。還好網際網路讓人際互動及訊息流通轉為線上，不至於造成更大的隔絕。疫情對不同國家人民和不同階級者，影響有別。在疫情治理完善的國家，日常生活及經濟生產不受影響，但在疫情蔓延時封城又停課的國家，工商業停擺，勞工階級及弱勢群體受到的生計傷害更大。

面對 COVID-19 全球疫情，主要的跨國應對機構是世界衛生組織（World Health Organization, WHO），這個世界最核心的政府間公共衛生組織，彰顯了全球化下各國政府對跨國治理的需求。WHO 在全球面對傳染病，如小兒麻痺症、愛滋病，扮演關鍵角色，但在本次 COVID-19 疫情中，未能在疫情失控前掌握嚴重性，被批評反應慢半拍，也反映全球治理公共危機的重要性和操作難度。

🔍 **問題與討論 19-1**

從 2020 年開始，延續至 2021 年的 COVID-19 疫情，對於全球化的影響為何？COVID-19 對於跨國的人員流動、經濟生產、社會關係等，都造成巨大的影響。有人認為，即便全球疫情結束之後，全球化腳步仍會放緩，走向區域化與線上化。但也有人認為，疫情不會從根本上改變全球化的趨勢。請問你的看法為何？為什麼？

貳 全球化的意涵

全球化進程展現在不同面向。首先，透過貿易、投資、生產、訊息和通信，跨越國境的社會和人民，彼此更加緊密地聯繫在一起。此外，跨國政策和制度也彼此相通，例如：市場自由化和市場規章、知識產權協定、工業標準、環境保護、節能減碳、文化藝術、慈善互助等等。

衡量一個國家的全球化程度有不同的測量方式，大多基於概念相近的統計指標。例如，全球知名運輸公司 DHL 與紐約大學史登商學院（NYU Stern School of Business）合作，從各國貿易流、資金流、資訊流、人流的統計數據，編制「全球連結指數」（Global Connectedness Index, GCI），由此呈現各國全球化的表現。具體而言，全球化進程展現在經濟、政治、文化等面向。

全球化（globalization）由於跨國界的工業生產、文化擴散和資訊科技擴散（透過人造衛星、網際網路和大眾傳播）的關係，使得全球性的社會關係和文化現象出現。

全球化指標：「全球連結指數」

　　2020 年 DHL 發布的「全球連結指數」，資料來自 350 萬資料點，追蹤 2001-2019 年期間 169 國的全球化程度（Altman and Bastian 2020）。「全球連結指數」包含深度和廣度兩個面向，「深度」意指一個經濟體的國際流量相對於國內經濟規模的大小，例如：貿易占 GDP 的比例、外資占 GDP 的比例、人均網路使用量、人均國際電話量、人均出版品貿易量、人均科研合作量等。「廣度」指國際化的跨越範圍，例如：貿易、資金、資訊、人員（國際旅客、國際學生、移民）散布到不同國家的範圍。

　　2020 年 12 月發布的「全球連結指數」，評估了 2020 年 COVID-19 疫情期間的四大關鍵國際流動（貿易流、資金流、資訊流、人流）。可以預期的是，人流在 2020 年遭遇了前所未有的崩潰。但其他面向的流動並沒有減少太多，貿易和資金流動在疫情初期時急劇下降，下半年已經恢復；而隨著人們和企業急於保持在線聯繫，資訊流也急劇增加。在調查的 169 個國家中，台灣全球化程度排名第 19，較前一年報告進步 5 個名次。排名第 1 是荷蘭，第 2 新加坡，第 3 比利時。歐洲是世界上全球化程度最高的地區，排名前 10 名中有 8 個是歐洲國家。歐洲在貿易和人員方面領先全球，北美則是信息和資本流動最多的地區。排名前 30 的國家中，亞太國家占了 6 個：新加坡（第 2）、馬來西亞（第 16）、台灣（第 19）、南韓（第 22）、香港（第 25）及泰國（第 30）。

　　利用「全球連結指數」歷年的資料，圖 19-1 呈現 2001 至 2019 年間，台灣與其他主要國家全球化程度的比較。從 2000 年代初期迄今的二十年間，大體上各國的全球化程度都有所上升，其中新加坡的全球化程度，遠超過其他美、德、台、日、韓、中等國家。2000 年初期以來，韓國的全球連結，上升得最多。至於台灣的全球連結，低於新加坡、德國，高於美國、日本、中國。

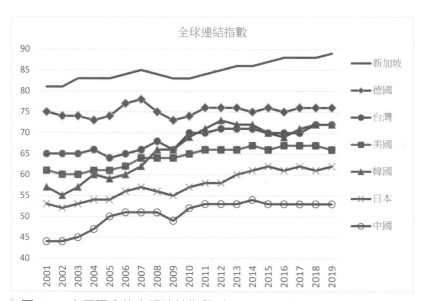

圖 19-1　主要國家的全球連結指數（2001-2019）

資料來源：取自 Globalization: The State of Globalization in A Distancing World, https://www.dhl.com/global-en/spotlight/globalization/global-connectedness-index.html 。

一、經濟全球化

經濟全球化意指全球經濟體的生產和消費，彼此之間越來越相互依存。1940 到 1980 年代，跨國公司的生產網絡多是自己經營，跨國公司在他國經營自己的零部件工廠，或從當地供應商購買零部件或原料，但生產技術和關鍵的投入都來自自己的設施；這樣的供應鏈涉及跨國投資及跨國貿易。1970 年代以來，許多發展中國家（包括台灣）從進口替代發展戰略轉向出口導向型模式，著重於對外貿易生產出口。1980 年代之後，製造業、服務業和金融業的跨國公司快速成長，廠商將全部或部分生產和服務，轉移到低成本的國家。貨櫃運輸、資訊與通信科技的發展，更助長了跨國公司在全球建立綿密的生產網絡。

進入 1990 年代，「全球價值鏈」興起，一項產品從研發、設計、生產、行銷等活動，分散在多個不同的國家，並且往往由不同的廠商專注於特定環節，接續完成。價值鏈涉及更複雜的企業關係，包括合資企業、研究合作、長期戰略夥伴關係。品牌商沒有必要擁有自己的工廠，只需要專注於產品特定面向，如設計和營銷。

以美國蘋果公司為例，它藉由 iPhone、Mac 等系列產品大放異彩，是全球股票總市值前三名的公司。蘋果的總部在美國加州，產品從設計、製造到出廠、行銷，卻遍及世界多國。根據蘋果公司公布的 2020 年供應商名單（supplier list），參與蘋果產品（iPhone、iPad、Mac 等）生產鏈的前 200 家供應商，來自十餘個國家，生產基地遍布 30 國。2020 年時，在 200 家供應商中，來自中國的有 51 家、台灣 47 家、美國 34 家、日本 33 家、韓國 13 家。不少供應商，例如台商、日商、韓商，在多個國家設廠；總

進口替代（import substitution）
發展中國家政府利用管制與保護的手段，用國內生產的工業品代替進口產品，以減少本國對國外市場的依賴，並促進民族工業的發展。

出口導向型經濟（export-oriented economy）
建立以出口為導向的產業結構，以國際市場需求為導向，充分參與國際分工與國際貿易；對國際市場的依賴性大，受到國際經濟的影響也較大。

全球價值鏈（global value chain）
全球價值鏈意指某種商品或服務為了增加價值（即價格競爭力），從設計、生產、行銷、消費的過程，分布在不同國家進行，不同企業專注於特定環節。

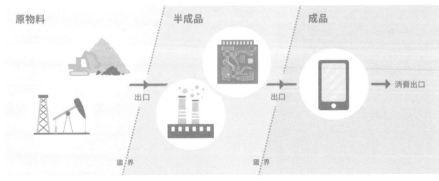

圖 19-2 工業產品生產的全球化過程

資料來源：筆者整理繪製。

計這些供應商運行了 395 處生產工廠，其中 154 處工廠設在中國，比例高達 39%（表 19-1、表 19-2）；在這 154 處工廠中，除了中國供應商的工廠外，也有日本、韓國和台灣等以外資名義在中國設立的工廠。

以 2020 年上市的 iPhone 12 Pro 為例，物料成本是 406 美元，相關物料供應商的來源國及成本比例為：韓國（27%）、美國（22%）、日本（14%）、台灣（11%）、中國（5%）、歐洲及其他（22%）（Matsumoto and Watanabe 2020）。由此可知，蘋果公司附加價值高的研發設計留在美國；零部件來自韓、日、台等國；低成本且耗費大量勞力的組裝生產則放在中國。對蘋果而言，在中國組裝付出的成本占整支 iPhone 成本的比例實在很低。曾有學者研究指出，市面上每出售一台 iPhone 賺得的利潤，蘋果公司獨占約 59%，另為原料成本 22%，中國組裝工人只獲得 1.8%（Kraemer, Linden, and Dedrick 2011）。

iPhone 的跨國生產鏈

以蘋果公司的 iPhone 為例，從價值鏈來看，美國供應商（例如：Apple, Qualcomm, Intel, Broadcom, Invensense, STMicro 等）設計處理器晶片、數據晶片、感測器、記憶體等核心零部件；台灣的台積電負責晶片生產，大立光生產鏡頭模組，臻鼎和台郡是天線軟板，鴻海（富士康）、緯創、和碩負責最後的組裝；韓國供應商提供顯示面板和部分晶片；中國供應商主要為 iPhone 提供聲學組件及結構件等非核心零部件。隨著中國的製造業技術水準提升，蘋果公司逐漸提高中國廠商在供應鏈中的比重。

由於蘋果產品在全球消費電子產品市場廣受消費者歡迎，銷售數據持續亮麗，廠商若能夠成為蘋果公司的供應商，不僅是對公司製造能力的肯定，也是公司獲利的保證。尤其台積電是全球晶圓代工龍頭，2020 年出廠的 iPhone 12 系列配備的 A14 應用處理器，採用 5 奈米先進製程，都是由台積電獨家代工生產。蘋果公司在 2020 年 9 月發表的智慧手錶和 iPad 等新產品中，配備的 A14 處理器也是由台積電的 5 奈米先進製程代工生產。2020 年時，大多數 iPhone 手機仍在中國生產，但鴻海（富士康）、緯創、和碩已經開始規劃或小量在印度組裝 iPhone。

表19-1　蘋果公司供應商的來源國（2020 年）

生產商來源國	n	%
中國	51	26
台灣	47	24
美國	34	17
日本	33	17
韓國	13	7
德國	7	4
其他	15	8
總和	200	100

註：其他包括荷蘭、新加坡、奧地利、芬蘭、比利時、沙烏地阿拉伯、瑞士和法國。
筆者自行計算；原始資料取自：Apple Supplier Responsibility 2021, Supplier List. https://www.apple.com/supplier-responsibility/pdf/Apple-Supplier-List.pdf，網頁查詢日期2021 年6月3日。

表19-2　蘋果公司供應商的工廠所在國（2020 年）

產品生產地	n	%
中國	154	39
日本	41	10
台灣	26	7
美國	25	6
韓國	22	6
越南	22	6
馬來西亞	15	4
菲律賓	15	4
泰國	15	4
新加坡	14	4
印度	10	3
德國	8	2
其他國家	28	7
總和	395	100%

註：其他包括印尼、英國、荷蘭、巴西、法國、奧地利、比利時、墨西哥、捷克、以色列、愛爾蘭、挪威、柬埔寨、哥斯達黎加、義大利、馬爾他、澳大利亞和芬蘭。此處指「有在該國家設廠的供應商數」，即便在該多處設廠，仍計為1。
筆者自行計算；原始資料取自：Apple Supplier Responsibility 2021, Supplier List. https://www.apple.com/supplier-responsibility/pdf/Apple-Supplier-List.pdf，網頁查詢日期2021 年6月3日。

當今的商品，多是全球化生產鏈的產物。以品牌運動鞋（如 Nike, adidas）為例，台灣的鞋廠（如寶成、豐泰）是品牌運動鞋主要的代工夥伴，大多在中國、越南、印尼、馬來西亞設廠；原料來源以到中國或東南亞設廠的台商居多，包括紡織業、石化／塑膠業、橡膠、皮革等。在全球化時代，一項產品的設計、原料、半成品及成品的製造，往往跨越好幾個國家的界限，以全球為場域運作。

經濟全球化的另一個面向體現在資本市場。資金的流動，比商品貿易的速度更快。1970 年代以後，金融工具不斷創新，加上資本管制放寬，大大加快了金融全球化的進程。1990 年代，留學生或旅客出國往往必須先換好旅行支票或外幣，現在只憑信用卡就可以在全球消費。國際投資者可以隨時將資金調動到不同地方，包括股票、債券、期貨、黃金等各種金融產品，都是以全球市場為基礎來交易。

課堂活動 19-1

　　經濟生產全球化的體現之一是產品的跨國生產。試以特定國際品牌產品為例（例如 iPhone 手機、Nike 運動鞋、捷安特自行車等），找出此產品在設計、原料、零部件、組裝、行銷、消費者服務等過程，呈現了何種樣態的價值鏈及全球化過程？

二、政治全球化

全球化的浪潮下，國際政治也隨之變化。無論是經濟生產、資訊流通、人員流動，都必須有國際標準和規範，同時仰賴國際組織承擔治理監管和爭議處理的角色。個別國家的政治活動，越來越受全球性的規範約束。因此，國際政治更加制度化，且在國家之外有新的權力中心，如世界貿易組織（WTO）、國際貨幣基金（IMF）、歐盟和跨國企業，對於全球經濟和國際金融都有相當的影響，甚至會影響個別國家的政策制定。舉例來說，國際民航組織（International Civil Aviation Organization, ICAO）是聯合國屬下專責管理國際民航事務的機構，最重要的職責是制定各種航空標準及程序，劃定各國在其飛航情報區的航管及航空情報服務，例如：管制台灣空域的「台北飛航情報區」，管制香港及澳門空域的「香港飛航情

報區」，管制日本空域的「福岡飛航情報區」等等。

　　台灣雖然與多數國家沒有官方外交關係，但透過參與國際及區域經貿組織，也能為台灣廠商爭取權益。例如，WTO 資訊科技協定（Information Technology Agreement, ITA）於 1996 年擬定，適用範圍涵蓋半導體、電腦及零組件，以及通訊設備等 203 項高科技產品。協定內容分四階段將 ITA 產品關稅降為零。這項協定於 2017 年生效，約涵蓋全球 IT 產品出口值 90%。IT 產品是台灣的出口大宗，這項協定有助於台灣廠商節省 8.23 億美元關稅，創造 24,063 個就業機會（經濟部國際貿易局 2020a）。

　　國際公約旨在彰顯特定價值，建立各國政府的行為規範，較常見的包括環保、人權、戰爭罪行等。台灣自 1971 年退出聯合國以來，即無法參與聯合國及其專門機構所主導的各項會議、公約及活動，但台灣政府仍努力推動參與重要議題的國際機構及機制，包括「世界衛生組織」、「國際民航組織」、「聯合國氣候變化綱要公約」（UNFCCC）、「聯合國永續發展目標」（Sustainable Development Goals, SDGs）等。例如，聯合國在 2016 年訂定的 17 項永續發展目標，包括 169 項標的（Target）及 232 項指標（Indicator），作為未來 15 年間（至 2030 年）永續發展指導原則。台灣政府順應此全球趨勢，成立「行政院國家永續發展委員會」（簡稱永續會），每年發表政府施政的「永續發展指標系統評量結果報告」（行政院國家永續發展委員會 2019）。

 課堂活動 19-2

　　體現政治全球化的國際組織或制度規範不少，除了本章課文提到的 WHO、聯合國、飛航情報區等之外，請再舉出其他例子（可參考我國外交部網站），說明該組織或制度的角色和功能。

　　全球化下，國際政治已經超越傳統「外交事務」的範疇，向全球治理架構方向發展。然而，多數國際公約不具法律約束力，全球治理有賴各國接納共享價值，各自訂定國內法律及政策規範。例如，因應氣候變遷、全球暖化，很多國家都推動節能減碳及永續發展的立法和政策。國內的政治決策，雖然會受到全球化的政治組織和條約限制，但反過來說，透過參與國際政治協商，包括經濟發展、貿易、醫療、環境、軍事等，都會成為多

邊協商的議題，各國政府都有機會在國際事務上發揮一定的影響力。

　　除了國家和國際組織，跨國公民社會及跨國公司也影響全球政治，它們建立全球網絡，在國際事務上發聲，例如民主價值、氣候與環保、慈善援助等議題。因此，政治全球化的脈絡下，治理的主體可能是多元的，包括跨國組織、非政府組織、跨國企業、民族國家、城市及個人等。如果在過程中無法取得共識，產生價值衝突，甚至武力對抗，相互封鎖，都是全球事務中常見的情景。尤其當自由、人權、民主等價值無法取得共識，或受到獨裁政權破壞時，全球政治格局和互動模式就會受到影響。

問題與討論 19-2

　　氣候變遷（全球暖化）的問題，無法由單一國家面對或解決，必須仰賴各國通力合作才可能有所進展，由此呈現出全球治理的重要性。就此議題而言，全球治理透過了哪些方式或制度？有何困難？有何進展？未來可以採取什麼樣的策略繼續推進？

課堂活動 19-3

　　人權、節能減碳、永續發展，都是當今重要的普世價值。台灣在推廣這些普世價值的過程中，如何受到國際規章的影響？例如在「兩公約」、「聯合國氣候變遷綱要公約」、「聯合國永續發展目標」之下，呈現怎樣的「政治全球化」樣貌？

三、文化全球化

　　文化全球化是指世界各地的文化，如行為模式、藝術影音、理念價值等，跨國傳播及影響的過程。不同地區對外來文化的接受程度不同，不同文化元素傳播影響的力度也有差異，因此文化全球化的過程在各國就有差異。有些文化產物，如好萊塢電影、流行音樂、飲食穿著、電玩遊戲、運動等，全球化擴散的過程有力又廣泛；有些文化元素，如語言、宗教信仰、價值觀等，全球化過程就受限於區域或彼此的文化親近性。

　　文化全球化過程涉及價值和理念的交流與對話，因此當發生對立或排

斥時，就是文化衝突，會成為文化全球化的阻礙。當西方國家主導文化全球化，各地的本土傳統文化往往受到衝擊，甚至產生激烈的衝突。例如，中東伊斯蘭國家，尤其是「基本教義派」的群體，認為現代世界受到世俗化、西方化的影響，不合其信仰的教導，主張根據《可蘭經》來嚴格管理個人和社會生活，因此和西方社會產生矛盾。

文化全球化的過程，往往也是商品化的過程，例如 NBA、K-POP 音樂、電影或 Netflix 影集，在商品化的過程中，促使消費者產生認同，從而建立起消費價值觀和行為。傳播媒介是文化全球化過程的平台，尤其 2007 年第一代 iPhone 問世以來，智慧型手機成為核心的通訊工具，網路寬頻升級之後，影音傳輸更順暢，促成相關媒介急遽發展，例如：App 應用及行動商務、手機遊戲、社交通訊等。智慧手機和網路傳輸的發展，讓身處全球各地都能隨時接收資訊，輕易線上互動，文化全球化快速滲透擴展。

全球文化的交流正在增加。但文化交流並非平等的，市場消費價值往往影響了特定文化的生存和發揚，因此西方文化產品在全球文化交流中占有優勢，西方跨國公司在文化全球化中占有主導地位。表面看來，世界市場上的文化交流似乎增加了，但交流的方向往往不是雙向，而是西方主流文化流向世界其他地方。

參　全球化的後果

自 1980 年代以來，全球化的進展促成了世界經濟快速成長，卻同時影響了全球收入不平等的樣態。相關研究顯示，全球化減少了國家間的不平等，但在大多數國家，全球化擴大了國家內的不平等。在全球化不平等減少的背後，是中國和印度進入全球收入分配的中間階層。一方面已開發國家工人階級的收入停滯不前，另一方面窮國和富國各自國家內部不平等再現。這種全球收入分配的轉變，促成國際間出現新的地緣政治衝突，也引起部分群體對全球化的反彈（Hung 2021）。

一、全球不平等的理論觀點

　　工業革命帶動了歐洲工業化，歐洲國家生活水準急速提升，有些人因此認爲世界上其他社會也能循此進程，迎頭趕上。這種看法，在第二次世界大戰後，成爲現代化理論的基礎。現代化理論認爲西方富國與世界其他窮國之間的收入不平等是暫時的，發展中國家的經濟成長只要按部就班，就會達到經濟成長。例如，Rostow 認爲，經濟成長會歷經五個基本階段：傳統社會、創造起飛條件、起飛、走向成熟，最後進入大眾消費時代並追求品質（Rostow 1960）。Kuznets 提出「倒 U 形庫茲涅茨曲線」（Kuznets curve），主張一個國家在經濟起飛初期，農村勞動力大規模轉移到工業部門，會先壓低工資，加劇國家內部的收入不平等。接著當工業化進程快速增長後，大眾教育普及，低收入人群的收入會迅速增長，民主體制也讓農工群體能夠影響決策，有望減少不平等（Kuznets 1955）。Rostow 和 Kuznets 的理論意涵是，國家間、國家內的不平等，以及全球不平等，都會在現代化的進程中，先增加，然後減少。

　　然而，現代化理論的預測並沒有普遍實現。1960 和 1970 年代，除了日本、韓國、台灣、新加坡等國，大多數發展中國家並沒有迎頭趕上西方已開發國家；已開發國家和發展中國家之間的收入不平等仍然很顯著，甚至有所增加。這導致了依賴理論和世界體系理論的興起，認爲現代世界體系內是不平等的交換機制，核心地區通過不平等的分工關係控制了有利的貿易通道，而且利用邊緣地區提供的廉價勞動力、原料和初級產品（如農產品、礦產品及勞動密集產品），生產高附加價值產品，從中獲取更大的利益或壟斷地位。這一種分工與剝削關係，始於帝國主義和殖民主義時期。二十世紀中葉以後，殖民體系逐漸瓦解，但低度開發國家仍無法積累經濟盈餘進行有效投資，不平等關係仍然持續存在（Frank 1967；Wallerstein 1979；蕭新煌 1985）。

二、衡量全球不平等：國家之間的不平等

　　從 1980 年代開始，貿易自由化和全球資本流動，推動了經濟全球化的進程。1994 年成立的世界貿易組織致力於拆除世界各地的貿易和投資壁壘，促進全球貿易和跨國投資。這樣的自由市場全球化，對於國家之間

現代化理論
（modernization theory）
現代化理論認爲人類社會發展循著線性軌跡，從傳統邁向現代，以及現代化的價值及文化是推動社會現代化過程的主要因素。現代化理論被批評爲具有西方優越主義色彩的理論。

依賴理論（dependency theory）
依賴理論將世界劃分成中心國家、邊陲國家、半邊陲國家，後兩者的低度發展是由於在世界市場上的不平等依賴關係，亦即受到核心國家的制約或剝削，包括跨國企業、國際組織（例如國際貨幣基金）等等代表中心國家利益的力量。主張第三世界要突破低度發展，必須與世界資本主義脫離、節制外資，走自主發展之路。

世界體系理論（world system theory）
世界體系理論認爲，資本主義的競爭本質使得先進地區對落後地區有科技、資源和人力上的優勢，並且認爲世界分工造成一個由中心（core）、半邊陲（semi-periphery）與邊陲（periphery）地區構成的體系。

的不平等，以及國家內部的不平等，會有什麼樣的影響呢？有學者主張全球化縮小國家之間的收入差距（Ben-David 1994），但也有學者認為自由貿易和跨國投資雖然加強已開發國家與發展中國家之間的依賴關係，卻破壞了發展中國家的發展動力，促使它們向下流動（Arrighi, Silver, and Brewer 2003; Korzeniewicz and Moran 1997）。晚近相關研究更加確認，全球國家間的收入不平等，自1980年代以來顯著縮小，且中國和印度是這個差距縮小趨勢的決定性因素。

　　1980年代以來，占世界人口近40%的中國和印度快速工業化，兩個國家的人均收入迅速增長，從而縮小已開發和發展中國家的距離（Firebaugh and Goesling 2004; Hung and Kucinskas 2011; Alderson and Pandian 2018）。更深入的分析顯示，2000年以前國家之間不平等的下降，就是中國和印度增長之故。亦即，如果我們不考慮中國和印度，2000年以前國家之間的不平等其實仍在增加。然而2000年以後，即使剔除中國和印度，不平等仍在減少。也就是說，2000年以來，中、印以外的其他發展中國家（如東南亞諸國），經濟增長速度明顯加快（Firebaugh and Goesling 2004）。

　　表19-3比較主要國家1998至2018年的人均國民所得，在這二十年間，增長率最快的是中國（年增長率5.12%），其次為印度（年增長率2.74%）。但就人均國民所得而言，中、印仍然與已開發國家有一段距離。表19-3下半部分，比較美、台、中人均國民所得差異。1998至2018年，美國人均國民所得和台灣相比，由3.2倍減少到2.1倍；美國和中國相比，由27.6倍縮小到7.1倍；台灣人均國民所得和中國相比，由8.5倍減少到3.4倍。換句說話，在這二十年間，中國人均國民所得增長的速度，遠高於美國和台灣。至於未來中國是否仍能維持如此高速增長，仍不可知，值得觀察。

表 19-3 主要國家人均國民所得（1998-2018）

國名	1998	2008	2018	1998-2008 變化 (%)	1998-2018 變化 (%)	2018/1998
台灣	12,911	18,503	26,421	0.43	1.05	2.05
美國	41,860	49,634	55,334	0.19	0.32	1.32
中國	1,518	3,820	7,765	1.52	4.11	5.12
日本	41,800	46,340	50,535	0.11	0.21	1.21
韓國	12,693	21,670	28,272	0.71	1.23	2.23
新加坡	30,571	41,636	53,114	0.36	0.74	1.74
德國	36,046	42,501	48,636	0.18	0.35	1.35
法國	36,551	42,357	44,692	0.16	0.22	1.22
印度	752	1,186	2,064	0.58	1.75	2.74

美台中人均國民所得差異（1998-2018）

國名	1998	2008	2018
台灣 A	12,911	18,503	26,421
美國 B	41,860	49,634	55,334
中國 C	1,518	3,820	7,765
美台差異：B/A	3.24	2.68	2.09
美中差異：B/C	27.57	12.99	7.13
台中差異：A/C	8.50	4.84	3.40

資料來源：World Development Indicators，以 2010 年美元為基期。
https://databank.worldbank.org/reports.aspx?source=world-development-indicators。台灣資料取自中華民國統計資訊網，國民所得及經濟成長統計資料庫，http://statdb.dgbas.gov.tw/pxweb/Dialog/NI.asp?mp=4。

▌三、衡量全球不平等：國家內部的不平等

　　全球化也會影響國家內部的不平等。相關研究發現，不管是已開發或發展中國家，不論使用哪一種不平等測量，都顯示全球化擴大了大多數國家內部的貧富差距，增加了國內不平等（Alderson and Nielsen 2002; Dorn 2016）。圖 19-3 呈現幾個國家 1985 及 2016 年的吉尼係數及其增減。首先，就這些案例國家觀之，吉尼係數在 0.3 左右，且三十年來變化微小者，包括：德國、丹麥、荷蘭、比利時、台灣、法國等；其中法國、台灣的吉尼係數甚至微微下降；德國、丹麥、荷蘭、比利時雖然微幅上升，但都維持在 0.3 以下。西歐已開發國家及台灣，能同時維持經濟繁榮及社會公平，其實只是全球國家的少數特例，因為反觀其他國家，例如，印度、中國、新加坡、土耳其，2016 年的吉尼係數都在 0.4 以上，貧富差距顯然高過上述西歐諸國和台灣。其中，印度和中國的吉尼係數在 1985 到 2016

■
吉尼係數（Gini coefficient）與吉尼指數（Gini index）
吉尼係數，是年所得分配不平等的指標，是比例數值，在 0 和 1 之間，最小為「0」，最大為「1」。吉尼指數是吉尼係數乘 100 倍以百分比表示。吉尼係數越小，年所得分配越平均；係數越大，年所得分配越不平均。吉尼係數只計算所得，不包括資產，因此無法反映國民的總積累財富分配情況。

年之間，升幅都很大，表示全球化造成這兩個國家的貧富差距大幅上升。

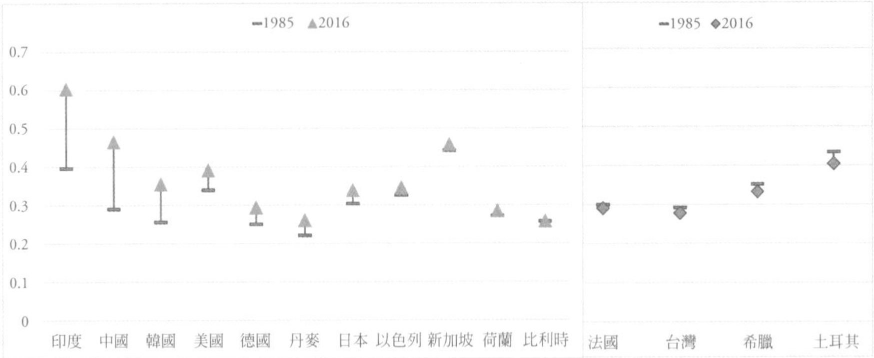

圖19-3　主要國家吉尼係數及其增減（1985-2016）

資料來源：（1）OECD 會員國資料取自 OECD 及其網站，1985 和 2013 年左右的資料取自 http://dx.doi.org/10.1787/888933207711，2016 年左右的資料取自 https://data.oecd.org/inequality/income-inequality.htm 。（2）新加坡資料取自新加坡統計局網站，https://www.tablebuilder.singstat.gov.sg/publicfacing/sortByTime.action 。其他資料均取自愛荷華政治科學系教授 Frederick Solt 的網站，https://fsolt.org/swiid/swiid_source/ 。

　　全球化進程為何會導致國家內不平等的擴大？學者們有不同的解釋。一方面有些人認為，全球化增加了資本的流動性和進口商品的競爭力，從而削弱本國工薪勞動者對雇主的談判籌碼；而廠商為求得便宜的勞動力和原料，往往選擇外移到工資及原料更低廉的國家。低廉的進口商品會打擊國內類似產品，給予生產者和受僱勞工更大的壓力。因此，全球化下往往導致發展中國家工資收入停滯或下降，但有些外移公司的收入和利潤卻增加了（Kentor 2001; Silver 2003; Williamson 1996）。

　　另有研究表明，全球化與國家內部不平等的擴大，是因為國家的福利制度或政府角色的改變。他們推斷，不平等的加劇是因為先進資本主義國家的福利國家體制解體，以及發展中國家放棄國家主導的發展模式，導致國家的再分配功能和管制角色弱化，包括稅收、教育、住房、福利等政策，都會影響國民所得和貧富差距（Alderson and Nielsen 2002; Lee, Nielsen, and Alderson 2007）。國家內部不平等的加劇，普遍表現為該國家地域之間的不平等更加擴大，例如，城市地區因其高科技或金融業而與全球經濟相連，蓬勃發展，但偏鄉或內陸的老工業或農業生產，可能萎靡不振（Alderson and Beckfield 2004; Sassen 2001; Korzeniewicz and Albrecht 2013）。

　　圖19-4 呈現幾個主要國家市場收入及可支配收入的吉尼係數。以橫

軸國民市場收入的吉尼係數來看，美國、德國最高，然後是法國、丹麥、日本、以色列；市場收入吉尼係數都超過0.5。國家透過稅收政策，可以顯著縮小可支配收入的吉尼係數，縮小貧富差距，例如丹麥的可支配收入吉尼係數縮小到0.3以下。台灣在圖中的位置是市場收入的吉尼係數最低，約0.35，可支配收入約0.31，變化幅度很小，顯示台灣並沒有像丹麥、法國、德國那樣，藉由國家政策之力來縮小貧富差距；台灣的貧富差距小，是因為市場收入的差距本來就不人。

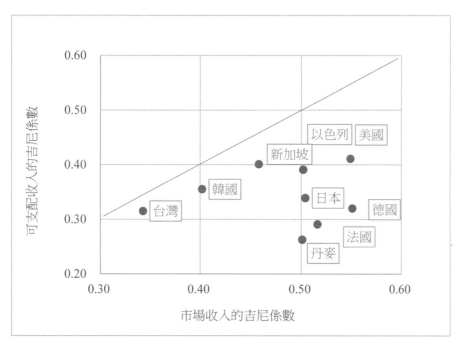

圖19-4　主要國家市場收入及可支配收入吉尼係數（2016）

資料來源：（1）法國和韓國數據取自經濟合作暨發展組織。（2）新加坡數據取自新加坡統計局。（3）其他國家取自盧森堡收入研究數據庫（The Luxembourg Income Study Database, LIS）。以上數據均可由以下愛荷華政治科學系教授 Frederick Solt 的網站獲得，https://fsolt.org/swiid/swiid_source/ 。

四、衡量全球不平等：眞正的全球不平等

　　全球化的浪潮下，一方面國家之間的不平等在減少；另一方面，在大多數國家，國家內部的不平等卻一直在增加。假設不考慮國界，全球人口彼此之間「眞正的不平等」狀況如何呢？通過結合不同國家的家庭收入調查資料，學者考察全球人口的收入變化（Lakner and Milanovic 2016）。

表19-4呈現1988-2008年間，全世界各收入群體的實際收入變化。以吉尼指數來衡量，全球人口的收入不平等非常高，且近三十年沒有大變化，都在71%和72%之間。若以經濟發展程度和地域來看，大部分國家（成熟經濟體、中國、印度、其他亞洲地區、俄羅斯、中亞、中東等）的吉尼指數，都介於30%到45%之間。[1]至於在非洲、拉美區域，人民之間貧富差距更大，吉尼指數介於53%到58%之間。所以當全球人口混在一起來看，貧富收入差距就拉開更多。

表19-4顯示，1988-2008年間，按百分比分列的人均年所得觀之，全球收入增加最快的群體，是中間收入者。具體而言，全球收入在第50-60個百分位數及第40-50個百分位數之間的群體，人均年收入分別增長72%和71%。同一段期間，全球收入前1%的最富有群體，收入增長率也高達65%。收入增長最緩慢的群體，是中高收入者，即第80-95個百分位數的群體，大多是已開發國家的勞工或白領工作者，享有相對穩定的收入，但增長緩慢。另外，全球收入最低的10%人口，增長率也偏慢，只有25%，大多是低度開發國家的人民。

表19-4的最後一部分顯示世界不同地區的平均收入增長情況。1988-2008年間，全球平均收入增長了24%。成熟經濟體（含台灣）的平均收入成長為38%，印度為34%。中國是增長最強勁的地區，在這二十年間，人均收入增加229%（2.29倍），亞洲其他國家的人均收入則成長了68%。由此可見，全球化最快速的1988-2008年間，中國和亞洲其他國家，在國民收入上進步非常顯著。

全球化的第一組贏家是全球1%的人口，他們的收入隨著先進國家企業利潤的增加而增加。另一組贏家是中國和印度的廣大人口，受益於跨國公司轉移製造業基地，以及快速發展的市場經濟。至於失敗者是被排除在全球化進程之外的撒哈拉以南非洲最貧窮的國家人民，以及因高薪製造業和文職工作流向中國和印度而受害的已開發國家工人。

---

1 此處的成熟經濟體包括：歐盟27國、澳大利亞、百慕達、加拿大、香港、冰島、以色列、日本、韓國、紐西蘭、挪威、新加坡、瑞士、美國、台灣。

表 19-4　全球和區域不平等

	年			1988-2008 變化 (%)
	1988	**1998**	**2008**	
全球人口吉尼指數 (%)	72	72	71	-2
區域吉尼指數 (%)				
成熟經濟體	38	39	42	10
中國	32	39	43	34
印度	31	31	33	6
其他亞洲地區	45	47	45	1
中東和北非	42	44		
撒哈拉以南非洲		52	58	
拉丁美洲和加勒比海	53	57	53	0
俄羅斯、中亞、東南歐		40	42	
按百分比分列的人均年所得（按 2005 年購買力平價調整後的美元）				
最低的 10%	201	217	251	25
P40-P50	552	715	941	71
P50-P60	791	975	1,359	72
P60-P70	1,323	1,538	2,089	58
P80-P90	7,414	7,177	7,754	5
P90-P95	12,960	13,472	15,113	17
P95-P99	21,161	22,660	26,844	27
前 1%	38,964	46,583	64,213	65
按區域分列的人均年所得（按 2005 年購買力平價調整後的美元）				
全世界	3,295	3,471	4,097	24
成熟經濟體	11,457	13,366	15,832	38
中國	484	789	1,592	229
印度	538	638	723	34
其他亞洲地區	671	882	1,129	68
中東和北非	1,773	1,974		
撒哈拉以南非洲		719	762	
拉丁美洲和加勒比海國家	3,153	3,188	3,901	24
俄羅斯、中亞、東南歐		2,298	4,464	

資料來源：取自 Lakner and Milanovic (2016), Table 3。

課堂活動 19-4

　　經濟全球化的後果有好處也有壞處，往往視特定的國家、群體而定。試以不同的國家，以及國家內的社經地位群體為例，討論全球化所產生的好處和壞處。例如，比較台灣和中國（或另一國家）這兩個國家內的農民、藍領工人、低階白領、專業白領等不同群體。經濟全球化（例如，減低跨國貿易和跨國投資的成本）對不同群體有何利益或損失，為什麼？

　　承上題，經濟全球化的後果造成國內不同群體的差距，政府可以透過什麼樣的政策（例如：稅制、教育、社福、住房等），平衡群體之間的利益差異，或者補償特定群體的損失，以促進普遍大眾的最大利益。

肆 全球化下的中國

　　1980 年代以來全球化的進展，導致世界經濟快速成長，蘇聯解體，中國崛起，兩岸關係也起伏變化。中國與台灣的經濟動力和發展模式，都是在經濟全球化的脈絡下行進，在全球價值生產鏈中占據重要的位置。我們應該如何理解全球化變局之下的中國、台灣及兩岸關係呢？

一、中國經濟成長與全球化

　　中國從 1978 年起改革開放，從社會主義走向市場經濟，1989 年天安門鎮壓之後，西方與中國關係一度相當緊張。1992 年起，中國加速開放腳步，2001 年加入 WTO 後經濟快速成長；國內消費市場、固定資產投資、外資及出口，成為經濟成長的三個支柱。2010 年起，中國已成為世界第二大經濟體，僅次於美國。雖然中國的人均國民所得仍落後先進國家，例如，2018 年台灣人均國民所得是中國人均的 3.4 倍，但考量中國的城鄉差距和貧富差距，中國大城市及前 1% 人口的經濟實力，其實已經非常龐大。

　　中國經濟的成長脈絡，源自 1980 年代後期以來，加入經濟全球化的

過程。台資和港資企業是中國發展勞力密集出口導向產業的急先鋒，牽引中國經濟進入全球生產鏈。第一波台商於1990年代初期落腳廣東珠江三角洲，例如寶成鞋業、美利達自行車，以及電子業零件廠。1990年代後期，台灣資通訊產業將裝配線外移到中國沿海地區，從廣東延伸到長江三角洲。台商和港商藉由與外國品牌和買主的關係，在中國大陸設廠生產，將資本主義生產模式、資金、技術及國際市場帶入中國沿海，中國在短期間內成為世界級的製造基地。外商進入後，中國沿海地區的民營經濟也遍地開花。

除了外資，在「黨國資本主義」體制下，中國各級政府的角色及權力，都遠超過民主社會私有財產制下的政府。1990年代時期，中央政府「上有政策」，地方政府往往「下有對策」。地方政府為了發展地方經濟，地方官員為了展現成績並擷取個人和單位的利益，經常忽視或自行解釋中央的政策指令，在稅法、費用、勞動條件等方面，給予外資或地方企業最大的利益。

中國加入 WTO 之後，全球外資大量湧入，工業產品在中國加工或生產，行銷全球市場。中國的出口更加暢旺，累積大量外匯存底。與此同時，中國勞動力成本逐漸上升，環保要求也提高。當全球市場購買力趨於飽和時，中國出口成長模式即面臨考驗。加上越南、馬來西亞、印尼、印度等國投資環境改善，提供更便宜的勞動力，不少外資及台商離開中國改到東南亞設廠。中國長達三十年的兩位數經濟成長率，也在2015年時降為7%。

▋二、中國發展的社會不平等

中國發展的政治經濟基礎是黨國資本主義體制。其中，戶口制度的城鄉身分區別，使得進城打工的農民工無法享有城市公民的社會保障和公民權利。國家建構了二元勞動力市場，其中工資、社會保險、勞動權益都有城鄉及地區的差序。大量農民工受雇於企業，但他們的工資、權利都被剝削，而政府、企業、消費者，則是低廉勞動力的獲利者。農民工勞動力，是中國成為世界工廠的要件，政府及企業由此積極參與經濟全球化的過程，中國的地方體制及產業聚落，也因此鑲嵌到全球價值鏈之中（吳介民2011）。

中國經濟發展過程中分到最多超額利潤的，就是企業和各級政府。進城打工、貢獻大量勞動力的農民工雖然也受益，工資持續增加，生活獲得改善，但分得的收益相對很少，是被相對剝奪的階級。結果，全球化並沒有緩和原先經濟社會的不平等，反而鞏固另一種不平等體制，在中國創造了「農民工」這個新階級。

三、中國與全球化的衝突

1990 年代末期，美國在柯林頓總統任內論辯是否支持中國加入 WTO 時，最重要的考量就是基於全球化期望而來的「交往政策」（Engagement Policy），希望與中國「建設性地交往」，讓市場經濟的利益、自由民主的價值，促進中國市場經濟之後，支持中產階級及民間社會崛起，鼓勵威權政體成為全球化的伙伴，一起走向思想多元、體制開放及市場制度化。主要的思維簡單來說是一個經濟富足的中國，美國及全世界將共蒙其利。

但是，中國經濟崛起的結果，並不是西方國家期待的劇本。中國非但沒有自由化，反而鞏固了新形式的威權主義。中國藉由加入 WTO 更深入地參與全球經濟，累積國家資本，並取得西方技術。中國雖然禁絕國外網站，如 YouTube、Google、Facebook 等影音和社交媒體，但自行發展電子商務和社交媒體，如土豆網、優酷網、抖音、百度、阿里巴巴、騰訊（微信）等（陳添枝 2021）。這些產業政策中的國家戰略包含「國家監控社會」、「國內市場保護」與「排除西方技術壟斷」等環節。中國政府結合了「國家監控社會」與「企業尋求利潤」的雙重誘因，例如，企業提供商業交易活動的數據協助國家進行社會監控、執行審查，而國家則給予企業壟斷或寡占特權，外包相關的監控審查業務給企業，因而達成「社會控制的商業化」（吳介民 2019）。在這個過程中，個人的自由平等被犧牲，國家政府的權力和利益才是追求的目標。

2013 年習近平政府高唱「一帶一路」的國家發展戰略，結合黨國資本進行強勢外交，對抗自由世界的民主陣營。中國並沒有因為與西方的密切經貿交往而變得更加自由民主，反而因為經濟崛起，激發人民愛國心，強化愛黨愛國的意識形態。國家控制網路訊息，壓制公民社會的結社及言論自由，並且以反恐為名，強勢鎮壓迫害新疆維吾爾族。2018 年中國政府修憲，刪除國家主席任期限制，讓習近平可以終身不卸任，中國正式走

一帶一路

意指「絲綢之路經濟帶」和「二十一世紀海上絲綢之路」，是中國政府於 2013 年開始倡議主導的跨國經濟帶。範圍涵蓋歷史上絲綢之路和海上絲綢之路行經的中國大陸、中亞、北亞和西亞、歐洲、南海到印度洋沿岸、地中海沿岸、北非、南美洲、大西洋地區的國家。中國試圖與這些國家及地區強化經濟合作夥伴關係，提供貸款基金，展現了宏大積極的國家戰略，但成效及影響仍有待觀察。

向獨裁政權。爲了懲治2019年香港「反送中」抗爭運動，中國政府在香港推出國安法，逮捕審訊大批香港民主運動人士。在兩岸關係方面，北京政權也持續壓迫台灣的國際發展空間，兩岸無法進行正常平等的交流與對話。

當今全球化的世界秩序由「市場資本主義」與「自由民主政體」兩個核心元素構成。中國經濟實力展現在國內市場消費及世界工廠的製造實力，受益於經濟全球化的過程，中國與世界各國在這方面的利益彼此交織；但在政治治理、文化價值方面，中國顯然走上另一條道路，拒絕全球化的普世價值。中國的國家機器掌握龐大的經濟資源，鞏固了一種新形態的黨國資本主義，行爲引起西方國家擔憂。美國及其他西方國家彷彿猛然發現，交往政策已徹底失敗，不僅原來設想的中國開放與民主化變得遙不可期，中國也不是當年那個讓大家一起發大財的夥伴，而是藉由國際參與強勢挑戰自由民主的普世價值（吳介民 2019；朱敬一 2021）。

中國在全球化過程中的改變，造成了原本對中國抱持開放交往立場的國家和民間人士，改變了立場和對策。2017年底，美國總統川普發表《美國國家安全戰略》報告書，表示「交往政策」的假設已證明是錯誤，中國並不會變成良善與值得信任的夥伴（Trump 2017）。2020年拜登擊敗川普當選總統，但美國放棄對中國「交往政策」的立場，並沒有改變。不少美國親中派的媒體和知識分子，也改變了對中國的看法，認爲必須對中國政府採取強硬立場（Schuman 2021）。拜登政府認爲，中國、俄羅斯和其他威權國家，都呈現「國家主義高漲」和「民主衰退」的問題；這些威權國家對自由民主社會的傷害，正在全球快速惡化，美國宣稱必須聯盟友好國家，共同對抗網路攻擊、假消息、數位威權主義，重塑新的全球規範，以促進和反映民主國家的利益和價值（Biden 2021）。

🔍 問題與討論 19-3

2018年「中美貿易戰」揭開序幕，2020年1月，中美兩國簽署第一階段貿易協議，2021年初，美國總統拜登宣布將檢討關稅及部分高科技產品對中出口的禁令。試論當前中美關係在貿易、科技、軍事等方面的進展，對於全球化有何意涵和影響？

伍　全球化的變局與台灣社會

　　全球化的意涵有多種面向，包括經濟、政治、文化等，彼此相關，但並不等同，每個國家在各個面向的發展速度不一；而且全球化不等於「進步繁榮」，只是全球國家和社會彼此互動、互賴、互相影響和合作的過程。全球化的視角，有助於我們更加理解當今國際社會及台灣社會的發展經驗。

　　全球化的過程中，不同的地區、國家、群體所面對的機遇與挑戰不盡相同，得利與損失也不一致。國家之間、國內階級之間，經常涉及利益與價值立場之爭。例如，經濟全球化的過程中，最大獲利者是全球價值鏈前端的跨國公司（如 Apple, Microsoft, Facebook, Google 等），價值鏈後端是產業移入的發展中國家（如中國），它們的工人得到工作並改善生活，但產業外移的國家（如美國、台灣），卻面臨工人失業及工資停滯；後者必須靠政府介入，提升人力素質並加速產業升級，提供失業救助和社會福利，否則將造成工人在全球化進程中脫隊落後，陷入貧窮。

　　全球化的政治後果，在 2000 年之後，益發複雜難解。世界體系中的中間階層國家快速擴大，中國、印度及發展中國家崛起，這在資本主義世界體系的歷史上是前所未有的。然而，全球事務並非少數已開發國家就能決定，即便能決定也未必有能力推廣執行，國家及地區之間的衝突因此持續不斷。這些新的全球衝突可能導致全球治理體系的和平轉型，也可能導致更致命的衝突（Hung 2020）。

　　台灣的經濟成長及國家發展也和全球化息息相關，尤其中國因素，不時影響台灣的經濟和政治。兩岸經貿關係密切，台灣第一大出口市場是中國，約占出口產值的40%；第一大進口來源也是中國，約占進口產值的20%（經濟部國際貿易局 2020b）。在台灣出口產品中，資訊與通信科技（ICT）產品占整體出口一半以上。中國也倚賴從台灣進口的資通訊電子零件，製成科技和電子產品外銷全球。兩岸的經濟關係是合則兩利，分則同受其害。台海兩岸語言相通，社會交往頻繁，在中國工作、求學、定居的台灣人，估計有40萬人之多（行政院主計總處 2019）。

　　雖然兩岸的經貿和社會關係互動頻繁，但政治關係卻持續僵持。中國從1980年代改革開放，到2020年代這四十年間，經濟飛躍成長，國民所得提升，民族自信心倍增，但言論自由日益緊縮，經濟事務「國進民

退」；國家資本獨大，民營企業無法競爭。對新疆維吾爾族及香港的控制和鎮壓，也顯示中共政體的極權本質。中共政權及中國人民深信台灣是中國的一個省，對台灣持續文攻武嚇，同時壓迫台灣的國際發展空間。還好台灣擁有國家主權，有軍隊、有盟邦，共同維繫民主自由。面對中國的持續威脅，台灣充分利用全球化的產品價值鏈，提升科技和經濟的動能。台灣近年來完成自由民主的選舉，尤其 2020 年處理 COVID-19 的優異成就，都強化了在全球世界中的能見度，也鞏固了在國際社會的位置。全球化時代之下，台灣不是單獨面對中國威脅，而是在美國及亞太諸國共同的戰略利益下，形成共利共生的網絡，這是台灣的生存之道。

 問題與討論 19-4

　　台灣與中國在政治、經濟、社會文化等面向互動頻繁，各自的國家發展也與全球化進程息息相關。在全球化的視角下，從台灣國家發展及人民福祉考量，應該如何回應處理兩岸關係（政治、經濟、社會文化等面向）？

延伸閱讀

朱敬一，2021，《維尼、跳虎與台灣民主》。台北：印刻。

吳介民，2019，《尋租中國：台商、廣東模式與全球資本主義》。台北：國立台灣大學出版中心。

陳添枝，2021，《美中貿易戰，戰什麼？：大國崛起與制度之爭》。台北：時報。

參考書目

行政院國家永續發展委員會，2019，《108 年國家永續發展年報》。https://drive.google.com/file/d/1Kho9ZHedY8RS3vUQJvBi4C_9i_KqiX1X/view。

行政院主計總處，2019，《107 年國人赴海外工作人數統計結果》。https://www.dgbas.gov.tw/public/Attachment/092991532USM8S5UA.pdf。

朱敬一，2021，《維尼、跳虎與台灣民主》。台北：印刻。

吳介民，2011，〈永遠的異鄉客？公民身分差序與中國農民工階級〉。《台灣社會學》21: 51-99。

吳介民，2019，《尋租中國：台商、廣東模式與全球資本主義》。台北：國立台灣大學出版中心。

陳添枝，2021，《美中貿易戰，戰什麼？：大國崛起與制度之爭》。台北：時報。

經濟部國際貿易局，2020a，《我國對外貿易發展概況與政策簡報》。https://www.trade.gov.tw/Pages/Detail.aspx?nodeID=4023&pid=706515。

經濟部國際貿易局，2020b，《我國對中國大陸（含香港）出進口統計》。https://www.trade.gov.tw/Pages/List.aspx?nodeID=1375。

蕭新煌編，1985，《低度發展與發展：發展社會學選讀》。台北：巨流。

Alderson, Arthur S. and Francois Nielsen, 2002, "Globalization and the Great U-Turn: Income Inequality Trends in 16 OECD Countries." *American Journal of Sociology* 107(5): 1244-1299.

Alderson, Arthur S. and Jason Beckfield, 2004, "Power and Position in the World City System." *American Journal of Sociology* 109(4): 811-851.

Alderson, Arthur S. and Roshan K. Pandian, 2018, "What Is Really Happening with Global Inequality?" *Sociology of Development* 4(3): 261-281.

Altman, Steven A. and Phillip Bastian, 2020, "DHL Global Connectedness Index 2020: The State of Globalization in a Distancing World." https://www.dhl.com/global-en/spotlight/globalization/global-connectedness-index.html.

Arrighi, Giovanni, Beverly Silver, and Benjamin Brewer, 2003, "Industrial Convergence, Globalization, and the Persistence of the North-South Industrial Divide." *Studies in Comparative International Development* 38(1): Article 3.

Ben-David, Dan, 1994, "Trade, Growth and Disparity Among Nations." *World Trade Organization*. https://www.wto.org/english/news_e/pres00_e/pov2_e.pdf.

Biden, Joseph R., 2021, "Interim National Security Strategic Guidance." The White House, Washington DC. https://www.whitehouse.gov/wp-content/uploads/2021/03/NSC-1v2.pdf.

Dorn, Florian, 2016, "On Data and Trends in Income Inequality around the World." *CESifo DICE Report* 14(4): 54-64.

Firebaugh, Glenn and Brian Goesling, 2004, "Accounting for the Recent Decline in Global Income Inequality." *American Journal of Sociology* 110(2): 283-312.

Frank, Andre Gunder, 1967, *Capitalism and Underdevelopment in Latin America*. New York: Monthly Review Press.

Hung, Ho-fung, 2020, "The US-China Rivalry Is About Capitalist Competition." *Jacobin*. https://www.jacobinmag.com/2020/07/us-china-competition-capitalism-rivalry.

Hung, Ho-fung, 2021, "Recent Trends in Global Economic Inequality." *Annual Review of Sociology* 47: 349-367.

Hung, Ho-fung and Jaime Kucinskas, 2011, "Globalization and Global Inequality: Assessing the Impact of the Rise of China and India, 1980-2005." *American Journal of Sociology* 116(5): 1478-1513.

Kentor, Jeffrey, 2001, "The Long Term Effects of Globalization on Income Inequality, Population Growth, and Economic Development." *Social Problems* 48(4): 435-455.

Korzeniewicz, Roberto P. and Scott Albrecht, 2013, "Thinking Globally about Inequality and Stratification: Wages across the World, 1982-2009." *International Journal of Comparative Sociology* 53(5-6): 419-443.

Korzeniewicz, Roberto P. and Timothy P. Moran, 1997, "World-Economic Trends in the Distribution of Income, 1965-1992." *American Journal of Sociology* 102(4): 1000-1039.

Kraemer, Kenneth, Greg Linden, and Jason Dedrick, 2011. "Capturing Value in Global Networks: Apple's iPad and iPhone." https://webzoom.freewebs.com/phsworldhistory/AP%20WH%20Unit%20V/Value_iPad_iPhone.pdf.

Kuznets, Simon, 1955, "Economic Growth and Income Inequality." *American Economic Review* 45: 1-28.

Lakner, Christoph and Branko Milanovic, 2016, "Global Income Distribution: From the Fall of the Berlin Wall to the Great Recession." *World Bank Economic Review* 30(2): 203-232.

Lee, Cheol-Sung, Francois Nielsen, and Arthur S. Alderson, 2007, "Income Inequality, Global Economy and the State." *Social Forces* 86(1): 77-111.

Matsumoto, Norio and Naoki Watanabe, 2020, "iPhone 12 Teardown Showcases South Korean Parts Makers." *Nikkei Asia*, November 24, https://asia.nikkei.com/Business/Technology/iPhone-12-teardown-showcases-South-Korean-parts-makers.

Rostow, W. W., 1960, *The Stages of Economic Growth: A Non-Communist Manifesto*. Cambridge: Cambridge University Press.

Sassen, Saskia, 2001, *The Global City: New York, London, Tokyo*. Princeton, NJ: Princeton University Press.

Schuman, Michael, 2021, "Xi Jinping Turned Me into a China Hawk." *Politico*. https://www.politico.eu/article/xi-jinping-turned-me-into-a-china-hawk/.

Silver, Beverly J., 2003, *Forces of Labor: Workers' Movements and Globalization since 1870*. New York: Cambridge University Press.

Trump, Donald J., 2017, "National Security Strategy of the United States of America." Executive Office of The President, Washington DC. https://www.hsdl.org/?abstract&did=806478.

Wallerstein, Immanuel M., 1979, *The Capitalist World Economy*. New York: Cambridge University Press.

Williamson, Jeffrey G., 1996, "Globalization and Inequality: Past and Present." *NBER Working Paper* No. 5491.

第20章
科技與社會

■吳嘉苓

摘　要

1. 科學知識的生產，受到各種社會因素的影響。科學社群的研究典範、科學組織的評斷標準，以及國家與市場的贊助和期待，主導了研究議題的選擇與研究方法的偏好。學術不端的現象，要從學術環境來探查，而非僅是個人操守的問題。

2. 研究科學爭議的取向，包括探討民眾的信念與價值，理解不同社群如何涉入爭議，分析科學宣稱如何受到裁判社群的影響，以及社會結構如何造成爭議的產生與發展。

3. 科技決定論認為社會、經濟與文化的變遷，主要由科技所主導。這種觀點容易讓我們的心智花在適應或因應科技，而忽略了公共討論、社會選擇與政治安排對於形塑科技發展的重要性。科技的社會建構論主張，要重視相關行動者對科技的詮釋彈性。科技的發展與取代是各種詮釋彼此競逐的結果，涉及團體之間的權力關係，以及更大的社會文化脈絡。

4. 行動者網絡理論提出，社會是由人與非人的行動者所組成的網絡，了解科技社會的運作，需要探查這些異質行動者的組裝與瓦解。若能看見被邊緣化的非人行動者，有助於反思人類世界以人類為中心的生態浩劫，思考如何建立萬物依存的網絡。

5. 創新並不是敢於挑戰的發明英雄所獨自建立，也不只限於技術層面，必然涉及整個社會的技術網絡特性。將研究的重心從創新轉向使用，更有助於捕捉廣大世界的科技經驗風貌。

6. 後殖民科技研究問題化西方科學知識的權威、客觀、普同適用與單向傳播，強調知識與實作的流動，考察相遇的接點。看重非西方世界的科技文明，並挖掘邊緣化知識可能具有的優越性，有助於台灣跳脫以後進國自居的追趕模式，擴展更多科技發展的樣貌。

7. 層出不窮的科技爭議使得傳統的專家統治模式日漸受到挑戰，科技民主化的價值也日受重視。新興的公民參與模式，強調參與者在具有充分的訊息下，透過討論與說服的過程，提出建設性的政策方向與選擇。

8. 公民科學指的是常民參與知識生產，行動模式豐富而多元，包括公民協助蒐集科學資料；強化公民理解科學；為民主與正義而生產的知識，常與社會運動結合；以及建立公民參與科學的資訊平台。

壹　前言

　　紀錄片《遲來的正義——RCA 事件》（戴九功等 2019）探討了經濟發展、科學證據與法庭審判的糾結關係。RCA 是美國無線電公司（Radio Corporation of America, RCA），以生產電子設備著稱。1970 年代，台灣政府召集一批年輕工程師前往美國 RCA 公司受訓，這批科技菁英日後成為台灣發展積體電路研發的先驅，並且帶領台灣的技術與產業升級。同一時期，RCA 也來台設廠，當時大批女工辛勤組裝電視的勞動力，為台灣出口導向的工業化累積了豐碩成果。工程師與女工，分別在美國俄亥俄州與台灣桃園的 RCA 廠房，勤勤懇懇地勞動與學習，開創了台灣經濟發展上不同面向的奇蹟。

　　然而，奇蹟背後卻是科技風險與環境災害所帶來的苦痛，申訴賠償也不容易。隨著 1990 年代中期 RCA 員工成立自救會，逐步揭露 RCA 在台灣造成的污染，例如將三氯乙烯等有害物質直接傾倒入地下水，造成員工與當地居民健康傷害。RCA 自救會打官司求償，但是法庭強調要以嚴謹的科學證據，進行因果推論，證明廠房污染造成了女工高比例的罹癌現象。廠房污染的資料、建立污染與個人健康受損的關聯性、責任歸屬的釐清，都耗費長時間的證據蒐集與辯論。科學研究的成果也成了呈堂證據，原告、被告雙方都請來科學家當證人，各方的解讀變成攻防的重點。自救會歷經十多年的訴訟，終於勝訴，正義得來不易。

　　RCA 與台灣的諸多牽連，有如科技與社會關係的縮影。科技常被認為是拯救社會的萬靈丹，不只能造就經濟奇蹟，也能拯救生命（例如疫苗）、突破人類極限（例如探勘火星），甚至強化民主（例如網路動員公民參與公共事務）；科技也常被視為魔怪，帶來各種人類未曾經歷的災害與恐懼（例如核能電廠事故），摧毀我們珍視的社會生活（例如活在線上社會使得人們缺乏真實對話的能力）。新興的「科技與社會研究」（science, technology and society, STS），突破這種科技崇拜與科技恐懼的兩極化觀點，並將科技轉換成可以分析理解、參與改善，甚至實現重要人文價值的社會活動。

貳　科學知識生產的社會脈絡

當代社會中，科學占有獨特的地位。科學知識推陳出新，已然成爲人類文明最高理性的展現。無論是國家政策、法庭判準，或是如 COVID-19 的危機處理，都期待要建立在科學的基礎上。科學也常被認爲建立在「純粹的客觀」之上，除了追求眞理與知識的精進之外，沒有其他目的。然而，STS 反駁這樣的說法，從科學社群規範、科學知識的生產過程，以及科學爭議等角度，提出科學活動亦是社會活動的觀點。

一、科學規範與社會環境

科學規範

Robert Merton 提出的科學社群主要規範，包括普世性、公共性、摒除利益，以及組織性的懷疑。然而 STS 更強調科學規範並非只來自社群自律，還包括國家、市場以及社會的共同形塑。

科學活動與其他社會活動，有何不同？早年 Robert Merton（1973 [1942]）提出，社會學研究政治、經濟、宗教等社會制度，著眼於各類制度的核心功能與規範，我們亦能運用這種角度來研究科學。Merton 提出科學制度有四個主要規範，以此約束科學社群的成員，並且造就科學知識的有效生產。這四個規範包括（1）普世性：科學知識的判準來自於內容優劣，與科學家的種族、階級、國籍、宗教等無關。科學社群長年施行的匿名審查制度，即在避免讓作者身分干擾審查人的評判。（2）公共性：強調研究結果公開發表，不限定他人的使用方式，以站在前人的肩膀上累積科學成果。科學家最大的榮譽即是作品受到認可，學說以科學家來命名，像是波以耳定律、哈雷彗星等等。（3）摒除利益：強調行事公正無私、拒絕作假。特別是科學相較於醫學，較沒有直接的客戶，比較不受委託人利益的影響，而能以眞理爲度。（4）組織性的懷疑：知識受到社群嚴格的檢視，公開發表的討論往往以資料、論證及程序的強度與嚴謹性作爲討論核心。

之後的研究者提出，Merton 描述的規範，有時僅是科學社群自我呈現的宣稱，並不見得是實際運作的樣態。更重要的是，科學發展並非如 Merton 所預設，僅是由學院主導知識生產。STS 主張，科學知識的發展，常與國家命脈、經濟發展相扣合。例如，在兩次世界大戰與冷戰時期，一些國家爲了發展精良的軍事科技，曾大量投資科學。因此，**警覺於科學知識生產的政治性，科學社群也需要新的社群規範**。1969 年由一群頂尖科學家所成立的「英國科學社會責任學會」（British Society for Social Responsibility in Science, BSSRS），強烈批判產業與軍事科技主導了學院的

科學研究，發起重視民眾福祉的「基進科學」運動，創辦的刊物就命名為
《民享的科學》（*Science for the People*）。這些科學家指陳當時的核武競逐、
能源危機、環境損害，以及生態劣化，都造成社會的恐懼與混亂，開始反
思科技本身就是造就不確定性的來源。「知識經濟」的興起，更引發對科
學知識商品化的注目。表 20-1 呈現 Gibbons 等人（1994）提出的兩種知識
生產模式，「模式二」與 Merton 所描述的情境十分不同：研究問題可能由
應用的情境來產生，常涉及跨領域的合作，而非單一學科內部的提問；委
託的企業、資助研究經費的政府，以及社會的評價，都可能一同評估科學
內容的品質好壞、有用與否，而非僅靠同儕審查。

表 20-1　知識生產的兩種模式

模式一	模式二
學術情境	應用情境
單一領域	跨領域
同質性	異質性
自主性	反思性／社會課責
傳統品質控制（同儕審查）	新興品質管控

資料來源：Gibbons et al.（1994）。

　　「學術不端」的現象，也與學術環境的變遷相關。
Merton 認為科學社群較不易作假，但是實際上「學術不
端」頻傳，科學界屢見不鮮的抄襲、竄改資料、假造等行
為，包括頂尖的研究機構，常震撼社會。這並非僅是個人
的操守問題，而往往受到學術環境的競爭性與酬賞系統的
影響。尤其近年來部分學術接受產業的資金補助，可能形
成產出特定研究成果的壓力。韓國科學家黃禹錫震驚世界
的造假事件，就需要從科學社群如何受到產官學的影響來
理解（Hong 2008）。黃禹錫有關人體幹細胞、複製狗等
研究，陸續發表在國際頂尖的《自然》、《科學》等學術期
刊，成為韓國獲得諾貝爾獎的希望，不僅政府給予巨額研
究資金，民間也熱烈崇拜。然而，之後有關研究員捐卵的
倫理爭議，以及資料造假的舉報，使得他於 2005 年辭去首
爾大學教職，並且接受司法調查。許多民眾難以接受科學
英雄的殞落，甚至抨擊揭發弊案的調查報導，讓「韓國之

《東亞科技與社會》國際期刊以黃禹錫
醜聞製作專輯。封面背景是黃禹錫的
畫像看板，一名婦女在造假風暴中為
他祈福。

光」蒙羞。STS 提出，包括媒體造神，政府冀望生技研發帶動經濟產業，民間以科學研發作爲國家光榮，都讓黃禹錫的科學研發與國家命運綑綁，難以產生批判性的視野。同時，實驗室細密分工與多人合作的模式，讓同儕在研究過程中無法發揮專業自律的特性。

　　學術不端事件，也常促發相關的制度改革。這包括科學社群的反思作爲（如前述的英國科學社會責任學會），期刊建立揭露利益衝突的措施，學會建立倫理規範，實驗室詳細記錄研究過程等等，以建立誠信原則。許多國家也推行理工醫農的學生必修 STS，將理解科學與社會的關係，視爲科學家養成的重要資源。科學需要與社會建立新契約，讓社會能夠透明檢視，並非僅讓科學社群進行自我管理，以獲得社會信任。

▍二、打開科學知識的黑盒子

　　除了分析科學社群的規範與制度環境，STS 同時主張打開科學知識的黑盒子，有助於看見「社會面向」並非只是外部因素，更是「知識生產、論證、擴展、改變的必然狀況」（Shapin 1995: 300）。這裡的「黑盒子」，並非一般所說背地利益勾結的黑箱作業，而是指已標準化的理論模型或科技裝置。這個黑盒子概念，借自神經機械模型（cybernetics）的運作，當機械運作或是指令組合太複雜，就會畫個黑盒子取代這些複雜過程，只管其輸入與輸出，不再管黑盒子內部運作的情形（Latour 1987: 2-3）。打開黑盒子，探究科學知識的發展歷程，能揭露許多社會介入的面向。首先，STS 認爲，科學家跟其他社會成員一樣，也擁護特定的價值，特別是有關性別、種族與階級的信念，有時會影響他們建構科學知識的框架。例如，我們今日所稱的「哺乳類」，來自於十八世紀林奈所提出的分類學。然而，只有一半的哺乳類（雌性）可能哺乳，「洞狀耳類」、「有毛類」可能都更能描述哺乳類動物的共同特徵。爲什麼會出現這樣的命名？原來當時歐洲出現中上階層的女性聘請奶媽哺乳，一些醫師與政治人物公開反對，主張母親應該親自餵哺，同時藉由強調女人哺乳的天性阻止女性參與公共事務，強化傳統性別分工。林奈也加入了反對奶媽陣營，在「哺乳類」的命名中，呈現了他的性別觀念，試圖藉此影響社會（Schiebinger 2004[1993]）。

　　打開風險評估方法的黑盒子，會發現慣用的研究方法可能會有的社會

預設，常常未能考慮社會多樣性，忽略了弱勢性別、種族與階級的經驗，產生系統性的偏誤。林宜平（2006）就指出，有關 RCA 污染的流行病學調查，由於延續了過去以研究男性生活經驗所發展出來的調查模式，因此低估了女性的健康風險。例如，研究者在計算污染地下水對居民的健康效應時，只以個人洗澡時間來測量對於污染地下水的暴露量，忽略其他包括「煮水、烹飪、洗碗、如廁」等用水項目，而這些主要都是女人進行的家務勞動。Jason Corburn（2005）研究美國哈德遜河污染，發現風險評估的階級偏見。他提出「街頭科學」（street science）概念，指陳如果科學家願意走出實驗室，與河邊釣魚的民眾交談，就會發現許多加勒比海的新移民努力維持家鄉的飲食形態，常把漁獲放在晚餐桌上，當作一家之主的責任。若是衛生當局在建立有毒物質攝取量標準時，仍以都會中產階級的飲食方式為基準，建立的風險評估就不適用於這些愛吃魚的新移民家庭，也無法發展出能讓民眾認可的避險措施。

　　STS 也強調把科學社群當成是個小社會，因此科學社群的運作，包括研究主題、裁判標準，經常受到社群的認同、利益，以及社會目標所影響。Thomas Kuhn（1994[1962]）呈現「典範」（paradigm）如何引導研究者鑽研特定的議題，並形成特定的觀看方法與角度。例如，物理學家倫琴在研究陰極射線時，看到屏幕上的磷光，後來建立影響甚鉅的新發現——X 光。即使當時也有其他研究者，看見類似的「異常」現象，但是如果沒有轉換研究問題，看見磷光並不見得會成為新發現的起點。人類視網膜的生理組織也許類似，但我們能觀看到什麼樣的圖像，往往受到特定視角的影響。例如，如果告訴你，圖 20-1 的黑白圖像有一張臉，大多數人可能要花一點時間才能看見，然而一旦看到了這張臉，便很難回到原來的觀看方式。STS 學界以此例來解釋，科學家從事研究也受到既有典範的影響，局限了看待事物的方式。

　　什麼主題值得研究、哪些類型的研究方法會被視為嚴謹，都會因為社會情境而定。一個具體的例證，是有關台灣剖腹產成因研究的轉變（吳嘉苓 2010）。台灣的產科醫師自 1960 年代開始，以醫院病歷進行調查，並針對研究發現提出改進方案。這種模式結合研究與臨床技術的學術勞動，十分有助於反思產科技術。然而，1990 年代開始，高剖腹產率成為公共爭議時，研究剖腹產的醫師，開始被同行譴責「自揭瘡疤」。同時，評鑑制度逐漸強調英文的學術發表，單一醫院的病歷分析被評比為低證據

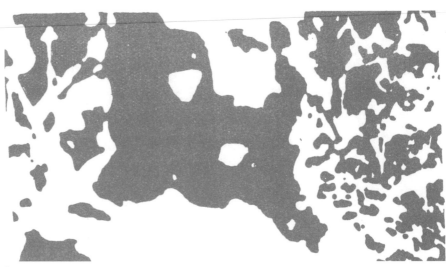

圖20-1 請試試看，能否在這張圖中，看出一張臉。看到之後，是否還能回到原來觀看的方式？

資料來源：Collins（1983: 89）。

力，比不上隨機對照臨床試驗。於是產科醫師自此逐漸退出剖腹產研究的行列，改由公共衛生與醫務管理學界的研究者，以健保資料庫與問卷調查來探查，並開始以產婦的行為作為解釋剖腹產盛行的成因，不再探討昔日醫界所看重的臨床因素。即使是相同的研究主題，由於社群評價論文的標準、論文發表的公共性等等改變，研究資料、方法，甚至論點都因此不同。

　　綜合而言，STS 從認知、組織，以及外部環境等多重面貌，來了解知識生產的社會性（請見表20-2）。

表20-2　分析科學知識生產的切入角度

分析層次	特性
認知	研究議程的選擇（研究內容）
	研究合作的方式（團隊合作、跨領域合作）
	認識論（哪種知識才會被社會視為嚴謹）
組織	專門領域的分布（跨領域的程度）
	科學社群的價值與勞動倫理（反思性）
	控制科學品質的方式（學界同儕、其他領域的同儕）
外部環境	與其他領域互動的模式（產業、國家）
	是否邀請非科學領域參與（公民、社區參與）

資料來源：筆者修改自 Hessels and van Lente（2008: 744）。

杜聰明的整合創新

「我們所遭遇的實際問題，就是種種如同肺炎、赤痢、瘧疾、膿胸、橫痃、癌、癰、狂犬病、咽頭痛等疾病，經常都已經存在著特效漢方。如果基於藥理學而對處方簽上的藥品進行研判的話，並不可能產生藥效，且負責實驗的絕不是外行人，而是可以信任的西醫。做這些實驗的西醫本身也不知道藥物有效的理由，至於治癒的事實，是由於生物體本身的自然治癒力呢？還是基於漢藥的複合作用呢？或者只是偶然發生的事件呢？要解決這些問題，無法全由至今的單純的化學實驗及動物實驗來達成目標。必須透過內科上有權威、有經驗的臨床家與藥理學者在實驗治療學上的共同研究，才能解決這些問題。」（雷祥麟 2010: 271-272；黑體另加）

台灣第一位醫學博士杜聰明，在 1928-1929 年間發表了上面這篇〈關於漢醫學研究方法的考察〉。當時日本、中國的菁英知識分子，以揚棄傳統漢醫，作爲建立現代國家的重要方向。杜聰明在日本接受現代醫學教育，又曾到歐美頂尖實驗室訪問研究，爲何卻致力於研究當年常被唾棄爲不科學的漢醫藥？

杜聰明相信漢醫藥中存在著許多當時科學界還不知道的價值，爲了實現這些價值，必須發展出嶄新的研究法。和一般常識性的理解不同，杜聰明沒有自我局限於二選一的選擇題（專注科學或是發揚傳統），也不以既有的科學方法來研究漢醫，而是致力於創造出能夠實現漢醫學價值的新研究法，並透過研究漢醫而擴展現代醫學的領域與科學的疆界。杜聰明當時的創舉，除了以新興的「實驗治療學」（Experimental Therapeutics）來研究漢藥，還包括建立研究型的漢醫醫院，支持先在人體實驗確認有療效、再到實驗室抽取主成分的研究方法等等。雷祥麟（2010: 234）認爲：「杜聰明位居多重邊緣的台灣（西洋現代醫學、日本帝國、中、漢醫傳統），但他不以邊緣自限，反而積極利用這個多重邊緣的處境，將多重邊緣性重新組合……構想出各個中心所想像不及的創新。」中國藥學家屠呦呦以青蒿素研發治療瘧疾，在 2015 年獲得諾貝爾獎，也掀起更多整合醫學的討論。科學家如何跨越既有學科的框架，至今仍是研發的重要議題。

三、科學爭議

防疫到底要用哪種模式？電磁波對人體有傷害嗎？地震可以預測嗎？這些科學爭議常常占據報紙版面，在各種公聽會辯論、學界引發筆戰，民眾爭論不休。這些爭議往往無法純由科學技術的層面來處理，即使科學研究、技術發展不斷精進，並無法就此讓爭議塵埃落定。想要充分了解這些爭議，更需要科技與社會研究的角度。

科學爭議
涉及科學判準與科學運作的歧見，經常影響社會深遠。研究取向包括實證主義、社群政治、打開科學知識生產的黑盒子，以及社會結構。

　　Brian Martin 和 Evelleen Richards（1995）提出了四種社會科學家研究爭議的方法，成為重要的取向。以下從 COVID-19 防治措施的爭議，進行討論（Jasanoff et al. 2021）。第一種是實證主義（positivism）的取向。這類取向的社會科學家，往往先接受正統的科學觀點，以此作為分析的起點。例如如果戴口罩、打疫苗的效用在科學與技術面沒有爭辯、沒有不確定性，研究者要了解批評與反彈，會探討民眾的心理、信念和相關團體的利益。這類研究把爭議分成知識爭議（有關科學知識）與社會爭議（非科學性的議題），前者隨著更大的樣本、更精良的研究設計，就會迎刃而解，後者則得持續借用社會科學的角度來討論。這種取向等於把社會和科學本身分開，不認為科學知識的內容可能也有社會因素，因此不去處理涉及科學知識本身的爭議。

　　第二種是社群政治（group politics）取向。這類取向探討不同群體如何涉入爭議，包括政府、學界、產業界、社運界與一般民眾等關鍵社會群體，如何界定問題、如何動用資源（例如政治權力、論述能力、具有可信度的知識），來讓爭議的解決朝特定的方向發展。例如 COVID-19 的社會爭議，有些社群認為疫苗適合作為防疫主力，卻有其他的社群憂慮它的副作用，並不贊成當成防疫的萬靈丹。

　　第三種是科學知識社會學（sociology of scientific knowledge）取向。這類取向打開知識生產的黑盒子，特別著眼於科學界內部的爭議，強調以社會分析探討科學知識宣稱。例如 COVID-19 疫情期間，群體免疫、邊界管控、施打疫苗、封城、社會距離、戴口罩，到底哪些措施最有效果，各國的科學家看法歧異，各從數學預測模型、臨床醫學、流行病學等不同知識領域，提出見解。諸多科學宣稱好壞與否，是來自於科學家的詮釋與行動，因此爭議的真偽與否，答案並不在於科學事實本身；爭議如果告終，也不見得是因為有更嚴謹的科學檢測，而是由有決策權的裁判社群來定案。

　　第四種是社會結構取向（social structural approach），主要從社會結構的主要概念，包括階級、國家、父權體制與專業權力等等，來解釋爭議的產生與發展。在 COVID-19 防治期間，國家動員專門知識的方式各不相同，也引起不同性質的爭議。德國倚重本就存在的權威科學機構，提供政策的科學證據，較少紛爭。法國特別組成了科學諮詢小組，卻因為成員偏重流行病學領域，而非其他知識領域，因此飽受批評。英國針對新興傳染

病建立了科學諮詢團，但另一批前朝的科學家另組團體，經常反彈官方作法。這些國家的情況顯示，政府與科學社群的關聯性，影響了爭議的發展。

上述四種分析取徑各有所長，我們需要一種整合模型（例如結合社群政治與科學知識社會學），來更周到地解釋爭議的產生與處理。此外，這些研究爭議的取向，也預設了處理爭議的手段：實證主義取向假定了專家是最佳的爭議裁量者；社群政治取向提倡多元主義，常主張透過審議民主等方式來呈現民間聲音；科學知識社會學強調科學社群反思的重要性；社會結構取向則期待更大規模的社會結構變革，使得某些爭議根本不會產生。我們如果能夠更周延地探討科學爭議的性質，思索政策環境與權力分配如何與科學的發展密不可分，或許更有助於創造出符合公平正義與民眾福祉的科技政策。

 問題與討論 20-1

含有萊克多巴胺的美牛與美豬，健康風險有多大？肥胖的成因到底是基因、生活習慣，還是環境？利用 AI 監測犯罪會提升效率、還是複製偏見？請針對你關切的科學爭議，蒐集媒體報導，並依照分析科學爭議的四種取向，分析媒體如何呈現爭議。

參　科技與社會相互形塑

我們慣於將歷史分期為石器時代、銅器時代、鐵器時代等等，一路至今日的太空時代、資訊時代、AI 時代，可以說是以廣義的科技進展來切分人類的大事紀。這表示科技與技術物是社會變遷的最主要動力嗎？有句廣告詞說：「科技始終來自人性」，也許社會價值才是主導科技的力量來源？本節提出科技與社會相互形塑的觀點，以了解科技與社會的關係。

一、技術物的政治性

過於簡化的科技決定論（technological determinism），涉及兩種相互關

> **技術物的政治性**
> 強調技術物本身即有政治性，修正了既有的科技決定論觀點。政治性的觀點，指出技術物本身可能形成特定社會秩序、形成社會排除的後果；又或者是有些技術物本身即具有政治性，例如核能科技勢必得以極權體制為發展前提。

聯的主張（Smith and Marx 1994；陳信行 2002）。首先，這說法認為科技發展有其內在動力，會自動持續發展，無須透過其他力量作用；例如，二十世紀初的物理學必定導致核能科技的發展，人體基因解碼之後基因治療隨之而來。這種論點常見於各種科技趨勢預測討論，預設科技自動前進，彷彿與社會文化環境無關。再者，這說法也強調科技主導整個社會的發展軸線；例如，在分析社會變遷時，歷史學家 Lynne White 以馬鐙的發明與傳播，解釋中古世紀封建社會的興起；Karl Wittfogel 則以中國與印度的水利工程，說明這兩個社會為何無法發展出資本主義。這樣的論點認為社會、經濟與文化的變遷，主要由科技所主導，而非社會如何影響科技。

這類被稱之為「硬的」或是「天真的」科技決定論，並無法充分解釋科技與社會的發展。在社會實踐上，這種觀點容易讓我們的心智花在適應或因應科技，而忽略了公共討論、社會選擇與政治安排，對於形塑科技發展的重要性；同時也會使得社會考察集中在科技趨勢預測，而非技術發展的社會分析。

Langdon Winner（2004[1986]）以技術物（artifacts）的政治性概念，修正了過於簡化的科技決定論，並提醒科技本身可能帶來的權力配置。Winner 提出兩種技術物的政治性，第一種是建立了某種秩序的社會安排：有些技術系統的發明、設計與配置，建立了特定的社會秩序。他提出的著名案例是二十世紀前半期活躍於紐約的建築師 Robert Moses，把通往長島的低架橋，設定為公車無法通行的高度，以此阻礙黑人及窮人使用長島的海邊休閒措施。Moses 既然無法設立「禁止黑人進入」的休閒措施使用規則，就改用低架橋的高度來達到社會排除的目的。其他有些科技設計，即使原意並非排擠特定的社會團體，卻也可能達成類似的效果，例如針對健康身體所建造的建築，原先並非特意排擠肢體障礙人士，實質上卻造成了他們參與社會生活的障礙。

第二種技術物的政治性，指的是內在就具有政治性的技術物。Winner 認為，我們一旦選擇了某些技術物，就等於同時選擇了某種特定的政治生活樣態。典型的案例是核能電廠，無論是民主國家還是極權國家，核能電廠都需要權力相對集中的管理模式，例如科技軍工複合體；相較而言，太陽能光電系統要採用社區管理或是中央控制的模式，還能依照社會條件與理念來彈性決定。為此，Winner 認為，如果認清特定技術有其政治性、能持久地影響社會，那麼科技改革就應是社會改革的一部分。

> **問題與討論 20-2**
> 　　學校裡有哪些科技系統建立了特定的社會秩序，因此具有政治性？試著觀察宿舍的門禁卡設計，電腦選課的設定，教室的麥克風設置方式，或是校園裡無障礙設施的鋪陳等等，討論這些技術物是否設定了某些權力關係？

二、科技的社會建構論

　　科技的社會建構論（social construction of technology，簡稱 SCOT），強調把科技發展當成是在特定社會脈絡下所產生的結果。這個角度駁斥了科技決定論的單一、線性、技術導向的科技發展觀點，致力於揭露科技發展過程的社會、政治及文化層面。社會建構一詞，社會學早用於討論知識、精神疾病、偏差行為、性別、階級等等，1980 年代 SCOT 發展之後，也開始大量用於科技與社會研究。SCOT 提出，過去有關科技發展過程的研究，過於強調科技發明的特殊性，而缺乏建立理論的能力。同時，這些研究偏重於成功的發明，對於失敗的科技則較少著墨，這會讓人誤解成功的發明是來自線性的、一連串成功的發展。

　　SCOT 提醒我們注意科技發展的相關行動者，以及對於各方的詮釋彈性（interpretative flexibility）。腳踏車的發展，就是 SCOT 的經典案例（Pinch and Bijker 1987）。在十九世紀後期，各種形式的腳踏車問世，後來才逐步朝向接近目前的雙輪間安裝腳踏板的車型。例如，1860 年代曾有一款前輪大、後輪小的腳踏車，當時暱稱為「便士法新」（Penny Farthing）腳踏車，因為前輪與後輪的大小，正如英幣便士與法新的大小比例（參見下圖）。到了 1870 年代後期，英國的 H. J. Lawson 在前後輪間安裝腳踏板、採用鏈條傳動結構，車名為 Bicyclette，也是今日英文車名的由來。如果按照過去的單一線性史觀來看，到目前穩定化的腳踏車型之前，像是「便士法新」車的發明，都只是滑稽的插曲；當人們在東京科學技術館看到這款設計，可能也是當成古人的奇想。然而，SCOT 的分析策略卻是要探查，當時各路人馬如何賦予各款腳踏車意義，提出哪些改革的技術方案，並以當時的社會脈絡來解釋為何有些方案勝出、有些遭到忽略。當年年輕運動員很欣賞便士法新車，認為車速快，很適合運動競賽；女性騎士

科技的社會建構論（social construction of technology）
駁斥科技決定論單一、線性、技術導向觀點，強調科技發展過程中，不同行動者對於技術的詮釋與考量，以及行動者之間的權力關係，如何影響科技的發展。

東京科學技術館的腳踏車歷史展示（吳嘉苓／攝）。

面臨裙裝難以在高前輪騎的問題；老年男性則認為原有設計安全性不足。至於處理安全問題也有多重方案，有些提議加強煞車，有些則調整前輪高度而發展新的腳踏車設計。然而前輪降低後，有些社群提出速度不夠快，有些團體著眼震動不穩的問題。以安全為重的腳踏車設計取得優勢，但也讓年輕男性遺憾地犧牲了展現帥勁的機會。

　　SCOT 的洞見在於，避免把存留下來的技術物當作是功能比較好的結果，強調科技的發展與取代其實是各種詮釋彼此競逐的結果，涉及團體之間的權力關係，以及更大的社會文化脈絡。紀錄片《電燈泡之預知死亡紀事》（Dannoritzer 2012[2010]），就呈現產業設計會以「計畫性汰舊」（planned obsolescence）為原則，讓本來技術上壽命可達 2,500 小時的燈泡，重新設計成最多只能使用 1,000 小時。為了讓消費者頻繁購買，原本強韌的尼龍絲襪，廠商要求改配方，經過陽光照射就容易破損；3C 產品也經過巧妙設計，幾年內就開始失靈。因此，市面上推陳出新的科技產品，「改良」的目標到底是根據企業利益、產品效率，還是永續理念，要看哪個相關行動者能主導其看重的價值。

三、行動者網絡理論

行動者網絡理論
主張社會是異質元素的組裝，由人與非人行動者共同構成的網絡，駁斥將社會與科技分開對待。

　　SCOT 以利益、價值等面向來探討科技的形塑，將社會帶入解釋科技的發展，等於把科技與社會區分為兩個概念。行動者—網絡理論（actor-network theory，簡稱 ANT）則提出，社會與科技（物）密不可分，主張以「社會科技網絡」（sociotechnical network）的布局與解散，作為了解這個世界運行的方式。社會學固然經常強調社會是不斷地變動、重組，但是往往預設組織、機構及制度皆為人所設定，很少看重機器、微生物、大

氣等非人行動者的關鍵行動。想像辦公室、學校與政府的運作，除去建築
物、辦公桌、檔案櫃、電腦、釘書機與紙筆，光憑社會角色、人的行動及
組織規章，並無法行事。ANT 超越了「科技如何影響社會，社會如何影
響科技」這樣的提問方式，更進一步探問：人與非人如何不斷地相互改
造，並成爲當今理解社會變動——並非僅是科技變動——的重要理論。

　　透過追隨工程師、科學家、醫事人員的工作軌跡，常能彰顯各種異
質元素連結的重要性。Michel Callon（1987）以「工程師—社會學家」
（engineer-sociologists）來描述 1970 年代在法國電力公司研發電動車的工程
人員。爲了使電動車上路，這群工程師需要同時研發新型的燃料電池與新
型的法國社會，一方面要確保新研發的鉛蓄電池不易污染、催化劑能有效
運作，另一方面要凸顯現有汽車造成空氣污染的問題、建立新的消費者認
同，還要爭取政府的補助措施，讓有意推行的縣市獲得經費支援。電動車
要能成事，必須把網路中的物件、零件、工程師、市場、法令等等所有行
動者，予以連結。若從失敗的案例來看，社會技術網絡若不能充分組裝，
即使有良善的理念，也徒勞無功。邱大昕（2008）提出，台灣的導盲磚設
施要能發揮作用，得建立「視障者—白手杖—導盲磚」的社會技術網絡。
然而，有些摩托車騎士會沿著輪椅坡道順勢上到人行道，再把導盲磚當成
停車線來停車，形成一個「機車族—輪椅坡道—導盲磚—停車線」的組
合。即使導盲磚是爲了促進視障者的行動能力而依法鋪設，卻徵召到其他
行動者，因而無法發揮作用。導盲磚有時是視障者的無障礙設施，有時是
機車族的停車依據，也凸顯了 ANT 所強調的，人與非人行動者，在組成
的網絡之中，彼此界定其特性，無法切割。

　　ANT 強調「非人」（non-human）行動者的重要性。例如，Bruno
Latour（1991）以歐洲旅館鑰匙，說明非人行動者如何讓社會運作。旅館
要求旅客退房繳回住宿鑰匙，即使經理再三叮嚀、櫃檯放了醒目的告示
牌，許多旅客還是忘記，因此某些旅館設計了巨大笨重的房間鑰匙，讓旅
客很想「甩掉」這個麻煩的物件，促成交回住宿鑰匙的規定。在這個例
子中，更能達成管理者期待的，不是言說或文字，而是技術物。Puig de la
Bellacasa（2017）強調在理解人們維持、修復所屬世界的照護工作時，要
納入人類中心主義所忽略的非人行動者。她以土壤科學與樸門農業的發展
爲例，看重「土壤」的滋養能力，也重新檢視人與土壤的關係。過去以資
本主義主張的生產效能爲先，就會主張以化學肥料、殺蟲劑來提升並加快

土壤長出作物的能力，但也經常過度耗損土地。近年有一些新模式，不再把土壤當成人類的資源，而是萬物互賴的生命體系，看重蚯蚓、眞菌、藻類、植物、兔子等等如何在土壤世界彼此餵養。若人類把自己看成土壤世界的一部分，而不是消費者，就可能警覺於人類的照護義務，發展出愛護土壤生命的農法。看重非人行動者的洞見，有助於反思人類世界的生態浩劫，設想如何重新建立萬物相互依存的網絡。

肆　從創新到使用

愛迪生發明電燈、萊特兄弟發明飛機、賈伯斯發明蘋果電腦，是目前台灣兒童書市最常出現的傳記人物，爲什麼都是美國男人？交通號誌出現會跑的小綠人是台灣首創，這值得驕傲嗎？創新常吸引社會目光，STS 則提出不同的探查方法。

一、挑戰創新英雄的迷思

發明家勤奮不懈，以聰明才智的成果影響社會，往往被當成角色典範。然而，STS 提出，創新並不僅是由敢於挑戰的英雄所建立：創新之所以成功，攸關如何重組整個社會的技術網絡。以發明之王愛迪生爲例，Thomas Hughes（2004 [1979]）的研究就稱他爲「發明家—企業家」（inventor-entrepreneur），而非一個「瞎弄零件的單純發明家」。愛迪生研發電燈時，並非一人單打獨鬥，他延攬了工程師、科學家、技工、理財專家、公關長才、法律顧問作爲團隊成員。他致力研發白熾燈的技術，目的是在商業競爭上贏過煤氣燈，因此經過精密計算確立需要高電阻的燈絲。Hughes 稱愛迪生爲系統建構者（system builder），彰顯愛迪生起初就設想建立美國社會的電氣化，以此來尋找發明的方向。

「社會科技想像」（sociotechnical imaginary），強調透過國家級科技計畫的設計與實踐，集體呈現想像的社會生活與社會秩序模式，常能解釋各國科技創新的差異（Jasanoff 2015）。在發展科技的過程中，必然會提出對於社會未來的想法，也許是美好的願景，也可能是防堵不必要的風險，與各國的歷史相關。以二次世界大戰後的核能發展爲例，美國與韓國就對核

社會科技想像
（sociotechnical imaginary）
透過科技來實現對於社會生活與社會秩序的想像。社會科技想像常常引導著政府、科技菁英、廠商、民間團體提出科技的發展方向。

能有截然不同的社會技術想像（Jasanoff and Kim 2009）。美國在廣島、長崎投下原子彈，存有管控戰爭武器的焦慮，於是以風險基金、新設核電廠的審核制度，來圍堵核能可能的風險。韓國則把二戰原子彈的悲劇，解讀為國家必須強大的歷史教訓，致力於追趕西方的科技，把發展核電廠視為韓國國力的指標，並把核電的技術輸出當作是國家光榮。現代國家的發展，常與科技息息相關。政府、科學菁英、產業、民間團體如何參與建構這些想像，權力關係又如何在想像論述的提出與實踐中展現，有助於我們了解科技創新發展的特性。

二、看重使用者

把研究目光由「創新」轉向「使用」，是 STS 的重要洞見。David Edgerton（2004[1999]）從使用的角度反駁「創新決定論」。科技真正深入並影響社會的指標，在於使用的範圍而非創新本身。他更提出，發明與創新很少導致使用的擴大，反倒是使用的需求經常導致發明與創新。Edgerton 強調應將研究重心從「創新」轉向科技的「使用」，因為廣大世界的主要科技經驗，「更類近於中國的小農，而不是美國的發明家—企業家」（Edgerton 2004 [1999]: 145）。

STS 探討使用者參與科技系統的多種風貌。「使用者配置」（user configuration）的概念，即是把機器等硬體視為文本，探究在設計的過程中，如何「配置」想像的使用者。民國初期公衛專家伍連德提出，同桌共食、幫忙夾菜的飲食方式，容易吃到別人的口水而傳染結核桿菌。要轉變這種飲食文化並不容易，因為分食制度沒辦法同桌共享全魚與全雞，於是他發明了「衛生餐檯」，也就是我們現在常用的旋轉餐盤，讓菜轉到自己面前，不用幫人夾菜，然後再搭配公筷母匙，就能以物件配置達到防疫的目標，又能保持共食的樂趣（雷祥麟 2013）。配置的行動可能包括界定、賦能、限制、再現、強加、控制使用者等等。又如台灣第一款針對女性所設計的機車「蘭蒂50」，強調車身低、好跨越，等於將性別化的身體設計，加入機車設計（駱冠宏 2007）。然而，使用者也可能轉換設計者的配置，重新改寫科技的腳本。例如，當年美國電話業界將電話設定為商場企業男性在家與同事聯絡討論公事之用。不過，鄉村地區的女性，很快地把電話當成聯繫親友的工具，這促使電話公司重新將電話的定位從工作取向

使用者配置（user configuration）
將技術物視為一種文本，解析技術物如何設想特定使用者，並形塑了技術物本身的設計。同時強調使用者並非遵循腳本的被動接收者，也可能在參與中促成了既有腳本的改變。

轉為社交取向。換句話說，使用者可能成為形塑科技的積極參與者，而非技術物設定腳本的消極接收者。

　　許多過去的研發，是以研發者自己的生活經驗來設想使用者，稱之為「我─方法學」（I-methodology），導致據此想像出的使用者，可能與現實有落差。近年來，「民主化創新」（democratizing innovation）概念就呈現一些由使用者與社區需求所主導引發的創新（von Hippel 2005），包括日漸看重的參與式設計，提出設計者與使用者「共同發明」的模式，摒除了傳統由上而下的創新方式，將發明與使用結合為一。

▎三、後殖民科技研究

　　厲害的科技好像都在歐美國家，我們在邊陲小島只是等著學習跟進嗎？後殖民科技研究，批判這種以歐美為中心、其他區域為邊緣的觀點，探查更多知識與技術發展的樣貌。後殖民研究關注殖民過程的權力關係，在殖民關係結束後如何持續發揮。這種看重各類區域之間的不平等關係，產生的分析概念，適用於考察各類科技現象，也對台灣特別重要（陳嘉新 2017）。

　　後殖民研究的重要任務，就是不再假設西方科學知識具有權威性、客觀性及普世性，而將這些預設轉化為有待研究理解的議題。這種研究方式，意味著即使在普遍被視為科學「中心」的西方，其科學發展也跟「邊陲」地區一般，是在特定脈絡下發展出來的，因此將「中心」「邊陲」一視同仁做「對稱性」分析。特別是，歐洲許多科學的發展，常藉由帝國的全球擴張而成就。李尚仁（2012）研究「熱帶醫學之父」萬巴德（Patrick Manson, 1844-1922）即提出，熱帶醫學的創建，並非僅是來自於大英帝國的慧眼，更是離開帝國之後，在打狗、廈門等地觀察到的熱帶疾病，進到特定社會文化與物質脈絡才得以衍生。後殖民取向強調知識與實作的流動，考察相遇的接點，以及網絡建立的方式，而非預想知識技術單一的傳播。

　　看重非西方世界的科技文明，挖掘邊緣化知識可能有的優越性，是後殖民研究的重要考察面向。Sandra Harding（2008）呼籲將研究目光離開上國，關注「來自下方的多樣科學」（sciences from below）。中國的科技文明、伊斯蘭文化如何影響歐洲科學、安地斯山原住民的農業知識，因此成

爲新興看重的主題。這類研究將邊緣化的科技搬上檯面，翻轉文明與野蠻的位階，同時挖掘各類知識的交流與翻轉。趙恩潔（2020）研究馬來西亞的清眞科學，探討科學家如何在主流的動物倫理、清眞戒律，以及肉品工業規範之間，以實驗研究理解屠宰過程中的動物痛苦。吳嘉苓（2015）發現台東嘉蘭村的災後重建過程，一些原住民耆老想透過搭建石板屋來重建文化認同，但許多族人仍把鋼筋水泥屋當作理想房舍，造就「永久屋前搭涼棚」的混搭形式。嘉南平原的拼裝車一般被視爲需要淘汰的「落後車輛」，林崇熙（2001）卻呈現其設計彈性大，不僅考量使用者從運送甘蔗到海邊採蚵的多樣需求，安全性與服務維修都勝於統一規格的公司車。這些研究都跳脫以後進國自居的追趕模式，正視科技研發的在地發展風貌。

伍　科技治理與民主化

　　要不要興建離岸風車？人臉辨識需要怎樣的管制？疫苗施打的優先順序爲何？這些涉及科技面向的爭議與政策，牽涉到公平正義、分配及價值等面向，也超越科技知識的領域。層出不窮的爭議也使得專家統治模式日漸受到挑戰，科技政策的民主化成爲新興的議題。本節從「公民參與模式」、「公民科學」、「科技改造與社會運動」這三個不同的面向，探討科技民主化的理論與實踐。

一、公民參與科技政策制定

　　過去政策制定者認爲民眾欠缺科學知識，導致對科技有諸多誤解與疑慮，因此強調公民的科技教育，屬於公民教育模型（public education model）。這種觀點預設知識的流向是單向的：專家有知識、民眾要學習，以補足常民所缺乏的專業知識。新形式的公民參與模式（public participation model）則強調科技開放讓社會檢驗、辯論，而非封閉於專業社群；民眾不只是被動地學習科學新知，更能積極主動地提出對科技發展的洞見。

　　西方國家從 1980 年代起，即根據審議民主的原則，開發一些公民參與的方法，包括公民共識會議（consensus conference），以及審議式民調

公民參與模式
（public participation model）
根據審議民主的原則，以民眾作爲主體的科技政策決策模式。批評既有的「欠缺模式」將公民視爲科學知識接受者的預設，強調公民參與科技設計、科技政策的可能性。

（deliberative poll）等。這些新興的公民參與模式，強調參與者在具有充分的訊息下，能夠透過與專家平等討論和說服的過程，提出建設性的政策方向。台灣在 2000 年以來，即針對代理孕母、基改作物、高雄跨港纜車、公費施打 HPV 疫苗、竹科園區宜蘭基地的設置、低階核廢料選址等全國性與地方性科技議題，施行各類公民參與的管道。相關的實證研究已發現，這些審議民主式的公民參與，有助於提升公民政策的知能以及公共參與的意願，但是公民參與意願與機會的不平等，以及審議結果如何整合到政策決策過程，目前都還面對許多挑戰（林國明、陳東升 2005；杜文苓、陳致中 2007；林國明 2016）。

二、公民科學

打開「台灣動物路死觀察網」（又稱路殺社，https://roadkill.tw/），可以看到各種死於路上的松鼠、龜殼花、貓狗與綠蠵龜，分門歸類並記錄路死時間與地點。這個民間社團成立於 2011 年，透過社群媒體，邀請民眾蒐集路死動物的資料。網頁上表明：「推廣全民參與科學調查（citizen science），發掘環境議題進而提出想法、試驗設計、資料蒐集、分析討論並合作解決。」農藥是否可能造成鳥類大量死亡？道路設計應如何改善才不會讓動物慘死輪下？路殺社關切環境造成的動物傷害，實證資料則仰賴各方民眾的拍照、資料上傳、屍體蒐集，以及寄送的行動。路殺社是公民科學的代表性社團，凸顯參與科學活動並非白袍科學家的專利，公民也能參一腳。

范發迪、陳舜伶（Fan and Chen 2019）將公民科學分為四類，呈現了常民參與知識生產的多元風貌。第一類是公民協助蒐集科學資料，路殺社堪稱台灣的代表。另外像是美國的康乃爾鳥類學實驗室，1966 年開始邀請業餘的賞鳥人士參與鳥類紀錄，到目前為止已有 40 萬人貢獻資料，協助科學家建立有關鳥類是否受到污染與疾病的影響。這類公民科學是以協助、而非挑戰主流科學社群的方式進行科學活動，同樣可能提出不同的議題設定，影響科學的發展。

第二類是國家要提升公民科技素養的公民科學。許多國家都看重公民的科學能力，有助於提升國力，英國提出「公眾理解科學」（public understanding of science）方案，堪稱代表。然而，國家可能常以「欠缺模

式」來理解公民，而非看重公民可能的獨有知識。

　　第三類是為民主與正義而發展的公民科學，常與社會運動結合。台灣民間團體的空污監測，就力圖透過重新整合官方資料、挑戰政府資料測量方式（例如發現測量方式過於單一），以感官經驗蒐集空污資料（例如嘉義市以是否看得到玉山作為空氣品質指標），以及自行蒐集小尺度範圍的空污資料等，來挑戰官方現有的空污知識生產與傳播（杜文苓、施佳良 2019）。此外，許多科學調查的工具更普遍可及，使得公民生產科學知識更加可行。例如福島核災之後，輕便易用的輻射檢測儀器紛紛上市，造就一群日本媽媽成為公民科學家（Kimura 2016）。她們關切居家安全與子女福祉，用這些檢測器測量學校操場、購買的食物，記錄數字、繪製圖表，屢屢挑戰政府的資料與措施。

　　第四類是建立公民參與科學的技術平台。特別是建立資訊平台，有助於公民參與的效能和可能性，代表例子如資訊軟體開放原始碼，以及由台灣一群程式設計師於 2012 年底發起的，去中心化的公民科技社群「零時政府」（g0v），以資訊透明、開放成果、開放協作為核心，透過群眾草根的力量來關心公共事務。

三、科技改造與社會運動

　　由許多資訊工程師所打造的 g0v，顯示科技專家與科學家透過各種科技創新的方式，參與改革運動。社會運動原為改造科技發展的重要動力，一些反醫療化、反污染的對抗運動（opposition movement），即是促成各種風險治理與科技反思的動力。近年來 STS 更著力探討科技人參與社會改革的風貌，畢竟科技不僅是對抗與批判的對象，更是展開實踐的著力點，例如，核能運動的出路常來自於再生能源，而對環境與生態污染的警醒，開啟了綠色化學、綠建築、有機農業等新路。

　　「性別化創新」（gendered innovation）是近年來廣受注目的科學知識改造行動。史丹佛大學的女性主義 STS 研究團隊提出，如果在科學知識生產的過程中充分納入性別因素，有助於研發出更好的科學。以近年來積極發展的人工智能（artificial intelligence, AI）來說，需要機器學習所仰賴的資料庫，若是樣本來源僅限於有資源的性別、階級與族群，可能有所偏誤。因此，需要透過理解資料建立的歷史過程，以及其中如何反映權力關係，

並藉由揭露資料庫特性以及可能的缺失，建立去除偏見的設計，包括公平性稽核、機器學習辨識偏見等等，以建立更好的 AI (Zou and Schiebinger 2018)。

圖 20-2 「性別化創新」網路平台中文版

資料來源：http://genderedinnovations.taiwan-gist.net/。

 問題與討論 20-3

　　請進入「性別化創新」網站，選取一個你感興趣的案例研究，例如，男性骨質疏鬆研究，氣候足跡的男女差異，或是社交機器人的性別化等等。接著請說明，你選擇的案例，有哪些具有性別敏感度的研究方法，有助於達成性別化創新。

　　STS 社群近年來強調運用學術上的洞見，參與建立更好的科技社會。國際科技與社會學會自 2015 年開啓了「做出 STS」（STS making and doing）新單元，認可 STS 的實作成果。這些行動包括介入公共議題，提出新的治理模式，研發教學法、創立促進 STS 的平台，以藝術創作提出新見解，設計新的物件、空間與地景等等。做出 STS 的面向，含括將 STS 的取向跨界其他領域、爲介入行動建立資源，並積極實驗各種參與的新方

法（Downey and Zuiderent-Jerak 2017）。台灣 STS 社群即以 RCA 法庭辯論的多樣參與，包括蒐集科學證據，提出法庭如何建立因果關係的見解，拍攝紀錄片以進行公眾溝通等等，受到國際學界的肯定，並獲得 2019 年國際科技與社會學會的 Making and Doing 獎項（Lin and Chen 2021）。

適當科技與社會設計

　　適當科技（appropriate technology）是 1960 年代中期即出現的概念，當時主要討論第三世界經濟、科技及社會問題。適當科技主張科技的發展要適合社區生活，強調在貧窮國家的適當科技僅需低資本、採用當地資源，能由社區居民所掌控與維修，並促進社區互助，與環境共榮。經濟學家 E. F. Schumacher 於 1973 年出版《小即是美》（*Small Is Beautiful*），爲適當科技的代表作品。已開發國家亦於 1970 年代起採用適當科技的概念，包括研發各類永續科技。

　　「社會設計」的理念常與適當科技呼應。設計界在 1970 年代逐漸出現公共利益導向的設計理念，包括「爲眞實社會設計」、「爲 90% 民眾設計」等利他與促進社會福祉的倡議，以反思爲商業利益服務的設計主流。近年來設計界強調的參與式設計、互動式設計、使用者經驗等新興方法學，更向社會科學取經，強調系統性地分析整體社會、重視民主參與。同時，二十一世紀以來的諸多政治經濟變遷，促成各方開發結合公部門、民間團體、市場經濟的設計新方向（Chen et al. 2016）。

　　社會學家陳惠萍在撰寫博士論文時，就發現台灣綠能發展的困境：太陽能光電板是台灣外銷的利器，但在陽光普照的台灣，卻鮮少裝設，與民眾親近性甚低。她畢業後於 2016 年參與創辦台灣第一個綠能出資平台「陽光伏特家」，建立民眾親近太陽能的多種方法，例如：若有屋頂適合裝設，可以貢獻屋頂，使用綠電；若想支持綠能，可以購買他人屋頂的太陽能板，投資綠電；若想資助社福團體，也能贊助這些機構屋頂的太陽能裝置。創意的平台建立之後，同時達成普及綠能、公眾參與以及培力弱勢團體的多重價值。這是「做出 STS」的重要實踐。

陸　結論

　　STS 不只提出分析的角度，也重視實踐的可能性。相關研究成果與理論視野，除了試圖剖析科技與社會如何密不可分，也常期許在科技社會中對於發展民主政治、公平正義與社會福祉，產生關鍵性的貢獻。相較於其他社會學領域，年輕世代對於現代科技有著更豐富的經驗與相關知識，往往超越師長輩。因此，在大學殿堂討論科技與社會這個新興領域，不只

能開啟思辨今日台灣科技社會所面臨的諸多挑戰，更是培育年輕世代成為「專家公民」與「公眾知識分子」的重要沃土。

延伸閱讀

Sergio Sismondo 著、林宗德譯，2007[2004]，《科學與技術研究導論》（*An Introduction to Science and Technology Studies*）。台北：群學。

本書為 STS 導論教科書，適合對於英語世界 STS 觀點有導覽式的理解。

吳嘉苓、傅大為、雷祥麟編，2004，《科技渴望社會》、《科技渴望性別》。台北：群學。

這兩本讀本選錄了國際上 STS 的重要研究，由台灣科技與社會研究社共同翻譯，各篇論文並附有台灣學者所撰寫的導讀。對於從經典案例來了解科技與社會相互形塑的觀點，本書提供重要的資源。

藤垣裕子編、王珮瑩譯，2015[2005]，《透視科技與社會的九道工法》（科学技術社会論の技法）。台北：群學。

日本 STS 學界編纂的 STS 教科書，透過九個科技爭議，包括水俁病、文殊核能電廠等案例，探討 STS 的核心概念。

陳恆安、郭文華、林宜平編，2009，《科技渴望參與》。台北：群學。

本書為十多位台灣 STS 學者所撰寫的短篇論文集，以螢光魚、標準鍵盤以及機車安全帽等有趣而吸引人的現象觀察，帶出包括科學知識的社會建構、科技與公民參與、實驗室的社會人文研究等等主題。

林文源、林宗德、楊谷洋編，2018，《科技社會人3：STS 跨領域新驛路》。新竹：交通大學。

含括豐富的本土案例，包括科技物、科技知識、科技人、科技公共性以及科技與社會創新五大面向。可搭配系列 1 與 2 閱讀。

陳信行，2016，《看見不潔之物：工業社會中知識權威的文化實作》。台北：台灣社會研究雜誌社。

食安醜聞、污染爭議與職業災害，都來自於工業生產造成的不潔之物。本書探討問題的根源，並以 RCA 訴訟案，分析科學與司法如何處理這些難題。

《科技、醫療與社會》期刊

現今台灣以科技與社會研究為主題的學術期刊，包括學術論文的發表、書評，以及與當代思潮和議題接軌的論壇。http://stmjournal.tw

East Asian Science, Technology and Society: An International Journal（東亞科技與社會研究國際期刊，簡稱 EASTS）

EASTS 是 STS 領域第一本以東亞作為研究主體的英文學術期刊，由台灣 STS 學界主導，結

合日韓與歐美澳學者，共同創辦，是了解東亞以及國際 STS 發展的重要窗口。https://www.
tandfonline.com/toc/teas20/current

參考書目

杜文苓、施佳良，2019，〈挑戰空汙：初探社區行動科學的在地實踐〉。《傳播研究與實踐》9(1):
　　1-32。

杜文苓、陳致中，2007，〈民眾參與公共決策的反思：以竹科宜蘭基地設置為例〉。《臺灣民主季
　　刊》4(3): 33-62。

李尚仁，2012，《帝國的醫師：萬巴德與英國熱帶醫學創建》。台北：允晨。

吳嘉苓，2010，〈臨床因素的消失：台灣剖腹產研究的知識生產政治〉。《臺灣社會學刊》45: 1-62。

吳嘉苓，2015，〈永久屋前搭涼棚：災後家屋重建的建築設計與社會改造〉。《科技、醫療與社會》
　　20: 9-73。

邱大昕，2008，〈「殘障設施」的由來：視障者行動網絡建構分析過程〉。《科技、醫療與社會》6:
　　21-68。

林宜平，2006，〈女人與水：由性別觀點分析 RCA 健康相關研究〉。《女學學誌》21: 85-212。

林崇熙，2001，〈沉默的技術：嘉南平原上的拼裝車〉。《科技、醫療與社會》1: 1-42。

林國明、陳東升，2005，〈審議民主、科技決策與公共討論〉。《科技、醫療與社會》3: 1-49。

林國明，2016，〈誰來審議？台灣民眾對審議民主的支持程度和參與意願〉。《台灣社會學》31: 43-
　　97。

陳信行，2002，〈法蘭肯斯坦的陰影：技術決定論的前世今生〉。《當代》176: 54-63。

陳嘉新，2017，〈什麼是後殖民科技研究中的後殖民：淺論其主張與啓發〉。《科技、醫療與社會》
　　31: 15-66。

雷祥麟，2010，〈杜聰明的漢醫藥研究之謎：兼論價值創造的整合醫學研究〉。《科技、醫療與社
　　會》11: 208-286。

雷祥麟，2013，〈衛生、身體史、與身分認同：以民國時期的肺結核與衛生餐檯為例〉。收入祝平
　　一編，《健康與社會：華人衛生新史》，頁119-144。新北：聯經。

趙恩潔，2020，〈懂牠的痛苦：當實驗室是棲息地，而物種是生物文化回應〉。《科技、醫療與社
　　會》25: 171-220。

駱冠宏，2007，《騎過半世紀：臺灣機車性別文化史，1930s-2007》。高雄：高雄醫學大學性別研究
　　所碩士論文。

戴九功等，2019，《遲來的正義—— RCA 事件》。台北：東臺傳播。

Callon, Michel, 1987, "Society in the Making: The Study of Technology as a Tool for Sociological Analysis."
　　Pp. 83-112 in *The Social Construction of Technological System*, edited by Wiebe E. Bijker, Thomas P.
　　Hughes, and Trevor Pinch. Cambridge, MA: The MIT Press.

Chen, Dung-Sheng, Lu-Lin Cheng, Caroline Hummels, Ilpo Koskinen, 2016, "Social Design: An
　　Introduction." *International Journal of Design* 10(1): 1-5.

Collins, H. M., 1983, "An Empirical Relativist Programme in the Sociology of Scientific Knowledge." Pp. 85-
　　113 in *Science Observed: Perspectives on the Social Study of Science*, edited by Karin D. Knorr-Centina and

Michael Mulkay. London: Sage.

Corburn, Jason, 2005, *Street Science: Community Knowledge and Environmental Health Justice*. Cambridge, MA: The MIT Press.

Dannoritzer, Cosima, 2012[2010]，《電燈泡之預知死亡紀事》。台北：公共電視。

Downey, Gary Lee and Teun Zuiderent-Jerak, 2017, "Making and Doing: Engagement and Reflexive Learning in STS." Pp. 223-251 in *The Handbook of Science and Technology Studies*, edited by Ulrike Felt, Rayvon Fouché, Clark A. Miller, and Laurel Smith-Doerr, 4th edition. Cambridge, MA: The MIT Press.

Edgerton, David 著，方俊育、李尚仁譯，2004[1999]，〈從創新到使用：十道兼容並蓄的技術史史學提綱〉。收於吳嘉苓、傅大為、雷祥麟編，《科技渴望性別》，頁131-170，台北：群學。

Fan, Fa-ti and Shun-Ling Chen, 2019, "Citizen, Science, and Citizen Science." *EASTS* 13(2): 181-193.

Gibbons, Michael, Camille Limoges, Helga Nowotny, Simon Schwartzman, Peter Scott, and Martin Trow, 1994, *The New Production of Knowledge: The Dynamics of Science and Research in Contemporary Societies*. London: Sage.

Harding, Sandra, ed., 2008, *Sciences from Below: Feminisms, Postcolonialities, and Modernities*. Durham, NC: Duke University Press.

Hessels, Laurens and Harro van Lente, 2008, "Re-thinking New Knowledge Production: A Literature Review and a Research Agenda." *Research Policy* 37(4): 740-760.

Hong, Sungook, 2008, "The Hwang Scandal that 'Shook the World of Science'." *EASTS* 2: 1-7.

Hughes, Thomas P. 著，楊佳羚、林宗德譯，2004 [1979]，〈美國的電氣化過程：系統建構者〉。收於吳嘉苓、傅大為、雷祥麟編，《科技渴望社會》，頁19-77。台北：群學。

Jasanoff, Sheila, 2015, "Future Imperfect: Science, Technology and the Imaginations of Modernity." Pp. 1-33 in *Dreamscapes of Modernity: Sociotechnical Imaginaries and the Fabrication of Power*, edited by Sheila Jasanoff and Sang-Hyun Kim. Chicago: University of Chicago Press.

Jasanoff, Sheila and Sang-Hyun Kim, 2009, "Containing the Atom: Sociotechnical Imaginaries and Nuclear Power in the United States and South Korea." *Minerva* 47: 119-146.

Jasanoff, Sheila, Stephen Hilgartner, J. Benjamin Hurlbut, Onur Özgöde, and Margarita Rayzberg, 2021, *Comparative Covid Response: Crisis, Knowledge, Politics Interim Report*. https://www.ingsa.org/covidtag/covid-19-commentary/jasanoff-schmidt/.

Kimura, Aya Hirata, 2016, *Radiation Brain Moms and Citizen Scientists: The Gender Politics of Food Contamination after Fukushima*. Durham, NC: Duke University Press.

Kuhn, Thomas 著，程樹德、傅大為、王道還、錢永祥譯，1994[1962]，《科學革命的結構》（*The Structure of Scientific Revolutions*）。台北：遠流。

Latour, Bruno, 1987, *Science in Action: How to Follow Scientists and Engineers through Society*. Milton Keynes, England: Open University Press.

Latour, Bruno, 1991, "Technology Is Society Made Durable." Pp. 103-131 in *A Sociology of Monsters: Essays on Power, Technology and Domination*, edited by John Law. London: Routledge.

Lin, Yi-Ping and Hsin-Hsing Chen, 2021, "STS on the Street and at the Court: Interlocutors in the Taiwan RCA Collective Occupational Disease Lawsuit." Pp. 37-50 in *Making & Doing: Activating STS through Knowledge Expression and Travel*. Cambridge, MA: The MIT Press.

Martin, Brian and Evelleen Richards, 1995, "Scientific Knowledge, Controversy, and Public Decision Making."

Pp. 506-526 in *Handbook of Science and Technology Studies*, edited by Sheila Jasanoff, Gerald E. Markle, James C. Peterson and Trevor Pinch. London: Sage.

Merton, Robert, 1973[1942], "The Normative Structure of Science." Pp. 267-278 in *The Sociology of Science: Theoretical and Empirical Investigations*, edited by Norman Storer. Chicago: University of Chicago Press.

Pinch, Trevor and Wiebe Bijker, 1987, "The Social Construction of Facts and Artifacts: Or How the Sociology of Science and the Sociology of Technology Might Benefit Each Other." Pp. 17-50 in *The Social Construction of Technological System*s, edited by Wiebe E. Bijker, Thomas P. Hughes, and Trevor Pinch. Cambridge: The MIT Press.

Puig de la Bellacasa, Maria, 2017, *Matters of Care: Speculative Ethics in More Than Human Worlds*. Minneapolis: University of Minnesota Press.

Schumacher, E. F., 1973, *Small Is Beautiful: Study of Economics as if People Mattered*. London: Blond & Briggs.

Schiebinger, Londa 著、余曉嵐譯，2004[1993]，〈「獸」何以稱為「哺乳」動物〉。收於吳嘉苓、傅大為、雷祥麟編，《科技渴望性別》，頁21-76。台北：群學。

Shapin, Steven, 1995, "Here and Everywhere: Sociology of Scientific Knowledge." *Annual Review of Sociology* 21: 289-321.

Smith, Merritt Roe and Leo Marx, eds., 1994, *Does Technology Drive History?: The Dilemma of Technological Determinism*. Cambridge, MA: The MIT Press.

von Hippel, Eric, 2005, *Democratizing Innovation*. Cambridge, MA: The MIT Press.

Winner, Langdon 著，方俊育、林崇熙譯，2004 [1986]，〈技術物有政治性嗎？〉。收於吳嘉苓、傅大為、雷祥麟編，《科技渴望社會》，頁123-150。台北：群學。

Zou, James and Londa Schiebinger, 2018 (July 19), "Design AI so that it's Fair." *Nature* 559: 324-326.